21世纪法学研究生参考书系列

韩大元　王建学◎编著

基本权利与宪法判例

中国人民大学出版社
·北京·

作者简介

韩大元，1960 年生，法学博士，现任中国人民大学法学院院长、教授、博士生导师，兼任中国宪法学研究会会长等职。主要从事中国宪法学、比较宪法学的研究，代表性著作：《亚洲立宪主义研究》、《1954 年宪法与新中国宪政》、《生命权的宪法逻辑》等。

王建学，1978 年生，法学博士，现任厦门大学法学院助理教授。2007 年留学于艾克斯马赛大学路易·法沃赫研究所，2008 年至 2010 年在中国人民大学法学院从事博士后研究。主要从事法国宪法与比较宪法学的研究，代表性著作：《作为基本权利的地方自治》。

前　言

　　法学案例教学法是由美国哈佛大学法学院首创的。1870 年，兰戴尔（C. C. Langdell）出任哈佛大学法学院院长时，法学教育正面临巨大的压力，一方面，传统的教学法遭遇挑战，反对传统教学法的呼声极为强烈；另一方面，法律文献随着制定法和司法判例的大量出现而急剧增长，如何将这些法律文献，尤其是其中的判例统合起来，实现科学的教学成为一大问题。兰戴尔认为，"法律条文的意义在几个世纪以来的案例中得以扩展。这种发展大体上可以通过一系列的案例来追寻"。由此，哈佛大学法学院在兰戴尔的带领下开始采取案例教学法，揭开了案例教学研究的序幕。事实上，案例教学法从创立至今取得了巨大的成功，不仅在法学院，而且在现代大学的各个学科，如行政学、管理学、教育学、军事学等领域都普遍运用。与传统的教学法相比，案例教学法在内容上摆脱了单纯的理论说教，寓理论于案件之中，在手段上形象、生动和立体，在方式上灵活多样，促进学生在学习中通过具体案例来理解和运用所学的知识，达到了理论与实践的完美结合。

　　制定法是静态的法律，只有那些体现在判例中的法律才是活生生的、行动的法律。这一命题对于宪法亦不例外。在我国，法学院的宪法课程在传统上往往偏重于基本理论的教学，在内容方面经常失之空洞，与社会现实和法律实践严重脱节。在过去相当长的时间内，很多宪法学的教学工作者都注意到了这一问题，并且尝试着以另一种方式——具有强烈的实践性的宪法案例教学法——来改变这一局面，使宪法学的课堂变成活生生的课堂，正如宪法本就应该是活生生的宪法一样。

　　本着上述目标，作者早在十年以前就在中国人民大学法学院开设了"基本权利与宪法判例"这一课程，专以案例的形式来讲授宪法基本权利的内容。从历届同学们的反馈来看，这门课程的开设对于帮助学生理解宪法基本权利的原理，并运用它来分析实践中的宪法问题产生了一定的积极作用，这门课程也得到了很多同学的喜爱。事实上，由于历届选修这门课程的同学的参与，作者本人也在这门课程的教学中获益良多。实践证明，"基本权利与宪法判例"这门课程是有意义的，产生了比较好的效果。但在这门课程的教学过程中，存在一个最大的问题是缺少一本专门的教科书或者讲义，因此，作者不揣简陋，以多年的教案为基础，并总结过去的教学过程与心得，尝试着编写这本《基本权利与宪法判例》讲义。恰逢王建学博士跟随我在中国人民大学法学院从事博士后研究，共同承担这门课程的教学，他的加入带来了不少新的建议和素材，他对宪法学理想的执著和年轻人的活力，为这门课程增色不少。通过我们两个人的不断努力，终于可以使这本教材付梓出版。

全书分为总论与分论两部分，总论部分在讲述宪法判例基本概念的基础上，简要分析了基本权利领域判例研究的功能与意义、方法与步骤、特点与类型等，分论部分则依基本权利的类型，选取平等权、生命权与尊严权、隐私权、精神自由与表现自由、人身自由、财产权和社会经济权等几类最有代表性的权利，其中各章均先分析该类型的基本权利的基本理论，再辅之以具体的案例分析，相关判例的选取首先注重其典型性，多为宪法裁判机关作出的经典判例，其次也有意识地收录了近几年的重要宪法判例，达到兼顾新颖性的目的。虽然在结构安排上，本书将具体的判例全部放在分论中，但总论部分的课堂讲授也是在结合这些案例的基础上进行的。在宪法学课堂中，完全可以通过灵活的方式来利用本教材，而不必拘泥于本教材的章节顺序。

最后，宪法的实践总是发展变化的，尤其是基本权利领域中总会出现新的情形，产生新的判例，确立新的宪法原则与规则。基本权利与宪法判例的课程，无论是教学还是教材也都应当随之更新。因此，本书初稿付梓之始就必须刻意保持着对实践的开放性，以后将会随着基本权利宪法实践的变化不断修订，衷心希望读者针对本书提供宝贵的建议。错误、疏漏之处，亦诚挚欢迎读者批评指正。

韩大元

2012 年 11 月

简　目

细　目

第一部分　总论

第二部分　分论

第一部分

总　论

21 世纪法学研究生参考书系列

第 一 章

宪法判例的基础理论

第一节 宪法判例的基本概念

一、宪法判例的概念

(一)"判例"的含义

法学上通常所说的"判例"是指有权法院针对某一具体案例而作出的可以成为以后审判同类案件之依据的判决。判例在法的体系中具有举足轻重的作用。通常而言,判例在英美法系国家构成重要的、正式的法律渊源,其重要性毋庸赘言。在大陆法系国家,虽然判例通常并不作为法的渊源之一,但是在特定的情形下,大陆法系国家特定的部门法也可能以判例为主体。例如,法国虽为大陆法系国家之典范,但其行政法体系却是以判例为主体而形成和发展的。再以法国宪法为例,虽然包括1958年宪法在内的成文法典具有奠基作用,但宪法法院(Conseil Constitutionnel)① 的判例,尤其是根据新的合宪性先决程序确立的日益庞大的判例体系,已成为认识法国宪法规则的重要来源。因此,无论判例是否构成法的正式渊源,它都通过其内含的特定的法律论理而对法律资料的整合、法律规则的完善和法律体系的发展起着不可忽视的作用。

① 以往习惯将其译为"宪法委员会",但这种称呼政治色彩过强,尤其是不符合 2008 年改革的最新趋势。关于法国宪法法院的妥帖译法和 2008 年改革,可参见王建学:《从"宪法委员会"到"宪法法院"——法国合宪性先决程序改革述评》,载《浙江社会科学》,2010(8)。

判例虽然是以具体案件为基础而形成的司法判决，但它亦包含理论综合的内容。从制定法的观念来看，判例似乎是以具体案件为基础所形成的法律结论，即以制定法规则为大前提、以案件事实为小前提而形成的结论，因此表现出具体性，但这种观念忽视了判例所具有的理论综合的性质。事实上，判例中总是包含着系统而深刻的法律理论，求诸各国风格各异的宪法判例，总能发现其中的宪法说理。

即使是从"判例"这一名称，也可以看得出说理的内容。从词源上看，西文的"jurisprudence"（英语和法语均为这一词形），一方面的意思是法院对特定案件进行审理而得出的判决，另一方面，也是指法理学或法哲学的含义。英文和法文中的"jurisprudence"，以及德文中的"jurispredenz"，均来源于拉丁文的"jurisprudentia"，其基本词源构成包括"juris"和"prudentia"两部分，前者指法律或权利，后者指智慧和知识，两个词根合在一起有两重含义，直接意义是指关于法律的知识或智慧，引申的意义是指关于法的科学和哲学。前者较为接近现代所谓的判例或判例法，后者则较为接近现代所谓的法理学。在古罗马，通常而言，凡具有裁判疑难案件之本领者，不论是否为法官，均可称之为jurisprudentia，藉由这些疑难案件的解释所逐渐形成法的实体（body of law）。在现代法语中，所谓jurisprudence，其最通常的含义恰恰是判例，而不是法理学，但在现代英语中，所谓jurisprudence，其最通常的含义却是法理学。① 这种词源上的变化可以说明，判例中始终存在着法的一般原理。同样，本书的写作目的，不仅是分析基本权利宪法判例，也试图阐明隐藏在这些判例背后的宪法原理。

从内容上看，判例的核心要素乃是法官围绕特定案件所阐明的法理，即"论理"或"说理"，因此，经典的判例中必须包含充分的论说，正是法官对特定法律问题的分析和推理，解决了法律的疑难问题，发挥着解释法律、发展法律和整合法律资料的功能，也正是这些说理，成为以后同类案件中，法官所援引的对象。因此，当我们在分析法律判例时，最应当注意的问题乃是裁判者在判例中确立或发展了哪些法律原则

---

① 作为类似的概念，英美法中经常有所谓的"leading case"（《牛津法律大辞典》汉译版将"leading case"译为"判例"，参见［英］戴维·M·沃克编：《牛津法律大辞典》，李双元等译，669 页，北京，法律出版社，2003），严格意义上来说，leading case 往往是指那些经典的、奠定某一法律原则的重要案件，而案件与判例二者之间是存在一定区别的，这一点后文将会分析。

与规则。

（二）"宪法判例"的含义

所谓宪法判例，就是宪法裁判机关按照法定程序根据宪法赋予的违宪审查权对案件中的宪法问题进行审理并作出的具有拘束力的判决。

从定位上来看，各部门法均有其特定的判例，而宪法判例只是部门法判例中的一种，因此具有前文所说的判例所具有的一切特征。但宪法判例又与民法判例、刑法判例等部门法的判例存在很大的区别，这主要在于，宪法判例会涉及对其他部门法规范是否合宪的审查。

从宪法判例的内容来看，宪法判例虽然主要是针对宪法问题的判断，但也经常会涉及民法、刑法或行政法案例中的普通部门法问题，例如，当审查刑事法律内容的合宪性时，宪法裁判者就不可避免地会论及刑法上的问题，关于这一点，本书分论的案例能够直观地说明很多问题。但是，宪法判例仍不同于普通的民法、刑法或行政法案例，区别之处至少有如下两点：第一，尽管宪法判例也经常涉及普通部门法问题，并导致普通部门法及其解释的宪法化①，但宪法法官在处理普通部门法问题时总需要保持充分的克制，以尽可能地把部门法问题留给普通法官去解决，诸如法国宪法法院的做法一直是高度克制的，这种高度自我克制的态度有时甚至使宪法法院在宪法本身的问题上表现得比普通法官更保守。第二，宪法判例中的最根本任务是解决法律的合宪性问题，尽管宪法判例与其他部门法判例的关系并非如看上去那样泾渭分明，但二者的核心内容却是一目了然的，而合宪性问题显然主要不处于普通部门法判例的任务内。普通部门法判例常以法律为大前提、以事实为小前提而得到法律判断，而宪法判例却常以宪法为大前提，对法律进行衡量。

从作出的主体来看，宪法判例是由具有违宪审查权的宪法裁判机关作出的。在美国，是由具有违宪审查权的普通法院在审理普通的民法、刑法或行政法案件时就其中的宪法问题作出判断；日本的情形与美国较为类似；但在德国，宪法判例则由专门的宪法法院作出；在法国，所有的宪法判例都由专门的宪法法院作出。学者们往往从不同的标准出发对这些宪法裁判机关及其违宪审查模式进行分类。例如，我国学者常常将其分为普通法院审查模式、专门宪法法院审查模式和政治机构审查模式

---

① 德国的情形，可参见谢立斌：《德国法律的宪法化及其对我国的启示》，载《浙江社会科学》，2010（1）。

等，但随着各国违宪审查模式在发展过程中相互借鉴并在一定程度上趋同，这样的划分已经不如以前那样有意义。除此以外，集中审查模式与分散审查模式，具体审查模式与抽象审查模式，事前审查模式与事后审查模式等划分，对于理解宪法裁判机关及其审查模式具有重要价值。

最近几年，学术界曾深入讨论如何在中国建立和完善违宪审查制度，以及中国违宪审查制度的具体模式选择问题，这些方案至少包括了设立专门的宪法法院、宪法委员会或最高人民法院的宪法审判庭等。

本课程主要研究有宪法审判制度国家的宪法判例，此外，也会涉及一些中国的宪法事例。虽然中国并没有建立有效的宪法裁判制度，但这种体制上的缺陷并不妨碍学术研究和理论分析。在对中国具体宪法事例的分析中，即使缺少宪法裁判制度，我们仍然可以拟制案件（案例），也就是说，假设我们处在宪法裁判者的位置上，应当作出怎样的判断。这些深入的分析，有助于我们为将来违宪审查制度的活性化做好理论和知识上的准备。

二、宪法判例与宪法案例、宪法案件的关系

宪法判例与宪法案例、宪法案件以及宪法事例存在一定的联系，需要对这些既相互区别又相互联系的概念进行必要的区分。

（一）宪法判例与宪法案例

宪法判例与宪法案例在严格意义上并没有本质区别，但所谓宪法判例往往倾向于强调相互联系而形成体系的宪法案例，尤其是当宪法判例充当宪法的渊源之一时，就意味着这些判例所蕴涵的宪法规则构成了内容完整的宪法规范体系，这正如所谓判例法是以一系列个案判例的形式所表现出的法规范整体一样。相比之下，宪法案例则倾向于指称个别的宪法判例，它只是单独和个别的宪法判断，甚至有时也包含与案件中的宪法判断相联系的案件事实。

（二）宪法判例与宪法案件

宪法判例与宪法案件之间存在较大的区别。宪法判例所指的是宪法裁判机关对宪法问题所作出的有权判断，其核心的内容尤其是指这些判断中蕴涵的说理，以及这些宪法说理包含着何种宪法规则。而宪法案件则不仅包括宪法裁判机关对宪法问题的判断，还包括具体的案件事实，案件发生的时代与社会背景，案件所蕴涵的所有宪法问题，等等。

（三）宪法判例与宪法事例

宪法判例与宪法事例的区别更为显著。宪法判例既然是宪法裁判机关在宪法案件中对宪法问题的判断，也就意味着宪法判例一定是经过宪法裁判机关受理，形成一个案件（case）的。而宪法事例则是指那些具有宪法意义的事件，其本身并没有由宪法裁判机关受理成为案件。这种情形至少是由以下两个原因之一造成的：一个是，这类事例在本质上由于欠缺某些要素而不能被宪法裁判机关所受理，不能成为宪法案件，当然也就无所谓宪法判例；另一个是，在特定的国家背景下，缺乏有效的宪法裁判制度，由于缺少有权机关对宪法问题作出分析和判断，因而也就无所谓宪法案件乃至宪法判例。

宪法判例与宪法事例的区别在我国的背景下具有一定的特殊意义。我国缺少有效的违宪审查制度，更没有以宪法裁判为形式的违宪审查制度，因此，也就不存在严格意义上的"宪法判例"。学者们在分析中国的宪法事例时，往往不得不借用外国的宪法裁判机关分析同类问题时所采取的方法、技巧和规则作为工具。

第二节　宪法判例研究的功能

对宪法判例的研究，或者说通过判例的宪法学研究，其本身应当是宪法学研究的重要内容，无论是在美国，还是在英国、德国、法国、印度、南非，其法学院的宪法学课程都是结合宪法判例而展开的。在如美国那样的判例法系国家中，其宪法学课程在教学上甚至全部以联邦最高法院的宪法判例作为主线，学生在阅读联邦最高法院判例的基础上提出问题，而教师则在课堂中引导学生思考和讨论。在某种意义上，宪法学理论是浸透在宪法判例中的原理。宪法判例研究至少能够发挥以下几项基本功能。

一、有助于深化宪法理论的实践功能

宪法学理论总是要面向实践和回应实践的，缺乏实践基础的宪法学理论终究会丧失存在的土壤。宪法学作为社会科学的分支体系，需要具有调整、引导和规范实践活动的基本品质。那么，宪法学理论应当如何与实践活动联系在一起呢？除了宪法学的研究者将理论建立在实践的基础上从而积极主动地面对和回应实践以外，通过判例来实现其实践功能乃是重要的途径。兹将宪法诉讼及其形成的判例所具有的沟通理论与实践的功能抽象为下图。

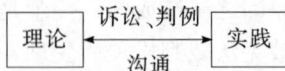

诉讼和判例是理论与实践的沟通渠道

宪法诉讼和判例是宪法理论与宪法实践的沟通渠道。一方面，宪法诉讼由于需要在具体的宪法案件中处理现实的宪法问题，因而，它总是与宪法实践联系在一起的。宪法诉讼具有调整宪法利益的作用，事实上，每一个经典的宪法案例都会体现一种社会的价值观、社会结构等，而每一个新的宪法判例产生之后，通过确立新的宪法原则，或者对既有的宪法原则进行调整和修改，都会对宪法利益进行调整和重新组合。

而另一方面，宪法判例本身则具有理论抽象的功能。正如"juris-prudence"一词同时具有判例与法理的双面含义一样，判例的形成往往是特定宪法理念影响的结果。例如，美国 20 世纪 30 年代对于新政措施合宪性的争论，联邦最高法院之所以否定新政措施的合宪性，是由于他们秉持着传统的财产权观念和契约自由观念，而当这种观念转变之后，宪法判断随之变化，形成了截然不同的判例，而宪法实践中的利益调整方案则随之变化。

由于宪法诉讼承担着宪法理论与宪法实践相互沟通的重要媒介作用，因而当宪法诉讼制度处于不成熟阶段，无法形成宪法判例时，理论与实践的联系往往会变得较为松散。这一点尤其体现在我国的宪法实践与理论中。近几年，宪法学界试图将既有的宪法知识体系与实践联系起来，通过评选"中国十大宪法事例"，撰写各种宪法事例分析丛书，增强宪法学理论的实践功能，增强宪法理论对实践的关照，这些努力获得了各界人士的积极评价。

背景资料：中国十大宪法事例评选活动

中国十大宪法事例评选活动是由中国人民大学宪政与行政法治研究中心联合部分高等院校、科研机构、新闻媒体等举办的，既有学术性又有大众性的事例评选活动。自 2006 年开始至今，于每年年底对当年发生的具有宪法意义的事例进行评选，活动的目的在于真实记录影响中国宪政进程的重大事件，在全社会弘扬宪政精神，增强宪政理念，提升中国宪法学的研究水平，推动中国宪政的稳步发展。

宪法事例的评选分为推选、初选与决选三个阶段，最后通过发布暨研讨会的形式邀请专家对每个事例进行点评，并通过新闻媒体予以发布。在宪法事例的评选标准上，一方面坚持独立、专业的学术品格，要求入选事例涉及宪法学的基本问题，具有较强的宪法学理论研究价值；另一方面，鼓励社会各界广泛参与，要求入选事例具有影响性与典型性，应具有较广泛的社会影响，引起社会普遍关注，并在同类型事件中具有代表性或典型性。

中国十大宪法事例的评选反映了宪法学界有意识地增强宪法理论的实践功能，通过对宪法事例个案的学术分析来参与和推动中国的宪政实践。从效果上来看，中国十大宪法事例的评选活动获得了各界的积极评价，既深化了宪法学理论的实践功能，也促进了宪法价值的社会化和生活化。

二、有助于实现宪法价值的社会化

宪法现象就内在结构而言可以包含宪法观念、宪法规范与宪法现实三个层次。宪法观念是社会价值体系在宪法领域的体现，它主要包括一系列基本的人权理念，此外还包括控制公权力、维护公正与正义、法治价值，以及特定的社会目标，等等。一个国家通过制宪活动，将这些特定的宪法观念固定在宪法文本中，从而将宪法观念转化为具体的宪法规范，再通过宪法规范的实效性进一步落实在社会现实中。在社会价值从确立到实现的整个过程中，最难点在于这些价值的社会化，也就是说，在人权等基本价值被确立在宪法规范中以后，如何才能使这些价值有效地实现？在各国的宪法实践中，存在宪法价值无法通过有效的宪法制度转化为社会现实的现象，因此，就有了所谓的规范宪法、名义宪法与语义宪法的分类。

真正受宪法支配的社会才是宪治社会，在这方面，宪法判例具有实现宪法价值的社会化的目标和任务。通过宪法判例，可以有效地树立对宪法的认同与崇拜。在宪法价值社会化的过程中，一个具有典型性的判例，其作用要远远大于单纯的理论说教。从各国目前的宪法实践来看，宪法诉讼制度在运行过程中都形成了大量的宪法判例，这些判例发挥着实现宪法价值社会化的基本功能，尤其是那些经典的宪法判例，往往对一国的法律体系和社会整体产生深远的影响。而且，值得注意的是，通过宪法诉讼制度的辐射作用，宪法价值不仅在宪法领域得到落实，而且还延伸到民事、刑事和其他领域。从发展趋势来看，在民事和刑事案件的审理过程中，也应当将宪法价值的实现作为重要目标之一。例如，在法国，由于宪法法院关于宪法问题的判决对所有的公权机构都具有拘束力，对行政法院和司法（民、刑事）法院亦不例外，所以，普通的民事、刑事和行政案件也不得不遵守宪法法院的判决，必须贯彻宪法的价值，由此，整个法国的法律秩序都处在"宪法化"① 的过程中，1789 年《人权宣言》和 1946 年《宪法》序言所确立的人权价值经由宪法化的过程渗透到了整个法律体系中。

在我国，普通大众的观念往往认为宪法只涉及国家的大政方针，涉及国家机构的组织和国家的政治运作，而不涉及公民个人的生活，尤其不会涉及普通个人的那些所谓的"小事"。这种观念的形成有很多文化、传统和历史的原因，但其中一个不可忽视的原因在于，我国仍然缺乏宪法诉讼制度，亦没有宪法判例。宪法判例的缺乏使得宪法所确立的那些崇高的价值无法与公民的生活建立联系。当然，不能忽视的是，晚近以来随着一系列宪法事例的涌现，传统的宪法观念也在逐渐发生变化。在2001 年的"齐玉苓案"中，"宪法的司法化和司法适用"问题引起了宪法学者和普通民众的广泛关注，而伴随着对"齐玉苓案"的讨论，宪法的价值获得了一次社会化的机会。在宪法学界讨论宪法司法适用性的同时，整个法律共同体的宪法意识都空前提高，而宪法也开始直接进入社会大众的视野。尽管最高人民法院在 2008 年废止了关于"齐玉苓案"的司法批复，但不可否认的是，由这一案件（尽管这并不是一个典型意义上的宪法案件）所带来的影响在宪法价值社会化方面却是值得肯定的。

总而言之，尽管各国的宪法体制存在不同，宪法诉讼的体制和宪法判例的形式亦可能存在区别，但这些体制上的差异不应当影响宪法价值的共通性。

---

① 法国学者 L. Favoreu 和 L. Philip 等在 20 世纪 80 年代开始研究各部门法的宪法化（constitutionalisation），综合性论述可参见 Louis Favoreu, La Constitutionnalisation du Droit, Mélanges Roland Drago, Economica, 1996。

三、有助于推动宪法规范的生活化

宪法规范的生活化是当代宪法发展的重要趋势之一，它意味着处在宪法统治下的国家和个人通过某种机制从自己的生活体验中感受到宪法所带来的利益与价值。宪法只有在日益生活化的过程中才能获得更广泛的社会基础，发挥社会共同体价值基础的功能。宪法判例，尤其是基本权利宪法判例的研究和推广，有助于推动宪法规范生活化的进程。在美国，联邦最高法院从沃伦法院时开始将违宪审查的主体任务转向公民基本权利，尤其是弱势群体的基本权利的保护，由此作出了一系列关于民权保护的经典判例，而这与美国的民权运动结合在一起，直接地实现了宪法的生活化。正是一系列关于宪法权利保护的宪法判例，直接地将宪法的人权条款与公民个人及其生活联系在一起。

在 21 世纪，中国社会的发展将面临新的机遇与挑战。民主、文明、富强与法治是中国社会结构的重要特征，标志着中国社会走向成熟。宪法作为法治的基础与核心，在法治发展进程中将受到高度重视，人们将在更广泛的范围内关注宪法问题，宪法与公民生活之间的联系将更为密切。随着法治进程的发展，社会生活的法治化程度日益得到提高，法律以多样化的形式影响人们的生活，离开了法律的调整，人们无法过有秩序的生活。而在法律生活中人们首先接触的法律是宪法，即通过宪法人们得以确立公民的宪法地位，获得宪法赋予的权利与自由，相应地，国家机构取得其正当性基础。从这种意义上说，宪法是公民行为的基本保障，是国家机构行为的最高准则，是人权保障法。在中国社会的发展进程中，我们应牢固记取的就是宪法贵在实践，宪法的生命力在于在社会生活中充分实现其价值，使宪法成为人们在日常生活中实际感受到的生活规范与行为准则。汉密尔顿曾断言，"宪法的美德不在于她的庄严，而在于她的被适用"。只有适用于实践的宪法才是有生命力的，缺乏实践基础的宪法只是停留在规范层面上，不管其结构是否合理，它只能是远离人们生活的抽象的规范，社会主体难以感受到宪法价值，必然造成宪法与社会的脱节。

由于宪法与老百姓日常生活有着密切的联系，基于社群主义的观念，每一个公民都有义务维护宪法尊严，同一切违宪行为作斗争，或者至少予以消极抵制。各种违宪行为不仅损害国家与社会的利益，而且还损害公民个人的利益，在违宪行为得不到有效扼制的情况下，公民的利益是很难实现的。对于公民个人而言维护宪法与实现自己的利益有着十分密切的关系。因此，实施宪法，维护宪法，同各种违宪行为进行斗争是公民的重要义务。过去，有些公民认为，宪法离百姓的生活比较远，它不像刑法、民法那样具有明显的效力，没有制裁手段。这种理解是不正确的，其实宪法与刑法、民法一样都是法的组成部分，具有法的共同特征，有自己特殊的制裁手段，违宪行为应受到宪法的制裁。当然，这种认识的存在也有客观方面的原因，主要是我们对违宪行为没有采取严厉的措施，有关宪法保障机制没有发挥有效的功能。在社会生活中人们看到的宪法似乎是远离百姓生活的充满政治性的规范，无法让人们感受到法律的味道。由于各种原因，在我国的宪法实践中，神圣的宪法与实际的生活之间的距离是比较大的，宪法的规范化、生活化水平比较低，宪法实现过程缺乏民众的支持。另外，在处理宪法规范与社会生活之间矛盾时我们没有采取多样化的方式，过分频繁地运用修改宪法的方式，并且修宪在内容上主要集中在政治意识形态的更新，缺少规范化的品质①，因此在宪法权威的确立方面也造成了一定的损害。

为了提高全社会的宪法意识，推动以宪法为基础的法治发展的进程，我们需要在全社会进一步普及宪法知识，提高宪法意识，使宪法成为贴近百姓生活的规范。近几年，在社会生活中已出现了与百姓生活相关的宪法案例，尽管人们对宪法案件的评价角度与看法不同，但一点是明确的，即宪法正在变为生活规范，调整人们的实际生活。人们通过身边发生的各种案例，开始体验宪法的价值，在利益关系中实现着宪法规范。关注宪法问题是社会主体实现宪法价值的前提，只有在社会主体的关注与实践活动中我们才有可能实现宪法规范的生活化，为实施宪法提供社会基础。为此，我们在宪法实施过程中，需要采取各种形式宣传宪法，使人们熟悉宪法，运用宪法，尤其是在具体案例中体会宪法判断的逻辑和艺术，通过宪法维护自己的利益。

四、有助于稳定宪法秩序和维护整个法制的统一

对于任何一个法律体系而言，维护宪法秩序的稳定和整个法制的统

---

① 值得注意的是，频繁修宪本身并不必然损害宪法权威，诸如法国、德国、瑞士等不少欧洲国家都存在频繁修宪的情况，如法国 1958 年宪法至 2008 年已修正达 20 次之多，只有当宪法本身无法起到规范政治生活的功能时，频繁地修宪才会损害宪法的权威。

一都是不可或缺的要素。随着宪法规范在实践中的应用，宪法本身的知识体系日益庞大，与此同时，各种宪法判例、国家机构组织法、人权法在内容上日益细密和分化，从宪法到各个部门法的判例与日俱增，正如兰戴尔所言，"法律条文的意义在几个世纪以来的案例中得以扩展"。在这种背景下，如何保证法制的统一性，是考验一个国家的政治法律智慧的难题。

宪法诉讼制度的基本功能之一，即在于维护宪法秩序和整个法制的统一，保证一个国家的法律体系以宪法的最高规范为基础形成连贯、统一、和谐的整体。事实上，不同效力等级的法规范之间的冲突往往需要在具体适用时才能更好地表现出来，因此，判例这一形式，有助于人们更直接地检验法规范之间是否存在冲突。

当然，在不同的宪法判例体系下，宪法秩序的稳定性与法制的统一性在实现的方式上是有所区别的。在美国的具体审查模式中，宪法判例并不具有普遍的效力，并且事后审查方式导致已经生效的法律存在被宣布违宪因而无效的可能，由此带来了法的不确定性。德国的宪法法院审查模式则在一定程度上避免了这一问题。

在我国，通过宪法判例制度来实现和维护宪法秩序的稳定性以及整个法律体系的统一性已经是一个迫切的问题。目前我国的社会主义法律体系已经形成，在各个领域都产生了相应的法律等规范性文件，但这仍然只是形式意义上的。比立法难度更大同时也更为重要的问题是，面对如此庞大的制定法体系，我们不可能十分肯定地说这些法律形成了和谐统一的整体，并且完全杜绝了违宪的情形，况且，还需要考虑到数量如此庞大的法律条文在执行和适用的过程中所形成的差异性的理解。根据全国人大常委会工作报告的统计，至 2010 年年底，我国已制定现行有效法律 236 件，行政法规 690 多件，地方性法规 8 600 多件，规章的数量则更为庞大，因此，应当通过对宪法事例的分析来揭示我国法律的不和谐之处，以推动法制的统一。

当然，在这方面，创建某种形式的宪法判例制度可以实现长期有效地维持宪法秩序之稳定与法制之统一的目标。随着各国现行违宪审查制度的发展，除传统的违宪、合宪判断以外，出现了大量的中间型的"判例"，因为其涉及违宪判例判断的溯及力问题。形式多样的宪法判决对于实现宪法秩序和整个法制的统一具有灵活多样的促进作用。在我国的背景下，虽然缺少有效的宪法诉讼制度，但通过拟制性地对宪法判例展开研究，也有助于通过各种宪法理论的运用来提高国家机关及其工作人员的宪法意识，及时解决法制体系缺乏统一性的问题。

结合目前的实践，稳定宪法秩序和维护整个法制的统一仍然是一项极为艰巨的任务。从 2006 年至 2011 年连续六年所评选出的中国十大宪法事例来看，其中的多数事例均属于"负面"消息，存在行政权、审判权甚至立法权侵害基本权利的现象，这显示出前述任务已经迫在眉睫，用宪法，尤其是宪法中的尊重和保障人权原则，来统合整个法律体系，约束缺少控制的公权力，将成为未来中国法治发展的一道艰难的"门槛"，只有通过这道门槛，中国法治的未来才可能步入康庄大道。在这个意义上，作者是充满希望的，隐藏于本课程背后且从未中断的意图之一是，以绵薄之力将推动稳定宪法秩序和维护法制统一的任务统合在人权原则之中。

背景资料：2006 年至 2011 年中国十大宪法事例名单

[**2006 年**]（1）监督法获得通过；（2）西部教育免费；（3）死刑复核权的收回；（4）物权法草案合宪性学术争议；（5）深圳"卖淫女"示众事件；（6）福建漳州纳税大户子女中考加分事件；（7）手机短信"侮辱"县委书记案；（8）孟母堂事件；（9）郑州市政府专项工作报告未被通过事件；（10）影片《无极》被"恶搞"成《一个馒头引发的血案》事件。

[**2007 年**]（1）重庆"最牛钉子户"事件；（2）山西"黑砖窑"事件；（3）因同居者"不签字"致孕妇、胎儿死亡案件；（4）69 名专家学者签名建议废除劳动教养制度事件；（5）劳动合同法的颁布与深圳华为公司七千员工辞职等事件；（6）山东淄博淄川区实行城乡按相同人口比例选举人大代表事件；（7）《政府信息公开条例》的制定；（8）厦门 PX 项目事件；（9）上海医保修改方案因争议搁浅；（10）广电总局对娱乐节目、"选秀节目"进行限制事件。

[**2008 年**]（1）"三鹿"毒奶粉事件；（2）北京机动车限行令；（3）广东法院判决企业禁止员工外宿违背宪法精神；（4）重庆等地出租车集体停运事件；（5）梁广镇身兼两地人大代表事件；（6）电影《苹果》遭禁；（7）《中共中央关于推进农村改革发展若干重大问题的决定》允许农村土地使用权流转；（8）律师依据《律师法》会见当事人遭拒；（9）贵州瓮安县群体性突发事件；（10）国务院为"汶川大地震"死难者设立全国哀悼日。

[**2009 年**]（1）成都自焚抗拆事件；（2）"躲猫猫"事件；（3）重庆高考状元因民族加分造假未被大学录取事件；（4）山西煤矿整合事件；（5）上海"钓鱼执法"案件；（6）全国人大常委会授权澳门管辖横琴岛

澳大校区；（7）广电总局大规模关闭视听网站事件；（8）先育后婚考公
务员遭拒录事件；（9）"政审门"事件；（10）四川乐山村民投票剥夺轮
换工农民身份事件。

[2010年]（1）北京安元鼎保安公司截访事件；（2）赵作海冤案；
（3）福建法炜律师事务所被责令解散事件；（4）北京市变更部分行政区
划事件；（5）李国喜（人大代表）工作室被撤销事件；（6）四川省巴中
市白庙乡"全裸"财政事件；（7）陕西省国土厅协调会否决法院判决事
件；（8）王鹏举报公务员考试作弊被刑事拘留案；（9）谢朝平出版作品
被刑事拘留案；（10）首例艾滋病教师就业歧视案。

[2011年]（1）全国人大常委会因刚果（金）欠债案解释香港基本
法；（2）深圳大运会期间清理治安高危人群；（3）"金山"诉"360"引
发微博言论自由之争；（4）李承鹏等人在人大直接选举中自荐参选；
（5）清华女生起诉国土资源部等部委要求信息公开；（6）重庆、上海开
征房产税；（7）广电总局禁止电视剧插播广告；（8）居民身份证添加指
纹信息；（9）成力因裸体"行为艺术"被劳动教养；（10）乌坎村民因
土地问题向政府抗议。

五、有助于推动宪法学理论体系化

各国宪法判例的制度史表明，对宪法判例的研究有助于发现和发展
新的宪法学理论和分析宪法的工具。

事实上，很多宪法学理论和分析宪法的工具恰恰就是在宪法判例中
发现的。例如，基本权利的第三者效力之理论是德国联邦宪法法院在
"吕特案"中发现的，在美国，宪法隐私权的观念是联邦最高法院在
"格丽斯沃德案"中从宪法的默示权利条款中发现的，甚至违宪审查制
度本身也是在宪法判例中建立的，司法审查的原则之所以形成，是由于
马歇尔大法官在"马伯里诉麦迪逊案"中的创造性判决，法国1789年
《人权宣言》之所以能够成为宪法审查的依据（bloc de constitutionalité，
可译为"宪法团"），是由于宪法法院在1971年结社自由案中的创造性
意见，以色列的司法审查制度是由以色列最高法院在"米兹拉希银行
案"等判例中确立的。开创性的判例之所以被称为"开创性"的，恰恰
是由于宪法司法者在其中发现或者发展了宪法学的新理论或新的分析
工具。

判例之所以能够为发现和发展宪法的新理论与新分析工具提供直接

的机会，是由于它连接着宪法实践与宪法规范。实践的演变总是先于宪法规范的进化，这是法的滞后性所带来的不可避免的结果。人们不可能总是通过宪法修改活动来保证宪法规范与实践相一致，因此在宪法规范适用于个案的过程中发现新的理论和分析工具，就成为保持宪法规范稳定的一条极为自然的途径。通过宪法判例，宪法规范可以在现实生活中进行自我调整。

在我国宪法的背景下，判例的作用也是不容忽视的。无论是在1988年的"工伤事故概不负责"合同条款违法案中，法官对宪法劳动权的援引，还是2001年"齐玉苓案"，最高人民法院批复中对宪法受教育权的援引，都对发展宪法的新理论、新思维和新的分析工具起到了积极的促进作用。

当然，在宪法判例中所发现的那些新的宪法理论和分析宪法的工具是否适合于实践的需要，其本身是否有效、合理，需要接受宪法实践的长期检验。那些不合理的理论与分析工具会随着新的判例的出现而被推翻，例如，美国联邦最高法院在"罗伊诉韦德"一案中所确定的原则，经受了激烈的非议最终被新的理论和分析工具所取代；而另一些理论和分析工具则经受住了实践的考验而长期存在下来，并获得新的发展。

六、有助于培养宪法特有的思考力、判断力和逻辑分析力

对宪法判例的研究有助于培养宪法特有的思考力、判断力和逻辑分析力。必须谨记的是，宪法学既不是政治学也不是道德哲学，它并不以教会学生怀疑和批判现行的宪法秩序作为目标，而是需要教会学生以现行有效的宪法秩序为基础和前提来寻找宪法问题的答案。同时，与民法学和刑法学相比，宪法学虽然具有法学的共通性，都讲究法解释学和教义学的方法和立场，但宪法判例中涉及更复杂的规范分析方法，同时涉及价值判断。

每个人都有自己的思维方式，这些方式方法未必不能有效地分析宪法案例，但是如果没有一套规范的分析方法，就缺乏方法论上的统一性，以至于在讨论问题时出现自说自话的现象。同时，每个人各自采纳自我设计的方式，就不能形成正确的思维，法律上的结论也必定充满歧异。很多人都是按照自己的学术背景、思维模式去进行分析，往往缺乏一种规范的分析方法。案例分析方法不仅是一种案件事实的分析方法，同时也是法解释的工具。从确定客观的事实，到认定宪法上的事实，到

选择相应的宪法条文，最后到法律后果的选择，整个过程都需要法学上的宪法解释推理方法。法学之所以成为一门独立的学科，很大程度上取决于其自身具有一套独立的方法理论。宪法学遵循法律学的一般解释原则，但也具有自身的一些独特的解释方法。分析宪法判例，训练宪法分析思维，是宪法学教学的一个重要目标。

传统的宪法教学之所以受到各种批评，除了因为它没有刻意与政治学相互区别，一定程度上盲目重复政治学的内容以外，还因为它没有以教义学的立场和规范分析的方法来向学生传授解决宪法问题的能力。扭转这种局面，将宪法教学转化到一种解释学的立场，"不仅避免了知识的重复，并且有利于促进民刑等其他部门法的学习，在一定程度上融合了法科的各分支课程"①，突出了宪法学应当具有的品格，能够培养宪法特有的思考力、判断力和逻辑分析力，因此，这应当是宪法教学值得努力的方向。而在此过程中，判例的作用显然是不可或缺的，分析判例应当是一种基本的学术训练。

在分析宪法判例的过程中，必须抓住宪法问题，找出宪法问题后再去找解决办法，分析基本权利的冲突如何协调，基本权利的限制是否符合宪法的要求。刑法、民法的案件中所分析的更多的是逻辑形式，但宪法案件中则不仅是分析事实问题与规范问题，同时还涉及基本价值的判断。

第三节　宪法判例的研究方法与步骤

一、宪法判例研究的总体方法

1. 法解释学的方法

法解释学的方法适用于宪法判例的研究，也就是要以解释宪法条文为基本手段之一来寻求宪法问题的解决。解释宪法条文的前提是承认现行宪法规范的正当性。按照德国法学家拉伦茨在《法学方法论》中的说法，"法学"是以某个特定的、在历史中逐渐形成的法秩序为基础及界限，借以探求法律问题之答案的学问。他还强调指出："假使法学不想

---

① 王建学：《宪法解释学与宪法教学》，载《厦门大学学报》（哲社版），2011年教学研究专辑。

转变成一种或者以自然法，或者以历史哲学，或者以社会哲学为根据的社会理论，而想维持其法学的特色，它就必须假定现行法秩序大体看来是合理的。"① 文本分析是宪法学研究者的安身立命之本。宪法学不是政治学，也不是政治哲学，它并不以对现行宪法秩序的否定性批判为己任。也就是说，尊重宪法文本的权威，乃是宪法学的基本立场。当然，宪法是很多学科的研究对象，其他学科研究宪法现象时完全可以采取他们的方法，或者是批评，或者是质疑，而宪法学者却不能这样。当然，宪法学对宪法文本或许也有批判，但这种批判应该是建设性的、体系内的批判，是从宪法整个体系内对文本作出更为妥帖的解释，而不是从某种外在的标准出发对宪法文本进行直接的否定。至于宪法解释的方法，则是多种多样的，本书无法一一论及，但仍有必要指出其重要性，这些解释方法的整体充当了"大前提"，当与宪法文本这一"小前提"结合在一起时，我们就能得到关于"宪法规则"是什么的结论。

我国法院在不少案件中都提到了宪法，有的还对宪法的条款进行过相当程度的引用、解释。不能说这样的引用和解释没有社会或者制度建构上的意义，而只是法官的某种个人习惯。或许在某种意义上可以说这就是我国宪法的司法适用渠道之一，因为它至少体现了法院和法官对于宪法的认识和理解。从这个意义上说，我们对法院判决的分析阐述就非常有意义了，它可以促进法院和法官对宪法的理解。当然，就某个人民法院的个案而言，从我国宪法的制度安排上说，法院无权对法规范的效力进行认定。如我国《立法法》第85条规定：法律之间对同一事项的新的一般规定与旧的特别规定不一致，不能确定如何适用时，由全国人民代表大会常务委员会裁决。2004年《最高人民法院关于审理行政案件适用法律规范问题的座谈会纪要》对此亦有明文规定，这种情况下人民法院应当中止行政案件的审理，逐级上报最高人民法院送请全国人大常委会裁决，法院不能径直作出裁判。

解释的方法对于法律体系的稳定性和连续性而言，是最安全的，而修改法律则往往会破坏法律的稳定性，是最危险的。就宪法而言，由于宪法条文多具有抽象性，因而很多都需要解释，具有较大的解释空间。

2. 历史分析的方法

由于宪法是一种历史现象，特定的宪法个案必然具有历史的特点，

---

① ［德］卡尔·拉伦茨：《法学方法论》，陈爱娥译，19页，北京，商务印书馆，2003。

即特定的背景孕育特定的宪法个案。从这种意义上讲，任何一种形式的宪法判例都具有具体性、个案性，是在特定历史背景中对特定宪法问题的判断。因此，研究宪法判例时应注意把特定判例与历史背景结合起来，注意揭示判例所体现的综合的社会历史因素。宪法判例研究的历史性同时决定了宪法判例的作用与功能的局限性，特别是以外国的宪法判例说明本国宪法问题时，应注意特定外国宪法判例出现的特定社会背景与可能存在的局限性，即使出现相似的宪法问题，也要慎重考虑宪法判例的特定背景与社会适应性。对同一个国家中的同一个宪法问题所作出的不同宪法判例，也需要从历史发展中寻求可行的解释方法。

3. 法社会学的方法

法社会学的研究方法主要在于，通过对影响特定审判行为的各种因素进行分析，揭示判例形成的特定的社会背景和判例对社会生活所产生的影响。它主要关注法的实效问题。在不同的社会文化背景中，宪法问题呈现出不同的特点，某一判例也可能成为现代与传统、社会与国家、公民与国家已有的传统关系发生演变的重要契机。对于作出特定宪法判决的法官而言，社会的各种政治、经济、文化和传统等要素是作出判决时需要考虑的重要因素，判例中实际上包含着社会生活的综合因素。对于受到宪法判例影响的社会民众而言，宪法判例所揭示的某种命题也许是改变人们生活方式的依据。同时，对于研究判例的学者而言，判例也许是社会矛盾与不同利益关系的焦点，需要以综合的眼光来分析各种宪法判例。

4. 宪法判例的比较分析

比较的方法是分析宪法判例的基本方法之一。事实上，随着部分国家的宪法裁判机关将比较宪法带入本国的宪法裁判实践，比较法已成为一种对于宪法判例分析而言日益重要的方法，学者们在分析相类似宪法判例时也更加注重对不同国家宪法判例的比较。

在运用比较法分析宪法判例时，需要注意区分哪些问题是可以比较的，哪些是不可以比较的。一方面，宪法问题在不同国家会涉及一些普适性的问题，例如，人的尊严等，这些问题本身及其宪法的规范形式与结构往往具有可比性，因此，不同国家的判例就具有可比性。但另一方面，各国的宪法判例都是本国宪法裁判机关在各自不同的历史背景下作出的，具有鲜明的本土性，不同的宗教、文化、社会和时代背景下，同一宪法问题可能会有不同的答案，因此，应当时刻注意差异性与多样性，而不应以形成绝对同一的答案为目标。

分析和比较外国宪法判例，需要运用宪法学一般原理将其方法和结论一般化，如果没有相当精湛的宪法学原理性知识，面对林林总总的宪法现象，就可能会一头雾水，强作解答则会形成各种错误的认识。

对于中国的宪法学研究而言，我们在运用比较方法分析不同国别的宪法判例时，需要以思考和研究中国的宪法问题作为立足点，涉及外国宪法判例时要尽可能找出当中的宪法问题，运用宪法基本原理对宪法问题进行分析和借鉴。

5. 事实与价值相统一的方法

宪法判例本身是宪法法官以自己从宪法文本中得到的价值体系对客观上存在的宪法事实问题的判断，事实与价值判断之间并非始终一致，有时合宪或违宪判断也许是对客观事实歪曲的反映，尽管已具有个案的形式但并非是价值与事实的统一体。这就需要研究者客观地对待各种判例，对判例抱有一种学术批判的态度，客观地指出判例中理论论证或事实认识方面可能存在的不足与问题，阐明宪法判例应有的价值体系与未来发展趋势。

在有宪法裁判制度的国家，如美国、法国或德国，每当宪法裁判机关作出一个宪法判例，总有学者对法官的判决进行客观的学术评析，指出其中的不足或缺陷，而作出宪法判断的法官事实上也往往是学者团体中的一员（至少是潜在或隐含的），认识学者的评价，尤其是接受其评价的合理部分，亦有助于提高未来的判断水平，促进事实与价值的统一。

二、宪法判例研究的具体步骤

研究宪法判例的过程可以分为以下五项具体步骤：

1. 阅读并准确地理解判例的内容

阅读并准确地理解宪法判例的内容，这是研究判例的第一步。面对一个宪法判例，需要将阅读作为基础，对于案情和法律问题较为复杂的判例甚至需要反复阅读才能理解其中的内容。阅读判例的过程又包含三个方面的要素：（1）正确理解判例中的事实关系；（2）合理认定事实关系的性质；（3）从事实关系中引申出宪法的规范原则。判例中的事实关系包括：案件的原告与被告，或者违宪审查的申请人与被申请人，其起诉或申诉的主要事实，等等。在弄清事实的基础上，应当合理地认定事实关系的性质，案件涉及的是哪一项基本权利，涉及基本权利的哪些问题，是基本权利之间的冲突，还是公权力限制基本权利的合宪性，等等，参与案件各方的法律观点与立场是什么。最后，在这些问题明晰化的基础上，分析案件涉及的宪法规范原则有哪些。

背景说明

对于本书所编录的判例，作者都出于篇幅的考虑而进行了简化处理，为了便于阅读而分别整理了案情、法院判决理由概述以及简短的评析。读者可以通过案件所附的案卷号轻松地找到相关法院判决的原文，或者通过其他途径找到部分判决的完整的中文译文。作者建议使用本教材的读者，尤其是专业人士，尽可能完整地阅读法院判决的原文，以便全面和充分地理解判例中的宪法原理。

以下提供一些查找判例全文的法院网站：

德国联邦宪法法院：http：//www. bundesverfassungsgericht. de/

法国宪法法院：http：//www. conseil-constitutionnel. fr/

韩国宪法法院：http：//www. ccourt. go. kr/

加拿大最高法院：http：//www. scc-csc. gc. ca/

美国联邦最高法院：http：//www. supremecourt. gov/

南非宪法法院：http：//www. constitutionalcourt. org. za/site/home. htm

日本最高法院：http：//www. courts. go. jp/

中国台湾地区"司法院大法官"网站：http：//www. judicial. gov. tw/constitutionalcourt/

以色列最高法院：http：//www. court. gov. il/

印度最高法院：http：//supremecourtofindia. nic. in/

上述网站均有英文版，并全部或部分地提供典型判例的判决书英文版全文。

2. 把握依据

法学意义上的判例或案例与其他学科的案例在分析上的一个重要区别是，需要在认清事实问题的基础上，整理适用于案件事实的法依据。此处所谓的"把握依据"是指两个方面的法律依据，一方面是实体法意义上的依据，另一方面是程序法意义上的依据。当然，此处需要强调的是，宪法判例的分析又与其他部门法判例的分析存在很大的区别，因为宪法判例往往涉及合宪性问题的分析，所以，在分析宪法判例时需要特别注意区分作为审查依据的宪法规范与作为审查对象的法律规范或行政规范，这就涉及下一个步骤。

3. 寻找宪法或其他的法律条款

寻找宪法或其他的法律条款是分析宪法判例的核心步骤之一。因为宪法判例往往专注于法律的合宪性评判，所以，需要寻找涉及案例的全部宪法条款和有关的法律条款。由于宪法问题需要专注于法律合宪性这一特殊之处，所以宪法判例对法律问题的倚重要远远高于其他部门法的判例，而且，宪法判例往往会同时涉及民法、刑法或行政法的法律条款和理论。

4. 确定本判例的争议点与焦点

在明确了基本的事实关系、法律依据和相关的宪法和法律条款之后，对宪法判例的分析就进入了实质性阶段。这时首先需要明确参与案件各方的法律主张，例如，原告的主张及其宪法依据是什么，被告的主张及其宪法依据是什么，双方之间的争议点在何处；每一种主张的利弊优劣是什么。在很多宪法判例中，双方的争议点往往不止一个，有一些特定的争议会处在当事各方的主张的核心，因此，有必要确定各方争议的焦点是什么，从而抓住案件的"焦点"。

5. 综合判断

最后，结合上述所有步骤，尤其是对判例中的争议点和焦点的把握，对案件进行综合判断，这是研究宪法判例的最后阶段，即对宪法判例中需要作出判断的对象得出结论。由于成为人们研究对象的宪法判例往往是已经由宪法裁判机关作出判决的案例，因而在综合判断案件判决时，需要客观冷静地对整个判例进行评价，尤其是宪法法官的判决说理，这些判决是否回答了当事人的所有宪法疑问，以及对每一个疑问的回答是否充分，等等。

在本书分论部分所研究的判例中，既有外国的宪法判例，也有中国的宪法事例。在对中国的宪法事例进行分析的过程中，需要避免完全用外国宪法判例来套用中国实践中的宪法事实。正确的做法应当是，在客观认识相关的事实与中国宪法的相关条款和案件涉及的法律条款的基础上，对中国的宪法事例进行综合判断和评价。

第 二 章

基本权利领域的判例研究

第一节　宪法判例与基本权利的保障

一、宪法基本权利条款的抽象性

宪法基本权利是以人的尊严与价值为核心，并以人的尊严和价值为目的而由宪法确认的那些最重要、最根本的权利形态。为保证宪法的简洁性，宪法的条款只能是有限和抽象的，制宪者在确立宪法的基本权利条款时，必须对一切有助于实现人的尊严与价值的各种类型的权利形态进行选择和抽象，挑选出最重要、最根本的权利形态而加以确认，通过这一制宪过程中的权衡，权利形态中那些个别的、非本质的属性被舍弃，从而抽出共同的、本质的属性。因此，基本权利条款必然具有抽象性。

基本权利条款的抽象性体现在各个方面。首先也是最主要的，基本权利条款的基本的概念和术语具有抽象性。比如说，以我国《宪法》第二章的第一个条文，《宪法》第 33 条的规定为例，"公民"的概念，"法律面前一律平等"的所谓"法律"和"平等"，"国家尊重和保障人权"的"尊重"、"保障"和"人权"，这些基本的概念都具有抽象性。"公民"是否包含我国港澳和台湾地区的居民，是否包括外国人，是否包括法人等，"法律面前一律平等"是在什么意义上而言的，是否意味着平等权具有拘束立法的效果等，所有这些条款本身都缺乏具体的指向。众所周知，宪法概念是宪法规范的最基础的构成要素，当这些基本的概念表现为抽象形态时，宪法的条款必然会具有抽象的特点。其次，除了基本概念和术语的抽象性以外，基本权利条款所表达的规范本身也是抽象

23

的，例如，美国宪法第 14 条修正案所谓的"无论何州……不得在其管辖范围之内否定任何人享有平等法律保护"，即使排除这一规范里的"平等法律保护"等基本概念的抽象性不说，这些语段组合在一起所构成的规范指向也不一定是明确的。

当然，不能由于抽象性的原因而对基本权利条款本身作出否定性的评价。宪法基本权利条款如果想要适用于千差万别的宪法实践，适应不断变化的社会环境，就必须具有抽象性，这是基本权利条款的一个必要的品质。在这个意义上，基本权利条款的抽象性与现实生活的具体性必然会存在一定的冲突，需要在适用的过程中作出合理的解释，从而将这种冲突以制度化的形式加以化解。

二、宪法基本权利条款的客观性

宪法基本权利理论中存在一个长期争论不休的问题，即基本权利的主观性与客观性，这一问题实际上根源于如何理解基本权利中的"基本"这一概念。"基本"一词在语义上当然是指"重要的、基础的、根本的"，同样的，基本权利，顾名思义，即指那些重要的、基础的和根本的权利。但众所周知，"何为重要"显然属于一个高度主观性的价值判断，由此便出现了基本权利的主观性与客观性之争。

学者们通常从重要性的角度对基本权利和宪法的基本权利条款进行区分或分类，如认为，"并不是所有的宪法权利都是基本权利，基本权利应当是宪法权利体系中更'基本'的权利，如良心自由、人身自由、住宅不受侵犯、通信秘密和私有财产权等等。而同属于宪法权利的受教育权、科学研究创作权等文化权利是写在宪法中的权利，但不应是基本权利"[1]。关于宪法中的基本权利条款的重要性的争论还延伸到了"基本权利"这一名称，有学者批判了"基本权利"这一概念用法本身，明确提出，"宪法权利是一个比基本权利更规范的表述"[2]。

作者认为，认识上述问题应当区分两种不同的层次和角度，并明确研究者自身的研究视角和定位。关于何种权利更为重要的问题，是制宪者在确立基本权利条款中需要权衡的问题，而不是、也不能是释宪者在解释基本权利条款时加以决定的问题。宪法学者的研究立场应当更接近

[1] 马岭：《论宪法权利主体》，载《学习与探索》，2009 (3)。
[2] 夏正林：《从基本权利到宪法权利》，载《法学研究》，2007 (6)。

于释宪者，我们需要的，或者至少在本课程中需要的，是从释宪者的角度去认识宪法的基本权利条款，即解释和适用已经被制宪者判定为重要从而确认在宪法条款中的基本权利，而不能越俎代庖地取代制宪者关于重要性的判断或继续履行制宪者的职能。制宪者的职能更多的是综合道德、伦理等方面的因素进行一个政治决断，而释宪者的职能则主要是运用解释、阐述、说理、逻辑、推理等工具进行法律上的判断。

在解释和适用基本权利条款的过程中，以及在研究基本权利判例的过程中，需要确立一个方法论上的前提，即宪法的基本权利条款是一种客观的存在，它是不可置疑的，构成我们释宪活动的客观前提。尽管解释的方法可以有不同，但不能逾越解释者的职责界限。

三、宪法基本权利条款的一般性与非特定性

宪法基本权利条款的抽象性对应着一般性（generality），或者非特定性。通常而言，法理学上会将法的构成要素确定为概念、规则与原则，并认为规则具有明确的行为指示，而法律原则是抽象的，是对规则具有指导作用的那些更高级的原理（当然，法律规则与法律原则的划分并不是完全绝对的）。那么，宪法的基本权利条款到底是规则还是原则呢？这是基本权利理论中的一个难点，对此各国宪法学者都有一定的研究。从一个比较容易理解的意义上，德国学者阿列克西认为，宪法基本权利条款中既包含宪法规则也包含宪法原则。作者认为，如果考虑到基本权利条款在解释与适用过程中的不确定性，事实上，基本权利条款中作为原则的因素要远远大于作为规则的因素。

由于宪法基本权利具有抽象性和一般性，因而在其解释和适用的过程中，就需要由宪法法官进行各种权衡（balancing），并通过这样的权衡过程形成衍生性的基本权利规范。实际上，我们可以看到，各国宪法中的基本权利条款在内容和结构上虽不完全一致，但经过法官的解释与权衡，却可能大体上形成类似的基本权利规范。举例而言，印度最高法院在解释印度宪法的生命权条款时，认为其中包含维持最低生活水准的权利。如果单纯从生命的语义出发，这样的解释可能过于偏离生命权的核心领域。而在很多新近制定的宪法中，会包括直接的关于最低生活水准权的规范，因此不需要像印度最高法院那样解释，就可以有效地保障最低生活水准权。但在印度的宪法文化传统下，扩大性解释具有现实的意义。虽然宪法文本本身的规定不同，但二者都达到了保障最低生活水

准权的目标，在结果的意义上形成了宪法中的最低生活水准权规范。这就是宪法基本权利条款的一般性与非特定性所带来的结果。

由于具有强烈的一般性和非特定性的因素，宪法基本权利条款在很多场合与事实可能性及规则可能性无关。用阿列克西的话说，当它们涉及事实及规范的边界时，就会很自然地产生"一个区别性规则体系"（a differentiated rule system）①。当然，一般性与非特定性也可能经常惹来争议，比如，宪法的基本权利条款具有高度的抽象性是否给宪法法官带来过多的自由裁量权和可解释的空间？宪法解释的结果是客观和可预期的吗？这些都是需要认真解决的宪法课题。

四、宪法基本权利条款的约束力

宪法基本权利条款的约束力涉及一个更一般的问题——宪法规范的约束力。就当代的宪法观念来说，宪法规范作为国家的根本规范，具有约束包括立法机关及其立法权、行政机关及其行政权、司法机关及其司法权在内的一切国家机关与国家权力的效力，这是毫无疑问的。但这样的结论并不是一开始就确立的。

在第二次世界大战之前法德的主流宪法观念中，尽管人们认可行政机关应当受到宪法基本权利条款的约束，但并不认为基本权利条款具有约束立法机关的效力，甚至可以说，在当时的人权与主权观念中，人们认为立法是民意的代表，它并不具有侵害人权的可能性。相反，宪法基本权利规范必须通过立法的转化才能得以实现。以法国为例，《人权宣言》是法国最重要的基本权利条款，但在第二次世界大战以前，人们认为《人权宣言》中的权利条款并不具有约束立法机关的效力，如《人权宣言》第 6 条所言，"法律是普遍意志（la volonté générale）的表达"，因此，人权是通过议会制定法（par la loi）来实现的，而不是通过对抗议会制定法（contre la loi）来实现的。② 在这种条件下，基本权利条款的约束力不可能及于立法权，而只能及于行政权。德国的情形亦与此类似。

但在第二次世界大战之后，这种情形得到了改观，因为人们认识

---

① Robert Alexy, *A Theory of Constitutional Right*, trans. by Julian Rivers, Oxford University Press, 2002, p. 61.
② 参见王建学：《法国宪法基本权利的概念与借鉴》，载《北方法学》，2010（10）。

到，违反基本权利条款从而侵害基本权利的行为往往来自于立法行为本身，所以，必须重新审视宪法基本权利条款的效力，使其约束立法机关和立法权，这样才能在根本上保障人权。对此，宪法条文的变化最典型的例子是德国《基本法》第1条第3款，其中开宗明义地规定："下列基本权利拘束立法、行政及司法而为直接有效之权利。"因此，包括立法权在内的一切国家权力，均要受到宪法基本权利条款的约束，这一认识就成为宪法实践与学说的通行之理。

事实上，宪法的基本权利条款在效力上已经远远超出国家公权力的行使本身，它还以特定的形式进入私人之间活动的领域。德国联邦宪法法院在吕特（Lüth）案中，确立了基本权利对私人关系的第三者效力。基本权利第三者效力的实践使得基本权利的价值得以灌输到现代国家的各个部门法中，因此，对于宪法基本权利条款约束力的理解，应当在各部门法宪法化的大背景下加以适当的放大。

背景资料：德国联邦宪法法院吕特案

1950年，汉堡新闻协会主席吕特公开号召抵制哈朗（Veit Harlan）导演的电影，因为后者曾经为纳粹服务。哈朗的代理商等诉诸法院，要求法院判决吕特停止这种行为。汉堡地方法院和高等法院支持了原告的请求。吕特向联邦宪法法院提起"宪法诉愿"，认为自己的言论应受宪法"言论自由"保障，从而要求撤销汉堡地方法院和高等法院的判决。联邦宪法法院在判决吕特胜诉的判词中指出，"然而，同样正确的是，基本法无意作为价值中立的秩序……其在基本权利章中同时建立一个客观的价值秩序，而此正彰显出对基本权利规范作用的原则性强化……此项价值体系的中心在于，在社会团体中自由发展人类的人格及其尊严，必须能够作为宪法上的基本决定，而使用在所有的法领域；立法、行政及司法均可自此价值体系获得准绳与驱动力"。

当然，仅就基本权利判例的分析而言，我们将要讨论的很多案例仍然要围绕着公权力与基本权利的关系展开，尤其是法律对基本权利的限制是否构成了违宪，因为这些情况往往能够更直观地揭示出基本权利的核心问题。

五、基本权利发展与客观环境

人权及基本权利的发展与客观环境密切相关，它受到一国的政治、经济、社会、文化及其变迁的限制或影响。不同国家背景中同样的宪法基本权利条款可能由于不同国家的客观环境产生相互区别的审查标准，同样的，在不同国家的可能类似或相同的客观环境中，不同的宪法基本权利条款亦可能形成类似或同样的审查标准。因此，基本权利的发展除了取决于宪法的基本权利条款本身以外，还以宪法文本为媒介受到其他很多客观因素的影响。

在同一国家的背景下，其政治、经济、社会和文化的变化，亦会对基本权利的发展产生实质性的影响。在美国联邦最高法院对基本权利的解释实践中，如果我们采取纵向的历史观察角度，就会发现，同一基本权利条款，例如，"正当法律程序"，"法律的平等保护"，言论自由限制的审查标准等，都在随着客观环境的变化而变化。基本权利条款的含义，以及基本权利的发展，随着客观环境的变化而变化的事实本身就是值得我们研究的课题。又如，在韩国，刑法上的通奸罪也非常典型地说明了基本权利发展与客观环境的关系。在刑法最初规定通奸罪的时期，韩国的女性在总体上非常反对这条刑法的规定，因为在当时她们是这条刑法最主要的潜在的制裁目标。众所周知，通奸罪这一罪名在绝大多数国家已经被废除，因为它被认为与法治发展目标及标准不符，但在今天，当通奸罪的合宪性被提交到韩国宪法法院进行审查的时候，女性团体反而成为反对废除通奸罪的最主要力量，因为时过境迁，男性转化为该罪的潜在制裁目标，而女性常常是通奸的受害者。其中，社会客观环境的影响可谓是最主要的。

因此，当我们分析基本权利的宪法判例时，就必须对相关案件出现的背景，判决作出的政治、经济、社会和文化的因素具有相当的认识，这样才能准确地理解判例的主旨。相反，如果局限在纯粹规范主义的思路中而完全忽视客观环境，使规范主义由开放变为封闭，由相对变为绝对，法律上的结论必然是脱离时代需求的。

六、各国基本权利宪法解释体制的差异性

最后，在分析基本权利宪法判例时，还应当注意到各国基本权利宪法解释体制的差异性问题。宪法基本权利条款具有抽象性和一般性，其在具体案例中的含义需要解释，而不同的宪法解释体制则可能导致对同样或类似的基本权利条款的不同的解释过程，从而产生不同的解释结果。例如，法国宪法法院与德国联邦宪法法院或美国联邦最高法院，其

各自的解释体制就存在差异，法国宪法法院在 2008 年以前对法律是否违反《人权宣言》之条款的审查是一种事前的抽象审查，由于缺乏具体的案件事实，再加上法国传统宪法观念的影响，因而宪法法院对《人权宣言》条款的解释看起来不如美国联邦最高法院那么细密，而经其解释形成的基本权利条款的含义也不尽相同。但反过来看，美国联邦最高法院和其他具有判例法背景的宪法裁判机关，其判决虽论理细密，但又多失之冗长。因此，解释体制只有差异性问题，并无最优之模式。

单纯从事实描述的角度来看，差异性使得宪法学的实践和研究变得更加丰富多彩。如对这种差异性进行研究的基本权利比较研究，以及特定宪法解释机关所采取的宪法基本权利条款的比较解释方法，等等，都由于这种事实上的差异性而得到发展。尤其是当我们在分析南非宪法法院、加拿大最高法院这些经常运用比较解释方法的宪法裁判机关作出的判例时，就会更明显地感受到差异性以及在差异性上进行比较的趣味。

当然，也不能将这种解释体制上的差异性无限制地扩大。事实上，不同的解释主体，其解释总是有一定的可比性，而且，不同国家的宪法解释机关越来越多地在解释本国宪法的过程中，参照其他国家的宪法解释机关或者国际人权机构的解释，因此，在这种比较与借鉴的过程中，形成的解释结果当然也就越来越具有相似性。我们必须时刻牢记的是，人权是一个世界共通的话题，在宪法的各个领域中，不同国家、地区、文化、族群之间最具有共通性的语言就是人权和基本权利，也正因为如此，各国宪法裁判机关才有可能在尊重差异性的前提下相互交流与借鉴。

背景资料：比较法方法在基本权利判例中的运用

在世界范围内，各国宪法裁判机关之间在基本权利领域的相互比较和借鉴已经是不可避免的潮流，而信息技术的日益发达、人权价值的普遍化等各种因素都加速了其相互比较与借鉴的过程，目前已经发展出美国、加拿大和南非三种开放程度各不相同的模式。法国著名学者戴尔玛斯-玛蒂（Mireille Delmas-Marty）教授则提出，一个多元、复杂的世界法由此正在渐渐成型。值得一提的是，晚近几年来，各国宪法法官的对话正在以各种非正式的形式展开，如宪法法院或法官之间的各种社团与协会，诸如欧洲宪法司法联合委员会（Joint Council on Constitutional Justice）和法语国家宪法法院联合会（Association des Cours Constitutionnelles ayant en Partage l'Usage du Français）等，这种趋势最近也出现在亚洲，亚洲国家的宪法法院（和同类法院）在 2010 年 7 月 12 日于雅加达签署"亚洲宪法法院（和同类机构）协会章程"以及成立协会的宣言的草案，亚洲宪法法院和同类机构联合会（Association of Asian Constitutional Courts and Equivalent Institutions）于 2012 年 5 月在首尔正式宣告成立。宪法法院和宪法法官之间的国际性社团或组织，为法官非正式地切磋其宪法审查的技巧，交流有关的宪法观点，相互合作与鼓励，提供了非常重要的途径。

第二节　基本权利领域宪法判例的基本类型

基本权利领域的宪法判例在数量上非常庞大，而且其在整个宪法判例体系中的比例也相当高，据作者的初步计算大体上能占到所有宪法判例的 70% 以上，而且基本权利宪法判例处在不断的发展变化之中。为了更好地认识基本权利领域的宪法判例，有必要对其进行类型化，合理的类型划分有助于我们更好地学习和研究基本权利宪法判例。

通常人们对基本权利宪法判例的类型划分是照搬基本权利的类型，将其划分为自由权、参政权和受益权等，再分别以具体的基本权利填充之，本书在分论部分即主要采用这种标准。但在本节中，为了能够更好地凸显基本权利宪法判例的特殊性，以利于从另一个方面理解基本权利与国家的关系，作者结合基本权利领域宪法判例的总体情况采取另一种划分方法，将这些判例分为下列五个方面。

一、国家权力直接侵犯人权方面

国家权力直接侵犯人权方面的判例是指，国家权力的运作在直接的意义上侵害了人权，从而出现基本权利案件，并经宪法裁判机关之审理及判决从而形成基本权利判例。

这些案件具有两个特点：其一，人权受到侵害的事实是由国家权力的运行所造成的，因此，人权受侵害乃由于国家权力的运行所致；其二，国家权力的行使与人权受侵害的事实存在直接的因果关系，因此，国家权力侵害人权具有直接性。大部分基本权利宪法案件都是与国家权力相关联的，但事实上并非所有这类案件都是由国家权力在直接意义上造成的。基于上述两个特点，人们可以很直观地识别这类案件。

对这类判例的分析能够直接地揭示宪法的功能定位。因为这类案例总是发生在基本权利与国家权力之间，并且是基本权利受到国家权力的直接侵害，而宪法所调整的最重要的关系乃是个人与国家之间的关系，所以，这类判例最能凸显宪法的功能，即通过控制和约束国家权力来保障个人权利。

从理论上说，由于国家权力在通常的分权理论中可划分为立法权、行政权和司法权三种，因而此类案件就可以进一步划分为相应的三个子类型，即立法权直接侵犯人权，行政权直接侵犯人权和司法权直接侵犯人权。但是，需要注意的是，三种子类型并不是等量齐观的。

在所有国家权力中，行政权通常最具有压迫性和侵略性，因此，国家权力直接侵犯人权方面的案例往往与行政权有关，例如，强制拆迁中所造成的人身权、财产权受侵害，警察对公民人身自由采取限制性措施从而侵害人身自由权，新闻审查机关查封或限制新闻报纸之出版从而侵害新闻自由权，等等，都是由于行政权之行使而直接造成人权受侵犯。但由于现代法治国家都普遍要求对行政活动进行法律控制，因而行政诉讼通过审查行政活动的合法律性，分担了宪法诉讼的人权保障功能。通常只有行政活动所依据的法律本身侵害人权，才会进入宪法基本权利案件的范畴。

由于立法权能够确立普遍的规则，因而法律侵犯人权往往具有普遍性，受法律之影响的不特定个人的人权都会被侵犯。况且，以近代形式法治为基础而建立起来的现代法治国家通常都强调议会立法的权威与效力，除了宪法审查之外别无其他监督法律的方式。因此，立法权侵害基本权利成为宪法基本权利领域判例的重要来源。

而司法权既不具有行政权的侵略性也不具有立法权的普遍性，相反，司法权的行使总是被动的，并且局限于具体的个案中，因此，司法权侵犯人权的情形远逊于立法权与行政权。

二、歧视待遇方面

所谓歧视待遇方面的判例是指，国家权力设置了歧视措施，从而侵害了平等权。由于平等权是一项兼具原则性的基本权利，既可以作为一项具体的基本权利，又可以作为关于所有基本权利的原则，因而平等权会涉及各种类型的基本权利，例如，人身方面的平等权，政治方面的平等权，社会经济意义上的平等权，等等。因此，歧视待遇方面的宪法判例在数量上往往最多。

歧视待遇可能来自于法律本身，也可能来自于行政或司法过程。前者是指立法行为本身在法律中就设置了歧视待遇，从而在普遍规则的意义上侵害了平等权。后者是指立法行为虽然未设置歧视待遇，但其执行和适用，即行政和司法过程中，采取了歧视待遇，这是由很多可能的原因造成的，例如，立法给行政行为设置了过于宽泛的自由裁量权，从而使行政机关对法律可能产生过于不同的理解，或者给行政机关故意曲解法律提供条件。在这种情况下，不仅行政行为本身会在行政法的意义上被判为违法，这类法律本身也会在宪法的意义上被判为违宪或限定合宪。

歧视待遇方面的基本权利判例涉及的最重要的问题就是审查标准的确立，即到底应当采用严格标准、中度标准还是低度（合理）标准，这取决于采取差别待遇的政府措施所追求的利益是合法的、正当的还是压倒性的。对于这些问题，本书将在分论部分结合平等权的原理与判例进行专门讨论，此处从略。

三、宪法保护的主体要求方面

宪法保护的主体要求方面的判例是指，涉及为达到尊重、保障或实现基本权利的目的，国家负有作为或不作为之义务的基本权利宪法判例。通常而言，较为多见的基本权利判例是涉及国家负有尊重人权的不作为义务，而采取了积极的作为行为，例如，国家负有不侵害隐私权的消极义务，却采取了不合理收集私人信息并加以公布的积极措施，从而违反了尊重隐私权的不作为义务。在传统的受到夜警国家观念支配的宪法中，这类判例占基本权利宪法判例的绝大多数。

但很多现代型的基本权利若是离开国家的积极的保障或实现行为，则无法获得实效性。例如，非通过国家以法律重新划分选区，不足以实现和维持各选区之间的投票权重之平等；非通过国家以预算法案提供公共医疗和保健之资金，无法实现公民的基础健康权；非通过国家以财政预算支付警察部门的基本开支，不足以惩治犯罪和实现社会的安全与安定。因此，国家所负有的人权义务远远不是传统意义上的消极不作为，而是包括了积极的保障与实现。在这种情形下，若不纠正国家的不作为行为，则无以实现基本权利。

国家负有作为义务却采取不作为之行为，在公法上可以分为不同的层次，若是单纯的行政法上的不作为，可以通过行政诉讼加以救济。而立法上的不作为，通常要区分不同的类型而采取不同的救济方式，其中，宪法诉讼是最为根本的救济方式。

四、部门法中的人权条款与宪法中的人权条款的矛盾方面

部门法中的人权条款与宪法中的人权条款的矛盾是指，各部门法中有关人权的条款与宪法中的人权条款发生矛盾或冲突，从而需要在宪法的意义上对这些矛盾或冲突的条款加以权衡和审查，并由此形成基本权利宪法判例。在现代基本权利理论，尤其是德国联邦宪法法院最先发展起来的基本权利理论中，基本权利除了具有作为主观权利的性质以外，还具有客观法秩序的功能。在主观基本权利的层面，权利人就其受到的侵害得以宪法诉讼的形式向宪法裁判机关寻求救济；就客观法秩序的层面而言，基本权利的价值要辐射到各个部门法中去，人们因此将各种民事交易制度、契约制度、婚姻制度等视为法律创造和维持使基本权利得到保障的客观法秩序的结果。[①] 由此，各个部门法会充斥着关于人权的具体条款与机制。

从理论上说，这些部门法的人权条款并不一定会在事实的角度符合宪法基本权利条款的要求，因此，为了保证整个国家的法律秩序都是以宪法的基本权利条款为基础而搭建的，就必须对部门法的人权条款是否符合宪法的要求进行审查。这就是此类型案件的由来。但是在这里需要注意的是，对部门法中的人权条款进行审查的基本态度应当是克制的，也就是要遵循合宪性推定等一系列原则，尽可能保持宪法和宪法审查者的自我克制，先要找宪法条款，再找部门法条款，不能随意地、简单地宣布部门法的条款违反宪法。当然，宪法的自我克制不能理解为宪法的无力或软弱，宪法审查犹如现代立宪国家的"上方宝剑"，而保持自我克制是一项基本的品质。

五、人权保障中的程序问题方面

人权保障中的程序问题方面的判例是指，公权力之行使由于违反宪

---

① 关于基本权利的制度性保障以及其他客观法秩序功能，可参见张翔：《基本权利的双重性质》，载《法学研究》，2005（3）。

法的程序设置，造成侵害基本权利的违宪事实，并经宪法裁判机关的审理及判决从而形成的宪法判例。除了公权力行使的实体内容会涉及侵犯人权以外，其行使的程序方面也会涉及基本权利。之所以在程序方面对公权力的行使进行限制，仍然是出于维护基本权利的目的。失去了程序限制的公权力犹如脱缰的野马，必然对人权构成侵害。因此，宪法上的程序性限权措施与实体标准一样值得注意。

在美国，联邦宪法专门确立了"正当法律程序"条款，并将其作为宪法权利的一项，即，非经正当法律程序，不得剥夺任何人的生命、自由和财产。因此，正当法律程序的权利乃是美国人根据联邦宪法所享有的一项非常重要的权利。当然，美国的宪法实践存在一定的特殊之处。联邦最高法院不仅在宪法第 5 条修正案和第 14 条修正案的"正当法律程序"条款中发现了"程序性正当法律程序"，还发明了"实质性正当法律程序"，通过将条文中的"正当法律程序"加以创造性的扩大解释，从而在程序和实体两个方面对立法加以审查。在法国，程序方面的问题则主要被作为一个公权行使方面的问题，但宪法法院也将它与基本权利联系在一起，例如，法律应当经过宪法规定的程序才得制定，立法过程必须符合宪法规定的民主原则，法律在形式和内容上要符合明白易懂的要求，以便使普通民众能够理解法律，等等，所有这些程序方面的要求在根本上都源于《人权宣言》第 6 条，即"法律是普遍意志的表达。每一个公民皆有权亲自或由其代表去参与法律的制定"。因此，程序问题在人权保障的过程中是无处不在的，尽管其有时表现得直接，有时表现得间接。

第二部分

分 论

21世纪法学研究生参考书系列

第 三 章

平等权

第一节 基本概念与理论

平等权宪法判例在数量和体系上是非常庞大的，在所有基本权利宪法判例中，平等权判例的数量大体可以占到 40％ 至 50％，这一方面是由于平等的原则和精神广泛渗透到基本权利的各个领域（甚至国家机构的领域），另一方面则源于平等权本身所具有的丰富内涵。

一、平等与平等权概念

（一）平等的理念

在理解平等权之前，我们有必要分析有关平等的一般理论。平等与自由是人类长期以来追求的目标，它们实际上构成宪法发展的内在动力。但两者的价值并不是始终统一的，有时存在着矛盾与冲突。为了获得人的价值的平等，消除实际上存在的各种不平等的现象，人类进行了长期的努力。在早期的宪法性文件中平等作为重要的价值目标而得到具体体现，确立了基本权利体系的基础。

平等是一种表明同其他对象之间相互关系的概念，以两个或两个以上的对象为前提。宪法意义上的平等概念是以宪法规范的平等价值为基础，在宪法效力中体现平等的内涵。平等是多样化的概念，依不同的标准可作出不同的分类，如形式平等与实质平等。形式平等是指法律面前的平等，即对所有的人不分其身份或地位同样地适用法律。实质平等是指法的内容的平等，即立法者要根据平等原则制定法律，立法过程受平等原则的约束。此外，实质平等与绝对平等、实质平等与相对平等表现了平等价值在不同领域中的运用。

（二）平等权的概念

平等权是各国宪法规定的基本权利体系中的重要组成部分，是权利主体参与社会生活的前提与条件。关于平等权的概念，早期的学术界有不同的说法，如有的学者认为："公民的平等权是指所有公民根据法律规定，享有同等的权利和承担同等的义务。"[①] 也有学者认为："平等权是指公民在政治、经济和社会一切领域内依法享有同其他公民同等的权利，不因任何外在差别而予以区别对待。"[②] 目前通常认为，平等权是通过宪法和法律规定的实体性权利，同时又是现实生活中实际运行的权利。所谓平等权是指公民平等地享有权利，不受任何差别对待，要求国家给予同等保护的权利与原则。这一概念的具体特点是：

1. 平等权的性质具有双重性，即作为主观权利与客观秩序的规范性质。平等权为公民向国家要求平等地位，消除各种不平等现象提供了宪法基础。

2. 从公民与国家的关系看，公民有权要求国家予以平等的保护，不因公民性别、年龄、职业、出身等原因给予差别对待；国家有义务无差别地保护每一个公民的平等地位，特别是国家有关机关适用法律时给予公民的保护或惩罚应该是平等的，不得因某些特定人的个人因素给予特殊保护，而对其他公民不予保护。平等权概念实际上确立了国家机关活动的合理界限，是国家机关活动的基本出发点。

3. 平等权概念意味着公民平等地行使权利，平等地履行义务。权利与义务一致性的原则源于平等权的价值观，平等权的观念与理论原则要求权利与义务价值的并重。国家一方面平等地保护公民的法定权利，同时平等地要求公民履行法定义务。从这一意义上讲，平等权是公民基本权利的高度概括与综合，它构成基本权利形成与运行的指导性规则。我国《宪法》第5条中规定："任何组织或者个人都不得有超越宪法和法律的特权。"这一条实际上确定了平等权适用的广泛范围，即平等权的价值不允许特权现象的存在，特权与平等权是不得并存的，凡是存在特权的领域就不会有平等权的存在。弘扬平等权思想是反对特权的有力思想武器。

---

① 徐显明主编：《公民权利义务通论》，140 页，北京，群众出版社，1991。
② 肖秀梧主编：《中国宪法新论》，253 页，北京，中国政法大学出版社，1993。

4. 平等权概念意味着它是实现基本权利的方法和手段。平等权是基本权利体系的一部分，同时也是实现政治权利、经济权利、社会权利与文化权利的手段，为这些权利的实现提供了基础与环境。宪法上规定的基本权利是平等原则的体现，是平等权在不同社会领域中的具体化，如选举平等、租税平等、男女平等、民族平等、教育机会平等。因此，平等权概念是多样化的、综合性的概念，反映了国家权力与公民权利的相互关系，是实现宪政的基础。

二、平等权的历史发展

平等观念与法是同时产生的，平等是法的基本属性，同时也是法追求与维护的目标。人类社会的发展是不断地发现平等价值，不断地扩大平等范围的过程。平等从思想到原则，从理论到法律，从一般的法律权利到宪法权利的过程，反映了人类治理国家经验的不断成熟。平等观念在近代国家具有两个方面的内容：一是参政平等的要求，即公民参与国家机关组成与统治过程；二是法适用平等的要求，即国家机关平等地保护公民，不得差别对待。1789 年的法国《人权宣言》最早以法的形式确定了平等权，其第 6 条规定："法律对于所有的人，无论是施行保护或是惩罚都是一样的，在法律的眼里一律平等的所有公民皆能按照他们的能力平等地担任一切公共官职、职位与职务，除他们的德行和才能以外不受任何其他差别。"由于受历史条件的限制，18、19 世纪的平等观主要是一种形式平等、注重机会的平等、出发的平等，还没有体现实质的平等与结果的平等。1919 年德国魏玛宪法规定财产权的受制约性，规定了劳动权、生存权等社会基本权，其目的是克服形式意义上的平等，以实现实质意义的平等。之后，平等权作为一项基本权利成为宪法权利的重要组成部分。现代各国宪法普遍规定"法律面前人人平等"原则，赋予平等权以基本权利的性质。

平等权作为一项法律原则早在我国新民主主义革命时期根据地人民政权颁布的宪法性文件中已有所体现。如 1934 年江西瑞金革命根据地颁布的《中华苏维埃共和国宪法大纲》第 4 条规定，劳动人民在苏维埃法律面前一律平等。1946 年陕甘宁边区政权通过的《陕甘宁边区宪法原则》规定："边区人民不分民族，一律平等。"新中国成立初期的《共同纲领》规定了男女平等和民族平等原则。1954 年宪法明确规定："中华人民共和国公民在法律上一律平等。"这在宪法上确立了平等原则，并保障公民平等的基本权利。1975 年宪法和 1978 年宪法因受当时历史条件的限制，取消了平等权的规定。1982 年宪法在总结历史经验的基础上重新确定了平等原则，规定"中华人民共和国公民在法律面前一律平等"，为公民享有平等权提供了宪法基础。

三、平等权的宪法地位

平等权作为公民的基本权利，构成宪法权利的基础，是一种综合性的、具有手段意义的权利体系。

（一）平等权在基本权利体系中的地位

1. 平等权是公民享有的基本权利，是人类不可缺少的，与生命权、自由权具有同等价值的权利。早期的资产阶级启蒙思想家和宪法文件都将平等权解释为人与生俱来的重要权利。

2. 平等权与其他基本权利一样反映了历史发展的进程，是不同历史时期人们向往平等与自由的必然结果。从平等思想到实定宪法上的基本权利，平等权集中反映了宪政要求，为平等的具体化提供了统一的基础。

3. 作为一项基本权利，平等权的存在形式有其特点。平等权不像其他基本权利那样具有特定而具体的内容，其权利性主要体现在与其他基本权利的相互关系中，具体通过政治平等权、经济平等权、文化平等权与社会平等权体现了权利的价值。但这一点并不否定平等权的权利性，它只是反映权利存在的不同形式而已。有的学者认为："平等权可以说不是一种具有具体内容的权利……一个人是否享有平等权固然和国家的性质以及他所属的阶级在国家中的地位有密切关系，但这种平等权一定要通过他和社会其他成员的交往才能体现出来。"[①]

（二）平等权既是基本权利，又是宪法原则

在平等权的理论中，如何判断平等权的性质是十分重要的问题。围绕平等权性质，学术界主要有三种观点：第一种观点认为，平等权是公民的一项基本权利，具有权利性；第二种观点认为，平等权是法制的原则或宪法原则；第三种观点认为，平等权一方面有其综合权利体系的性质，同时又有作为宪法指导原则的性质。权利性与原则性是平等权的重要特征。如果把平等权只理解为一项宪法原则，不赋予其权利性质，有

---

① 何华辉：《比较宪法学》，226 页，武汉，武汉大学出版社，1986。

可能导致平等权价值名存实亡。从某种意义上说，确定平等权的性质是确立平等原则的前提。因为没有主体的具体权利活动便无法产生指导其行为的准则，更不能形成指导法制建设的总体原则。在平等权性质问题上，过去人们只注重原则意义上的平等权，而忽视了平等权作为具体权利的性质，甚至否定了平等权的基本权利性质。当然，在平等权性质问题上只强调平等权的权利性而忽视其原则性，也可能导致平等权功能不完整的现象，影响它对其他基本权利的指导意义。

四、平等权的内容

平等权所包含的内容是十分广泛的，涉及社会生活的不同领域。法律面前人人平等只是平等权内容的重要组成部分，并不反映平等权的所有内容与领域。

（一）法律面前人人平等

在现代宪政国家中，平等权首先表现为法律面前人人平等原则。我国《宪法》第 33 条第 1 款规定："中华人民共和国公民在法律面前一律平等。"从平等权概念看，法律面前平等意味着公民行使权利和履行义务平等，不允许因其性别、身份、职业等不同而享有法外的特权。现行宪法将 1954 年宪法规定的"中华人民共和国公民在法律上一律平等"改为"……在法律面前一律平等……"，其目的是准确地表述平等权的适用范围，即"法律面前平等"只包括法律实施上的平等，不包括立法上的平等。这就从宪法角度确定了平等权适用的范围与效力。

法律面前人人平等作为一项宪法原则，包括的主要内容有：所有公民平等地享有权利和平等地履行义务；在我国，任何公民都受法律约束，不允许有超越法律规定的任何特权；所有公民在司法上一律平等，即在实施法律、执行法律和适用法律上平等；法律面前平等是指法律赋予公民权利能力上的平等，同等条件下公民具有获得相同权利的资格，并不表示行为能力上的平等。可见，法律面前平等只是法律范围内的平等，并不是事实上的平等。

（二）禁止差别对待与合理差别

如前所述，法律面前平等在本质上是权利与义务平等，禁止任何差别对待。在法律关系上人们的地位是平等的，社会身份、职业、出身等差异不应成为任何受到不平等待遇的理由。有的学者认为："法的平等是一种价值判断，价值判断的内容取决于平等待遇对象的生活关系、人际关系，它是宪法价值判断的具体反映。差别从广义上讲是价值中立的概念，使一部分人被赋予特权，使另一部分人处于不利的地位。"① 平等权禁止的差别是不合理的差别，即宪法意义上的差别有合理的差别与不合理的差别。平等权的相对性要求禁止不合理的差别，而合理的差别具有合宪性。如在 2010 年修改以前，我国选举法上规定的城乡之间代表人口数的不同比例并不是严格按照人口比例来确定的，4：1 的比例显然是投票价值上的不平等，但这种不平等在当时的历史条件下是宪法规定范围内的合理差别，具有合理基础。又如宪法对全国人大代表的言论免责权作了特殊规定，这一权利是人民代表基于其取得的代表资格而享有的，不具有代表资格的公民不能享有。在这里，平等权的价值表现在人民代表在言论免责权行使方面的合理差别。公民之间权利方面的某些特殊规定是一种合理的差别，不能认为是一种法外特权。如果不承认现实生活中存在的合理的差别，仅仅以平等理念处理各种宪法问题，有可能导致平均主义，混淆平等与自由的界限。基于性别、年龄及个人生活环境的差异，在法律或公共政策中有可能出现一些差别，对此应作具体分析，区分合理的差别与不合理的差别。当出现某种差别时，需要判断是否具有宪法上的正当理由。对差别理由的正当性问题，各国有不同的判断标准。如在男女平等政策的合理性问题上，美国联邦最高法院采用中间审查标准，种族平等的实现措施往往受到严格审查标准的限制。而在韩国，宪法法院在审理有关男女平等案件时，主要采用比例原则，考虑以下因素：实现男女平等的立法目的是否具有正当性；为实现立法目的而采取的手段是否合理；男女平等属于宪法上的重大公益，与此无明显抵触的差别性的规定并不侵害私益等。

　　从一般意义上讲，判断差别是否具有正当性的基本原则是：是否符合作为宪法核心价值的人的尊严原则；确定差别措施的目的是否符合公共利益；采取的手段与目的之间是否有合理的联系等。有学者认为，"平等与不歧视原则是人权法的核心"，消除各种缺乏合理性的歧视现象是实现平等价值的重要方面。社会生活中的不平等现象并不都是歧视。一般意义上，构成歧视应满足如下条件：一是存在着区别待遇；二是此种区别具有不良的效果；三是该区别的理由是被禁止的。② 符合合理性

---

① ［日］阿部照哉：《平等的权利》（日文版），44 页，日本，法律文化社，1984。
② 参见李微微：《论国际人权法中的平等与不歧视》，载《环球法律评论》，2004 年夏季号。

原则的差别是正当的，否则属于宪法上禁止的差别。

目前，从世界各国宪法的规定看，平等权类型的划分主要有以下几种：

1. 依据禁止差别内容的宪法条款，在宪法中规定禁止差别的方式有三种：第一种是宪法中只列举禁止差别的理由；第二种是只列举禁止差别的领域；第三种是同时规定禁止差别的理由与领域。男女平等原则的规定属于第一种类型，有关教育机会平等的规定属于第二种类型，它明示了教育领域的平等。我国《宪法》第34条的规定属于第三种类型，它规定在行使选举权领域不能以民族、种族、性别、职业、家庭出身、宗教信仰、教育程度、财产状况、居住期限为由进行差别对待。从宪法的基本精神看，除宪法列举的上述禁止领域与理由外，其他方面的不合理理由也属于禁止范围。

2. 根据平等权适用的具体领域，平等权可分为政治生活领域平等权、经济生活领域平等权、社会生活领域平等权与文化生活领域平等权等。不同领域的平等权尽管表现不同，但都反映了平等权的要求，是平等权的具体反映。

3. 根据享有平等权主体的不同，平等权可分为以公民为主体的平等权、以法人为主体的平等权与以特定对象为主体的平等权。公民是平等权的一般主体，在特定条件下法人可成为平等权主体。[1] 在现代宪法制度中，平等权主体中包括社会生活中的特定主体，如妇女、残疾人、儿童、难民、犯人等。这些主体享有的平等权是平等权在特定领域中的体现，是以禁止差别为义务的权利形态或法律原则。由于先天条件影响，某些主体的平等权需要以特殊规定加以保护，这种"特殊"并不违反平等原则。

五、平等权的适用、效力与限制

(一) 平等权的适用

如前所述，平等权首先是公民的一项基本权利，同时也是重要的宪法原则。就其适用范围而言，平等权适用于人类生活的一切领域，即表现为政治生活的平等、经济生活的平等、社会生活的平等与文化生活的

---

[1] 如法国宪法法院在判决中认定，"平等原则适用于法人之间并不少于其适用于自然人之间"。Considérant 29，Décision n° 81-132 DC du 16 janvier 1982 du Conseil Constitutionnel.

平等。每一领域的平等原则通过具体的平等权适用而得到体现，如男女平等是我国的一项宪法原则，它具体表现为男女平等权，其效力范围及于男女平等的所有领域，任何违反男女平等原则的行为均受法律或行政责任的追究。

为了体现平等权原则，我国宪法在序言、总纲及公民基本权利义务部分中强调了平等权的适用与意义。

1. 宪法在序言中规定了平等、团结、互助的社会主义民族关系，规定全国各族人民、一切国家机关和武装力量、各政党和各社会团体、各企业事业组织，都必须以宪法为根本的活动准则，并且负有维护宪法尊严、保证宪法实施的职责。

2. 在宪法总纲部分，具体规定了平等权运用的原则与领域。如《宪法》第 4 条规定了各民族一律平等的原则，禁止对任何民族的歧视和压迫，禁止破坏民族团结和制造民族分裂的行为，并在第 89 条赋予国务院"保障少数民族的平等权利"的职权，这使总纲的平等原则延伸至国家机构的活动。《宪法》第 5 条中规定，任何组织或个人不得有超越宪法和法律的特权。这一规定明确了平等权的宪法地位，从宪法角度否定了特权。

3. 在公民基本权利与义务部分，宪法首先规定了公民在法律面前一律平等的原则，明确平等权在基本权利体系中的指导意义。《宪法》第 33 条中规定，任何公民均享有宪法和法律规定的权利，同时必须履行宪法和法律规定的义务；第 36 条规定了宗教平等原则，第 38 条规定了人格尊严平等，第 48 条规定了男女平等原则，即妇女在政治上、经济上、文化上、社会上和家庭的生活等各方面享有同男子平等的权利。

（二）平等权的效力

平等权作为基本权利与宪法原则具有一般约束力，它约束国家机关活动与公务人员的活动。行政机关执行法律及司法机关适用法律时应遵守平等原则。根据我国学术界多数学者的观点，法律面前平等原则是指实施上的平等，通常不包括立法上的平等，平等权效力不能直接约束立法者。但是，理解《宪法》第 33 条的"法律面前一律平等"，并不能脱离其他条款中丰富的平等权规范，综合所有这些规范可以认为，立法者制定法律时应严格遵守平等原则，不能制定违背平等原则的法律，不得规定具有不合理差别的内容。因为立法必须以宪法为依据，一切法律、法规和其他规范性文件都不得与宪法相抵触。平等权是宪法规定的公民基本权利，同时也是宪法原则之一，"以宪法为依据"实际上意味着平等权效力直接约束立法活动。

平等权效力能否约束私法关系是学术界有争议的问题。根据公法与私法关系的发展，公法原则适用于私法关系是一个重要的发展趋势。私人之间的关系并不只具有"私人"的性质，它受宪法规定的平等权效力的约束，其活动不能违反平等原则。比如，在私人企业、私营企业、独资企业的经营活动中，男女平等原则具有直接的约束力，应保护宪法规定的平等权，在雇佣关系、同工同酬等方面，平等权发挥着重要的作用。

（三）平等权的限制

宪法上讲的平等权是实定法意义上的权利，并非是自然状态中产生的超宪法的权利。既然它是一种法定的权利，就受宪法、法律的限制。但由于平等权自身的特点，平等权受限制的方式不同于其他权利。

基于平等权的相对性与合理的差别性，宪法确定了平等权的界限。具体表现为平等权例外条件的规定，主要有：规定年满 18 周岁的公民才有选举权；公务员政治行为的界限与范围，其言论自由、结社自由权受限制；军人受军事法院的审判；人民代表的言论免责权与不受逮捕权的规定；军人及其家属的社会优待权；妇女权益的特殊保护等。上述内容通常规定在宪法中，属于合理的差别，故并不违反平等原则。

对平等权的法律限制主要表现在特别权力关系之中，处于特别权力关系中的主体因其职务的特殊性，其平等权受合理的限制。主要有：对监狱犯人的书信检查；根据公务员法规定限制公务员进行特定的政治活动；对外国人财产权的某些限制；军人团体行为的限制等。在合理的范围内通过法律限制平等权具有宪法依据，属于平等权的合理差别。

第二节　典型判例与分析

一、普莱西诉弗格森案[①]

[事实概要]

1890 年，美国路易斯安那州众议院通过了著名的"种族隔离"的

---

① Plessy v. Ferguson，163 U. S. 537，1896.

法案（the "Separate Car Act"）。其中规定，本州的所有铁路公司在运送旅客时，都必须为白人和有色种族提供隔离但平等的设施，以保证设施的隔离，但是本规定不适用于市内有轨电车。任何人都不得占有不属于其种族的座位。

普莱西（Homer A. Plessy）是美国南部路易斯安那州公民，其本人有7/8的白人血统，1/8的黑人血统，其长相除头发和嘴唇等像黑人之外，其余部分都像白人。普莱西于1892年从新奥尔良（New Orleans）乘火车去科里垌（Covington）。列车长验票时，见普莱西坐在白人车厢里，便要求他到黑人车厢里去就座，而普莱西坚决不去黑人车厢就座。结果，普莱西被警察强行带走，交由法院判罪。普莱西在州法院辩解到，他应当享有美国宪法赋予美国公民的一切政治、经济和社会平等权利。他以本案法官弗格森（John H. Ferguson）违宪为由提起反诉，要求维护自己的权利。但法院在上诉审中作出了不利于普莱西的判决。普莱西遂将案件上诉到美国联邦最高法院。

[判决内容]

美国联邦最高法院经过审理，最终判决路易斯安那州制定的"种族隔离"法案符合美国联邦宪法。

在该案件判决中，美国联邦最高法院认为，路易斯安那州的"种族隔离"法案，并没有违反联邦宪法第13条修正案和第14条修正案。美国联邦宪法第13条修正案规定废除奴隶制度和强迫服务，其实质就是废除非自愿性的奴隶式和强迫的服务，而本案不存在这样的非自愿和强迫性质的服务。美国联邦宪法第14条修正案规定，任何州不得颁布和实施任何剥夺美国公民所享有的特权或豁免权的法律。非经正当法律程序，任何州不得剥夺任何人的生命、自由或财产，也不得拒绝给予任何人享有的平等法律保护。就"种族隔离"法案来说，并没有鼓吹白人种族和黑人种族在法律上不平等，只是没有取消两个种族在肤色上的差别，而且在任何一方不满意的情况下，强迫两个种族混合在一起也是不妥当的。

美国联邦最高法院认为，在种族隔离问题上应当区分两类不同性质的法律：一类是干涉黑人政治平等的法律；另一类是要求两个种族在学校、剧场、火车站等相互分离的法律。前者是违背联邦宪法的，如弗吉尼亚州制定的限定21岁以上白人男性公民可以担任陪审团成员的规定，就是对黑人在政治上的歧视，因而是违宪的。而实行种族隔离的法律，应当考虑在实际生活中人们已经形成的一些习惯、传统和做法，应当考虑到不同人群生活的舒适和便利，所以，根据这一标准，由联邦国会制定的要求哥伦比亚特区为有色人种儿童建立种族隔离的学校的法案，以及各州立法机关所颁布的类似法律，都是符合宪法的，不违反联邦宪法第 14 条修正案。

　　至于普莱西提出自己属于混色人种，应视为白色人种，联邦最高法院认为，在该问题上，各州可以有自己不同的看法。有的州主张，只要混有看得出来的有色血统，就可以视为有色人种；有的州认为，需要根据占优势的血统来确定，如白人血统占 3/4 才能属于白色人种。联邦最高法院认为，这些问题应当由各州自行解决，不属于最高法院在本案中解决的范围。

　　[评析]

　　普莱西诉弗格森案是美国联邦最高法院违宪审查史上关于"法律平等保护"条款解释的著名案件。在本案中，联邦最高法院承认了以肤色对公民进行划分的合宪性。毫无疑问，美国联邦最高法院在该案中所持的观点存在着历史的局限性。"平等权"作为一项宪法权利，应当表现在社会生活的各个领域。不仅意味着每个公民的人格平等、身份平等、机会平等以及政府依据法律对每一个公民加以平等保护，还应当包括立法要在每一个公民之间平等对待，对不同的人群不应当根据其性别、年龄、种族等的不同加以不适当的分类。平等权不仅要体现在制度上平等地对待每一个人，而且也应当为每一个公民提供一个崇尚平等的社会环境。政府有责任采取措施来消除各种影响平等权实现的社会因素，彻底消除造成不平等的社会根源。所以，社会平等是制度平等的根本保证，没有社会平等就没有制度平等。事实上，到 20 世纪中叶，随着社会平等意识的不断增强，美国联邦最高法院在布朗诉堪萨斯州托皮卡地方教育委员会一案的判决中，完全否定了美国联邦最高法院在普莱西诉弗格森一案中所持的保守立场，彻底抛弃了"隔离但平等"的主张，反映了美国联邦最高法院在保护公民平等权方面的历史进步性。

　　值得一提的是，在本案中，哈伦（John Marshall Harlan）大法官在反对意见书中提出，"我们的宪法是色盲的（或译为没有种族差异的，color-blind）"。但可惜的是哈伦大法官在本案中是唯一一个少数派。

　　[附：美国联邦宪法相关条文]

第 13 条修正案

一、合众国境内或合众国管辖范围内，不准有奴役或劳役存在，但用以惩罚犯罪的不在此限。

二、国会有权为实施本条而制定适当的法律。

第 14 条修正案

一、凡出生或归化于合众国并受其管辖之人，皆为合众国及其所居州之公民。无论何州，不得制定或施行剥夺合众国公民之特权及特免的法律；非经正当法律程序，不得剥夺任何人的生命、自由和财产；不得在其管辖范围之内否定任何人享有平等法律保护。

…………

五、国会有权为实施本条的各项规定而制定适当的法律。

二、布朗诉教育委员会案①

[事实概要]

本案发生的基本背景是，在前述的普莱西诉弗格森案中，联邦最高法院确立了"隔离但平等"（separate but equal）的原则。由于这一原则，一个 8 岁的黑人儿童琳达·布朗（Linda Brown）不得不步行 1.5公里绕过火车调车场去堪萨斯州托皮卡市（Topeka，Kansas）的黑人小学上学，而她周围的白人朋友们的公立学校却只离家有 7 条街远。托皮卡市的学校体系就是按照不同种族而确立的。按照"隔离但平等"的原则，这种体系是可以接受的，也是合法的。琳达的父母向联邦地方法院起诉，提出提供给黑人隔离的学校设施本身就是不平等的。但是地方法院支持适用"隔离但平等"的原则，支持了学校体系，即只要不同种族的学校设施是相同的，黑人儿童则受到如宪法第 14 条修正案所规定的与白人相同的待遇。随后，布朗夫妇偕同其他学校体系中的一些家庭向联邦最高法院上诉，认为即使具有同样硬件设施的学校体系也没有考虑那些"无形"因素，而且种族隔离本身对黑人儿童的教育产生有害的影响。他们的上诉得到了美国全国有色人种协进会（National Association for the Advancement of Colored People）的支持，从而使联邦最高法院接受上诉并审理了本案。

[判决内容]

美国联邦最高法院的大法官们以 9：0 的票数一致裁定推翻对当年

---

① Brown v. Board of Education of Topeka，347 U. S. 483，1954.

普莱西诉弗格森案的判决。由首席法官厄尔·沃伦（Earl Warren）撰写的判决书指出，这一案件所涉及的白人学校和黑人学校在有形条件方面是平等的，但是，作为公立学校，采取"隔离但平等"原则很显然有碍于公立学校的教育，不利于保护儿童的平等权利。

联邦最高法院在判决中明确指出：在公立教育领域中，"隔离但平等"的理论没有立足之地，隔离的教育设施实质上是不平等的，尽管种族隔离表面上的可见因素是平等的，例如在硬件设施、师资、课程等方面，但是有许多无形因素（intangible factors）却是不平等的，例如学习的能力，与他人讨论并交换意见的机会等，此外，在中小学更重要的是，隔离教育会使学童对自己形成一种"自己是次等的"的自我认同，这种认同感会伤害学童的心灵，同样也会影响他的学习动机以及未来心灵的正常成长。所以，法院认为，原告们以及这些诉讼所涉及的其他与原告们处于相同境遇的人们，由于他们所控告的种族隔离的原因，被剥夺了联邦宪法第 14 条修正案赋予的法律平等保护权利。这一结论已使法官没有必要再讨论种族隔离是否还违反联邦宪法第 14 条修正案关于法定程序条款的问题。法院宣布，公立教育中的种族隔离是违反法律平等保护的规定的。在公立教育制度中，1896 年以来实行的只讲"政治平等"，不讲"社会平等"的原则是没有存在空间的。在普莱西诉弗格森案件中所有与上述判决相反的主张，必须予以否定。

[评析]

布朗诉教育委员会一案在美国联邦最高法院违宪审查历史上具有十分重要的意义。在该案判决中，美国联邦最高法院全面否定了 1896 年普莱西诉弗格森案件中所确立的"隔离但平等"原则，实现了对种族平等权的保护。

从本案的论证说理来看，其中的内容在很大程度上并不是新创的，哈伦大法官早在普莱西案的反对意见中就较为充分地论证了"宪法是色盲的"理论，这一理论在布朗诉教育委员会案中终于成为多数派意见。实际上，如果从比例原则的"目的正确"和"合目的性"要求出发，通过种族隔离来解决种族之间的冲突，恰恰是造成冲突的根源，因为隔离反而会导致误解、冲突、隔膜，而交流与对话则有助于消除这些误解。因此，隔离性的措施从一开始就无法通过比例原则的检验。

本案的判决也意味着联邦最高法院关于平等权的认识发生了转变，真正地将平等权问题放到整个社会发展的大环境中来考察，克服了以往仅仅关注"政治上的平等"的狭隘的"平等观"，将"平等权"思想扩大到社会的各个层面和各个领域，强调了没有"社会平等"就没有"法律上的平等"的现代意义上的平等思想。美国联邦最高法院在该案件中所作出的判决，顺应了历史潮流，它被各式各样的评论说成是"典范性事件"，是一个"自由派宪政主义的偶像"，乃至一个"神话"。

最后，本案的判决也对美国社会的发展尤其是种族之间的融合产生了重要的促进作用，导致一场美国生活中的社会与文化革命，特别是对1964年的"民权法案"产生了重要的影响。

[附：美国联邦宪法相关条文]
第14条修正案

一、凡出生或归化于合众国并受其管辖之人，皆为合众国及其所居州之公民。无论何州，不得制定或施行剥夺合众国公民之特权及特免的法律；非经正当法律程序，不得剥夺任何人的生命、自由和财产；不得在其管辖范围之内否定任何人享有平等法律保护。

……………

五、国会有权为实施本条的各项规定而制定适当的法律。

三、《诉讼促进特例法》的违宪判决①

[事实概要]

申请人在以国家为被告的财产权诉讼中胜诉，但根据禁止向国家提出财产保全执行的《诉讼促进特例法》的规定，其不能提出财产保全的执行申请。于是申请人向法院提出违宪审判的提请申请，审理法院接受其申请后向宪法法院提请违宪法律审判请求。

本案的审判对象是《诉讼促进特例法》第6条。

第6条规定：有关财产权请求的判决在没有足够理由时无论当事人是否提出申请均应宣布财产保全执行。但以国家为对象进行的财产权请求不得宣告财产保全执行。

本案的争议点主要集中在：宪法上规定的平等权是一种什么性质的权利；当国家成为民事诉讼对象的国库作用（非权力作用）的法律关系当事人时，国家是否与私人具有同等的地位；禁止向国家提出财产保全

---

① 韩国宪法法院1989年1月25日判决，88宪甲7。

执行的规定是否违反《宪法》第 11 条的平等原则。

宪法法院于 1989 年 1 月 25 日作出判决，认定《诉讼促进特例法》第 6 条第 1 款中规定的以国家为对象的财产权的请求不得宣告财产保全的部分违反宪法。

[判决内容]

平等原则是宪法保障国民基本权的基本原理，是国家在立法、解释法律或执行法律时必须遵循的基准。它要求国家无合理理由不能实施不平等待遇。所有的国民均享有平等的权利，平等权是基本权中的基本权，适用于财产权保障与接受审判的权利实现过程中。在作为财产权等（私权）救济程序的民事诉讼中，当事人地位是平等的，不能因人而异，国家成为民事诉讼的当事人时若无合理理由也不能给予优待。因为国家在非权力作用的民事诉讼法律关系中应同私人具有同等的地位。

财产保全制度是为了控制不必要的上诉权滥用，为迅速实现权利而设立的制度，并不是为了提前防止执行不能的现象。对国家也许不存在执行不能的问题，但这并不意味着对国家不必要规定财产保全制度。因财产保全而可能导致的国家金融秩序的混乱等问题可以通过国家自身的努力得到解决。国家作为原告胜诉的判决中必须宣告财产保全，而国民在以国家为对象进行的诉讼中胜诉时不能以国家为对象要求财产保全是一种优待国家的做法，破坏了作为私经济主体的国民与国家的平等关系，无法找到任何正当化的理由。

法务部长官作为国家代表在向宪法法院提出的意见书中认为，该法作出的禁止向国家要求财产保全的例外规定，并不违反《宪法》第 11 条的规定，并提出三点理由：（1）财产保全制度的根本宗旨是事前防止执行不能；（2）如允许向国家提出财产保全要求有可能导致经济秩序的混乱；（3）财产保全后如在上诉审中判决被变更则因恢复原状困难有可能导致国库的损失。

宪法法院认为，上述的理由是不能成立的，在民事诉讼中优待国家没有任何正当化的理由。它明显地违反了《宪法》第 11 条第 1 款规定的"一切国民在法律面前一律平等"原则，故宣布该法第 6 条第 1 款中"以国家为对象进行的财产权请求不得宣告财产保全"的规定违宪。

[评析]

本案是宪法法院成立后审理的第一个案件，同时也是第一起宣布违宪的案件。1971 年大法院对韩国《国家赔偿法》第 2 条第 1 款宣布违宪后至本案判决，韩国没有出现过关于法律违宪的判决。本案判决的意义在于：一方面表现了宪法法官维护宪法权威的意志，为宪法审判活动的开展提供了良好的基础；另一方面通过违宪判决在一定程度上改变了长期以来在立法与执法过程中存在的国家主义的观念，给社会生活领域注入了平等的理念，促使人们摈弃国家权威主义的思考方式。在判决中，法官们论证了私经济生活中作为民事主体的国家与个人处于平等地位的主张，并以宪法平等条款为依据阐明民事主体平等的意义。此案成为韩国社会和国民关注宪法审判的重要契机，产生了良好的社会效果。

[附：韩国宪法相关条文]
第 11 条第 1 款
一切国民在法律面前一律平等。在政治、经济、社会和文化的诸领域，任何人不得因性别、宗教或社会身份不同而有所差别。

四、日本"杀害尊亲属罪"加重处罚违宪案①

[事实概要]
1968 年 10 月 5 日，女性被告相沢チヨ（当时 29 岁）将其亲生父亲相沢武雄（当时 53 岁）绞杀，因此受到检察机关的公诉。检察机关经过调查发现，到案发之日为止，被害人已经将被告囚禁在自家住宅内长达 10 日，最终双方发生争执，被告人将被害人杀死。在调查被告的家庭环境后，检察机关发现了令人发指的事实。被告从 14 岁起就持续遭受其亲生父亲相沢武雄的性虐待，作为被迫乱伦的后果，她为自己的父亲生下了 5 个孩子，其中 2 个婴儿夭折，另外还有 5 次流产。此后，由于医生劝告其如果再怀孕，对身体将有极大伤害，被告接受了节育手术。

据被告供述，在长达十几年的煎熬中，被告之所以未能逃脱魔爪，是由于她担心同住在一起的妹妹会遇到相同的厄运。在这期间，被告在工作中结交了一位比自己小 7 岁的恋人，并有了结婚的计划。当被告将希望结婚的想法告诉其父亲时，被暴怒的父亲殴打并监禁在家中。在饱受了父亲的凌辱之后，被告忍无可忍用和服的腰带将父亲绞杀。

① 日本最高法院 1973 年（昭和 48 年）4 月 4 日判决。

在各级法院审理本案的过程中，法官都考虑了本案特殊的背景，并且均有观点认为被告没有必要被判刑。就本案犯罪事实可供选择的刑罚范围而言，主要涉及日本旧《刑法》第 200 条的规定，即，晚辈杀害自己的父亲、祖父、母亲或祖母等直系尊亲属的，其法定刑应重于一般杀人罪（一般杀人罪规定于该法第 199 条），因此，该罪名的法定刑只有死刑和无期徒刑两种。

根据日本法律的规定，即使考虑了法定减刑情节和酌定减刑情节等各种因素，对法定刑最多只能减刑两次，因此其最终宣告刑也不能低于 3 年零 6 个月的有期徒刑。这是因为，每次减刑最多只能减少一半原刑期，无期徒刑至多只能减至 7 年有期徒刑，而 7 年有期徒刑再次减刑，最低也将判 3 年零 6 个月有期徒刑。

另外，根据日本《刑法》第 25 条，缓刑只能适用于 3 年以下的有期徒刑或更轻的刑罚，因此杀害尊亲属的事实一旦得到认定，被告将不可能获得缓刑。

被告期望能避免被判实刑，因此辩方请求法官判决日本《刑法》第 200 条违反了宪法规定。这个诉讼策略最终导致了一个历史性判决的诞生。而对于合宪性判断，一审法院与二审法院作出了不同的理解。

担任一审的宇都宫地方法院判定《刑法》第 200 条违宪，并根据发案前后的客观因素，认定被告的行为是防卫过当，免予处罚。然而，二审的东京高级法院则认为上述法条合宪，在此基础上给予最大限度的减刑，判决 3 年零 6 个月的有期徒刑（此外，判决前拘留时间折抵刑期）。

在本案之前，日本最高法院曾审理过数起类似案件，但都驳回了主张杀害尊亲属罪违宪的上诉请求，连续作出多个合宪判决。因此，日本最高法院对《刑法》第 200 条合宪性问题的态度，在本案之前是肯定性的。

［判决内容］

日本最高法院对本案作出的最终判决抛弃了之前的司法观念，其在判决中认定：被害人对被告实施的侵害应受谴责，而杀害尊亲属罪应加重处罚的法律属于违宪，判定被告犯一般杀人罪，判处 2 年零 6 个月有期徒刑，缓期 3 年执行。最高法院的判决要旨称：从一般杀人罪的法定刑应包括杀害尊亲属罪的法定刑这一前提出发，虽然不能说在杀人罪之外另设杀害尊亲属罪的立法属于违宪，但对于杀害尊亲属罪仅仅规定了不能适用缓刑的过重刑罚这一法律规定而言，则违反了宪法精神。

本案判决由最高法院 15 名法官组成的大法庭作出，其中只有下田武三法官主张关于杀害尊亲属罪的重罚程度应交由立法机关决定，从而提出反对意见，其余 14 名法官均支持最终的判决结论。但是，该 14 名法官中，有 6 名法官虽然对结论持赞成意见，但是对于"在杀人罪之外另设杀害尊亲属罪的立法属于合宪"这一多数意见表示了反对。因此，本案判决在结论上是 14：1，而在赞成理由上是 8：6。

[评析]

分析本案之前应当首先了解日本《刑法》第 200 条的立法背景。日本旧刑法对于杀害尊亲属的犯罪应加重处罚的规定，是基于儒教提倡的"亲亲"、"尊尊"的社会基本道德而产生的。中国早在古代社会，就提出了殴杀父母、祖父母罪。在汉朝的刑法中，子女如殴打父母，斩首枭之；如谋杀父母，则以大逆论，本人腰斩、妻子弃市。曹魏时期扩及继母，杀继母与杀生母同，死罪。隋唐时期，殴杀父母、祖父母的暴行被正式列入"十恶"之中严厉打击。宋元明清时期相沿如故。当然，也有观点认为，该法条体现了封建的家长制度，有违背提倡民主主义的日本国宪法之嫌疑。在旧的家长制度下，长辈对子孙后辈所犯罪行被视为家长惩戒权的一部分，其所受刑罚也相应减轻（近代日本刑法中也有所体现，例如强迫全家人集体自杀的家长自杀未遂时，也属于这种情况）。与此相对，杀害尊亲属的犯罪应加重处罚这一规定本身，就带着明显的不平等性。

那么，从现代宪法的平等权理念出发，对杀害尊亲属在刑事上加重处罚，从而区别于一般的杀害罪，是否违背平等原则呢？在刑法所设置的刑罚体系中，毫无疑问地存在一个立法上的区别对待，但这种区别不能说完全没有理由。即使抛开儒教所提供的"亲亲"、"尊尊"的社会基础道德和封建家长制的因素不谈，国家是否有必要采取特定的立法手段对家庭这一基本的社会单位加以保护呢？一般的杀害罪只是侵害了被害者的人身和生命，但如果杀害的对象是亲属，受到损害的应当还包括家庭的基本伦理，尤其是，当受害人是亲属关系中的直系亲属。在这个意义上，刑法上的差别对待可能是合理的。当然，这里还存在一个差别对待的程度问题。为了保持家庭的伦理关系，刑法上是应当单独设立杀害尊亲属罪的罪名，并且将其不加区分地列入不能适用缓刑之列，还是只要在一般的杀害罪之下，设置一个适当的加重处罚情节？除有必要保护尊亲属外，是否也有必要一视同仁地保护卑亲属？

就参加审理本案的 15 名法官的判决意见而言，下田武三法官的意见恐怕是过于司法克制了，放弃了宪法裁判应当具有的功能，这可能受到了日本最高法院长期以来的保守传统的影响。多数法官的意见认为，在杀人罪之外另设杀害尊亲属罪的立法并不能认为属于违宪，但对于杀害尊亲属罪仅仅规定了不能适用缓刑的过重刑罚这一法律规定，则违反了宪法精神。这种意见在本案中最终达到了各界所预期的要求，即尽可能不对被告加以实际的处罚。但在刑法中单独设立杀害尊亲属罪本身似乎仍然是一项过度的差别对待。作者认为，少数派6名法官的意见较为可取，即，应当认为杀害尊亲属罪这一罪名本身违宪，在刑事立法选择上仅在一般杀害罪之下设置适当的加重处罚情节即可。

在对《刑法》原第200条作出违宪判决的本案结束后，政府方面迅速向国会提出废止"杀害尊亲属罪"的议案，但是当时唯一的执政党自由民主党对于杀害尊亲属罪的废止提出了阻挠，最终未能在立法层面实现。而在法律实务中，本案结束之后，日本最高检察厅统一发文规定，即使对于杀害尊亲属的犯罪也一律以一般杀人罪（《刑法》第199条）提起控诉，从而在实质上取消了杀害尊亲属罪的适用可能性。1995年，随着日本刑法的大幅修改，杀害尊亲属罪与其他对尊亲属犯罪加重刑罚的规定一起，终于被正式废除。

最后，需要指出的是，本案揭示的问题具有普遍性。与之相当的事例中具有代表性的，如在2009年我国台湾地区曾发生的热锅烫婴案。这是2009年4月18日在台湾地区彰化县发生的一起虐婴致死事件，受害人黄湘惠（2008年6月3日—2009年4月21日），台湾地区彰化县和美镇人，生父黄凌奇（1962年生），生母林玉琴。她出生仅10个月大，于2009年4月18日上午10点10分，因父母吵架，被生父丢进煮面锅中，经送往彰化基督教医院急救4天后，在4月21日上午10点5分宣告不治。此事震惊台湾社会。本案发生后，"立法院委员"邱毅等人提案，应"修法"将"刑法"第272条加入杀害直系卑亲属者处以死刑或无期徒刑，即杀害子女者也应与杀害直系尊亲属同罪。在这里，刑事法律是否遵循了宪法的平等权原则，也是一个值得讨论的问题。

[附：日本国宪法相关条文]
第14条
全体国民在法律面前一律平等。在政治、经济以及社会的关系中，都不得以人种、信仰、性别、社会身份以及门第的不同而有所差别。

五、在外国民选举权与居住条件限制①

[事实概要]

请求人是具有大韩民国国籍的年满 20 周岁的在日韩国人，现居住在日本。由于韩国《公职选举及选举不正防止法》（以下简称《公职选举法》）中没有对在外国民选举权行使程序作出规定，请求人无法在 1997 年 12 月 18 日举行的总统选举中行使选举权，于是以《公职选举法》第 37 条第 1 款的规定违宪和国会没有规定行使选举权程序的立法属于不作为为理由向宪法法院提起宪法诉愿。

本案的审理对象是《公职选举法》第 37 条第 1 款。第 1 款主要规定，举行总统选举时，应调查管辖区域内已进行住民登记的选民，并制作选民名单。

本案的争议点主要集中在，限制在外国民的选举权是否违反宪法的平等原则，以及相应的，没有规定行使选举权程序是否构成立法不作为。

[判决内容]

宪法法院于 1999 年 1 月 28 日作出判决，宣布《公职选举法》第 37 条第 1 款的规定不违反宪法，不受理其他诉讼请求。

韩国《宪法》第 1 条第 2 款规定："大韩民国的主权属于国民，一切权力来源于国民。"第 11 条第 1 款规定："一切国民在法律面前一律平等。在政治、经济、社会和文化的诸领域，任何人不得因性别、宗教或社会身份不同而有所差别。"第 24 条规定："一切国民依照法律规定享有选举权。"第 41 条第 1 款及第 67 条第 1 款规定了国会议员及总统选举中实行的平等、普遍、直接与秘密选举原则。在国会议员选举和总统选举中的普遍选举原则是选举权立法的最基本的、最重要的原则。

普遍选举原则要求排除选民的能力、财产、社会地位等实质性的要素，只要是成年人就应享有选举权。除了对选民的国籍或选民的意思能力等选举权及被选举权的本质上的要求进行内在的限制外，有关违背普遍选举原则的限制选举权的立法应遵循《宪法》第 37 条第 2 款。《宪法》第 37 条第 2 款规定，为了国家安全保障、秩序维持或公共福利，

---

① 韩国宪法法院 1999 年 1 月 28 日判决，98 宪甲 167。

必要时可以以法律限制国民的自由与权利，但自由与权利的本质内容是不得侵害的。进行限制基本权立法时，应保持立法目的的正当性、为达到目的而采取的方法的适当性、受害的最少性以及通过立法所保护的公共必要性与侵害的基本权之间的均衡性。不遵守上述原则的法律或法律条款视为脱离了基本权限制的立法界限。①

一般所说的选举权要件有国籍、年龄、居住期限等，其中居住要件是指以在国内或选区内居住一定期限作为行使选举权的要件。这个要件是从古到今一直保持下来的制度，主要是为了解决选举人名单制作上的技术问题。如果规定居住条件，不符合居住要件的国民则无法行使选举权，导致选举权被剥夺的后果。从韩国的情况看，除了取得外国国籍的人之外，还有172万名永久居留者（在日本有58万名）和38万海外侨胞，这些不符合居住期限要件的人无法在国内行使选举权，同时在居住国也不能行使选举权，于是出现了限制在外国民选举权是否符合宪法的问题。

在选举权行使要件中规定居住条件对于实现选举权本质及选举的公正性等公共福利是必要的。其理由是：（1）最现实的问题是，国土被分割的情况下对朝鲜公民或朝总联②系统在日侨胞不能认定选举权。根据最高法院的判例，朝鲜公民和朝总联系统在日侨胞是韩国的国民，如采取对所有在外国民赋予选举权，不可能阻止朝鲜公民和朝总联系统在日侨胞行使选举权，当出现以微小的票数决定当选与否问题时，他们可能行使决定权（casting vote）。基于这种现实问题的考虑，不能赋予在外国民选举权（以在外国民的倾向为基础限制选举权有可能出现新的违宪问题）。（2）无法保证选举的公正性。（3）从选举技术看实际上也是不可能的。《公职选举法》规定的选举运动期限是总统选举23天，国会议员及地方自治团体首长选举17天，地方议会议员选举14天。在上述期限内向居住在外国的国民宣传候选人，进行选举运动，发放选举投票用纸以及收回投票纸等实际上是不可能的。如果为了在选举公正性方面防止上述问题，也有可能实行类似于英国的代理投票，或者计算机的投票等形式，但像韩国这样严格的选举制度下，上述的选举方法是难于采用的。另外，对邮政制度发达的一部分国家可采用邮政投票的方式，但又有可能出现另外一种不平等问题。（4）选举权与对国家履行的纳税、兵

① 参见韩国宪法法院1997年3月27日判决。
② 朝总联：在日本居住的亲朝鲜的组织。

役及其他义务有联系，不能履行上述义务的在外国民无法认定其选举权。除日本侨胞那样因外在的原因居住国外者外，以海外移民为目的居住国外的国民是依据自愿不履行对国家的纳税、兵役等义务，将来他们会被居住国同化，并长期生活在国外。在这一点上赋予其选举权是没有根据的。

赋予在外国民选举权，使他们能够感受作为国民的自豪感，激发其爱国心，关心国家命运当然是一件有意义的事情。尽管限制选举权不妥当，但基于上述合理理由作出限制性规定并不是对基本权的过分限制。同时，本案中涉及的法律条款并没有超越《宪法》第37条第2款规定的基本权限制界限。本案中的法律条款只认定国民中在国内进行过选民登记的国民选举权，而对没有在国内进行选民登记的在外国民一律不认定其选举权，这种规定属于"不真正立法不作为"。在赋予国民选举权的立法事项中明确规定赋予选举权的国民和不赋予选举权的国民是一种法律调整不完善、不充分的立法事项，属于不真正立法不作为。

[评析]

本案涉及的主要宪法问题是选举权行使要件中能否规定居住条件，这种规定同宪法规定的选举权普遍性原则与平等性原则是否矛盾。宪法法院首先对宪法规定的普遍、平等原则的含义进行了解释，强调平等选举权的价值，并提出限制基本权的一般原则，即立法目的的正当性、为达到目的所采用的手段的适当性、受害的最少性及通过立法所保护的公共利益与受侵害的基本权之间的均衡性。在证明基本权限制合理性界限的基础上，宪法法院从四个方面论证了限制在外国民选举权的合理基础。但这种论证似乎缺乏扎实的宪法理论基础，如在选举的公正性问题上，宪法法院只是考虑在外国民投票的技术困难，而没有充分考虑在现代科学技术高度发展的今天可能采用的多样化的投票手段和技术问题。在纳税问题上，宪法法院把在外国民不纳税作为限制其选举权的重要依据，但这种判断缺乏说服力。在外国民依照国际惯例和二重征税防止条约，在当地已纳税，这符合相互主义原则。至于对现实状况的考虑能否成为限制选举权的理由，需要从宪法角度进行判断。实际上，宪法法院在判决中也暗示了这种限制性规定可能是"不妥当"的，但基于判决中认定的理由不得已进行限制，并强调这种限制不违反宪法原则。本案的另外一个宪法问题是国民与在外国民的区别，以及由此而产生的差别能否正当化的问题。把宪法上处于平等地位的国民分为在国内的国民和在外的国民，赋予其不同的宪法地位是一种差别待遇，缺乏宪法上的正当性。从发展的趋势看，应反映宪法价值体系的要求、法律体系的正当性以及现实状况等因素，采取灵活的选举政策，逐渐缓和选举权限制要件，赋予符合一定要件者选举权，扩大平等选举权的适用范围。

[附：韩国宪法相关条文]

第1条第2款

大韩民国的主权属于国民，一切权力来源于国民。

第11条第1款

一切国民在法律面前一律平等。在政治、经济、社会和文化的诸领域，任何人不得因性别、宗教或社会身份不同而有所差别。

第24条

一切国民依照法律规定享有选举权。

第41条第1款

国会由国民依普遍、平等、直接和秘密选举而产生的国会议员组成。

第67条第1款

总统以国民的普遍、平等、直接、秘密选举而产生。

六、选区之间人口比例不平衡的违宪判决[①]

[事实概要]

请求人 A 准备参加于 1996 年 4 月 11 日举行的第 15 届国会议员选举，但他认为他所在的选区和其他选区之间的人口比例相差比较大，如出现 1∶4.64、1∶3.6、1∶4.46 等不同比例。请求人 A 主张这种选区之间人口比例的不平等，使他们行使的选举权价值出现了不平等，因此要求对"选举议员的地区选区区划表"的违宪与否进行审查。

本案的审理对象是《公职选举及选举不正防止法》规定的"国会议员地区选区区划表"。

本案的争议点主要集中在平等选举和投票价值平等的宪法意义以及选区划分时应允许的人口偏差标准的确定等。

---

① 韩国宪法法院 1995 年 12 月 17 日判决，95 宪戊 224。

[判决内容]

宪法法院于 1995 年 12 月 17 日作出判决，决定《公职选举及选举不正防止法》第 25 条第 2 款规定的"国会议员地区选区区划表"违反宪法。

宪法法院在判决中指出，平等选举原则是平等原则在选举中的具体适用，它首先否定复数投票制，实行 1 人 1 票（one man, one vote）的原则。同时意味着投票结果价值的平等，即一票的投票价值对选出代表的选举结果在贡献和价值上是平等的（one vote, one value）。当然，投票价值的平等对投票结果产生的贡献及其影响力难以达到数量上绝对一致，在划分选区时除考虑 1 人 1 票的投票价值平等的人口均衡原则之外，还要综合考虑一个国家的行政区划、地形、交通情况、生活权及其历史传统等政策和技术的因素。

在划分选区时，最重要和最根本的标准是人口比例原则，选区划分中保障投票价值平等直接关系到国民主权原理的实现，构成国家意志形成的正当性基础，其他非人口的要素在性质上与国家意志的正当性并没有直接的关系。因此，有关划分选区的国会裁量权存在着来自于宪法的界限，当判断是否违反投票价值平等原则时需要考虑这种不平等是不是处在宪法允许的合理裁量权范围之内。国会通常要考虑各种事项，即对各种非人口性因素无法判断是否具有合理性时有可能出现投票价值不平等等违反宪法的后果。

韩国国会采用一院制，国会议员在法理上是国民代表，但在现实上具有一定程度的地域代表性。由于产业化、城市化的急剧发展，人口向城市集中的现象比较突出，城市和农村的人口出现不平衡。因此，在划分选区时有必要适当缩小选区之间的人口比例差距。在人口偏差的允许界限问题上，本案法官金英俊等 5 人的意见和法官赵世衡等 4 人的意见存在分歧。

金英俊等 5 人的共同意见是：人口偏差的允许界限问题首先是如何掌握标准的问题，即是以最小选区的人口数为标准，还是以全国选区平均人口数为标准。有必要对选区人口不平衡问题采取比较严格的平等原则判断和最小选区人口的方法，使选民享有"投票价值中采取中庸的平均选举权"，考虑各选区选民的投票价值具体受损害的程度。选举权概念中包括"平均投票价值"，各种选举权如果受侵害最后将导致选举权现实上的侵害。以选区平均人口数为标准分析，在韩国国会议员选举中，全国选区的平均人口数超过上下 60％偏差就被视为选区划分超越国会合理的裁量范围，属于违宪。划分选区时，人口比例原则是最重要和最根本的标准。在严格适用平等选举原则的条件下，最大选区和最小选区之间的人口偏差如超过 2∶1 的比例应认定为违宪。当考虑其他因素如最大选区和最小选区的人口偏差超过 4∶1 的比例时很难作出与宪法一致的说明，即它已超过全国平均人口数的上下 60％的比例。平均人口数标准上下 60％的偏差是具有合理依据的。

对该 5 名法官的意见，金文熙等 3 名法官提出了以下补充意见：国会在划分地区选区时除人口要素外还可以考虑其他要素，但必须坚持最大选区和最小选区的人口偏差不得超过 2 倍的原则。国会应努力纠正人口偏差问题，把它调整到最大选区和最小选区之间的人口偏差不超过 2∶1 的比例。宪法法院也有必要依据这一标准作出违宪判断。

赵世衡等 4 名法官的意见是：在划分选区时需要考虑如下三个要素，即作为投票价值平等的人口比例原则、采用一院制国会而产生的国会议员地域代表性以及城市人口的集中问题。从韩国选举制度、国会制度及外国立法和判例看，全国选区人口偏差的允许界限应在全国选区平均人口数上下 60％ (4∶1)，城市类型的选区和农村类型的选区之间人口偏差的允许界限应在选区平均人口数的上下 50％ (3∶1)。由于选区区域表受行政区域的人口、经济、地理、历史背景、政治状况等复杂因素的影响，一旦决定的选区区划表意味着各选区之间存在相互的关联性，则部分选区的变动对其他选区也会产生直接影响。如一个部分存在违宪要素，选区整体上也存在违宪的可能性。根据选区划分的相关性原则，应对选区划分表宣布违宪，然后分别对请求人的请求理由进行判断。

对判决书的第 1 项内容，赵世衡法官提出如下反对意见：当某一个法规存在瑕疵时应考察其瑕疵与整个法规之间的相互关系，如有可能寻求合理的解决方案，应尽量不要扩大违反宪法的范围，这是违宪审查的基本态度，不能简单地判断所有选区违宪，只需对部分选区宣布为违宪。

［评析］

因选区之间的人口偏差而出现的投票权价值不平等是平等权理论中的重要问题。本案中，宪法法院首先从宪法原理角度分析了平等选举权的含义及价值体系，在理念上平等选举权就是投票权主体地位、投票过程及投票结果价值上的平等。划分选区时首要考虑的原则是人口比例，即以人口作为划分选区的基本考虑因素，它涉及国家意志的正当性基础。但实际生活中，宪法制度价值体系是相对的，在有合理因素的情况下宪法本身的原则也有必要作扩大或限制解释，即以解释的功能阐明宪法的意义。由于客观现实因素的影响，完全的、严格的人口比例原则是无法实现的，不同选区之间存在不同程度的人口偏差是不可避免的，问题在于在多大范围内，根据什么原则，如何认定偏差的合理界限。宪法法院在比较外国选举法规定和韩国的实际情况后，把人口偏差的合理界限定为4∶1，如超过4∶1的比例就属于违宪。对此，也有法官提出应限定在2∶1的比例或者采用平均人口数的标准和对城市与农村选区人口数采取不同的标准。4∶1的比例明显高于国际上普遍认同的2∶1的比例，国会应通过立法形式逐步加以调整。在现实生活中将某一法律条文承认为合宪并不意味着合宪法律一定具有正当性基础，在另外一种条件下合宪的法律当现实条件发生变化时也可能变为违宪法律。人口偏差的相对合理性也需要通过不断的调整进入实质性的合理范围。当然，宪法法院确定的4∶1的比例是最低限度的比例。根据立法者的认识，对该最低标准可以采用更为严格的限定，以体现实质的平等。1996年2月6日修改选举法时，国会对选区区划表进行了部分调整，把人口多的2个选区分解为几个选区，把人口少的9个选区合并为一个选区。这样全国地域选区从原先的260个减为253个，全国选区议席从39个增加为46个，使最大选区和最小选区的人口偏差保持在4∶1的比例以内。

[附：韩国宪法相关条文]

第11条第1款

一切国民在法律面前一律平等。在政治、经济、社会和文化的诸领域，任何人不得因性别、宗教或社会身份不同而有所差别。

第41条

(1) 国会由国民依普遍、平等、直接和秘密选举而产生的国会议员组成。

(2) 国会议员之定额，以法律规定，为200名以上。

(3) 有关国会议员的选举和比例代表制及其他选举的事项，以法律规定之。

七、周香华诉中国建设银行平顶山市分行强制女性职工 55 岁退休案①

[事实概要]

原告周香华女士，生于 1949 年 10 月，原担任中国建设银行平顶山市分行（本案以下简称建行平顶山分行）出纳部副经理。2005 年 1 月，建行平顶山分行以周香华已达到法定退休年龄为由，通知其办理退休手续。周香华认为，自己足以胜任目前的工作，应和男职工同龄退休，工作单位要求自己 55 周岁退休的决定与我国宪法和法律的有关规定相抵触，应当予以撤销。因此，周香华女士向当地的劳动仲裁机构——平顶山市劳动争议仲裁委员会提起劳动仲裁。

2005 年 10 月 11 日，平顶山市劳动争议仲裁委员会开庭仲裁，申诉人代理人提出，宪法具有最高的法律效力，一切法律、行政法规、地方性法规、自治条例和单行条例、规章都不得同宪法相抵触，目前国务院的暂行办法关于男女退休年龄不同的规定属于下位法违反上位法，有关机关应依照权限予以改变或者撤销。而建行平顶山分行针对周香华的退休决定，因违反宪法男女平等原则而不具备法律效力，依法应予以撤销。但仲裁员认为，受理仲裁范围仅在申诉人的退休问题是否符合现行法律、法规，申诉人所提关于宪法的请求不属于仲裁委员会管辖范围。因此，平顶山市劳动争议仲裁委员会对此案裁决如下：因申诉人未提供支持其观点的有效证据和法律依据，故仲裁庭对申诉人的申诉请求不予支持。

周香华不服该裁决，于 2005 年 10 月 28 日向平顶山市湛河区人民法院递交了民事起诉状，要求撤销平顶山市劳动争议仲裁委员会平劳仲裁字（2005）第 86 号仲裁裁决书，撤销被告作出的针对原告的退休决定，诉讼费用由被告承担。湛河区人民法院于 2005 年 12 月 9 日开庭审理了此案，并于 2006 年 1 月 14 日作出一审判决。

[判决内容]

法院审理认为，原告周香华对其已满 55 周岁，且参加工作年限满 10 年并无争议，依照国务院《关于安置老弱病残干部的暂行办法》的规定，其符合办理退休手续的条件，被告建行平顶山分行以此为据为其

---

① 参见河南省平顶山市湛河区人民法院（2006）湛民一初字第 31 号民事判决书。

申报退休的决定符合现行国家政策和法规，并无不当。周香华认为被告为其办理退休手续的决定违背了宪法关于男女平等的原则，要求予以撤销的请求无法律依据，法院不予支持。

另外，周香华女士在本案判决后曾上书全国人大常委会，要求对规定我国男女退休年龄的《关于安置老弱病残干部的暂行办法》第 4 条第 1 款进行违宪审查，建议改行弹性退休制度。

[评析]

虽然原告在本案中提出男女退休年龄不同的做法由于违反宪法的平等权应归于无效的主张，但案件并没有被法院上升为宪法案件，原告的诉讼请求及理由也没有被法院所采纳。但以本案为线索所引发的关于男女退休年龄不同与宪法平等权的冲突则成为全国性热点问题，也因此，本案曾入选中国十大宪法事例。

我国男女退休年龄不同的做法最早见于法律文件是 1978 年。1978 年 5 月 24 日，第五届全国人民代表大会常务委员会第二次会议原则批准国务院《关于工人退休、退职的暂行办法》和《关于安置老弱病残干部的暂行办法》（这两个文件统称"国发［1978］104 号文件"），这两个规范性法律文件构成我国男女退休年龄的现行法定依据，一直沿用至今。①

其中，关于男女"工人"退休年龄的规定是国务院《关于工人退休、退职的暂行办法》，其第 1 条规定："全民所有制企业、事业单位和党政机关、群众团体的工人，符合下列条件之一的，应该退休。（一）男年满六十周岁，女年满五十周岁，连续工龄满十年的……"关于男女"干部"退休年龄的规定是国务院《关于安置老弱病残干部的暂行办法》第 4 条："党政机关、群众团体、企业、事业单位的干部，符合下列条件之一的，都可以退休。（一）男年满六十周岁，女年满五十五周岁，参加革命工作年限满十年的……"

国务院 1993 年颁布实施的《国家公务员暂行条例》沿用了这一退休年龄的规定，其第 78 条规定："除国家另有规定外，国家公务员符合下列条件之一的，应当退休：（一）男年满六十周岁，女年满五十五周岁……"劳动和社会保障部在 1999 年下发了《关于制止和纠正违反国家规定办理企业职工提前退休有关问题的通知》，其中明确规定："一、要严格执行国

---

① 从宪法赋予的立法权限来看，这两个《暂行办法》在性质上到底为法令、法规还是其他，不无疑问。

家关于退休年龄的规定，坚决制止违反规定提前退休的行为。国家法定的企业职工退休年龄是：男年满 60 周岁，女工人年满 50 周岁，女干部年满 55 周岁。"2005 年颁布的《公务员法》没有直接提及退休年龄的问题，其第 87 条规定："公务员达到国家规定的退休年龄或者完全丧失工作能力的，应当退休。"但一般认为，该条款中的"国家规定"指的仍然是 1978 年的国务院《关于安置老弱病残干部的暂行办法》。

通常认为，国家法律之所以设置男女退休年龄不同的制度，是考虑到男女生理的差异，对女性加以特别的保护，因为其潜在的前提是，退休乃是一项福利。但问题在于，如果女性提前退休是一种福利，那么为何要将其设定为强制性的规定呢？对此，学术界有不同的看法。张步峰认为，纯粹基于性别进行分类的男女不同龄退休制度存在违背宪法上的男女平等原则的嫌疑，应该进行修改。但这一问题关系到劳动就业、养老金支付、金融风险回避等经济社会运行的重大问题，这种面向未来的带有高度政策色彩的公共决策，更多地应委任给理性的、民主的立法过程去决定。其对立法的政策建议是："在原则上，男女应该实现统一的退休制度，但是，基于男女的合理差别，应该允许女性自愿选择提前若干年退休。"① 但刘连泰教授则认为，之所以将提前退休这项福利强制性地授予给女性，乃是由于法律父爱主义的影响，赋予女性的无法放弃的"国家的爱"②。

作者认为，从平等权的审查基准出发，应当建立一种具有弹性的退休制度，不应当不加区分地强制性划定男女的退休年龄。在考虑退休年龄的问题时，不仅要考虑到基于男女生理而产生的性别差异，也要考虑到不同行业的差异，例如，属于不同行业的同一年龄的女性可能对退休年龄存在着不同的合理需求，如此方能满足宪法的平等权要求。

本案除涉及性别平等外，也涉及职业平等的问题。国发［1978］104 号文件关于"工人退休"和"干部退休"的标准显然是不同的，这种基于职业的差别对待也值得从平等权的角度加以审视。

［附：中国宪法相关条文］
第 33 条第 2 款
中华人民共和国公民在法律面前一律平等。

---

① 张步峰：《男女退休不同龄制度的宪法学思考》，载《法学家》，2009（4）。
② 刘连泰：《平等与偏爱：女性退休年龄规定的合宪性分析》，载《法商研究》，2006（5）。

第 48 条

中华人民共和国妇女在政治的、经济的、文化的、社会的和家庭的生活等各方面享有同男子平等的权利。

国家保护妇女的权利和利益，实行男女同工同酬，培养和选拔妇女干部。

八、律师惩戒处分与平等权①

[事实概要]

请求人是一名律师，因其与第三者同居和没有按时交纳会费，韩国律师协会律师惩戒委员会作出 300 万元惩戒处分决定。请求人不服惩戒决定，向法务部律师惩戒委员会提出异议申请，被驳回后向最高法院提出即席抗告，但仍被驳回。于是请求人向汉城行政法院提出取消其惩戒决定的行政诉讼。汉城行政法院认为韩国《律师法》第 81 条第 4 款及第 6 款有可能违宪，于是依职权向宪法法院提出违宪法律审判的提请。

本案的审理对象是韩国《律师法》第 81 条第 4 款及第 6 款。

第 81 条第 4 款规定：对法务部惩戒委员会的决定不服的惩戒嫌疑者，自接到通知之日起 7 日内可向最高法院提出即席抗告。

第 5 款规定：根据第 4 款规定的即席抗告没有执行停止的效力。

第 6 款规定：根据第 4 款规定的即席抗告援用民事诉讼法中再抗告的规定。

本案的争议点主要集中在该法律条款是否侵害接受审判的权利的本质内容，是否侵害平等原则和司法国家主义原则等。

[判决内容]

宪法法院于 2000 年 6 月 29 日作出判决，宣布《律师法》（2000 年 1 月 28 日修改前）第 81 条第 4 款及第 6 款违反宪法。

对律师的惩戒无论是律师协会的惩戒决定还是法务部惩戒委员会的惩戒决定都是行使公权力的行政处分，但对这种行政处分不服时实际上不允许向行政法院提出诉讼。依据法律规定，对法务部惩戒委员会的决定只限于以违反宪法、法律、命令或规则为理由才能向最高法院提出即席抗告。在一般行政诉讼中可经过作为事实审的行政法院及高等法院的

---

① 韩国宪法法院 2000 年 6 月 29 日判决，99 宪甲 9。

审判和作为法律审的最高法院的审判，但在解决律师惩戒纠纷的争讼中，法务部惩戒委员会事实审结束后不经过行政法院及高等法院的审判而直接接受作为法律审的最高法院的裁判。

保障接受审判的权利是指法官以事实为基础保障其接受法律的解释和适用裁判的权利，不得限制或阻碍接近由法官进行事实确认和法律解释适用的机会，否则就会侵犯宪法保障的接受审判权的本质内容，这在宪法上是不允许的。本案中的法律条款的规定没有赋予当事人对惩戒处分不服时通过法官确认事实及适用法律的机会，仅限于以决定违反法令为理由向作为法律审的最高法院提出即席抗告。律师惩戒委员会或法务部惩戒委员会作出有关惩戒的决定时，虽然惩戒委员会中有部分法官参与，但不能把它视为宪法和法律规定的依据法官的审判。这就说明，该法律条款剥夺了当事人通过法官的事实确定及法律适用的机会，是一种侵害宪法保障国民接受"依法官"审判本质内容的违宪规定。最高法院对法务部惩戒委员会的惩戒决定或驳回决定可作出违反法令的判断，但它仅仅是以律师协会惩戒委员会或法务部惩戒委员会的事实确定为前提的法律审，属于事后审查的参与，并不是直接对事实作出了确认，故不能认为是"依法官"的事实确认。

从判断主体或功能看，法务部惩戒委员会的惩戒决定或驳回决定是一种行政审判。对这种行政审判，法院应进行事实层面和法律层面的审查，以体现对律师惩戒事件的司法权及裁判权属于法院的原则。但该法律条款排除了法院对行政审判进行事实层面和法律层面审查的可能性，使最高法院只能作为惩戒事件的最终审及法律审，只审查法律层面，而把审判前置程序的法务部惩戒委员会的事实认定作为事实上的最终审，违反了《宪法》第101条第1款及第107条第3款规定。

总之，《律师法》第81条第4款及第6款排除了对律师惩戒事件的行政法院及高等法院事实审的机会，没有赋予律师由法官进行事实审理判断的机会，造成专门职业从事者之间的不平等。如果这种不平等是一种没有合理根据的差别，就会违反平等原则，即使考虑到律师职业的自由性、公共性、团体自治性等职业特性，但与其他医生、会计师、建筑师等专门职业从事者相比找不到任何把差别合理化的正当目的，故违反宪法规定的平等原则。

[评析]

本案是有关如何理解宪法规定的接受审判权的判例。韩国《律师法》作为宪法的下位法，在立法宗旨及立法内容上不得同宪法规定相抵触。本案中有争议的法律条款实际上排除或限制了法院对法律争议事件应行使的事实和法律判断，使最高法院只行使事后的法律层面的审查，缩小了宪法规定的审判权范围。宪法法院对宪法规定的"接受法官审判的权利"的宪法意义进行了权威性解释，即法官确定事实、解释法律和适用法律。事实认定权、法律解释和适用权是法官基于宪法而行使的统一审判权，任何法律、命令与规则都不得作出与之相违背的规定。本案涉及的另一个宪法问题是平等权在各种职业中的平等运用，如没有合理理由而对特定职业规定不平等的待遇就会导致职业之间的不平等现象。在其他职业的纠纷中允许法官的事实审理，而在律师惩戒事件中排除法官的事实审理，显然是超越了宪法规定的界限。宪法法院在判决中，在一定程度上判断了合理差别存在的可能性，但在本案中无法找到论证其合理性的依据。本案的违宪判断对于维护法律位阶的统一性，扩大平等权的适用范围起到了积极的作用。

［附：韩国宪法相关条文］

第 101 条

（1）司法权属于由法官组成的法院。

（2）法院由作为最高法院的大法院与各级法院组成。

（3）法官的资格由法律规定。

第 107 条

（1）当法律的违宪与否成为裁判的前提时，法院向宪法法院提请，根据其审判结果裁判。

（2）当命令、规则或处分的违宪或违法与否成为裁判的前提时，大法院有最终审查的权限。

（3）行政审判可作为法院审判的前置审判程序。行政审判的程序由法律规定，但须准用司法程序。

九、教育公务员优先录用制的违宪判决①

［事实概要］

请求人 A 等私立师范大学四年级学生希望毕业后成为教育公务员，但《教育公务员法》第 11 条第 1 款规定，录用教师时要优先考虑国立

---

① 韩国宪法法院 1990 年 10 月 8 日判决，89 宪甲 89。

或公立的教育大学、师范大学等教育机关培养的毕业生。由于该法的规定，A 等私立师范大学毕业生在就业时遇到了很大的困难，于是以该法的规定违反宪法的平等权与选择职业的自由为由向宪法法院提起诉讼。

本案的审理对象是《教育公务员法》第 11 条第 1 款。

该条款规定：在录用国立、公立学校教师时，应优先录用国立、公立教育大学、师范大学及其他教师教育机关的毕业生。

本案的判决中有争议的问题主要有：该法的规定是否违反宪法规定的平等权，优先录用制度本身是否违宪。

[判决内容]

宪法法院于 1990 年 10 月 8 日作出判决，宣告《教育公务员法》第 11 条第 1 款违宪。

请求人的主张主要是：师范大学只是按照成立主体，分国立、公立和私立，在教育内容、目的、设施标准、毕业生标准等方面没有什么差别。但上述规定对师范大学毕业生实施没有合理理由的差别，违反规定平等权的《宪法》第 11 条第 1 款。同时，私立师范大学毕业生很难被录用为教育公务员，没有地位与身份的保障，故违反《宪法》第 15 条规定的职业选择自由。

代表国家的法务部长官、教育部长官提出的意见是：为了培养优秀的教育公务员，国家对国立或公立师范大学学生实行免除学费入学的制度，并支付生活补助金，而作为义务，毕业生应当在教育机关从事相当于学业期限的工作。在培养教育公务员的特殊目的下成立的国立、公立师范大学的毕业生优先录用为教育公务员并不是对私立师范大学毕业生的不平等待遇。教员的培养和教育公务员的录用是两个不同的问题，培养的教员不一定被录用为教育公务员。另外，国立、公立学校教师的录用尽管优先考虑国立、公立师范大学毕业生，但也同时进行公开竞争考试，给私立师范大学毕业生提供被录用为教育公务员的机会。

宪法法院在回顾国立、公立师范大学教育公务员优先录用制度的发展过程后对《教育公务员法》第 11 条第 1 款的违宪性作了如下论证：

（1）从教育的目的和教师的作用看，教育的本质在于开发和发展每个国民的个性，增进生活能力，追求幸福生活。《宪法》第 31 条第 1 款规定：一切国民都享有按能力同等受教育的权利。宪法的规定明确了一切国民享有平等的教育权，使国民有可能追求健康的文化生活，并通过法律面前平等的原则得到具体实现。现代教育主要在已组织化、制度化的公共教育机关中进行，学校教育的履行者就是教员。特别是初、中等教育不同于高等教育，它主要以培养儿童、青少年为对象，作为从事初、中等教育专门职业的教员受到什么样的教育、根据什么标准录用等问题不仅关系到教员个人，而且关系到一个国家未来的发展。

（2）《宪法》第 11 条第 1 款规定：一切国民在法律面前一律平等。在政治、经济、社会和文化诸领域，任何人不得因性别、宗教或社会身份不同而有所差别。但《教育公务员法》第 11 条第 1 款规定，在录用国立、公立学校教师时优先录用国立、公立教育大学、师范大学及其他教师教育机关的毕业生。这种优先录用的特权实际上限制或剥夺了从私立师范大学毕业或从一般大学毕业具有教师资格的人被录用为教育公务员的权利，以毕业学校成立主体的不同为由实际上实施了差别对待。根据教育部公布的初、中等学校教员培养情况和国立、公立、私立中等学校毕业生录用统计，由于上述的差别对待，因毕业高校不同而存在的录用中的不平等是十分严重的。1988 年私立师范大学培养的教师占整个中等学校教师的 54.19%，但被国立、公立中等学校录用率是 7.49%。这种差别如没有合理的理由，就侵害了宪法规定的平等权。

（3）能否上国立、公立师范大学实际上决定了将来被录用为教育公务员的可能性，因此对国立、公立师范大学学生而言，上大学等于通过了教师录用考试，入学就是教育公务员的录用保障。在这种情况下，为提高自身素质而进行努力的动机显然是不清楚的。与此相反，因私立师范大学毕业生毕业去向的不确定性与就业的困难，其教学过程难以保证质量。这样一来，可能导致国立、公立师范大学与私立师范大学毕业生培养质量的普遍降低，不符合制定教育公务员法的立法目的。

（4）从社会通常的理念看，师范大学与一般大学培养的学生在录用为教育公务员的比例上可能有一些差距，但这种差距如果超越一定限度有可能违反比例原则，不符合立法目的。因为国立、公立师范大学毕业生服务期限制度被废除后，对成立主体不同的师范大学毕业生给予差别对待更没有其存在的必要性与正当性，这一规定实际上阻碍了私立师范大学毕业生成为教育公务员的途径，没有重视个人能力而注重毕业的特定学校身份，过分地限制了国民选择职业的自由。

总之，国立、公立师范大学毕业生和私立师范大学毕业生之间除个人能力外，在教师资格素质上是没有任何差别的，应当平等地赋予担任教育公务员的权利，不能以学校成立主体和学科不同而实施差别对待。

[评析]

本案判决在平等权保障方面具有重要的宪法学意义。优先录用国立、公立师范大学毕业生是韩国教育制度中的一种惯例，但不符合时代发展的要求。宪法法院在阐明《宪法》第11条第1款平等权意义的基础上说明了国立、公立师范大学与私立师范大学的教育目的和教育过程本质上是相同的，如果说有区别，则是学生个人素质上有差异。仅仅以成立师范大学的主体为标准赋予国立、公立师范大学毕业生优先录用的特权明显违反了宪法规定的平等原则，事实上造成特定人在选择职业上的有利或被动地位。选择教育公务员职业对一切具有教师资格的国民都是平等的，任何人不能享有特权。本判决宣告后，韩国国会修改了《教育公务员法》第11条第1款，规定"教师的最初招聘实行公开采用"，教育部提前三年实行了教师公开采用制度。为了保护国立、公立师范大学学生的信赖利益，新修改的法律以附则的形式规定了过渡性措施，以缓和因违宪判决而引起的社会矛盾。

[附：韩国宪法相关条文]

第11条第1款

一切国民在法律面前一律平等。在政治、经济、社会和文化的诸领域，任何人不得因性别、宗教或社会身份不同而有所差别。

第31条第1款

一切国民都享有按能力同等受教育的权利。

第 四 章

生命权与尊严权

第一节 基本概念与理论

一、生命权

（一）生命权的历史发展

生命是一种肉体的存在形式，与死亡相对应。在生命的起源问题上自然科学、生理学以及宗教各有不同的解释，因为不同的科学有不同的解释生命起源的理论。宪法学意义上的对生命价值的认定主要依据自然科学的研究成果，即从胎儿开始享受生命权。在具备生理的生存条件后人类的生命价值是平等的，不得给以不同的待遇。在人类生存的环境中生命的价值与意义需要通过法律形式加以确认，特别是宪法对生命价值的保护是生命价值得到实现的重要形式。宪法本身是不能创造生命的，生命的历史远远早于宪法的历史，但生命的价值不能自发地得到实现，它需要把个体价值变为社会共同体价值，使生命的价值成为社会政治共同体的基础。因为生命本身构成人类尊严的本质，而人类尊严的实现需要共同体秩序的存在。

自近代社会以来，生命权与自由权、财产权一样成为人们普遍公认的自然权。生命权作为宪法权利最早规定在 1776 年的美国《独立宣言》上，其中规定了生命、自由与追求幸福等权利。从基本权利发展历史看，生命权被规定在宪法中或受宪法保护始于第二次世界大战以后。在吸取无视、践踏生命权的惨痛教训后，人们真正感受到了生命权价值，要求国家与社会切实保护人的生命权。曾发动第二次世界大战的德国和日本在宪法中首先规定了生命权保护的内容，如德国《基本法》第2条第2款规定：人人有生命与身体之不可侵犯权。个人之自由不可侵犯。日本《宪法》第13条也规定：全体国民都作为个人而受到尊重。生命、自由与追求幸福的权利在不违反公共福利的范围内，在立法及其他国政中得到最大限度的保障。在有些国家宪法中，尽管生命权没有被明文规定，但这并不影响生命权价值的保障。从各国宪政的实践看，生命权已成为社会生活的基本的价值体系，是评价宪政发展水平的重要标志。

（二）生命权的基本特点

生命权是享有生命的权利，体现着人类的尊严与价值。生命权就其性质而言是一种综合性的权利，体现了不同于其他权利的特点。第一，生命权是表示人类生存的自然意义上的权利，具有自然法的性质。第二，生命权的宪法化体现了国家与社会主体应有的社会关系，即生命权是国家与社会的最高价值，在任何情况下国家不能把人的生命作为一种工具或手段，应把生命权的维护作为制定法律或制定政策的基本出发点。从这种意义上，生命权具有自由权的性质，旨在防止国家权力或他人的侵害。第三，生命权价值的宪法确认意味着国家负有保护生命权的义务，使生命权成为社会价值体系的基础。一切国家机关、公务员的活动不能损害公民的生命权，应建立各种形式的生命权保障体制。第四，生命权的宪法意义还表现在它为全社会树立宪法权威、提高社会成员的宪法意识提供了社会基础。生命权社会价值的普及过程是法治国家发展的重要形式。生命权是否得到社会的尊重，社会成员的生命权是否得到切实保护，不仅标志着基本权利实现的程度，也是衡量整个社会人权发展水平的指标。

在宪法的价值体系中生命权处于基础与核心地位是不可争议的事实，没有生命权价值就不会存在基本权利和整个宪政体制。但各国具体规定生命权的宪法形式不尽相同。德国和日本等国家是在宪法上明确规定了生命权保护的根据，并把保护生命权规定为国家的义务，但多数国家并没有在宪法上具体规定生命权。于是围绕生命权的宪法根据问题学者们提出了不同的主张。既然生命权是一切权利的基础，是最重要的权利，那为什么有些国家宪法上没有作出具体规定呢？对于这个问题，比较合理的解释是，生命权对于人类生活来说是最重要的权利，是人类享有的当然权利。因此，制宪者们也许把生命权的保护看作是制宪理念中的核心概念，对其重要性的认识有可能超越了实定宪法本身的意义。① 当然，这种解释是正面的解释，在特定条件下忽视生命权价值也有可能成为宪法上没有作出规定的理由。但后一种解释是属于比较特殊的情况，多数情况下没有明确地规定生命权是出于对生命权价值的尊重与内心的追求。因此，是否在宪法上直接规定生命权并不影响生命权作为基本权利的属性与价值。

当宪法上没有具体规定生命权条款时可以通过宪法解释学方法寻求其依据，在已有的基本权利条款中找到能够说明生命权价值的条款。那么，哪些条款可以提供这种根据呢？从比较宪法的角度看，我们可以列举以下几种可能的条款作为分析的基础。一是规定人身自由的宪法条款。几乎所有的具有成文宪法的国家都规定了人身自由，人身自由与生命权有着非常密切的关系，生命权是人身自由的基础，没有生命权公民不能行使人身自由。二是宪法规定的有关人的尊严与价值的条款。有的学者认为，如生命离开了尊严与价值是没有意义的，因为生命权是有尊严的人类存在与发展的根源，是一种先验与自然的权利，构成一切基本权利的基础。② 三是通过解释"宪法上未列举权利的保护"条款作为根据。自美国宪法第 9 条修正案通过后，有些国家宪法中就规定了宪法上未列举的权利同样得到保护的条款，生命权虽没有得以具体规定，但根据宪法的上述条款可以寻找生命权的根据。作者认为，比较三种条款后可以确定如下原则：当宪法上规定"未列举的权利得到保障"的条款时，可以从这个条款中找到生命权的宪法根据；当宪法上没有类似的规定时，可以把人的尊严条款作为根据。我国宪法没有具体规定生命权问题，在宪法上生命权是否是基本权利并不明确。当涉及生命权的问题时我们需要提供宪法根据，以此为依据处理宪法中的生命权问题。我国《宪法》第 38 条关于公民人格尊严权的规定可以理解为保护生命权价值的宪法根据。当然，这一条款中的"人格尊严"与人的尊严的概念之间有一定的区别，前者包容的范围窄一些。另外，对我国宪法上没有明文规定的权利如何保护的问题，在现行的宪法制度上也是不明确的。宪法规定的模糊有可能造成生命权保护界

---

① 如 1789 年法国《人权宣言》在列举自然权利时，并未明确涉及生命权，从制宪过程来看，其原因似乎在于，制宪者认为生命权如此不证自明，以至于根本无须加以规定。

② 韩国宪法法院在有关死刑是否违宪的判决中提出：人的生命是最宝贵的，是不能以任何东西换取的人类存在的基础。这种生命权不论是否被规定在宪法中，都是先验的、自然法意义上的权利，构成宪法规定的一切基本权利的前提。（1996 年 11 月 28 日）

限的不明确性，有时实际生活中已出现的生命权现象因缺乏有效而明确的宪法依据而得不到合理的保护。

（三）生命权的基本内容

生命权的内容实际上指的是生命权的保护领域，即生命权保护应包括哪些领域，哪些具体权利构成生命权的权利体系。由于各国宪法或宪法理论上对生命权的规定或表述不尽相同，因而在具体内容的确定上也有不同的特点。从一般意义上讲生命权内容包括：一是防御权。生命权的本质是对一切侵害生命权价值的行为的防御，防止国家把生命作为达到国家目的的手段。国家既不能创造生命，也不能对自然存在的生命价值作出不合理的决定。二是享受生命的权利。生命权的对象是生命，每个社会主体平等地享有生命的价值，其主体地位得到宪法的保护。三是生命保护请求权。当生命权受到侵害时，受害者有权向国家提出保护的请求，以得到必要的救济。为了保护生命权，各国通过宪法或刑法等途径为生命权价值的实现建立了有效的制度。如在器官移植中国家应积极通过政策或法律制定有关器官移植的规范，使生命受到威胁的患者得到及时的治疗。但这种请求权并不是绝对的，对生命的请求权国家只能提供必要的保护，以体现国家对生命权的关怀。比如，国家应积极地制定有关器官移植的法律，但这并不意味着患者有权向国家提出提供特定器官的要求。四是生命权的不可转让性与不可处分性。由于生命权是人的尊严的基础和一切权利的出发点，故生命权具有专属性，只属于特定的个人，但个人主观的生命权同时具有社会共同体价值秩序的性质，表现为一种法律义务。在这种意义上生命权并不属于宪法上的"自我决定权"，宪法上并不允许自我处分自己生命的自杀权，也禁止把生命的处分权委任给他人。

（四）生命权的主体与效力

生命权的主体只能是自然人，法人不能成为生命权的主体。这里讲的自然人包括本国人、外国人和无国籍人，任何人都享有不可侵犯的生命权，而不论其身份。因此，生命权是人的权利，并不仅仅是公民的权利。生命是一种自然现象，但生命权主体的认定是一种法律行为，通过立法者的活动最终确定。围绕生命权的主体目前争论的主要问题有胎儿生命权的认定与生命权终止标准的确定。

关于胎儿是否属于生命权主体，目前学术界仍有争论，这一争论实际上涉及妇女私生活权的问题，即堕胎是否合法，宪法上保护的生命权应包括哪些范围，胎儿是否属于宪法保护的生命权主体。一种观点认为，胎儿的生命是需要保护的，但孕妇的自我决定权应优先于胎儿生命的利益。按照这种观点，是否堕胎的决定权是妇女的一种自然权，由妇女自我决定。另一种观点认为，胎儿的生命与人的生命具有同等价值，应给予同等保护。上述两种观点各有一定的合理性，但理论上并没有完全解决难题，如妇女的自我决定权与胎儿生命权价值的冲突与融和问题，胎儿生命权价值与宗教自由价值之间的关系等不同命题之间的界限问题。

胎儿生命权的宪法保障主要遵循利益衡量原则，在保障生命权价值的前提下，实行有条件的堕胎政策。目前，衡量生命权价值的原则主要有期间解决方式与适应解决方式。前者是指对一定期间内进行堕胎的行为无论其是否有正当理由一律允许的政策。后者是指在一定范围内限制堕胎的自由，对堕胎附加一定的条件。从世界各国宪法保护胎儿生命权的基本趋势看，适应解决方式是保护生命权价值的基本政策。在胎儿生命权的宪法保障上，德国、美国等国通过宪法判例确立了比较稳定的保障体制，使胎儿生命权价值得到了肯定。在德国，1974 年第 5 次刑法修改中曾规定了期间解决方式，推行了堕胎的自由化，但德国宪法法院在判决中对刑法的上述条款作出了违宪判决。其判决的主要理由是：对于胎儿在母体内成长的过程很难准确地作出判断，故对胎儿的宪法保护应包括整个怀孕过程。刑法修改中提出的源于人的尊严的妇女自我决定权应优先于胎儿生命的理由是不成立的，因为它不符合基本法的价值体系。对生命的保护是人格形成的不可或缺的根据，禁止任意处理形成中的生命的意义在于通过宪法高度评价人格的价值。当正在形成中的人格概念的存在与否成为争议的焦点时，女性的自我决定权应让位于新生的生命权价值。在这个判决中宪法法院对宪法价值与立法者的角色问题提出了理论判断，认为，在有关宪法成文化的基本价值问题上，法秩序不能成为法意识的单纯的工具，当法意识与基本价值之间出现不一致时，立法者没有权力使法秩序适应法意识。立法者的任务是，根据法秩序更新法意识，协调法意识与法秩序的关系。在 1992 年第二次关于堕胎的判决中，宪法法院基本上维持了第一次判决的观点，重点对国家保护胎儿的义务做了明确的表述。判决的基本内容是：（1）还没有诞生的人的生命也有尊严，其生命是人类尊严存在的基础，应受到国家的保护；（2）胎儿需要受母亲的保护，其前提是国家通过立法禁止堕胎；（3）还没有诞生的胎儿的生命与孕妇基本权的冲突可通过《基本法》第 1 条第

1 款人的尊严的保护、第 2 条第 2 款生命及身体完全性的权利以及第 2
条第 1 款的人格发现权得到解决。堕胎是一种杀害胎儿的行为，不能在
互相冲突的基本权之间作出比较，除继续怀孕可能影响孕妇身体健康的
特殊情况外，应禁止堕胎行为。在美国，对堕胎问题联邦最高法院先后
做了不同的判决，经过了认定—规制—认定三个阶段。在 1973 年 Roe
v. Wade 案件中最高法院认定了妇女的堕胎权，在 1989 年的 Webster
v. Reproductive Health Services 案件中对国家的规制进行了一定的限
制，但在 1992 年 Planned Parenthood of Southeastern Pennsylvania v.
Casey 案件中重新确认了 1973 年判决的内容，并修正了部分原理。修
正的原理主要有：孕妇享有对没有生存能力的胎儿是否选择堕胎的"基
本的权利"（fundamental rights），其权利受宪法第 14 条修正案的保障；
在妊娠对孕妇的生命或健康造成威胁时，国家应允许孕妇选择堕胎；除
特殊情况外，已婚妇女选择堕胎必须得到丈夫同意的规定，对妇女的堕
胎决定权造成了实际的障碍。同样是对胎儿的生命权的保护，德国和美
国采取了不同的判决，建立了不同的胎儿生命权的保护规则。

　　在胎儿生命权主体问题上的另一个难题是通过人工授精而诞生的胎
儿是否符合生命权主体资格。由于现代医学的发展，人工授精开始成为
解决不孕症的重要方式。但试管中授精时一次有可能诞生多个胎儿，其
中注入母体的只是一部分，其余的也许死去。就一般情况而言，以出生
为目的注入母体内的胎儿的生命权是明确的，但没有注入母体内的其他
胎儿的生命权主体资格是难以认定的。另外，受精卵生命是否具有尊严
的问题也是争论比较大的。有两种不同的主张：一是认为受精卵虽是人
的尊严性的萌芽，但已具备生命的性质，不同于尸体；另一种观点认为，
还没有诞生的生命是没有尊严的。有关精子、卵子、受精卵等问题实质
上涉及宪法基本权利问题，需要从宪法角度确定规制的原则与立法。[①]

　　在宪法确定的基本权利体系中没有比生命权更重要的权利，它是基
本权利价值体系的基础和出发点。生命权是"第一人权"[②]。生命权作
为主观的权利首先对国家权力的一切活动产生效力，约束国家权力活动

----

① 我国的生殖技术的发展已有一定的规模，目前从事试管婴儿技术及相关服务项目的医疗机
　构有近百家，全国有 1 000 万对不育夫妻需要该技术的帮助。有关规范主要有卫生部颁布
　的《人类辅助生殖技术管理办法》、《人类精子库管理办法》等。这类规范在制定主体、规
　范内容及其效力等方面都存在一定的问题，需要在今后的立法中进一步完善。
② Bertrand Mathieu, Le Droit à la Vie, Edition du Conseil de L'Europe, 2005, p. 9.

的过程与结果。个人有权以生命权为依据，防御国家权力对生命权的任何形式的侵害。应该说，在保护生命权价值的立法体系中，宪法是层次最高、效力最强的规范。有一种观点认为，刑法对生命权的保护是最现实和有效的方式，因为它规定了最严厉的刑罚手段。的确，刑法在生命权保护方面发挥了重要的功能，但这种保护的基础和效力来源于宪法的价值，不能脱离宪法的原则，如生命权的主体资格的认定、生命的开始与终止时间的确认等只能由宪法加以规范。生命权对国家权力产生的效力实际上产生了国家保护公民生命权的法律义务，一方面国家不能侵犯公民的生命权，另一方面国家为生命权的保护提供积极的条件。生命权效力同时适用于私人之间的关系，公民有权防御私人对生命权的侵害。对来自于私人的侵害，除适用保护生命权的普通法律外，必要时可以直接适用宪法的规定，以扩大生命权的保护范围。

（五）生命权的合理限制

生命权是人最为宝贵的权利，在一般情况下国家权力不能以任何理由进行限制。因为生命权的限制实际上意味着对生命权的剥夺，使被剥夺生命权的主体失去了行使其他权利的基础。但实际生活中生命权的价值又表现为一种相对性，在必要时也受到一定的限制，而这种限制只能限定在不得已和必要的限度之内。生命权的限制首先涉及死刑制度的合宪性问题，即剥夺生命权的死刑制度是否侵害宪法规定的生命权价值。

在宪法理论与实践中，死刑制度的合宪性是关于生命权的经典问题和传统问题，这是因为传统意义上的生命权以强调生命不受剥夺或不受专断剥夺为内容。这一问题不仅引起宪法学者的关注，人权法尤其是国际人权法领域的相关讨论亦不在少数。在宪法学界，既有学者主张死刑制度的合宪性，也有学者主张死刑制度构成违宪，当然还有学者从折中主义的立场出发，认为即使宪法容忍死刑制度的存在，也必须从生命价值出发对死刑的适用加以严格限制。作者在后文中专门分析死刑制度的合宪性问题，此处暂且搁下。

除死刑制度合宪与否外，生命权的合理限制还涉及一个相当现代的话题，即，当生命已经日益成为可以人为干预的生理过程时，国家应当如何限制人为干预生命的行为，以维护人的尊严与价值。正如法国学者马蒂厄教授所指出的，现代生命权问题的背景已经发生变化，"传统上，生命的权利关系到保护个人的生命免受潜在的侵害。晚近以来，生命权则遭遇到适用于科学和医学介入的条件，这涉及生命过程本身的发生、发展和终止。生命不再简单地是一个法律所努力保护的现实，它同样也是一个人工制品，要求一系列规则来调整人们如何使用和影响生命。"[1]因此，生命权已经由传统的不受专断剥夺权转变为同时涵盖生命的自主支配权。由此，国家出于维护人的尊严与价值、维护人性伦理等重要的公共目的，不得不日益深入地对人为支配生命过程的行为施加各种限制，例如，限制人体器官之移植，禁止器官买卖，限制或禁止克隆技术，等等。如何以比例原则等传统的宪法分析工具，确定限制措施的范围与幅度，实现维护人的尊严之目的与保障生命自主支配权之平衡，成为亟待认真研究的重要课题。

（六）生命权保护的特殊问题

1. 器官移植与生命权

随着现代科学技术的发展，器官移植被认为是一项先进的医疗手段，已成为治疗完全丧失功能的脏器的有效手段，如心脏疾病、肝脏疾病、肾脏疾病等，通过器官移植患者能获得第二次生命。据统计，自1954年美国医生默里（Joseph E. Murray）在同卵双胎的个体间、不需要使用抗排斥药物的情况下，首次进行肾移植手术获得成功以来，到1997年年底，全世界各国进行的人体三大器官（心、肝、肾）移植累计已超过50万次，其中心脏移植4万例，肝移植6万例，肾移植40余万例。[2]可见，器官移植被公认为一种新的医疗方法，并处于不断发展的阶段。

目前，器官移植中的主要矛盾是供移植用的器官非常短缺，世界上需要器官移植的患者正在以每年15％的速度增长。从器官移植为人类生命健康提供服务的角度看，器官移植的功能是应给予肯定的，对于宪法保护的生命权价值的发展也起到了积极的作用。但日益发展的器官移植对保护生命权价值也带来了新的问题。如器官移植范围的确定问题，如何从法律上规定可以移植的器官的范围，限制或禁止特定器官的移植。对死者的器官移植方面，应注意保护死者应具有的尊严，不能把死者视为一种物。因为随着生命的消失，死者权利能力终止，但人的尊严与价值仍应得到国家的尊重。在移植死者器官时需要尊重死者生前的遗愿，如无死者遗愿时需要征求家属的意见。在死者生前或家属有明确表

① Bertrand Mathieu, Le Droit à la Vie, Edition du Conseil de l'Europe, 2005, p. 9.
② 参见《光明日报》，2002 - 02 - 04。

示的情况下，违背其意志实施器官移植的行为是缺乏正当性的。各国在有关器官移植的法律中对此做了明确的规定，其宪法依据在于人的尊严权。在死者器官移植方面，另一有争议的问题是是否认定脑死。传统的死亡标准主要包括心脏停止说和呼吸停止说。按照这种标准，从愿意捐献器官死者身上摘取供移植的器官，只能在临床死亡期过后，但这样会影响摘取质量。如果脑死亡概念得到法律的认可，有可能给器官移植提供有利的条件。在是否认定脑死问题上，我们除了考虑医疗技术与他人生命权价值问题外，首先需要寻求宪法的依据，即脑死的认定是否符合宪法的价值体系。生命是价值与事实的统一体，宪法上保护生命权，实际上是对生命价值的一种判断，赋予生命以价值的基础。因此，生命权概念或者生命权终止概念的确定是一个严肃的宪法问题，需要从宪法角度进行论证。长期以来有关脑死认定主要是医学界讨论的问题，宪法学界并没有给予必要的关注。自德国宪法教授 Hofling 提出脑死的宪法基础问题后，宪法学界开始注意脑死认定中的宪法问题，试图从宪法角度提出理论依据。多数学者认为，当人处于脑死状态时便失去了人的人格性基础，无法再享受宪法价值意义上的生命权。但也有学者提出批评意见，认为区分脑死前和脑死后是没有意义的，当一个人依靠人工呼吸维持生命时宣布其死亡是不符合生命权的宪法价值要求的。目前，世界上已有八十多个国家接受了脑死亡的概念，并制定了相关的法律，我国卫生部已开始组织专家研究脑死亡标准。[①] 从医学发展看，脑死认定是必然的趋势，但从法律角度，特别是从宪法角度还有一些理论问题值得研究和探讨。

　　2. 克隆技术与生命权

　　克隆技术的发展是 20 世纪科学技术的重大突破，它给人类生活带来的影响是多方面的，其中包括可能产生的负面影响。从某种意义上讲，克隆技术对人类生存和发展带来的消极影响是十分明显的。目前世界各国围绕克隆技术所展开的争论实际上表明了人类在技术与人的尊严的冲突中维护生命权价值的意志。

　　克隆的含义是无性繁殖，它可以改变人类的生存环境，造福于人类，但同时给人类生活带来了新的问题。从宪法和法律的角度看，克隆技术给人类造成的最大危害是生命权价值受到损害。在中国，有关克隆

---

① 参见《广州日报》，2002 - 08 - 29。

人的讨论开始于 20 世纪 80 年代末 90 年代初，到了 1997 年学术界的讨论最为热烈，1999 年后讨论有所降温。相对于其他学科，法学界的讨论不够深入，已有的很多成果是其他学科提供的。在中国，赞成派支持克隆人技术的理由，概括起来有以下几种：克隆人技术能够使个人的生命不断延续；为不孕夫妻提供可选择的繁衍途径；避免产生患有严重遗传病的后代；提供器官，以便将来用做移植；能够复制大量符合从事特殊职业、执行特殊任务的条件的人；有助于改善人的质量或改良种族；能够增加人口数量；能够满足特殊人群的需要；满足思念亲人的需要；增进科学技术和技术能力；从保存的意义上，应该克隆。① 而否定派则认为，克隆人不仅侵犯人的尊严，而且会从道德基础上破坏人类的宪法情感与宪法秩序，对整个生命伦理价值体系造成破坏。作者认为，这是中国学术界的主流观点，反映了学者们对克隆人技术的综合思考，体现了捍卫社会共同体中人的尊严的基本学术态度。② 为什么克隆人技术侵犯了人的尊严？作者试图从以下几个方面进行论证。

其一，从人的目的性、主体性看，有学者认为，人们之所以有克隆人的想法，除了科学家的好奇心驱使之外，至少有四个比较流行的理由，第一是为了满足不孕夫妇生儿育女的需求，第二是为了怀念故人，第三是为了让单身男女留下后代，第四是为了塑造"新人"。前三条理由显然是满足活着的人的需求，而被克隆人的利益不被重视。③ 哈贝马斯认为，生殖性克隆导致克隆人与被克隆者之间形成了奴隶与主人的支配关系。在民主法治制度下，公民相互之间如果想要承认自主性，就必须享有同等的私人自主和公共自主。如果一个制造者成为了其他人基因的主人，那么这种基本的相互性就不复存在。④ 也有人认为，克隆人可能没有侵犯人的尊严。因为人性尊严的概念十分抽象，难以形成具体的判断标准，而且克隆人技术是否会损害人性尊严，尚涉及应用此种科技

---

① 以上观点的整理，参见韩东屏：《克隆转忆人》，12～13 页，北京，社会科学文献出版社，2005。

② 当然，是否赞成克隆人并不是判断学术立场的标准。学术研究是自由的，学术只是接近真理的相对化途径。但在克隆人问题上，学术自由也要受社会共同体基本价值的约束，当某种公共政策或法律的制定涉及关涉到人类基本尊严与价值时，学术研究也需要承担一定的社会责任。

③ 参见甘绍平：《克隆人：不可逾越的伦理禁区》，载《中国社会科学》，2003 (4)。

④ 参见 [德] 尤尔根·哈贝马斯著，曹卫东译：《后民族结构》，222～228 页，上海，上海人民出版社，2002。

的人的动机与目的，并非在任何情况下都当然产生侵害人性尊严的结果，可能只需管制其在某种目的下的应用即可。是否须禁止其研究尚有讨论的必要，因此并非毫无争议。① 从上面的引证来看，从人的主体性方面来论证克隆人违反人的尊严可能还不十分周延，确实可能存在着那种不是将克隆人作为客体和手段的情况，但从社会共同体价值体系看，克隆人的客体性是不能否认的，失去主体性价值的人类生活是缺乏尊严的。

其二，从人的个别性看，自然生殖的人是有其独特的多样性的。克隆人违背了自然的本质，它把神圣的人降格为物，从而使人成为技术操纵的对象以及可以在流水线上大量复制的产品，损害了人的独特性。美国生物学家克拉汉说："人有权利去拥有自己独特的基因身份。克隆人侵犯这个权利。"② 德国法学家考夫曼亦认为，人类尊严主要是以无可混淆的个别性与人的无与伦比性为基础，而克隆人则是曾经存在过的人，他被剥夺了所有的自然性、偶发性，他的命运就像一面镜子一样立在他的眼前，这与人类尊严是不相符合的。③ 从人的个别性和多样性来看，克隆人的基因与被克隆的人完全相同，使得可能产生的克隆人失去了其个体性，也对人种的多样性造成威胁。1997 年法国国家伦理咨询委员会（CCNE）在答复共和国总统关于生殖性克隆技术的报告中认为："人类用一种求助于克隆技术的生殖方法来取代生育，在生物学、象征性和哲学方面构成了一种严重损害人的尊严的重大决裂。"④ 法国行政法院在 1998 年度报告中提出："在实验室里生产具有根据订单确定的生理甚至心理特征的人，对人类尊严和自由构成了比奴隶更彻底的侵害。事实上，不但人类的行为，而且人类的存在都可能无法挽回地被摧毁。"这种论述的深层的思想是，克隆技术以及一切对生殖细胞系的干预技术，都有可能是"将人的本体地位转化为物的生物学表现"⑤。这

---

① 参见周志宏：《复制人与生物科技之法律规范》，载《月旦法学杂志》，第 35 期，1998 年 4 月。
② 徐宗良、刘学礼、瞿晓敏：《生命伦理学——理论与实践探索》，180～181 页，上海，上海人民出版社，2002。
③ 参见［德］考夫曼著，刘幸义等译：《法律哲学》，451 页，北京，法律出版社，2004。
④ 法国《国家伦理咨询委员会备忘录》，1997 年第 13 期，4 页。转引自张乃根等主编：《克隆人：法律与社会》，18 页，上海，复旦大学出版社，2002。
⑤ 法国《国家伦理咨询委员会备忘录》，1997 年第 13 期，4 页。转引自张乃根等主编：《克隆人：法律与社会》，18 页，上海，复旦大学出版社，2002。

是对人的尊严的严重挑战。

其三，从人的基本定义看，克隆人技术改变了"人"的基本定义，使人失去了人的尊严。宪法价值体系中的人首先是通过男女繁殖出来的，是生物性和社会性的统一体。如果人可以被克隆就会出现人的宪法地位的不确定性与手段性。具有宪法地位的人是有个人品行的人，能够感受和促进宪法体制的发展。在调整国家与公民关系上宪法所体现的是一种价值体系，其中蕴涵着至高无上的生命权的意义。无论克隆技术如何发展，被克隆的人是不可能具有个性与品性的，也不具有人的尊严与价值。因此，如不控制克隆技术会直接损害人类本身的价值。

我们承认，有时候某一个体可能会失去基因的独特性，但它不能成为把克隆人合法化的根据。人存在于社会共同体之中，人类的相互性往往体现个体生存的意义与价值。用无性繁殖的方式挑战人类几千年延续的生育方式时，科学如何保持其理性？单就技术而言，人类有能力创造克隆人。但这种技术给人类带来的是福音，还是灾难？当一种技术从根本上改变人类的生育方式、生存方式与基本伦理价值体系时，人类有什么理由拥抱它？有学者认为，"人的伦理，首先是两性关系。克隆人是无性繁殖，从而使生育脱离了生理意义上的父母。原先人类社会的伦理基础是两性关系以及由此产生的父母与子女的关系——无须父亲的生育，毕竟会对两性及其血缘关系产生难以估量的社会影响"[①]。支持克隆人技术的部分学者提出的"克隆人比普通人难得，凝聚了更多的人类情感与智慧"是缺乏说服力的，实际上否定了人类情感生活的独特性。同时，以人体解剖技术来说明克隆人技术的正当性也是不妥当的，两者之间实际上并不存在统一的伦理与道德基础。

其四，从禁止克隆人技术的国际或区域性文件看，禁止克隆人技术、维护人的尊严正在成为国际社会的基本共识。是否允许克隆人技术不仅仅是一个国家宪政体制内部作出的价值选择，同时也是国际社会共同面临的挑战与课题。一般禁止克隆人的国际或国内文件（宣言、公约）中都强调了人的尊严的不可侵害性。1997 年 11 月 11 日联合国教科文组织《世界人类基因组与人权宣言》（Universal Declaration on the Human Genome and Human Rights）规定：基于教科文组织宪章所宣告的"人的尊严、平等与相互尊重这一民主原则"，不允许进行与人类

---

① 张乃根等主编：《克隆人：法律与社会》，14 页，上海，复旦大学出版社，2002。

尊严相违背的做法，比如生殖性克隆人。1998 年 1 月欧洲理事会《禁止克隆人的附属议定书》（Additional Protocol on the Prohibition of Cloning Human Beings）中进一步规定：考虑到克隆人技术的可能性，注意到胚胎分裂可能自然发生，往往会产生基因相同的双胞胎，认为将人类工具化，通过创造基因相同的人，会与人类尊严相抵触，并构成生物技术与医学的滥用。基于这些认识，该补充协定书禁止任何干预寻求创造基因相同的人，不论克隆对象是活的或死的（第 1 条）。1998 年欧洲议会《克隆人决议》（Resolution on Human Cloning）与 2000 年 9 月欧洲议会《克隆人决议》均认为，人权及尊重人的尊严与生命是政治立法活动的限定目标；鉴于治疗性克隆目的与生殖性克隆目的并无区别，因此禁止任何阶段的胚胎生产与利用。当然，国际社会在克隆人问题上达成共识还需要一个过程。由于各国的国家利益、文化传统以及科学技术发展程度不同，各国对是否禁止克隆人技术表现了价值观的冲突。2005 年联合国计划通过禁止克隆人技术的宣言，但比利时、中国、英国、瑞典、日本和新加坡等国对联大的宣言投了反对票。其主要理由是，不反对禁止生殖性克隆，即克隆人，而反对禁止治疗性克隆。这些国家可以批准克隆出人类受精卵（胚胎），从中提取干细胞以治疗各种疾病。可以说，迄今为止，在国际范围内，公开以国家名义支持生殖性克隆人技术的国家几乎是没有的，分歧在于能否把生殖性克隆技术与治疗性克隆技术区别开来，允许治疗性克隆技术的发展。

其五，克隆人技术侵犯克隆人的基本权利。克隆人的结果是产生另一个与被克隆的人的基因完全相同的后代。有学者主张，人的克隆是对克隆人所享有的平等权的侵犯。克隆人会对自由而平等的人际对称关系构成威胁。克隆人道德的自我理解会因为克隆而产生改变。"改变的不是对遗传密码的依赖性，而是对于其他人故意左右遗传密码的依赖性。"克隆人的天生的定性或者他们所认为的定性，无论如何都不是偶然获得的，而是别人故意制造出来的结果。故意介入一个不可把握的领域，这在道德和法律上都走到了一个极限。不能允许那种拥有特殊决定权的制造方法，因为有了这种决定权，一切人相互平等的规范前提就会遭到破坏。① 在法国，"捍卫人的尊严不受任何形式的奴役和侵犯是一条具有宪法价值的原则"。法国学者玛蒂（Marty）认为，宪法意义上的人类

---

① 参见［德］尤尔根·哈贝马斯著，曹卫东译：《后民族结构》，222～228 页，上海，上海人民出版社，2002。

尊严可能主要是指作为个人的人的尊严，而不是现在和将来人类家族的尊严。[1] 针对克隆人而言，由于其尚无可能主张其基本权利，这里所说的后代的基本权利，实际上更多的是被克隆的人和研究者对克隆人所负有的道德义务。被克隆的人和研究者不能以损害未来的人的尊严和其他基本权利为代价来进行复制人的活动。

有人主张，每个人都应该享有个人自主决定与选择的个人自决权，因为个人的自决权正是个人"个体性"和"人格"的最集中的表现，而个人的自决权就是要保障个人的选择不会不当地受制于集体的决定，这当然包括拥有自由去使用复制方式产生自己的孩子。[2] 但是，这种自我决定权所决定的对象实际上不完全是自身，而涉及另一个即将诞生的人。这时，所谓的自我决定权实际上是应该受到限制的，它不能以侵犯下一代的利益为代价而任意自行决定。而且在克隆技术还不十分完善或安全系数还不高的情况下，克隆人极有可能会失败。而一旦在最终阶段失败，即是对"胚胎"或"胎儿"的合法权益的侵犯，而后者也是宪法所保护的对象，享有宪法对人性尊严和生命权的保护。只要有这种可能，就应绝对禁止，其原因在于人的尊严的绝对保障性。即使成功，也可能存在着难以预测的重大风险，谁也不能断定克隆人在出生之后会在生理上和心理上受到多大的影响。对于这种不可预测的风险，上一代人对下一代人负有不可推卸的责任，须加以避免。

克隆人的生命权价值也是宪法与克隆人技术关系中需要考虑的重要问题。克隆人技术的本意是要把克隆人作为人类来看待，那么宪法上关于生命权的关怀必然及于克隆人。有学者认为，"克隆人作为人类繁衍生殖方式的一场深刻革命，乃是一种进退有余的革命"[3]。但这种"革命"对维护人的生命权价值与培育生命权文化会带来什么样的影响？"克隆人对于传统伦理观的冲击——人们只需改善原有的伦理观，来适应这种技术即可——而克隆人技术所带来的生命意义的淡薄，则不是任何新的伦理观所能解决的"[4]。在生命意识淡薄，生命权不再具有至高无上价值的社会中，人的尊严与价值是无法维护的。宪法以宽容的心态

---

① 参见张乃根等主编：《克隆人：法律与社会》，20页，上海，复旦大学出版社，2002。

② 参见周志宏：《复制人与生物科技之法律规范》，载《月旦法学杂志》，第35期，1998年4月。

③ 韩东屏：《克隆转亿人》，184页，北京，社会科学文献出版社，2005。

④ 李宇晖：《克隆可能带来生命意义的淡薄》，载《自然辩证法研究》，1997（6）。

关注可能出现的克隆人的生命权价值，于是克隆技术的安全性必然成为学者们关注的焦点。如果没有成熟、安全的克隆技术是无法保证克隆人的安全的。现在看来，克隆技术作为新兴的技术还远远没有成熟，更勿论克隆人技术。克隆人技术即使能够保障其安全性，但其缺乏社会伦理基础，淡化生命的价值，因此仍得不到正当性基础。根据1998年日本总理府（内阁府）的问卷调查，2 114个回答者中，93.5％的人认为，从生命伦理的角度看，将克隆技术用于人是不妥当的。① 在关系到社会共同体基本价值观的问题上，社会公众的感受与共识是推行公共政策的重要基础。

克隆技术发展到今天还存在着技术和伦理上不可克服的缺陷，将不成熟的技术应用于克隆人，其产生的后果必然是一个生理、心理或伦理上有缺陷的人的诞生。当我们明知一个生命体必然有缺陷，而又有意地在自然生理过程之外人为生产他时，既违反了基本生命伦理，也违反了宪政的基本价值。现代宪法不仅要求国家尊重公民的生命权，还要求国家创造保护公民生命权的良好环境。针对生命的亵渎行为，国家是有义务予以禁止的。科学技术发展的基本途径是实验，只有通过不断的实验才可能使克隆技术发展成熟。但这个过程只能是以产生无数个有缺陷的克隆人为代价的。在生命伦理的价值体系下，克隆人技术是不能以牺牲人权文化为代价得到发展的。

3. 生命权与死刑

（1）宪法与刑法关系中的生命权

据作者查阅的资料，20世纪80年代后我国的宪法学界与刑法学界开始了对宪法与刑法关系、生命权与死刑制度问题的研究，并取得了一定的研究成果。如储槐植教授在《美国刑法》一书中谈到，保护权利最得力的工具常常也是侵犯个人权利最厉害的手段，刑法就是这种东西，作者提出，"给制定和适用刑法设置合理的限制，其基本哲学思想在于：只有在'两个'保护（保护社会利益和保护个人利益）取得平衡的基础上，刑法才能发挥最理想的效能。所以，对刑法的宪法限制，并不是'有利于犯罪'的消极因素，而是发挥刑法制裁力并防止刑法被滥用的积极保障"② 。1992年高铭暄教授在《进一步协调刑法与宪法关系，为

---

① 参见［日］江场纯一：《尖端科学技术研究与宪法问题》，载《中京大学院法学研究论集》，第25卷号，518页。
② 储槐植：《美国刑法》，25页，北京，北京大学出版社，1987。

建设有中国特色的社会主义保驾护航》一文中①，系统地分析了宪法与刑法的关系。他指出：刑法的内容与宪法的总的精神和原则是相一致的，但两者存在着某些不协调之处，如《刑法》第 50 条与宪法上政治权利内容、《刑法》第 82 条与《宪法》第 10 条、刑法分则对个别犯罪的排列顺序及对具体犯罪的规定与宪法的规定之间的不协调，并提出了协调刑法与宪法关系的步骤、方式与目标等。陈兴良教授的《刑法哲学》、《刑法的宪政基础》等论著体现了作者对宪政价值与刑法关系的系统的理论探索。近年来，刑法学界出现了探讨宪法与刑法关系的一系列研究成果，既丰富了刑法学理论研究，同时也为宪法学理论的发展提供了有益的研究思路。②

中国宪法学界对宪法与刑法关系的关注始于 20 世纪 90 年代初。随着 1982 年宪法的颁布，学者们开始对宪法价值的社会化、宪法价值在部门法中的具体体现等问题给予关注，并从宪法实施的基本目标出发提出对国家刑罚权的宪法控制问题。其基本的研究思路包括两个方面：一是从宪法的最高法律效力角度对宪法与刑法关系进行宏观的理论思考；二是从生命权理论角度思考国家刑罚权与宪法价值的关系，就此发表了以生命权为内容的论文，也有专门写生命权的博士论文。③ 2001 年出版的《现代宪法学基本原理》一书由多名宪法学者和其他学科的学者参与编写，分上下两编，下编专门设"学科共同体中的宪法学"一章，探讨了宪法学与民法学、宪法学与刑法学、宪法学与行政法学、宪法学与国际法学、宪法学与军事法学、宪法学与刑事诉讼法学、宪法学与劳动法学、宪法学与哲学、宪法学与政治学的关系等。在"宪法学与刑法学"部分，作者探讨了宪法学与刑法学的共同性与区别、刑法对宪法的体现和保障、死刑存废与人权保障等问题。④

在国外，宪法与刑法关系的研究是整个公法学的共同研究任务。研究宪法问题离不开对刑法问题的思考，同样对刑法问题的深层次的理论探讨也离不开对宪法价值的分析。从总的发展情况看，两者的关系主要围绕以下问题展开：一是宪法变迁与刑法变化之间的关系，宪法变迁是

---

① 此文为纪念宪法颁布 10 周年而写的会议论文（与钱毅合写）。
② 如刘树德：《宪政维度的刑法思考》，北京，法律出版社，2002。
③ 如上官丕亮的《生命权的宪法保障》一文（苏州大学 2005 年博士学位论文）。
④ 参见徐秀义、韩大元主编：《现代宪法学基本原理》，北京，中国人民公安大学出版社，2001。

否一定带来刑法的变化？二是刑罚权的宪法基础问题。国家行使刑罚权的时候，是否一定具有宪法根据（宪法正当性），对特定的行为运用刑罚权的宪法依据是什么？根据刑法的实践，已经形成基本的学术命题，即国家发动刑罚权必须基于宪法的依据。三是从宪法解释与刑法解释的关系看，非刑罚化与刑罚化的基础是什么？四是刑法原则的宪法化问题。由于刑法涉及刑罚权的行使，其原则的宪法化对于刑法的人权保障功能将产生重要的影响。五是宪法的本体价值中能否包括刑罚的功能，如何合理地确定宪法与刑法在保障人权方面的不同功能？这里可能出现两种意义上的宪法观，即以对国家权力进行限制为目的的宪法观与以宪法价值社会化为目的的宪法观。刑法功能的合理定位与不同宪法观的功能问题直接关系到宪法价值实现的过程与效果。六是宪法与死刑制度的关系问题。这是目前国际宪法学界讨论最多的问题之一，反映了宪法学综合化的发展趋势。

（2）死刑制度的宪法学分析

从生命权的基本价值与功能看，现代社会中对生命权价值体系的最大的挑战是死刑制度的存在。对此，学者们进行了大量的研究，形成了一定的研究成果。但很多研究成果的命题只限定在死刑存废问题上，没有充分地考虑宪法价值，对死刑制度本身合理性与否的判断多，而从宪法价值角度进行判断的成果相对较少。

针对上述问题，国外有的学者进行了理论反思，提出了新的理论主张。如日本学者平川宗信教授在《死刑制度与宪法理念》一文①中提出了建立"宪法的死刑论"的理论。他认为，死刑问题是当为问题，不能以感情和信条来解决，最终表现为价值判断问题。他的基本理论逻辑如下：首先，需要确定大家公认的一定的价值标准，并把共同的价值作为判断事实的基础。其次，如何寻求这种共同价值？宪法理念与价值就是"共同的价值标准"。再次，死刑制度是一种法律制度，死刑存废关系到死刑制度。所有法律制度存在与发展的基础是宪法，应在宪法理念与原则下寻求其发展基础。最后，死刑制度是国家剥夺个人生命权的法律制度，而生命权是基本人权，保护基本人权是宪法的基本理念，那么死刑制度能否获得以人权保障为核心价值的宪法理念的支持？在这种意义上他把死刑制度问题转化为"宪法的死刑论"。从宪法的角度看，对死刑制度的讨论不能仅仅限于对死刑制度的合宪或违宪问题的判断，要同时

---

① 载（日本）《法理学家》，总第 1110 期（1996 年）。

考虑宪法的立法政策，侧重于从宪法价值层面作出死刑制度存在基础的判断。

在宪法与死刑问题上，传统的理论比较关注死刑与宪法本身的关系，满足于作出合宪或违宪的判断，合宪性的判断多一些。[①] 比如，在日本，主张死刑制度合宪的学者一般以《宪法》第 31 条的解释为基础判断其合宪性，没有进一步探讨宪法解释学与死刑制度的关系。提出死刑制度违宪的学者主要从《宪法》第 13 条、第 36 条、第 9 条、第 31 条等综合的角度判断其存在基础，提出要从宪法体系论角度评价死刑制度基础的观点。也有学者采取了折中的学术观点，认为人的尊严与生命权是死刑论的原点，虽然不能说它完全违宪，但从《宪法》的序言、第 13 条和其他条文看，死刑制度并不是宪法所希望的一种刑罚。这种事实与价值之间的矛盾与冲突在有关国家死刑案件的判例中得到了体现。

围绕死刑制度的合宪性问题，目前学术界与判例上主要有两种意见。一种意见是主张死刑制度具有合宪性基础，符合宪法理念，或至少被宪法容忍。其理由是：生命权是相对的基本权利，根据宪法的限制条款可以对基本权利进行限制；有些国家宪法上明文规定了死刑制度存在的依据；从一个国家国民的感情和文化的发展情况看，死刑制度的存在具有现实基础；死刑制度本身具有的威慑力符合维护公共秩序、公共福利和社会防卫的刑事政策的要求；对杀人等行为目前除采用死刑制度外找不到其他的合理的手段；不采用死刑制度难以平息和抚慰被害人家属的感情等。另一种意见认为，从宪法体系和理念的角度看，死刑制度的存在不具有宪法正当性基础，主张废除死刑制度。其主要理由是：生命权是绝对的基本权利，剥夺生命权的死刑制度违反国家与公民关系的基本逻辑；死刑制度侵害了生命权的本质内容；以社会契约创设国家的人类并不具有自己处分生命的权能，故没有委任国家处分社会主体生命的权限；死刑的威慑力并没有得到证明；即使死刑制度具有一定的威慑力，但以此作为根据保留死刑并不符合现代刑法追求的刑法缓和与教育思想；如出现冤案，已执行死刑的生命是无法救济和逆转的。在宪法与死刑制度的关系上，需要从宪法价值角度对以下问题进行分析。

① 具体理论构成的分析与表述，参见［日］平川宗信：《死刑制度与宪法理念》（上），载（日本）《法理学家》，总第 1100 期（1996 年）。

第一，生命权的存在是否具有绝对性价值？

如果把生命权理解为绝对的权利，那么死刑制度的存在就是违宪的，国家权力不应对具有前国家性质的权利进行限制，更不能予以剥夺。由于各国的宪法对生命权规定的方式不同，所以能否肯定其绝对性是需要论证的命题。从生命权的自然属性看，它具有绝对性，是不能剥夺的自然权利。但从生命权存在的形式与实际的形态看，如把生命权的价值解释为宪法框架中的权利形态，依据宪法和法律的规定，进行限制是必要的，但不能违反比例原则。首先，要具有立法目的的正当性。从一般意义上讲，死刑制度的存在目的是维护社会与国家的利益，社会秩序的价值是主要的选择。从目的论的角度看，人是政治共同体存在的目的，国家或政府的存在是手段，在宪政理念中，人在任何时候都不能成为实现国家利益的手段。在这种意义上，死刑制度的存在是无法获得现代宪法理论的支持的，在宪法框架内是不正当的。其次，手段是否具有合理性。实现立法目的应采用合理的手段，通过死刑制度获得的利益并不大于失去人的主体性而获得的利益。

第二，死刑制度对生命权的限制是否侵犯了基本人权的本质内容？

由于生命权对于人类生存的维护与发展具有重要的价值，所以对其进行限制时应遵循严格的标准与程序。从宪法的逻辑角度思考，最先需要研究死刑制度是否是限制生命权的合理形式（或最佳的形式）。如前所述，社会个体委托国家的权力中并不包括剥夺其自身生命的权力，因此死刑实际上超越了限制的限度。根据宪法的规定，基本人权的本质内容是不能限制的，一般宪法学理论所认可的"本质内容"中首先包括的权利就是生命权。因此，死刑制度的存在与宪法理论逻辑之间存在着矛盾或冲突，其正当性的基础是脆弱的。

第三，死刑制度在宪法规范上是否具有合理的根据？

在讨论死刑制度的合宪性问题时，学者们注意到了实定的宪法规范对死刑问题的具体规定。除依据宪法理念和精神对死刑制度的正当性进行判断外，必要时应探求在宪法规范上能否寻找死刑制度合理性的根据。如果宪法规范明确规定刑罚手段中可以包括死刑，那么死刑制度的合宪性（未必具有正当性）似乎是无可争议的，但随之而来的问题是规定死刑制度的规范是否存在违宪问题。从各国宪法的规定看，通常在宪法上不具体规定死刑这一刑罚手段，而把它授权给立法者，由立法者具体判断。立法者在刑法上将死刑作为刑罚手段规定时应体现宪法的原则，在程序和内容上作出严格的限制。在宪法上至少有以下几种方式可

以赋予生命权明确的依据：宪法规定的人的尊严权、宪法上未列举权利
的保护方式、宪法上的人身自由等。如美国宪法规定的正当法律程序实
际上是对死刑制度的一种限制。另外，刑法的罪刑法定原则的基础是宪
法的程序原则，即"刑法的宪法原则"[①]。

二、尊严权

现代宪法学体系的构建与原理演变的出发点与逻辑基础是人的尊严
与价值的维护。宪法学研究首先要回答什么是宪法意义上的人，为什么
人必须有尊严，宪法如何保护人的尊严等基本问题。宪法的历史告诉我
们，人与动物的本质区别是，人具有尊严，即人是具有尊严性的、有价
值的存在。因此，在宪法世界里，人的尊严性是不可缺少的人的本质要
素，是人类本体的核心内容。如果我们把宪法理解为社会共同体的基本
规则与最低限度的道德要求，那么人本身是组织社会共同体的力量，而
这种力量只有在尊严得到维护的前提下才有可能得到实现。在现实世界
中，人以价值的形态存在，同时也是有尊严的价值存在。因此，尊严是
人的伦理的价值，是人所固有的价值形态。把人作为一种工具或作为实
现某种目的的手段是违背人的尊严和价值的。基于人格性，人自然获得
了主张正体性（identity）的权利，它在客观上提出了宪法保护的如下
要求：人的尊严的最高价值性；人的尊严的不可分割性与统一性；人的
尊严对国家和政治体的优先性等。就其性质而言，人的尊严具有双重
性，即主观权利与客观原理的性质。在德国联邦宪法法院判例中，人的
尊严权被视为"宪法的最高价值"、"宪法枢纽的基本原理"、"基本权价
值体系的最高价值"等，并以此为基础建立了宪法学的核心范畴，即：
人的尊严是指导国家活动目标的引导原理（Orientierungsprinzip）；人
的尊严性是确定一切国家生活的标准，确立了国家为人类而存在的基本
逻辑；人的尊严性同时成为解释宪法条文的判断标准，对宪法的发展起
着补充的功能。在任何一种宪法判断中，法律条文或规范同人的尊严性
发生冲突时，裁判者应服从于人的尊严性。在发挥客观宪法原理的功能
的同时，人的尊严性具有主观权利的属性，应抵制与防止任何把人变为

---

① 曲新久：《刑法的精神与范畴》，361 页，北京，中国政法大学出版社，2000。转引自陈兴
良：《刑法的宪政基础》，载北京大学法学院编：《法治和良知自由》，10 页，北京，法律
出版社，2002。

工具或手段的现象。

（一）人格尊严的概念

尊严权可以引申出隐私权等一系列基本人权，人格尊严也是尊严权的重要内容。我国宪法明确承认了人格尊严不受侵犯的基本原理。人格尊严是指与人身有密切联系的名誉、姓名、肖像等不容侵犯的权利，它是公民作为权利主体维护其尊严的重要方面。人格尊严的法律确认表现为作为人应具有的人格权，它是公民参加社会活动时应具有的资格，表明人类文明的进步。人格尊严的基本特点是：人格尊严是权利主体宪法地位的基础，集中反映了宪法所维护的人权价值；人格尊严是人格权的基础，具体包括名誉权、姓名权、肖像权与人身权，是以人的价值为核心的权利体系；人格尊严与私生活权的保护有着密切的联系，私生活权的保护目的是尊重人格尊严，使公民享有私生活领域的权利与自由；人格尊严权具有双重性，即作为客观宪法原理的尊严权和作为主观权利的尊严权。作为客观宪法原理的尊严权，是宪法核心的精神，在整个基本权利体系中具有最高的价值。作为主观权利，尊严权是具有具体权利性质的权利形态。

（二）人格尊严的保障

我国在现行1982年宪法制定以前，经历了"文化大革命"等政治运动，其中，个人的人格和尊严遭到严重侵害，从普通个人到国家主席均无一幸免，因此，对该时期的国家政治生活和法律生活进行反思并在制度上保障个人的人格尊严成为现行宪法制定时的重要共识。由此，我国宪法在总结宪政史的基础上，对人格尊严的保障给予了高度重视，规定："公民的人格尊严不受侵犯。禁止用任何方法对公民进行侮辱、诽谤和诬告陷害。"这一条实际上是对人格尊严的宪法保障，其内容具体包括：人格尊严不可侵犯权是宪法规定的公民基本权利，是宪法关系存在的基础；公民人格尊严不受侮辱，即不得使用暴力或其他方法公然贬低他人人格，破坏他人的名誉；不得诽谤他人，即不得捏造虚构的事实，损害他人的人格；不得对他人诬告陷害，即为达到陷害他人的目的，向有关机关虚假告发、捏造事实。

宪法除对人格尊严的直接保障外，还具体通过授权全国人大及其常委会制定民法、刑法等部门法进一步实现人格尊严保障的目的。如《刑法》第246条规定：以暴力或者其他方法公然侮辱他人或者捏造事实诽谤他人，情节严重的，处3年以下有期徒刑、拘役、管制或者剥夺政治权利。民事法律中关于侵犯人格尊严的侵权赔偿责任等内容，既出现在较早的《民法通则》中，也出现在较新的《侵权责任法》中。

（三）人格尊严的基本内容

随着国际化与信息时代的发展，人格尊严的范围越来越广泛，人格尊严的宪法保护成为宪政国家的重要标志。由于各国经济与文化发展水平不同，人格尊严的具体保护范围与保护方法不尽相同。从我国宪法和法律的规定看，人格尊严的基本内容包括：公民享有姓名权；公民享有肖像权；公民享有名誉权；公民享有荣誉权；公民享有隐私权。

任何人甚至法人都有姓名。在中国古代，"姓者，统其祖考之所自出，氏者，别其子孙之所自分"[①]。因此，姓通过传统与承袭来表明人的来源，而氏（名）则标示人与人之间的区别。现代社会中，姓名往往起到后一作用，体现在法律上，自然人姓名的法律意义在于，表明他与其他自然人的个体区别。由此姓名在法律上往往与人格联结在一起。"因此，姓名权本质上是一种人格权，即在一个人的直接存在以及他的个人生活范围内，承认他不受侵犯的权利。"[②] 姓名权在宪法、民法及其他部门法中均具有重要意义。与姓名类似，肖像、名誉和荣誉等均具有人格与尊严的意味，是助成自然人的人格与尊严的重要内容，因此，肖像权、名誉权、荣誉权等均必须受到宪法的保护。

在信息化社会中，隐私权是公民享有人格尊严权的重要内容，表明人类文明的进步。如果公民在自己的私生活领域得不到法律的保护，那么作为权利主体就不可能享有完整的人格权。我国宪法条文中尽管没有保护隐私权的专门规定，但从宪法的基本精神与有关条款中可以找出宪法保护隐私权的依据。首先，从一般的学理解释看，宪法规定的"人格尊严不受侵犯"这一规定中包含了保护隐私权的意义。其次，公民住宅不受侵犯的宪法规定是隐私权的一种具体保护。再次，宪法关于禁止非法搜查的规定也是关于隐私权的一种具体保护。最后，其他部门法对隐私权的保护是宪法精神的具体体现。

隐私权作为人格权的一种，其权利形态具有复合的性质，即：隐私权是指自由地享有私生活，私生活领域不被公开的权利，因此对国家权力和第三者而言它具有防御的性质；隐私权通常是对特定人固有事项的

① 刘恕：《通鉴·外纪》。
② ［德］卡尔·拉伦茨著，王晓晔等译：《德国民法通论》，166页，北京，法律出版社，2003。

保护，因此具有专属的权利性质；隐私权是对个人情报的管理与控制权，因此具有请求权的性质。与隐私权的权利性质相适应，宪法保护的隐私权的具体内容包括：个人私生活秘密不受侵犯，个人私生活自由不受侵犯；自我情报的自律管理权。考虑到隐私的重要性，本书将在第五章专门分析关于隐私权的具体问题和宪法判例。

第二节　典型判例与分析

一、南非宪法法院 1995 年死刑违宪案①

[事实概要]

麦克万尼亚那（T Makwanyane）等两名刑事被告被指控犯有四个谋杀、一个谋杀未遂和一个具有加重情节的抢劫共六项罪名，地方法院对六项刑事指控均予以认定，上诉法院驳回了其中的谋杀未遂和抢劫指控，但即使如此，剩余的那些罪名已经足以对两名被告适用法律所允许的最严厉的刑罚——死刑。由于两名被告及其代理律师在上诉法院对死刑及其所依据的

本案的被告 T Makwanyane

《刑事程序法》第 277 条第 1 款提出合宪性质疑，所以，法院中止了刑事法律问题的审理，交由宪法法院先予裁决《刑事程序法》相关条款的合宪性。这主要涉及《宪法》第 9 条（生命权条款）、第 11 条第 2 款（反酷刑条款）和其他相关条款。

南非宪法法院在审理被告提出的宪法疑问之前，首先确认了以下三个基本事实：

第一，本案在刑事法上的问题已经没有争议，亦无证据认定之问题。易言之，两名被告未来的命运将只取决于宪法问题的解决。

第二，南非宪法未明文规定是废除死刑还是保留死刑，因此，法院

---

① The State v. T Makwanyane and others，1995（3）SA 391（CC）.

有义务对宪法之相关条款加以解释，以便明确刑事法律所设定的死刑到底是否符合宪法的规定。

第三，1989年以来，南非从未执行过死刑，到本案发生时为止，有超过三百人曾被判处死刑，他们在死囚牢房里苦苦煎熬长达数年，这是令人无法忍受的法律状态。唯有本案判决作出后，他们的命运才能尘埃落定。

本案主要涉及南非1993年过渡宪法和在此之前就已经实施的《刑事程序法》。《刑事程序法》中被指摘存在违宪的条款是第277条第1款，即："死刑仅得由高级法院作出并仅得适用于以下罪行：谋杀；战争期间所犯之叛国罪；抢劫或抢劫未遂，但需要具有加重情节；绑架；拐卖儿童；强奸。"

[判决内容]

南非宪法法院首席大法官查斯卡尔森（Arthur Chaskalson）代表法院撰写了判决理由，对于死刑是否侵害《宪法》第9条的生命权，是否属于《宪法》第11条第2款所谓的"残酷、不人道或有辱人格的待遇或处罚"，主要从以下几个方面进行了分析。

1. 生命权的重要性

生命权是南非《宪法》第9条所确认的权利，而死刑是法律设定的、本质上以剥夺生命为手段的刑罚，前者要求维持生命，后者要求剥夺生命。因此，生命权和死刑的特性以及二者的关系必然成为宪法法院需要分析的关键问题。

时任南非宪法法院首席大法官的 Arthur Chaskalson

对于生命权，南非宪法法院认为，就宪法对生命权的表述而言，南非《宪法》第9条的规定与其他外国宪法或国际法的同类文本相比，显得更为严格。在很多国家，生命权并没有像南非宪法表述得那样严格，例如，印度宪法虽确认了生命权，但明确准许死刑。即使是在匈牙利，虽然其宪法的生命权条款充当了宪法法院判决死刑违宪的依据，但其《宪法》第54条对生命权的表述不过是："（1）在匈牙利共和国，人人对生命、尊严享有固有的权利，不得专断地剥夺任何人的生命。（2）禁止刑讯，禁止残酷、不人道或有辱人格的处罚。"其中所谓"不得专断地剥夺任何人的生命"可以理解为，只要程序上不专断，仍可将死刑作

为合法之刑罚。通过这样的比较，南非宪法法院认定，生命权在南非宪法中是绝对的权利（unqualified right），其言外之意是，那些对生命权之确认并不如南非宪法严格的条文都足以令死刑违宪，南非宪法关于生命权的条款在这一点上当然具有更充分的优势。

尤其是与《宪法》第 10 条所确认的尊严权结合在一起，生命权与尊严权的价值就显得更为重要。南非宪法法院认为，一旦失去了生命和尊严，宪法第三章的其他个人权利就失去了基础，因此，生命权与尊严权在所有人权当中是最为重要的，是宪法第三章的其他个人权利的源泉。这就需要对各种限制与剥夺生命和尊严的措施加以极其严格的审查。

2. 死刑的专断性

在本案中，被告辩护律师质疑死刑的最重要理由之一在于其专断性，而死刑的专断问题在所有审查过死刑的外国法院都曾涉及。

南非宪法法院首先借鉴美国联邦最高法院的观点来分析死刑的专断性（arbitrariness）。美国联邦宪法并未禁止死刑，其第 5 条修正案及第 14 条修正案只是要求"非经正当法律程序"不得剥夺生命。死刑的违宪论在美国的宪法背景下主要是从第 8 条修正案的"禁止酷刑"出发的。一般而言，如果作出死刑判决的法院的自由裁量具有残酷的因素（cruel factor），其判处的死刑就会被认为是专断的，因此属于酷刑之列。相比较而言，南非宪法法院认为，就死刑判决的作出程序而言，南非的做法比美国具有更强的法律性，因为死刑判决的作出过程都有法官的引导。但即使如此，死刑仍然不能免于专断性，因为死刑判决在作出过程中受到很多随意性因素的影响，例如，被告的肤色、种族会影响法官的判断，被告的经济状况会决定他能否聘请好的律师从而享受好的辩护，检察官的起诉技巧与能力，法官的个人判断与情感，等等。而且，死刑与其他刑罚对基本权利的限制程度是存在重大区别的，死刑不可逆转，一旦执行，由于死刑专断性所可能导致的错误就不再有机会纠正。因此，南非宪法法院援引美国联邦最高法院布莱克门（Harry Blackmun）大法官的看法，"不具有专断性的死刑制度在根本上就是不可能的"[1]。

为了尽可能减少或避免死刑的错误率，人们尽可能将死刑犯的羁押

---

[1]　The dissenting opinion of Justice Blackmun in Callins v. Collins, 114 S. Ct. 1127 (1994).

期变长，以便发现死刑判决的可能错误，但这导致死刑犯在死囚牢房中长时间地苦苦地忍受煎熬，这种延迟（delay）同样是违背人道要求的。[1] 因此，南非宪法法院认为，既避免专断性又不造成延迟的死刑制度就更是不可能的。对此，美国联邦最高法院的做法是，对死刑加以严格的程序要求但又不禁止死刑，死刑判决只有在达到了那些要求的情况下才不会违反联邦宪法第 8 条修正案，而这导致了无数的争议。南非宪法法院认为，美国联邦最高法院的做法并不可取。

总之，在比较了加拿大、匈牙利等国和欧洲人权法院的判决后，或对其认同，或对其否定批判，最终南非宪法法院认为死刑毁灭了南非《宪法》第 9 条所毫无保留地加以保障的生命，消灭了《宪法》第 10 条所保护的个人尊严，专断性在其实施中不可避免，也无法救济，因此，死刑当然是一种残酷、不人道和有辱人格的刑罚。

3.《宪法》第 33 条的比例原则与生命权之核心领域（本质内容）

除了从死刑的专断性得出其有违禁止酷刑的要求以外，南非宪法法院还专门结合《宪法》第 33 条第 1 款的基本权利限制条款来分析将死刑适用于谋杀罪是否符合宪法之要求。

宪法第三章所载的各项权利，包括第 9 条确认的生命权和第 10 条的尊严权，都可以通过《宪法》第 33 条第 1 款加以限制。如果将死刑视为对生命权的限制措施，那么，这一限制措施所追求的目的是什么？它是否能满足《宪法》第 33 条第 1 款的要求呢？这就涉及对《宪法》第 33 条第 1 款的理解。宪法法院将该款的规定分解为以下三个方面的考虑：“（1）受限制的权利的性质，其对以自由平等为基础的开放民主社会的重要性；（2）限制措施所追求的目标，以及这一目标对开放民主社会的重要性；（3）限制的程度、效率，尤其是，当限制措施为必要时，其预想的目的是否可以通过其他损害更小的手段合理达成。”[2] 那么，应当如何将《宪法》第 33 条第 1 款的规定适用于死刑合宪性的分析呢？南非宪法法院仍然按照一贯的思路，先分析比较法，再解决南非的问题。

首先，南非宪法法院排除了美国联邦最高法院判例法的借鉴作用。这是由于美国宪法与南非宪法的基本权利条款设计不同，导致两国法院

---

[1] 这一原则首先由欧洲人权法院在 Soering 案中提出，南非宪法法院援引了欧洲人权法院这一判决。关于该案的具体情况，参见 Soering v. United Kingdom, 11 Eur. Ct. H. R.（ser. A）（1989）。

[2] The State v. T Makwanyane and others, 1995（3）SA 391（CC），para. 104.

的审查技术存在重大区别。南非宪法法院认为，由于美国宪法没有专门的权利限制条款，因而法院只好通过狭义地解释基本权利来保证限制基本权利之必要措施的合宪性。但与此不同的是，南非《宪法》第 33 条包含了专门的限制措施条款，因此，南非宪法法院必须将基本权利解释的过程分为两个阶段，先广义地解释基本权利，再依《宪法》第 33 条分析基本权利的限制措施及其合宪性，这是"两阶段论的方法"（two-stage approach），与美国的单一阶段论不同。南非宪法法院正是先分析生命权的重要性与死刑的专断性，然后将死刑认定为"酷刑"，再以比例原则和核心领域分析死刑作为限制生命权之措施的合宪性。

其次，法院逐个分析加拿大、德国、欧洲人权法院等对基本权利的限制实践。加拿大最高法院主要适用比例原则来审查限制措施，自 R. v. Oakes 案以来，加拿大最高法院确立的原则是，"如果政府不能证明限制措施的合理基础，以最小损害措施实现公共目的，立法就会被法院所推翻"。德国联邦宪法法院主要是运用比例原则。按照德国学者 Grimm 教授的看法，德国联邦宪法法院"只允许出于协调相互冲突之基本权利或保护其他人的权利或重要的公共利益而限制基本权利，并且，任何限制措施不仅要有宪法上有效的理由，而且要与其限制的基本权利在等级和重要性上成比例"。但联邦宪法法院却没有充分运用"核心领域"，这在南非宪法法院看来是一个不足。而欧洲人权法院除了进行比例原则的审查外，还必须基于主权的考虑给予各成员自主的评判空间（margin of appreciation），这一点对南非没有借鉴作用。

在比较不同国家基本权利限制实践的基础上，南非宪法法院主要将审查的手段定位在比例原则和核心领域两个方面。控方认为死刑可以发挥威慑、预防和报复犯罪这三点合法的作用，但宪法法院认为这些考虑都无法通过比例原则和核心领域的审查。

从比例原则的角度，就威慑而言，南非确实存在着如控方所说的严重的犯罪问题，甚至影响了国家的民主转型，而为人民提供发展之机会确实是宪法赋予政府的首要目标，因此，威慑犯罪是可以接受的。但是，威慑犯罪的方法是有效地将犯罪分子抓获、定罪并处罚，南非的犯罪问题之所以严重，是因为社会混乱使很多犯罪分子可以逍遥法外，因此，威慑犯罪的手段不是杀死罪犯，而是将其绳之以法。没有证据表明，死刑具有比终身监禁更强的威慑作用。就预防而言，死刑可以防止犯罪者再次犯罪，但终身监禁同样可以起到这一作用。对于实现预防的作用，应当选择对生命权损害最小的措施。对于报复而言，现代社会已经发展到不需要"以牙还牙、以眼还眼"的报复刑阶段，除了死刑以外，社会还有很多方法可以用来表达对特定违法行为的道德评价。国家没有必要采取死刑的手段来表达其道德愤慨，终身监禁同样可以起到这样的作用。

从核心领域的角度，尽管这一由德国宪法所发明并为南非等其他国家宪法所借鉴的概念具有语义上的不确定性，但可以肯定的是，如果从死刑犯的主观立场出发，死刑无疑剥夺了他的生命权的核心领域；而从客观的宪法秩序角度，死刑必须具有保护生命的功能才能满足核心领域的要求，但很明显，政府所谓的死刑的威慑和预防作用即使能够保护无辜者的生命，但它也没有采取 R v. Oakes 案所要求的"最小损害"的方式。① 因此，死刑也满足不了生命权核心领域不受侵害的要求。

通过整个权衡过程，南非宪法法院提出，死刑所发挥的威慑、预防和报复的功能应与其他的刑罚形式加以比较，此外，还必须综合考虑死刑对生命与尊严的破坏作用、专断的因素、不平等性、错误的可能性等，以及由此所造成的残酷性和不人道性等。综合考虑这些因素后可知，《宪法》第33条第1款的规定没有得到遵守，《刑事程序法》第277条第1款的规定与《宪法》第11条第2款的规定相冲突。

4. 最终结论

法院判决《刑事程序法》第277条第1款之规定，以及其他法律中关于准许死刑的一切规定都与宪法相违背，应予无效。从判决之日起，国家及其一切机关不得执行死刑，已经被宣判死刑的在押人犯继续收押，直到法律以其他的合法刑罚取代死刑。

[评析]

在很多国家，关于死刑措施是否违宪地侵害了生命权，是否属于"酷刑"因而在禁止之列，都曾经出现过宪法争议并因此产生过相关案件。但宪法法院或相关法院直接以生命权为依据认定死刑违反宪法的判决并不多见，在这方面较早的一个案例大概是，匈牙利宪法法院在1990年作出的死刑违宪判决②，南非宪法法院则紧随其后。此外，违宪判决并不多见。在下一个韩国的同类案件中，死刑则被韩国宪法法院两次认定为合宪。

在本案中，南非宪法法院认定死刑违宪的方法——宪法比较解释——

① See The State v. T Makwanyane and others, 1995 (3) SA 391 (CC), para. 133, 134.
② Decision No. 23/1990 of the Hungarian Constitutional Court on 13 October 1990.

是非常值得注意的，即法院在判决中大量援引美国、加拿大、匈牙利、英国等法院的判例，以及欧洲人权法院、联合国人权委员会等国际法庭的判决和意见，并在比较的基础上宣告死刑违反南非宪法的规定。当然，法院如此大规模地引用外国法、国际法和比较法是源于南非《宪法》第 35 条第 1 款的规定，该条规定："在解释第三章之规定时，法院应促进构成以自由平等为基础的开放民主社会之基础的那些价值，并应，在可适用的情况下，参照可适用于本章所保障的权利的国际公法，并得参照具有可比性之外国判例法（foreign case law）。"

通过前述对南非宪法法院判决理由的提炼与归纳，应该能为读者清晰地呈现出死刑侵害生命权的法律理由。对此，作者并无任何补充性论述。作者认为，在死刑违宪方面，南非宪法法院的论证也是最为充分的论证之一。因此，此处的评析从略。作为相反判决的例子，作者将韩国的相关判例整理出来，供读者评析和对比之用。

[附：南非宪法相关条文]

第 9 条

人人享有生命权。

第 10 条

人人享有尊严权，其尊严应受尊重和保护。

第 11 条第 2 款

禁止肉体、精神或感情上的任何种类的刑讯，禁止残酷、不人道或有辱人格的待遇或处罚。

第 33 条第 1 款

本宪法所载的权利得以普遍适用之法律加以限制，但此类限制应：（1）限于以下程度：a. 合理；且 b. 在一个以自由和平等为基础的开放民主社会中是无可非议的。（2）不得侵害该权利的核心领域（essential content）。

二、韩国宪法法院死刑合宪案（1996 年和 2010 年）

死刑制度在韩国是一个长期备受争议的话题，历史上一直存在应当废除死刑的主张，但这种主张在政治上从来也没有强大到足够影响国会修改刑法以废除死刑，在法律上，这种主张主要涉及死刑制度的合宪性问题，不断以有刑事诉讼被告提出死刑制度违宪的诉愿，即死刑侵害宪法上的"人的尊严与价值",具体而言涉及平等原则和比例原则的审查。历史上较早的代表性判例是 1996 年宪法法院作出的死刑合宪案。在 2010 年,又有类似的宪法诉愿提交到宪法法院进行审理,宪法法院再次确认死刑制度符合宪法。兹介绍和评析这两起相关的判例。

之一:1996 年死刑制度合宪案①

[事实概要]

请求人 A 因犯杀人罪和强奸罪在第一审和第二审中被判死刑,他在向法院提出上告的同时,以规定死刑的《刑法》第 250 条第 1 款、第 41 条第 1 款,规定死刑执行方法的第 66 条,规定刑场的《行刑法》第 57 条第 1 款的规定违宪为由,向最高法院提起违宪与否的审判申请。该申请被最高法院驳回后,申请人根据《宪法法院法》第 68 条第 2 款规定向宪法法院提起了宪法诉愿审判请求。本案的审判对象是:《刑法》第 250 条、第 41 条、第 66 条,《行刑法》第 57 条。

《刑法》第 250 条第 1 款规定:杀人者应判处死刑、终身监禁或 5 年以上徒刑。

《刑法》第 41 条规定:刑罚种类如下:(1)死刑……

《刑法》第 66 条规定:死刑在刑务所内以绞刑的方式执行。

《行刑法》第 57 条规定:(1)死刑在监狱内的刑场执行……

本案的争论点主要集中在:《刑法》第 66 条、《行刑法》第 57 条第 1 款能否成为裁判的前提;死刑制度本身是否违反宪法规定;宪法保护的生命权与死刑制度是否矛盾;死刑制度是否剥夺人的尊严和价值。

宪法法院于 1996 年 11 月 28 日作出判决,认定《刑法》第 41 条第 1 款、第 250 条第 1 款不违反宪法。

[判决内容]

宪法法院在判决中首先认定,《刑法》第 66 条、《行刑法》第 57 条第 1 款的规定,只是表明死刑这种刑罚执行的方法与场所,其是否违宪对诉讼事件的裁判内容及效力并不产生法律影响,因此这一部分的请求缺乏裁判的前提性。

人的生命是十分宝贵的,它是有尊严的人类存在的根源,有些生命权虽然没有具体规定在宪法典之中,但它作为人类生存本能和存在目的的基础,是一种自然法上的权利,构成宪法规定的基本权的前提。生命

---

① 韩国宪法法院 1996 年 11 月 28 日判决,92 宪戊 108。

权作为绝对的基本权，从理念上不能成为法律保留的对象，但从现实的层面看，生命权实际上成为法律保留的对象，即对人的生命不宜作出社会科学的或法的评价，但为了使生命权成为宪法规定的基本权，并从法律上揭示其意义，它不能成为超越规范的永久妥当的权利。在现实生活中，没有正当理由侵害他人的生命或者损害重大公共利益时，国家法律有必要揭示他人生命和公共利益优先保护的基准，此时生命权虽然从理念上具有绝对的价值，但对生命权不得不作出法律评价，生命权本身成为《宪法》第 37 条第 2 款规定的一般法律保留的对象。

宪法对剥夺作为人存在根源的生命的死刑没有作出具体的肯定或否定的规定，但《宪法》第 12 条第 1 款"非依正当的法律程序，对任何人不得处以处罚、保安处分或者强制劳役"的规定，以及《宪法》第 110 条第 4 款"在非常戒严下……法律规定的军事裁判采用单审，但宣告死刑不在此限"的规定，至少从字面解释上以间接的形式规定了依照法律适用作为刑罚的死刑。一切人的生命作为自然的存在具有同等的价值。当同等价值之间出现冲突或出现重大公共利益的损害时，负有保障国民生命、财产义务的国家必须优先保护无辜者的生命或公共利益。对侵害人的生命的犯罪行为的非法效果，在限定的范围内实施死刑，可以借助人对死的本能恐惧达到阻却犯罪的效果，这是因与犯罪的报应要求相结合的"必要恶"而不得已选择的方法，现在仍有其合理的功能。从这种意义上说，死刑制度并不违反宪法规定的比例原则，它是国家宪法本身预想的刑罚的一种，至少现在并不违反国家的宪法程序。

从韩国的文化水平和社会现实看，完全废除作为刑罚的死刑是不妥当的，死刑制度不违反现行的宪法秩序。但死刑这种刑罚的确具有国家以法的名义剥夺人的生命的"制度杀人"的属性，在韩国刑事法律中比较广泛地以法定刑规定了死刑条款，这与行为的非法之间是否保持了合理的比例关系是需要探讨的问题。虽然作为法定刑的死刑是妥当的，但宣告死刑时必须慎重。我们可以暂时不作违宪或合宪的讨论，但死刑作为刑罚是否有继续存在的必要性是值得关注的。当一个国家的文化高度发展时，剥夺生命的死刑有可能失去其预防犯罪的必要性，或者国民的法律感情已达到这种水平时死刑制度的废除是自然的，在这种情况下死刑作为刑罚制度继续存在必然违反宪法。

从死刑制度具有的公益上的目的和社会机能的合理性及其宪法的规定看，死刑制度本身并不违反《宪法》第 37 条第 2 款的规定。但规定死刑的个别刑事法条款及构成要件行为的不法与行为者责任之间显失平衡时，死刑可能被评价为违背人的尊严的残酷的刑罚，或者超越达到刑罚目的所必要的限度时，死刑可能会违反宪法解释上的比例原则，是一种违宪的刑罚。《刑法》第250条第1款的规定在行为的不法与行为者责任之间不存在显失平衡的问题。

在该案中两位法官提出了违宪意见。他们认为，《宪法》第10条确认的人的尊严与价值是宪法的最高价值，不得以其他规定加以限制，是最重要的价值判断。即使是罪大恶极的人仍然是具有人的尊严与价值的人类存在，不得为满足社会的复仇心理或达到犯罪预防的目的而采用非人道的刑罚制度。作为刑罚的死刑不同于自由刑，受到死刑判决的人没有改过自新的道德自由，实际上是把个人当做国家或社会全体利益的单纯的手段或对象，侵害了死刑犯的人的尊严与价值；同时侵犯了宣告死刑的法官和基于职务不得已执行死刑命令的参与者的良心自由。从《宪法》第110条第4款但书中不能自然推导出宪法可以作为死刑制度的根据。即使像多数法官所主张的那样，可以找出间接的根据，但因死刑制度本身违宪，所以上述宪法规定也是一种违宪的规定。从理论上，宪法规范之间并不具有同等的价值，存在着一定的价值序列，在宪法制定或修改中也有可能出现违反宪法根本价值的宪法规范。对此，宪法法院能否作出不违宪判决是值得怀疑的。即使宪法审判没有纠正其违宪规范的功能，但至少不能赋予违宪规范以积极的意义，如此方能实现宪法的根本价值。人的生命权是自然法上的权利，是不能被剥夺的，不能成为《宪法》第37条第2款基本权限制的法律保留对象。死刑制度侵害生命权本质内容，违反《宪法》第37条第2款但书的规定。

之二：2010年死刑制度合宪案①

[事实概要]

请求人因涉嫌杀害4人并对其中3名女性被害人实施了强奸而受到杀人罪和强奸罪指控，并被一审定罪判处死刑。在向光州高等法院上诉的过程中，请求人提出《刑法》第41条关于死刑的规定及其他相关法律规定违反宪法，因此，光州高等法院向宪法法院提出了可能的违宪问题。

本案中受到违宪指摘的是《刑法》（1953年9月18日第293号法令颁布）第41条第1项规定的死刑，第41条第2项和第42条规定的终

---

① 韩国宪法法院2010年2月25日判决，161 KCCG 452，2008Hun-Ka23。

身监禁，第 72 条第 1 款的终身监禁部分，第 250 条第 1 款的"应判处死刑、终身监禁"部分，以及原《打击性犯罪和保护受害者法》第 10 条第 1 款的"应判处死刑或终身监禁"的部分。这些条款的规定如下：

《刑法》第 41 条规定：刑罚种类如下：（1）死刑；（2）徒刑……

《刑法》第 42 条规定：徒刑和免于劳役徒刑为终身或有期两种，有期徒刑应从 1 个月至 15 年。在具有加重处罚情节时，得延长为 25 年。

《刑法》第 72 条第 1 款规定：处于徒刑或免于劳役徒刑中的个人若行为良好并有真实悔改表现，在已经服刑 10 年或有期徒刑 1/3 刑期的情况下，可由行刑机构予以假释。

《刑法》第 250 条第 1 款规定：杀人者应判处死刑、终身监禁或 5 年以上徒刑。

原《打击性犯罪和保护受害者法》第 10 条第 1 款（强奸杀人）规定：通过第 8 条、第 8—2 条和第 12 条实施第 5 条规定的罪行的个人，或者通过第 300 条实施第 297 条规定的罪行的个人，若同时杀人的，应判处死刑或终身监禁。

本案的主要系争问题在于，上述法律规定是否构成对宪法所保障的"人的尊严和价值"的侵害。

宪法法院在 2010 年 2 月 25 日以 5∶4 的票数作出合宪判决，其中 3 名法官另外提出了协同意见，另有 3 名法官提出了违宪的反对意见，1 名法官提出了部分违宪的反对意见。

[判决内容]

宪法法院在判决中主要提出了以下几个方面的意见来支持其合宪判断。

1. 《宪法》第 110 条第 4 款建立的前提是，死刑作为一种刑事处罚方式可以由议会制定并由法院判决实施。就此而言，可以认为宪法看上去是直接允许了死刑的存在。

2. 宪法在文本上并不承认绝对的基本权利，并且根据《宪法》第 37 条第 2 款规定，只有根据保障国家安全、维持秩序和公共福利的需要，才可依法对国民的一切自由与权利进行限制。因此，即使个人的生命在理念意义上具有绝对的价值，但对其生命的法律评价是允许的，并且生命权应服从于依照《宪法》第 37 条第 2 款的一般法律保留的限制。

首先，死刑旨在通过向人们提供心理上的警示来阻却进一步的犯罪，通过公正地报应实施严重罪行的个人来实现正义，并且通过永久地阻止犯罪者的再犯来保护社会。这些立法目的是正当的，而死刑作为最严厉的刑罚是实现这些目的的适当手段。

其次，死刑并不违反最小损害原则。死刑比诸如终身监禁或终身监禁不得假释等其他刑罚更能剥夺犯罪者的合法利益。因此，考虑到人们的生存愿望和对死亡的恐惧，可以将死刑看作是最有效的阻却犯罪的手段。在最残忍犯罪的情况下，终身监禁与此类犯罪者所实施的罪行的严重程度无法匹配。同样，施以终身监禁也无法满足受害者家属和社会公众的正义感。在此方面，不存在死刑之外的其他刑罚可以如死刑那样有效地实现这些立法目的。而且，不能将法院的错判认定为死刑所固有的问题，它只是裁判过程所衍生的偶然问题，并且可以通过司法层级制度和上诉过程来缓解。相应地，法院在死刑案件中的错判不能成为主张死刑完全不被宪法允许的理由。

最后，也不能认为死刑违反相关立法利益间平衡的原则。通过阻止犯罪来保护无辜者，实现社会正义和维护社会安全是重要的公共利益，这一利益并不轻于犯罪者本人维持其生命的个人利益。死刑在实际中很少运用，它只针对那些最严重的犯罪，例如残忍地杀害多人，因此，不能认为死刑与犯罪的残酷性相比是过度的。

3. 考虑到死刑本身由宪法所默认，并且没有超出《宪法》第 37 条第 2 款所设置的宪法限制，剥夺犯罪者生命的刑罚本身并不当然地违反《宪法》第 10 条关于人的尊严和价值的规定。而且，被判处死刑的罪犯无视既存刑罚的警示，实施残忍而凶残的罪行，这已经表明了其罪行的违法严重性和犯罪者本人的责任，这种犯罪是犯罪者本人明知而决定实施的。因此，也不能认为实施死刑是单纯把犯罪者作为社会安全等公共利益的工具，从而侵害犯罪者作为人的尊严和价值。另外，也不能因为作出死刑判决的法官或执行死刑的监狱官感到良心不安，而认为死刑违反宪法或侵害人的尊严。

4. 建立"绝对终身监禁"，也就是终身监禁不得假释，可能引起关于其违宪性的又一次争论，绝对终身监禁（即把犯罪者与社会永久隔离）以及相对终身监禁（可减刑或可假释的终身监禁），其目的是否可能通过现行刑法规定的假释制度得到实现。很难得出结论说不包含绝对终身监禁的现行刑法缺乏正当性或不成比例且违反《宪法》第 11 条规定的平等原则或罪刑相适应的比例原则。

5.《刑法》第 250 条第 1 款所规定的谋杀罪是典型的剥夺人命的犯罪行为，并且可以包含残忍而凶残地杀害个人，就其性质或结果的严重性而言，这是反人性的罪行。因此，规定死刑、终身监禁以及 5 年以上徒刑的法律应被认为是保护个人生命或人类生命的手段，并不违反比例原则或平等原则。

6. 原《打击性犯罪和保护受害者法》第 10 条第 1 款规定了谋杀和性侵害罪合并的要素，并对此类合并罪规定了死刑或终身监禁。为了保护个人生命或人类生命以及他们在性方面的自我决定的自由，前述的第 10 条第 1 款可以被认定是必要的手段。第 10 条相比较谋杀罪移除了 5 年以上有期徒刑，这并不能被认定为违反比例原则或平等原则。

李康国（Lee，Kang-kook）法官在其协同意见中极力强调生命权的至上性和尽可能限制死刑的重要性，似乎他同意多数判决的唯一原因在于《宪法》第 110 条第 4 款本身容忍了死刑，而若判决死刑违宪则必然带来宪法的修改，这超出了法官解释宪法的职责。其他协同意见也都大体上集中在如何限制死刑以充分保障生命权的问题上。可见，即使是认可死刑合宪的那些法官，也都站在尽可能限制死刑的立场上。

金熙玉（Kim，Hee-ok）法官在反对意见中对《宪法》第 110 条第 4 款提出了不同的解释，认为该款从制定背景和语言本身来看乃是为了抑制法律所规定的死刑措施，因此，不能以该款为依据认为宪法认可死刑。宪法中通过一再重申所频繁表现出来的主旨是人的尊重和价值，况且死刑并不是实现立法目的的最适当手段，因为它违反了最小损害原则。事实上，终身监禁不得假释作为一种更小损害的手段完全可以替代死刑来实现死刑所欲达到的那些目标。死刑不仅与《宪法》第 10 条规定的人的尊严和价值相冲突，而且侵犯了宣告死刑的法官和基于职务不得已执行死刑命令的参与者的良心自由。

金钟大（Kim，Jong-dae）法官在反对意见中提出，《宪法》第 37 条第 2 款规定的法律保留并不适用于生命权，因为生命权不能分为本质内容与非本质内容两部分。

曹大玄（Cho，Dae-hyen）法官提出，《宪法》第 110 条第 4 款虽然允许死刑（因此死刑本身并不构成违宪），但该条将死刑限于军事裁判，因此在军事裁判以外将死刑普遍化则违反宪法。

［评析］

在韩国，死刑制度存废论是学术界及社会各界普遍关注的问题。主张废除死刑制度的人认为：死刑制度的犯罪预防功能并没有得到证明；有可能存在误判或政治上滥用的情况；从世界人道主义发展趋势看，否认人的尊严的死刑制度应废除。主张保留死刑制度的人认为：恶性犯罪仍然存在；死刑制度具有预防犯罪的强大的控制力；比起作为加害者的犯罪人的生命权，更应重视被害者的生命权，对罪大恶极的犯罪分子不适用死刑，难以体现公平与正义原理。早在 1969 年、1987 年最高法院曾作出过死刑制度合宪的判决。宪法法院成立后于 1989 年 2 月 28 日曾受理了死刑制度是否违宪的宪法诉愿案件，1992 年 5 月曾举行听证会，并指定三名著名的刑法学家和一名宪法学家陈述对死刑制度的意见。四名教授中两名教授主张死刑制度违宪论，一名教授主张合宪论，另一名教授认为不能把死刑宣告一律看作是违宪，当法律对死刑判决的原则和程序没有作具体规定时存在着违宪的可能性。

在 1996 年的第一个判决中，多数法官首先论证生命权是人的一种最宝贵的权利，是一种自然权。但在论证中把生命权的价值分为理念和现实两个层面，主张理念意义上生命权的绝对性与现实意义上生命价值不一致时，国家需要评价生命权的意义并作出优先的选择。在生命权与宪法规定的关系上，多数法官承认宪法上没有明文规定死刑制度本身是否合理的问题，但从宪法的相关规定和宪法解释上间接地推导出死刑制度的存在具有宪法基础的依据。同时，在本案中法官们承认死刑是一种残酷的刑罚，随着文化的发展和国民法律感情的变化可逐步创造条件，最终废除死刑。因此，死刑制度的存在实际上是更多地考虑了现实的需要，是人类在不得已的情况下为对付恶性犯罪而采取的手段。当然，死刑制度的合宪性要求刑法的规定或者于刑事政策层面有必要逐步缩小死刑的范围或慎重对待死刑。主张违宪的意见中也有相当的合理性因素，比如针对死刑制度是否是宪法的规定，即使宪法上有规定但仍然是违宪的宪法规范的主张是有意义的。宪法规范价值体系的不对等性是存在的，即使在宪法规范内部仍有上位规范与下位规范如何保持协调的问题。

在本案的判决中值得进一步探讨的问题是宪法规定与法律保留的问题。在论证生命权的剥夺可通过法律保留实现时，判决书中提供的理论依据是不充分的。由于宪法本身的特点，很多宪法规范内容需要通过法律保留的形式得到实现，但这种保留是宪法授权的行为，不得违反宪法的原则和基本规范，宪法规范应当有更为有效的手段控制法律保留的形式与保留程度。否则，通过法律保留所体现的内容也可能脱离宪法的规定，像剥夺人的生命权这种法律保留与宪法自身的价值体系有着密切的关系，应重视宪法价值与刑法价值之间的关系，扩大宪法价值在刑事法领域中的效力范围。

在 2010 年的第二个判决中，死刑以 5∶4 的投票结果非常"惊险地"获得了合宪性认可，赞成废除死刑的人如有耐心的话应该会预见到韩国离废除死刑已经很近了。从法律上看，在 2010 年判决中大体上存在与 1996 年判决相同的问题，但法官们的争论点和角度却有所不同，关于死刑合宪性的讨论也更为深入。

首先，作为最为关键的问题之一，关于死刑是否符合比例原则，即比例原则中的最小损害原则，多数法官与少数法官对此存在根本分歧。多数意见认为死刑本身并不违背最小损害原则。作者认为这种论证的结果是值得商榷的。事实上，在 1996 年的死刑违宪案中，南非宪法法院关于这一问题的说理已经非常透彻并具有足够的说服力，多数意见在若干点上的认定均值得进一步讨论。

尽管如多数意见所说的那样，通过阻止犯罪来保护无辜者、实现社会正义和维护社会安全是最重要的公共利益，这一利益并不轻于犯罪者本人维持其生命的个人利益，但问题是，确实如少数法官所反对的那样，完全可以通过其他手段，例如终身监禁不得假释，来实现这一公共利益。因此，就此而论，死刑确实不符合最小损害的原则。最小损害原则要求在不同的损益性手段之间进行选择，而非在立法所追求的公共利益与立法所限制的个人权利之间进行重要性衡量。

确实如多数意见所说的那样，死刑判决所带有的偶然性不是死刑本身具有的，而是司法体制所衍生的，在这个意义上讲，一切刑罚的判决都具有错判的可能性，但问题在于，死刑是不可逆转的，而司法体制错判的偶然性之中同时还存在着必然性，没有任何一种司法体制可以在体制上完全避免错判的可能，这与死刑的不可逆转性结合在一起，必然导致死刑超出了正常的威慑、预防和报复犯罪的目的范围。

其次，关于《宪法》第 37 条第 2 款的法律保留是否适用于生命权这样一个"崇高"的权利，作者也认同金钟大法官的反对意见，因为生命权具有特殊性，生命权的客体——生命——只存在有和无的问题，要么生命存续，个人继续享受其生命，要么生命终止，生命权归于消灭，在这两者之间并不存在任何折中的领域。因此，与其他基本权利可以分为本质内容和非本质内容不同，生命权全部而完整地落在本质内容之中。在这个意义上，人们并不能从第 37 条第 2 款中找到用死刑来限制生命权的依据。

最后，本案还存在一个关键的分歧，即对《宪法》第 110 条第 4 款的理解。关于这一点，我们可以看到三种不同的结论，多数法官认为该款为立法者以法律设置死刑和为法官依法判处死刑提供了宪法依据；也有法官从制宪过程和语言出发认为该款本意乃是抑制死刑，因此，并不能将该款作为死刑合宪的依据；此外，还有一种观点认为该款是在并且只在军事裁判的领域容忍了死刑的存在。作者认为，多数法官过于宽泛地解释了该款的含义，该款的字面含义确实应如少数法官所主张的那样，是限制死刑之适用的，即非常戒严时的军事裁判采用单审（即不得上诉），而其中的死刑判决则例外地可以上诉。如果再考虑到《宪法》第 10 条所保障的"人的尊严和价值"的优先性，第 110 条第 4 款的背后显然存在一种类似于《公民权利和政治权利国际公约》第 6 条第 6 款[①]的意图，多数法官将第 110 条第 4 款作为死刑合宪的依据显然不是一种适当的解释。

综上，少数法官的判断在法律论证和说理上更有说服力，而多数法官的判决似乎更多地迁就了韩国当下的刑法。因此，作者认为，前者在法律上更站得住脚，后者则在政治上更稳妥。从长远来看，也从整个世界的发展趋势来看，死刑迟早必将会被废除，投票支持死刑违宪的法官必定会被韩国人民所铭记，不是因为他们的投票结果，而是因为他们的判决理由本身。

［附：韩国宪法相关条文］

第 10 条

一切国民都作为个人具有尊严和价值，享有追求幸福的权利。国家负有确认和保障个人享有的不可侵犯的基本人权的义务。

第 12 条

（1）一切国民享有人身自由。非依法律规定，对任何人不得逮捕、拘留、拘禁、搜查或审问。非依正当的法律程序，对任何人不得处以处罚、保安处分或者强制劳役。

（2）任何人不受拷问。在刑事上，不得强制任何人作不利于本人的供述。

（3）逮捕、拘留、拘禁或搜查时，按照合法的程序，出示依据检察官的申请，由法官签发的令状。但现行犯和可能判处 3 年以上徒刑的人犯，企图逃跑或有毁灭证据之虞时，可事后请求令状。

（4）任何人在逮捕或拘禁后，均有权得到辩护人的辩护。刑事被告

---

① 该款规定："本公约的任何缔约国不得援引本条的任何部分来推迟或阻止死刑的废除。"

人不能自行委托辩护人时，依法由国家提供之。

（5）如不立即告知逮捕或拘禁理由和委托辩护人的权利，对任何人不得逮捕和拘禁。在逮捕和拘禁后，应立即把逮捕、拘禁的原因、时间和羁押的场所依法通知被逮捕人和被拘禁人的家属等。

（6）任何人在逮捕和拘禁后均有接受公正的法院审判的权利。当认定被告人的口供是以拷问、暴行、威胁、长时间拘禁和欺骗等其他方法所得，并非出自本人意愿或者在正式审判中对被告人不利的唯一证据为本人口供时，不得定罪和科以处罚。

第 37 条第 2 款

根据保障国家安全、维持秩序和公共福利的需要，可依法对国民的一切自由与权利进行限制，但即使限制时也不能侵犯自由与权利的本质内容。

第 110 条第 4 款

在非常戒严下，对军人、军务员的犯罪或有关军事的间谍罪和哨兵、哨所、有毒饮食物供给、俘虏罪中，法律规定的军事裁判采用单审。但宣告死刑不在此限。

三、中国最高人民法院收回死刑核准权

[事实概要]

死刑核准是指对判处死刑的判决和裁定进行审查和核准，它体现了国家对生命的尊重和对死刑的慎重。在保留死刑的刑事体制中，尽可能准确和慎重地判处和执行死刑是保障生命权的唯一途径。我国传统社会对于死刑极为慎重，在隋唐时期就确定了较为完善的死刑复核体制，死刑一般需要由皇帝亲自批准方可执行。新中国成立后，于 1954 年颁布的《人民法院组织法》明确规定，死刑案件的判决和裁定，一般由高级人民法院核准后执行，但当事人对高级人民法院死刑案件终审裁定不服，申请最高人民法院复核的，最高人民法院应当复核（第 11 条第 5 款）。第一届全国人民代表大会第四次会议于 1957 年通过决议规定："今后一切死刑案件，都由最高人民法院判决或者核准。"自此明确了最高人民法院核准死刑的基本准则。

但从 20 世纪 80 年代开始，出于"严打"和其他刑事政策的考虑，死刑核准权开始经历下放的过程。1980 年 2 月 12 日，第五届全国人大常委会决定在 1980 年对现行的杀人、强奸、抢劫、放火等严重罪行应

当判处死刑的案件，最高人民法院可以授权省、自治区、直辖市高级人民法院核准。1981年5月，全国人大常委会又将上述特别规定延续适用至1983年。

紧接着在1983年9月2日，第六届全国人大常委会第二次会议通过《关于修改〈中华人民共和国人民法院组织法〉的决定》，对死刑核准权作了修改，规定："死刑案件除由最高人民法院判决的以外，应当报请最高人民法院核准。杀人、强奸、抢劫、爆炸以及其他严重危害公共安全和社会治安判处死刑案件的核准权，最高人民法院在必要的时候，得授权省、自治区、直辖市的高级人民法院行使。"据此，最高人民法院于1983年9月7日发布了《关于授权高级人民法院核准部分死刑案件的通知》，授予各省、自治区、直辖市高级人民法院及解放军军事法院上述案件的死刑核准权。自此，最高人民法院将死刑核准权逐渐扩大授予各高级人民法院。

值得注意的是，在死刑核准权下放给高级人民法院行使期间，第五届全国人大于1979年7月通过了《刑事诉讼法》和《刑法》，第八届全国人大于1996年和1997年先后对《刑事诉讼法》和《刑法》进行了修改，修改后的《刑事诉讼法》第199条、新《刑法》第48条的内容和1979年的规定一样，都要求死刑案件的核准权仍然由最高人民法院行使。因此，死刑核准权下放问题本身也包含着法律冲突甚至可能的违法现象。在死刑核准权下放期间，尤其是2000年前后，全国各地出现过各种"荒诞"的刑事案件，充分证明死刑核准权在下放过程中存在滥用的问题，导致公民的生命遭受日益严重的威胁。

2006年10月31日，全国人大常委会对《人民法院组织法》第13条作出修改，删除了关于最高人民法院在必要时授权高级法院行使部分死刑案件核准权的规定，修订后的《人民法院组织法》从2007年1月1日起正式实施。此后，所有的死刑案件，除最高人民法院依法判决的以外，均要报请最高人民法院核准。最高人民法院调整了机构设置和分工，新设立了三个刑事审判庭，用以保证死刑核准权的准确行使。自此，下放了二十多年的死刑核准权正式由最高人民法院收回。

［评析］

通过前述若干死刑合宪性争议案件，我们可以认识到，从根本上维护生命权的法律体制必然要求彻底废除死刑。目前，世界上越来越多的国家已经加入废除死刑的行列，即使是那些仍然保留死刑的国家，也都通过各种法律措施对死刑进行充分的限制。死刑问题在我国具有高度的复杂性，涉及人权保障、刑事政策、公共政治、文化传统、社会舆论等各个方面，短时期内废除死刑基本上是不可能的，死刑制度必然继续存在（但这绝不意味着对死刑正当性的认可）。因此，如何限制死刑的判处和适用相比较于废除死刑而言是一个更切实的问题。死刑核准权由最高人民法院统一行使显然有利于保证死刑的准确适用，这一结论得自于二十多年的历史经验。二十多年的死刑核准权下放实践，至少暴露出核准权下放存在下述四个方面的问题：（1）造成二审程序与复核程序的重叠，从而使得复核程序流于形式。（2）加剧各地区在量刑上的差异，违背了宪法上的平等原则。（3）关于死刑复核程序缺乏明文的规定，不仅被告人的合法权益无法得到有效的保障，而且国家和人民的利益也可能受到损害。（4）在司法腐败和司法欠缺独立的情形下，由地方法院行使死刑复核权容易受到各种因素的影响和干涉，其公正性不无疑问。

我国传统文化极为尊重人的生命，现行《宪法》第 33 条第 3 款也规定了国家尊重和保障人权的义务。在宪法上仍未废除死刑的情况下，刑事法领域中坚持少杀、慎杀，杜绝多杀、错杀，应当是我国的基本死刑政策。生命的丧失具有不可恢复性，死刑的错误适用必将导致不可挽回的损失，由最高人民法院收回死刑核准权有助于促进生命权的保障。当然，死刑核准权由最高人民法院收回后并不等于死刑案件自此就不再具有错判的可能性，而只意味着错判的可能性"可能"会降低，即使最严格的死刑核准制度也无法在经验上保证死刑百分之百的准确适用。因此，保障生命权的终极手段是废除死刑本身。

[附：中国宪法相关条文]

第 33 条第 3 款

国家尊重和保障人权。

四、德国空中安全法违宪案[①]

[事实概要]

本案发生的基本背景是，"9·11"恐怖袭击之后，各国议会都开始思考如何通过立法活动防止和消除恐怖活动的威胁，德国议会也不例外。再加上，2003 年年初，一位名为施特兰巴赫的男子劫持一架小型

---

① BVerfGE, 1 BvR 375/05. vom 15. 2. 2006.

飞机在德国金融中心法兰克福市中心的上空盘旋多时，引起当地居民以及关注这一事件的人的恐慌，社会舆论普遍呼吁德国尽快制定法律，采取有效措施填补这一领域的法律空白，这就更加促进了《空中安全法》的制定。2003年1月，德国联邦政府提出法案，2004年德国联邦议会表决通过了《空中安全法》（又可译为《航空安全法》），该法于2005年开始生效。

该法第14条第3项规定："于情况显示，飞机将危及人之生命时，若别无他法防御当下之危害时，得以武器直接干扰之。"根据这项法律，在恐怖分子劫持客机等民用航空器以袭击地面目标的情况下，联邦国防军可以击落客机，以防止地面上比机上乘客更多的人遇害。为此，联邦国防军专门在下莱茵地区的卡尔加尔（Kalkar）设立了一个"国家安全基地与指挥中心"，在这里驻扎有一批空军歼击机随时处于待命状态，一旦发现德国领空内有飞机被劫持或者有被北约定义为危险级的飞机擅自闯入，这批歼击机就会起飞担负拦截、迫降以及在必要时击落该目标的任务。下达击落命令的权限在国防部长手中。

该法律在联邦议会通过后，有一位机长和五位律师，包括自民党的法律专家希尔施，向德国联邦宪法法院提出了宪法诉愿，诉愿理由是该法律使得联邦国防部长掌握了普通旅客的生杀大权，违反了基本法对生命权之保障。

［判决内容］

德国联邦宪法法院经过审理在2006年2月15日作出最终裁决，认定《空中安全法》第14条第3项之规定构成违反宪法。审理本案的宪法法官们作出了一致和明确的认定，即，每一个人的生命都同等宝贵，因此，国家不能够在保护其他人生命的同时贬低被劫持飞机上的乘客生命的价值，仅仅把他们看成是靶子。宪法法院院长帕皮尔说："把夺取人的生命作为拯救他人的一种手段，意味着把人的生命当成了一种物质，具有可比性。国家出自自身考虑认为可以支配同样需要保护的飞机内乘客的生命，等同于否定了这些人生命的价值。而这一价值是每个人与生俱来的。"根据联邦宪法法院的客体公式（Objektformel），即一旦具体的个人被当作国家纯粹之客体或手段，人性尊严便受到干预。因此，可能考虑下达击落飞机命令的一种情况，是飞机上仅有自杀式袭击者。除了这种情况之外，都不能够简单地将飞机里的乘客看成是武器的一部分，并像对待武器一样对待人的生命。

此外，法院在判决中指出，下达击落民航客机命令往往只是因为怀疑，而没有任何事实根据。德国飞行员职业联合会也向法院表明了同样的立场。帕皮尔说："鉴于联邦德国空管区面积相对小，因此在作决定时一方面时间压力很大，同时存在草率作出决定的危险。"

同时，联邦宪法法院明确指出，德国联邦国防军在救援德国国内的自然灾害或者意外事故时，不能够使用特殊的军事武器。联邦国防军在支援各联邦州政府救灾工作时，只能够使用与警察部队相当的装备或手段，例如帮助封锁危险地区或者参加交通管制。在此，联邦宪法法院也解释了基本法第 35 条第 2 项之规定，认为该规定固然允许军队经请求后介入天然灾害或特别重大不幸事件，恐怖分子劫持飞机虽然可认定为特别重大不幸事件，但基本法并未允许联邦军队在投入天然灾害或重大意外事故之救援工作时使用特别军事武器。

对于生命权的保障而言，联邦宪法法院的观点可以总结为，人的生命是宪法所保障的最基本的价值，这一价值不能被物质化，而《空中安全法》则没有将事件受害者本身看成是作为目的的人。本案判决作出之后，联邦政府虽然对这一裁决感到遗憾，但表示尊重这一裁决。而提出宪法诉愿的当事方则称，联邦宪法法院作出了历史性的裁决。

[评析]

本案揭示出国家权力与生命权之间的直接冲突。根据《空中安全法》的原意，允许击落被劫持客机所追求的目标是保护地面人员的生命以及财产，这些人员的生命权与被劫持客机上的乘客的生命权均为受宪法所保障的基本权利，并无优劣之分。这与很多其他案件中，为了追求一项基本权利的保障而限制另一项权利有所不同。由于每个人的生命在基本法的生命权价值中都是同等重要的，因而不能允许对不同个体的生命进行选择或衡量。而且，必须考虑到，即使空中安全法所追求的目标具有合宪性，也不能排除其实施过程中所可能发生的滥用危险，如何保证击落的决定是准确的而不失误，细致认真而不草率，完全符合目标而不被滥用误用，等等，都存在一定的难度。在非战争状态下，利用军事力量对付民用设施，本身就是基本法所不允许的。

本案所反映的问题具有一定的普遍性，可以作为比较法研究的基本素材。在目前情况下，各国对恐怖分子劫持客机的行为的法律态度分别是：美国和捷克，允许击落；意大利，一般允许击落；西班牙和希腊，在对安全很敏感的事件范围内允许击落；波兰，与德国空中安全法类似；法国，如果飞机威胁对安全很敏感的设备时，可以用防空导弹击落。这些不同国家的法律设置也需要从宪法生命权的角度加以审视。

[附：德国基本法相关条文]

第 2 条

一、人人有自由发展其人格之权利，但以不侵害他人之权利或不违犯宪政秩序或道德规范者为限。

二、人人有生命与身体之不可侵犯权。个人之自由不可侵犯。此等权利唯根据法律始得干预之。

第 35 条第 2 款

为维护或恢复公共安全或秩序，遇有重大事件，如一邦之警察无协助即不能或甚难完成其任务时，得请求联邦边境防卫队人员或设备之协助。遇有天然灾害或重大不幸事件，一邦得请求他邦警力、其他行政机关、联邦边境防卫队或军队人员或设备之协助。

五、德国无期徒刑与人的尊严案[①]

[事实概要]

31 岁的柏林警官戴托莱福（刑事被告）在 1973 年 5 月 13 日夜里杀害了 22 岁的吸毒者琼塔。被告人以前有过贩卖毒品的行为，并且受到来自受害人告发的威胁。被告人出于杀人灭口的目的从背后开枪将正在吸毒的受害人予以杀害。因此，被告人以杀人罪受到刑事起诉。

弗奥廷地方法院第九刑事法院根据刑事诉讼程序，确认了被告人的以上犯罪事实，明确被告人为了掩盖其罪行而故意杀人，故依据《刑法》第 211 条（1975 年 1 月 2 日新公布的对 1969 年 6 月 25 日刑法的修改），以杀人罪判处被告人有罪，并处以无期徒刑。但是，该地方法院对《刑法》第 211 条第 1 款是否与《基本法》第 1 条、第 2 条第 2 款、第 19 条第 2 款以及结合法治国家原理的第 3 条第 1 款的规定相违背存有疑虑，便中止了刑事诉讼程序，根据《基本法》第 100 条第 1 款的规定，将该案件移送联邦宪法法院。

[判决内容]

联邦宪法法院判决认为，《刑法》第 211 条所规定的无期徒刑，仅适用于处心积虑或为掩盖其罪行而杀人的犯罪分子，如果在判决理由中予以明确的限定解释，是符合基本法的。为此，联邦宪法法院第一庭发

---

① BverfGE 45，187，Urteil v. 21. 6. 1977.

表了以下意见。

无期徒刑意味着对当事人基本权利最严重的侵害，相对于《基本法》第2条第2款所规定的不可侵犯和予以保障的人身自由来说，现行刑法所确定的刑罚确实达到了顶点。人身自由只有基于特别重要的利益才能加以限制，而对人身自由的终身限制必须经过严格的合宪性审查。

对人的尊严的尊重和维护是宪法的立宪原理。自由人的人格和尊严是宪法内部秩序中最上位的价值。国家权力应当以各种形式来保障人的尊严。自由应当是以自己决定自己的发展为基础，但是，不能孤立地看待基本法上所规定的个人的自由，而应当将其看作是与社会相关并受其约束的个人自由。在这种社会的共同约束下，自由不可能"原则上没有限制"。立法者为了保护社会共同的生活，必须确立每一个人自由活动的界限。在确立最高正义价值的刑事领域，从"刑罚的本质"来看，《基本法》第1条第1款规定了犯罪与赎罪的关系。"没有责任就没有刑罚"应当是宪法原则的重要内容。因此，对于犯有重大罪行的犯罪分子设立所谓刑罚应当是允许的。当然，基于人的尊严的要求，应当禁止残酷和不人道的刑罚，特别是应当禁止侵害宪法所保障的那些体现自身社会价值的权利。从与社会、国家相关联的《基本法》第1条第1款来看，对犯罪分子施以刑罚，实际上是以国家义务的要求来保障的人的最低限度的尊严。如果根据上述标准来审查无期徒刑的作用和内容的话，并不存在违反《基本法》第1条第1款的地方。无期徒刑是作为宪法的必要补充。当然，无期徒刑在实际中很少有完全执行的。被宣告无期徒刑的罪犯往往在服刑特定期限届满后就获得了赦免，但是，为了维护对应无期徒刑犯的后续的危险性所必需的公共安全性，保留这样的刑罚是有必要的，而不宜制定特赦的法律，以此来防止人的尊严被侵犯。对给予国家共同体造成危险的犯罪分子处以自由的剥夺，对于保护自身来说，是不得加以禁止的。不过，在决定犯罪分子所具有的危险性的时候，应当遵守比例原则。《刑法》第211条将"处心积虑"和"为掩盖其罪行"作为"无期徒刑"杀人罪的构成要件，因此完全可以使用宪法上限定解释的方法。综上，与移送法院的解释相反，无期徒刑并没有违反《基本法》第3条第1款和第19条第2款的精神。

[评析]

本案所涉及的问题是无期徒刑的"正当性"。从表面上来看，无期徒刑确实使服刑者的人身自由受到终身剥夺，限制了宪法上所规定的人身自由。但是，宪法上所确立的人身自由是一种主观性质的权利，不是个人绝对的自由，它基于各种利益的平衡而可能受到限制。对于实施犯罪活动的个人，若不限制其人身自由，则犯罪者会继续从事侵害他人权利或社会利益的行为，导致利益间的失衡。这就需要立法者充分考虑到社会整体利益的需要，对于那些危害社会共同体的犯罪分子的人身自由加以限制，目的是使绝大多数人的人身自由能够得到有效的法律保障。所以，对于严重危及他人人身自由、对社会公共安全具有高度危险性的犯罪分子，在刑法上设置无期徒刑是具有积极意义的，是保护他人自由和社会公共安全的必要手段，只要在比例原则所许可的范围内，这种刑罚在本质上并不与宪法所保护的人身自由相冲突。德国联邦宪法法院在本案中对无期徒刑合宪性的分析具有充分的理由，它体现了宪法上所规定的自由在实际生活中应当体现利益平衡的要求，特别是应当将个人自由的保护放到整个社会的范围内来考察，体现了人身自由的个体性和社会性两个方面的特征。当然，作为宪法上所保护的人身自由，首先和主要保护的是个人自由，因此，只要不属于某些由刑法所确定的具有特殊情节的严重犯罪，一般不应当处以剥夺终身自由的无期徒刑。对无期徒刑的立法确认和司法判决应当认真地考虑宪法对人身自由保护的基本要求。

［附：德国基本法相关条文］

第 1 条第 1 款

人之尊严不可侵犯，尊重及保护此项尊严为所有国家机关之义务。

第 3 条第 1 款

法律面前人人平等。

第 19 条第 2 款

基本权利之实质内容绝不能受侵害。

六、以色列建立私人监狱侵害人的尊严案①

［事实概要］

克奈塞特（Knesset，即以色列议会）于 2004 年通过了《监狱法令修正法》（第 28 号）（以下简称"第 28 条修正案"），允许在以色列国建

---

① The Academic Center of Law and Business v. The Minister of Finance，HCJ 2605/05 (2009).

立由私人公司而不是由国家运作和管理的监狱。这一立法的目的是通过将囚犯转移给由私人公司运营的监狱来减少公共开支，同时改善国家监狱人满为患的状况从而间接改善囚犯的生存环境，国家只需要为每一囚犯向私人公司支付约每天 50 美元的费用。这是以色列首次批准此类私人监狱的建立。在 2005 年，法律与事业研究中心的人权部门作为申请人向以色列最高法院提起诉讼，质疑第 28 条修正案的合宪性。

申请人的理由在本质上有两个层面：第一，第 28 条修正案所建立的监禁权将由私人特许权获得者来行使，并出于营利目的而运作，这相对于由以色列国家监狱管理机构来管理更损害囚犯的人权，就此存在实际而确凿的担心。

第二，申请人认为将监狱的运作和管理权转移给私人特许权获得者本身，侵害了囚犯对于个人自由和人的尊严的宪法权利，违反《基本法：人的尊严与自由》。而且，第 28 条修正案违反了《基本法：政府》第 1 条的宪法规则，即"政府为国家的行政机构"。

以色列最高法院于 2009 年 11 月 19 日以 8∶1 的票数最终裁决第 28 条修正案不成比例地侵害人权，因此构成违宪而全部无效。在案件审理期间，以色列政府依第 28 条修正案的授权与一家名为"非洲—以色列投资有限公司"（Africa Israel Investments Ltd.）的私人公司签订了关于特许建立私人监狱和未来向其移交囚犯的合同。第 28 条修正案被最高法院宣布违宪无效后，合同自然予以终止，政府由此不得不向该公司支付补偿金。

[判决内容]

以色列最高法院院长贝尼茨（Dorit Beinisch）大法官代表多数法官撰写了判决书。法院的判决主要涉及以下几个方面：

1. 审查的克制立场

审查第 28 条修正案合宪性的出发点是，该修正案是由议会制定的，并代表了民选议员的意愿，法院必须予以充分尊重，因此，法院不能轻易就宣布该修正案违宪。对其进行宪法审查，一方面必须严格地维护多数统治的原则和分权原则，另一方面则要尊重潜在的人权保护和以色列政治制度的基本价值，并在这两方面保持精致的平衡。在审查的过程中，法院要极为谨慎和严守自我约束，避免干预立法者的既定政策，尤其是涉及经济政策时，这一规则的要求就要特别地严格。

2. 比例原则的检验

在遵循上述规则的前提下，最高法院主要依据《基本法：人的尊严

118

与自由》第8条确立的比例原则进行审查，受到审查的主要是《监狱法令》的第128L条第a款第1项和第2项，该条全文如下：

（a）特许权获得者有义务适当建设、管理和运作私人监狱，包括：

（1）维护私人监狱的秩序、纪律和公共安全；

（2）防止关押于私人监狱的囚犯脱逃；

（3）确保囚犯的福利和健康，并在监禁期间采取诸如职业培训和教育等措施帮助其获释后能够回归社会；

遵守任何相关法律和协议的规定并维护囚犯的权利。

（b）特许权获得者应采取一切必要措施以履行第a款所规定的职责，并应为此目的而依本法令任命监狱长和监狱雇员。

第28条修正案引起的问题涉及将管理、运作和监督的责任转移给私人特许权获得者，具体而言，尤其是第128L条第a款第1项和第2项的权力。这些权力在传统上的归属极为明确，均由国家通过其主权而享有，它们清楚地表明了国家垄断有组织的强制力来促进普遍公共利益的重要原则，而这一根本原则是个人自由必不可少的组成部分。国家通过其有权机关来行使剥夺囚犯自由的压制性权力，这就给剥夺囚犯个人自由的行为赋予了相当大的正当性。但把剥夺囚犯个人自由的权力授予私人公司则贬低了徒刑的正当性，并对个人自由构成了更强烈的限制，其原因在于，私人机构执行刑罚总是具有特定的"动机"，其中最重要和首要的是经济考虑，而这种考虑在本质上与实现作为公共目的的刑事目标是不相干的。

而且，将囚禁囚犯的权力转移给以营利为目的的私人公司本身，就"单独地"损害了受囚禁犯人的人的尊严。其原因在于，这种做法违背了监禁所具有的潜在公共目的，而监禁本身的正当性正是来自于这种公共目的，在此前提下，监禁就单纯地成为私人公司进行营利的手段。

考虑到转移本身所导致的对宪法权利的侵害之严重性及所造成的危害，第28条修正案对特许权获得者的监督机制和其权力范围的限制等，都不足以保护宪法权利本身免受潜在的危害。

另外，从狭义的比例原则出发，上述损害是否是可接受的？一方面是改善监禁条件的社会利益，以及通过私人特许权获得者运营监狱来减少公共开支，另一方面是侵害人权的严重性。就此，法院认为，前一方面的利益如此严重地侵害人权和违反民主体制的基本原则，以至于是不成比例的，因此无法通过狭义比例原则的检验。

3. 审查的结论

由于违反了比例原则，因而，即使是严格遵守自我克制的立场，第28条修正案仍然过度侵害了囚犯对个人自由和人的尊严的宪法权利。由于第28条修正案在结构和内容上是一个整体，因而法院不得不宣布其全部无效。

4. 其他问题

除了基于比例原则的审查以外，法院还附带着论述了两个问题。其一是，申请人主张，私人监狱的囚犯相比于国家监狱的囚犯受到了更严重的潜在侵害。法院认为，既然从比例原则出发已经能够认定第28条修正案违宪而全部无效，就不必再审理这一问题，况且这一问题是"潜在的"，尽管不能说申请人提出的问题毫无根据，但这是将来的可能问题，仍然具有不确定性。其二是，申请人认为，第28条修正案违反了《基本法：政府》第1条关于政府的定位。法院认为本案中没有深入涉及这一问题的切实必要性，因为法院在以往判例中已经多次强调的一个基本观点是，该第1条在宪法意义上确立了政府权力的"核心范围"，国家的这一行政权必须由其本身来行使，不得转移或委托给私人公司。而本案中的囚禁囚犯的权力和代表国家行使有组织的强制力正处于国家权力的"核心范围"之内。自然，按照这种思路进行解释也需要清晰地界定"核心范围"的界限，因为没有必要在宪法上为政府大量的公共服务私人化设置障碍，但这主要是立法和行政机构的自由裁量范围，法院通常不予以干涉。在本案中，考虑到第28条修正案已经违反比例原则而被宣告无效，就没有必要对行政权的范围作出决定。

5. 协同意见和反对意见

另有7名法官分别对法院的判决理由提出了协同意见。值得注意的是，阿尔贝尔（Edna Arbel）大法官强调了压制性权力应当排他性地保留在国家手中，不得转移或委托。瑞弗琳（Eliezer Rivlin）大法官特别强调了第28条修正案已经损害了宪政民主结构的根基。

但列维（Edmond Levy）大法官对多数判决提出了反对意见。尽管他也承认其他法官关于保障囚犯人权的立场，并认为监狱的私人化加剧了对囚犯人权的侵害，但他认为在第28条修正案实施以前对其审查仍然不够成熟（premature），只有在高度可能性的情况下才应当允许这样的审查。

[评析]

在评析本案之前，有必要先简要讨论两项前提性的问题。

一是有必要对以色列的司法审查制度作一定介绍。司法审查制度在以色列的历史并不长，它是在判例中形成的。以色列在 1948 年颁布《建国宣言》以后，由于各种原因一直未能制定出成文宪法典，只好退而求其次地由克奈塞特陆续制定了 11 部"基本法"（Basic Laws），其中的《基本法：人的尊严与自由》由第十二届克奈塞特于 1992 年 3 月 17 日通过，经 1994 年 3 月 9 日修正。第十届克奈塞特于 1984 年 2 月 28 日通过的《基本法：法院》只是将以色列最高法院作为终审法院，并未赋予其任何司法审查权，而且 11 部基本法和其他法律均由克奈塞特制定并因此在严格意义上具有相同的效力，也不可能有所谓的违宪审查。事实上，从 1948 年克奈塞特宣布设立最高法院以来，最高法院一直非常低调，总是充分地尊重议会的决定。

但在 1995 年 11 月 9 日的米兹拉希银行案中，最高法院裁决法院有权审查并否决侵害私人财产权的议会立法[1]，从而"无中生有"地逐渐确立了司法审查制度，这大体上被看作是以色列的"马伯里案"。自此以来，以色列最高法院奉行超级司法积极干预主义，利用司法审查权积极参与社会政治决策，逐渐形成了极富特色的司法审查制度，其中《基本法：人的尊严与自由》充当了最重要的审查依据，成为以色列最高法院手中的重要武器。以色列最高法院不仅经常援引美国联邦最高法院、加拿大最高法院等法院的判例，而且其本身的判例也经常反过来为其他国家的法院所援引。可以毫不夸张地说，以色列最高法院在短短十几年的时间里已经成为世界上最有影响力的司法审查机构之一。

二是有必要认识私人监狱制度和公共服务私人化的基本问题。通常监狱都由国家直接运作、管理和监督，这是由于监狱在性质上乃是用以执行剥夺人身自由之刑罚的工具或场所，在所有的国家职能中，监狱所承担的职能是最具有压制性的（coercive）。马克思主义甚至将监狱视为国家统治机器的最重要的暴力工具，因此要求国家直接垄断监狱权。但这一普遍规律在一些国家却有例外——私人监狱。

私人监狱由私人公司以营利为目的而建立和运作，私人公司作为第三方与国家签订合同，代替国家对囚犯进行监禁和管理，并由国家支付特定数目的金钱作为对价。在英美等国家，均有私人监狱公司的存在，

---

[1] United Mizrahi Bank v. Migdal Cooperative Village（CA 6821/93，LCA 1908/94，CA 3363/94）.

美国的私人监狱公司不仅历史悠久，而且已发展成为监狱的重要组成部分。据统计，美国的私人监狱公司运营着264所监狱，其中收押的成人囚犯约有99 000人，包括美国感化公司（Corrections Corporation of America）和杰欧集团（GEO Group）等大公司，它们实力雄厚，除经营私人监狱外，还广泛涉足安保等各个领域，它们甚至在纽约证券交易所上市并且表现不俗。据说私人监狱比国家监狱更节省开支，但在这一点上一直存在着不同意见，有不少调查报告指出，私人监狱的成本实际上比国家监狱更高，而且在很多情况下，私人监狱之所以比国家监狱更节约成本，是因为私人监狱只接收那些成本较低的囚犯。

在美国，对私人监狱一直争议不断，人们争论的不仅是其经济成本问题，还包括其道德和法律问题，即由私人代表国家囚禁人犯是否有损人犯的人格尊严。常常有私人监狱为了节省开支而使犯人的生存条件变得非常恶劣。在美国，私人监狱公司一直官司缠身。除了被囚禁于私人监狱的罪犯因受虐待、条件差等原因而提起诉讼外，在亚利桑那州，曾有私人监狱因安保不严致囚犯成功越狱，逃犯在潜逃过程中杀害普通民众，私人监狱公司因此受到天价索赔的诉讼。美国的私人监狱本身虽然仍未被认定为违宪而受取缔，但既有政策无一例外地都限制监狱的私人化并强化对私人监狱的国家监管，例如，在州或地方层面禁止建立私人监狱，禁止投机性私人监狱，提高设立私人监狱的各项准入标准。

在行政法上，私人监狱经常导致行政服务私人化的各种争论，这些争论的结果往往取决于宪法问题的处理，正如本案的情况。

在了解上述两个前提性知识以后，接下来简要分析本案中的宪法问题。

第一，关于比例原则的检验。

归纳前述判决理由，以色列最高法院在本案中所确立的基本规则是，以色列的基本法律原则是，使用普通的强制力，尤其是通过关押个人而实施刑罚的权力，是属于国家的最具有侵略性的也是最根本的职能。因此，当这一权力移交给以营利为目的的私人公司时，剥夺个人自由的行为就失去了其正当性的相当大部分。由于这种正当性的丧失，对犯人自由权的限制就超出了监禁本身所能容许的范围。

作者认为，本案主要涉及狭义的比例原则，但与比例原则的其他两项子原则也不无关系。从狭义的比例原则出发，国家所采取的手段给人民基本权利造成的侵害和所欲达成之目的间应该有相当的平衡，两者不

122

能显失均衡，亦即不能为了达成很小的目的而使人民蒙受过大的损失。在适用狭义的比例原则时，最经常地涉及两种法益之间的权衡。监狱私人化的目的无非是减少公共开支，改善国家监狱人满为患的状况，这种目的虽然是正当的，但实际上并不是压倒性的，而且国家完全可以通过监狱私人化以外的其他方式来实现（当然，这又涉及最小损害原则），而且不少调查报告表明，私人监狱在很多情况下无助于减少公共开支（这又涉及合目的性原则）。而与此同时，私人监狱对人民中的最脆弱部分——囚犯——的权利构成了过多的损害，弱化了刑事目标的正当性。考虑到囚犯这一脆弱的群体，在审查的过程中有必要予以更多的注意和审慎，在一定程度上加重审查的强度。因此，作者认为，监狱私人化偏离了比例原则，过度地限制了人的尊严，以色列最高法院的法律论理是充分和完全的。

第二，关于行政服务私人化的界限。

如前文所述，本案还涉及行政法上的行政服务私人化问题。在现代国家，由于国家的行政任务日益增多，仅凭国家本身的行政组织已经无力承担全部的行政职能，因而行政服务的"外放"日益显现，人们通常将私人化作为实现行政目的的重要手段和方式。但行政服务私人化应该有其宪法界限。在特定的授益行政领域和非本质性行政任务方面，私人化是允许的，但本案中的私人化则涉及压制性的国家任务，这种国家任务与国家主权本身密切相关，因此应当谨慎地予以对待。因为比例原则的审查已经足以否定第 28 条修正案的合宪性，并且考虑到要尊重立法和行政部门的自由裁量权，所以以色列最高法院没有过多论述这一问题。但仍然可以看出法院对此存在否定见解，尤其是部分法官的协同意见明确地提出了否定性结论。

有不少学者对私人监狱持批评态度，例如美国加州大学的 Sklansky 教授对当前各国的"警察私人化"现象提出了强烈的批评，包括私人监狱、私人武装、私人安保等各种形式在内的"警察私人化"现象尽管日渐成为一种全球化的现象，并且发展迅速，但它由于没有有效地融入人权话语而变得有点儿"赤贫化"，因此在警察私人化方面需要唤醒公共人权承诺。[①] 美国法院的判例虽然也试图进行某种程度的限制，但显然不如以色列最高法院的判决那样明确果断，因此，在作者看来，以色列

---

① See Sklansky, David A., "Private Policing and Human Rights", *Law & Ethics of Human Rights*：Vol. 5：Iss. 1，Article 3.

最高法院的判决可谓是对"行政服务私人化"的当头棒喝，它强调了行政服务私人化需要强化它本应追求但却被忽视了的人权保障问题。行政服务私人化必须以人权保障为目标和界限，如阿尔贝尔大法官在协同意见中所强调的，那些具有压制性的国家职能，只能无条件地保留在国家手中。作者亦认同这种观点，如果允许监狱的私人化，那么私人化政策就基本上不受任何限制了。

第三，关于宪政民主结构。

现代宪政体制要求以个人尊严为出发点并以民主为基本逻辑来塑造宪政政府，这也是以色列各部基本法所遵循的基本价值准则。关于犯罪与刑罚的权力属于国家的核心权力，甚至直接关联着国家主权本身，如果允许建立私人监狱则等于允许国家将这些主权性的事项委托于外，这样可能会导致国家敷衍塞责或者规避宪法约束，从根本上否定宪政体制本身。若是允许私人监狱，相继而来的问题是，宪法是否允许将警察、法院、立法、外交、军事等所有事项委托给私人公司。往轻里说，本案中第 28 条修正案所带来的损害可能已经超出基本法的范围；往重里说，它甚至影响到国家存在所依据的社会契约本身。由于这一原因，作者也对监狱的私人化持保留意见。

[附：以色列基本法相关条文]

《基本法：政府（1992 年）》第 1 条 [政府之定义]

政府为国家的行政机构。

《基本法：人的尊严与自由（1992 年，经 1994 年修正）》第 8 条 [权利侵害]

除非通过符合以色列国的价值并为适当目的而制定的法律且未超出必要的限度，或者通过根据此类法律明确授权而制定的法规，不得侵害本基本法项下的权利。

七、"安元鼎"事件与人格尊严的保护

[事实概要]

"安元鼎"，是北京安元鼎安全防范技术服务有限公司的简称，该公司名义上是一家从事保安相关业务的公司，但从 2005 年成立以来实质上的主营业务是拦截、关押、遣返上访者，为此，该公司在 2008 年专门设立了"护送部"，职责是关押和押送上访人员，护送部是该

公司的主要业务部门，也是该公司盈利的主要来源。媒体报道，该公司在运营过程中曾获得多项"荣誉"，如 2007 年获得中国保安服务"十大影响力品牌"。2010 年 9 月，由于《财经》、《南方都市报》等媒体报道该公司受地方政府委托从事"截访"活动，涉嫌设立非法"黑监狱"，违法限制公民的人身自由，因而受到社会各界普遍关注和谴责。[①]

安元鼎公司截访的大体工作流程是：通过公司的业务部接洽各地驻京办或各地方政府，然后与地方政府签订委托书，将该地赴京上访人员强制收押，具体关押时间视情况而定，一般在被收押访民达到特定数量，形成规模效益后与委托方联系，然后在接到委托方遣回原籍的指令后，由护送部人员将被收押的访民送交地方政府有关工作人员。据称该公司在京设立了多处"黑监狱"，向地方政府收取佣金以限制上访者的自由并负责押送其返乡，甚至向上访者施暴。在该事件遭到新闻媒体曝光后，北京市警方以涉嫌"非法经营和非法拘禁"对安元鼎公司立案侦查，该公司董事长和总经理被刑拘。

媒体曝光了若干地方政府与该公司合作的信息，但截至目前存在公开证据的仅有福建省上杭县旧县乡政府一家。据称，旧县乡迳美村 18 名外嫁女因紫金矿业原始股分配等问题分两批到北京上访，在天安门接受盘查后被送往马家楼接济中心。此后，旧县乡政府派人与安元鼎公司签订协议强制遣返这 18 名上访人员。也有媒体称福建上杭县公安局网站在 2010 年 5 月 18 日曾挂出一条工作动态，公告十几名上访者被遣返，其中一句提到："4 月 3 日晚 12 时，北京安元鼎保安公司在与旧县乡政府派出的工作组签订协议后，将 16 名上访人员强制遣返护送回上杭，于 4 月 5 日中午抵达我县。"

尽管本事件曾经入选 2010 年度中国十大宪法事例，但关于该事件始末的完整而客观的信息仍然缺失，有关国家机关并未对事件进行调查并向社会公布结果，以上相关事实总结自各类媒体报道。

[评析]

该事件入选中国十大宪法事例的焦点主要集中在公民申诉权的保护（《宪法》第 41 条）、恶性上访的界定与处理、保安公司的性质与权利三点。其中以《宪法》第 41 条的申诉权为基础，包含信访等形式的权利

---

① 关于安元鼎公司及"安元鼎"事件的具体报道，可参见《安元鼎：北京截访"黑监狱"调查》，载《南方都市报》，2010 - 09 - 24。

形态在事件中受到强烈关注，学者们也就此方面进行了深入分析。[1] 然而作者认为，其中更值得注意的是人的尊严问题，即《宪法》第 38 条规定的，"中华人民共和国公民的人格尊严不受侵犯"。此处收录安元鼎事件主要是为了和前述的以色列最高法院的判例作对比，从而提出人的尊严的问题。

对比以色列最高法院的判例，安元鼎事件中值得反思的问题包括但不限于：地方政府能否为了维持稳定而通过与私人保安公司签订合同使后者限制公民的人身自由？我国一向强调权力的国家属性，地方政府是否可以将其权力（尤其是压制性权力）转移给私人保安公司，这是否意味着地方政府违宪地放弃了自己的职责？当然，就此还有一个前提性问题，即在将职责委托给私人公司以前，地方政府本身在逻辑上和法律上是否享有这样的强制性权力？地方政府通过私人保安公司来实现其传统职能，是正常的行政服务私人化，还是以行政服务私人化为幌子规避其法律责任？如果相关地方政府的行为侵害了人权，是否应当承担其违宪责任？未经正常审判而剥夺人身自由的访民能否成为限制人身自由的对象？作为最根本的问题，上述各种做法是否从根本上损害了《宪法》第38 条所保护的人格尊严，最严重地冒犯了我国实行的社会主义法治、尊重和保障人权、人民民主的宪法体制？

上述问题显然都是值得人们深思的。当然，从法律形式上讲，本案实际上并不直接涉及合宪性问题，因为安元鼎保安公司及其背后的地方政府的行为显属违反法律，只需要运用合法律性审查的手段即可解决其中的问题。但违法的情形如此长时间、大规模和严重地存在和发展，则不得不需要从宪法体制上寻求根本性的原因。

［附：中国宪法相关条文］
第 2 条第 1 款
中华人民共和国的一切权力属于人民。
第 5 条第 1 款
中华人民共和国实行依法治国，建设社会主义法治国家。
第 33 条第 3 款
国家尊重和保障人权。

---

[1]　此方面的深入分析可以参见胡锦光主编：《2010 年中国十大宪法事例评析》，北京，法律出版社，2011。

第 37 条

中华人民共和国公民的人身自由不受侵犯。

任何公民，非经人民检察院批准或者决定或者人民法院决定，并由公安机关执行，不受逮捕。

禁止非法拘禁和以其他方法非法剥夺或者限制公民的人身自由，禁止非法搜查公民的身体。

第 38 条

中华人民共和国公民的人格尊严不受侵犯……

第 41 条

中华人民共和国公民对于任何国家机关和国家工作人员，有提出批评和建议的权利；对于任何国家机关和国家工作人员的违法失职行为，有向有关国家机关提出申诉、控告或者检举的权利，但是不得捏造或者歪曲事实进行诬告陷害。

对于公民的申诉、控告或者检举，有关国家机关必须查清事实，负责处理。任何人不得压制和打击报复。

由于国家机关和国家工作人员侵犯公民权利而受到损失的人，有依照法律规定取得赔偿的权利。

八、韩国宪法法院通奸罪合宪案[①]

[事实概要]

请求人 A 因犯通奸罪被釜山地方法院判处有期徒刑 1 年，上诉后被改判 8 个月徒刑。他因对判决不服向高等法院提出上告，在接受审判的过程中以《刑法》第 241 条违反宪法为由向审理法院提出违宪审查申请，被法院驳回后向宪法法院提出宪法诉愿审判请求。

本案的审判对象是《刑法》第 241 条。

《刑法》第 241 条规定：（1）有配偶者通奸处 2 年以下徒刑。通奸的对方亦同。（2）前款的罪须有配偶的告诉。但配偶者纵容时不得提出告诉。

本案的争议点主要在于：《宪法》第 10 条规定的人的尊严与价值、人的追求幸福权是否具有具体的权利性；《刑法》规定的通奸罪是否违

---

① 韩国宪法法院 1990 年 9 月 10 日判决，90 宪甲 83。

反《宪法》第 10 条的规定。

请求人主张违宪的主要理由是：

（1）人类享有自己决定命运的自我决定权，自我决定权中包括性的行动自由。以规定通奸罪强迫没有爱情的婚姻关系得以维持是国家对性的自我决定权的不当干涉，违反规定人的尊严和价值、追求幸福权利的《宪法》第 10 条和保障人身自由的《宪法》第 12 条。

（2）通奸罪存在着滥用的可能性，离婚时一方有可能借对方通奸之名要求更多的损失费，而且同样犯通奸罪，财力雄厚的人一般不受惩罚，没有财力的人则受惩罚，必然造成人与人之间的不平等，违反了规定法律面前人人平等的《宪法》第 11 条。

[判决内容]

宪法法院于 1990 年 9 月 10 日作出判决，认定《刑法》第 241 条不违反宪法。

宪法法院 6 名法官在论证性的自我决定权与通奸罪的关系后，多数意见认为规定通奸罪的《刑法》第 241 条并不违反宪法，因而作出合宪判决。根据《宪法》第 10 条规定，一切国民享有追求幸福的权利，人的尊严与价值受到国家保护，国家有义务确认并保障个人享有的基本人权。个人的人格权与追求幸福权是基本权保障的基本理念和人的固有价值，个人的人格权与追求幸福权以个人的自我命运决定权为前提，它包含是否进行性行为以及决定相对方的性的自我决定权。

规定通奸罪的《刑法》第 241 条限制了个人性的自我决定权，其根据主要在于个人性的自我决定权只能在国家、社会的共同体生活范围内以尊重他人的权利、公共道德、社会伦理和公共福利为存在的前提，对它的国家保护并不是绝对的。《刑法》第 241 条规定通奸罪的主要目的是维护善良人性道德和一夫一妻的婚姻制度，使夫妇相互履行性诚实的义务，防止因通奸行为而引起的社会混乱。为此，有必要限制已婚者同第三者发生性关系，并对违犯者判处 2 年以下有期徒刑。这是对性的自我决定权的必要限制，并不是对自由与权利本质内容的侵犯。

通奸罪的规定采用男女平等的处罚主义原则，并不违反宪法规定的平等原则。当然，由于受害者的忍耐度与报复心以及行为者经济能力等方面的差异，通奸罪的法律适用效果在实际生活中可能呈现出不同特点，比起经济能力强的男子，经济上处于弱势地位的女子往往处于被动地位。但这种现象是刑法上规定的亲告罪共同存在的问题，并不是仅仅出现在通奸罪的规定中。有配偶者实施的所有的通奸行为都属于刑法规定的通奸罪的处罚对象，所有配偶都平等地行使告诉权，因此通奸罪的规定并不违反平等权原则。

总之，通奸罪的规定并不违反《宪法》第 36 条第 1 款规定的"国家保障婚姻和家庭生活的成立和维护以个人的尊严与两性平等为基础"的原则，反而通过通奸罪的规定，有利于国家履行保障以个人尊严与两性平等为基础的婚姻与家庭生活的义务。

有两位法官对多数意见作了如下补充：请求人主张的通奸行为虽然违反道德，但它属于个人的生活领域，国家无权以刑罚权干预属于道德规范的领域。判断特定人的行为是否非法，是否属于犯罪，是应通过道德抑或通过法律来调整，要根据人与人的关系、人与社会的相互关系，由于时间与空间的不同其效果亦不尽相同。时代的发展状况、社会成员意识的变化等因素也对其判断产生一定的影响。如果对属于通过道德来调整的问题由国家采用刑罚权加以解决，会违反宪法的原则。根据目前社会状况与社会成员意识的变化，《刑法》第 241 条规定的通奸罪尽管规范力已被削弱，但就目前而言仍是一种犯罪，具有反社会性。因此，在目前通奸罪的规定还不违反宪法。

三位法官对此判决提出了反对意见。他们认为，对通奸行为实施的刑事处罚并不是没有合宪性，但报应性的处罚制度过于严厉，不符合时代的发展趋势（通奸罪处罚已出现被废除或违宪无效的趋势）。《刑法》第 241 条对通奸罪只规定徒刑，是一种超越必要限度的过分处罚，违反基本权最小侵害的原则，通过规定通奸罪所保护的公共利益与所限制的基本权之间没有形成合理的平衡关系。除拘役刑之外是否规定其他形式的处罚，以及是否废除通奸罪，属于立法者立法形成权的问题。如果以拘役刑一元主义为原则的通奸罪的规定与宪法的规定不一致，应要求新的立法。性的自我决定权既包括性的内心决定，也针对性的行为，不能把性的行为单独列为具有特殊性质的基本权。从性生活受国家干预的界限看，通奸罪的规定侵犯了性生活隐蔽权，违反过剩禁止原则，是一种违宪的规定，即使认定其合宪性（犯罪化的事实），但其处罚的规定违反了过剩禁止原则中的侵害最小原则及其体现的平衡性，故应宣告该规定违宪。

[评析]

在刑法上规定通奸罪是韩国法律制度与法律文化中的特殊现象之一。宪法法院在判决中明确了《宪法》第 10 条规定的追求幸福权中包括性的自我决定权，但同时提出为了保护婚姻与家庭生活，性的自我决定权也受一定的限制。该判决中涉及法律与道德调整的不同领域及个人私生活权与国家干预的界限问题。性的自我决定权作为宪法保护的基本人权，其权利的行使属于社会个体的自治领域，即靠道德调整可以得到维持，国家通过刑罚权进行控制有可能侵害个体的自治领域。个人私生活权是个体作为社会成员应该享有的最低限度的人权，在一般情况下排斥国家权力的干预，即使干预也应当在严格限制的界限之内，采用侵害最小的限制方式。幸福的婚姻与家庭生活的维持并不是靠原则与理念来保障的，它需要具体的、个体化的标准。家庭幸福的概念并不是抽象的，它需要以家庭成员的每一个个体的幸福生活为前提，而个体幸福生活的感受与维持依靠自我生活认识的判断，不能为了整体幸福而牺牲个人追求幸福的权利。通奸罪的规定首先在道德与法律调整关系上，侧重于法律（刑罚）的调整，而忽略道德在家庭生活中发挥的特殊影响力。在善良风俗与公共利益的解释上，似乎强调国家本身的力量，而忽略社会自治领域的重要性。另外，通过通奸罪的规定所要达到的"性的诚实义务"的履行也缺乏必要的社会条件。正如少数法官在反对意见中所指出的那样，通奸罪的规定所保护的利益主要是：维持血统的纯洁性；保持一夫一妻的家庭制度；传统的性道德、性的诚实义务的履行等。但从实际的通奸行为类型看，通奸行为也有基于真正爱情而发生的情况，对其不作任何区分而给予严厉的刑事处罚有可能导致国家权力干预私生活权的后果。在这种意义上讲，通奸行为的规范应主要靠社会道德，不宜广泛地运用国家刑罚权，本判决的合宪理由似乎不够充分。

[附：韩国宪法相关条文]

第 10 条

一切国民都作为个人具有尊严和价值，享有追求幸福的权利。国家负有确认和保障个人享有的不可侵犯的基本人权的义务。

九、韩国同姓同本禁婚制度与追求幸福权①

[事实概要]

根据韩国《民法》第 809 条第 1 款的规定，男女同姓同本是不能结婚的。作为本案请求人的七对试图结婚的同姓同本的青年男女向汉城家

---

① 韩国宪法法院 1999 年 9 月 16 日判决，98 宪甲 6。

庭法院提起取消不予受理婚姻登记处分的诉讼，并要求对作为本案审理前提的《民法》第809第1款违宪与否进行判断。汉城家庭法院接受请求人的申请向宪法法院提起了违宪审判请求。

本案审理的对象是：《民法》第809条第1款。

第809条第1款规定：禁止同姓同本血亲之间结婚。

本案的争议点主要集中在《民法》809条第1款的规定是否违反宪法，宪法规定的追求幸福权的意义是什么。

[判决内容]

宪法法院于1999年9月16日作出判决，认定《民法》第809条第1款与宪法不一致。该法律条款应在指定日期之前修改，否则自期限届满之日起失去效力。法院及其他国家机关及地方自治团体应于法律修改以前禁止适用该条款。

在本案的判决中5位法官提出单纯违宪意见，2位法官提出宪法不一致意见，2位法官提出合宪意见。

1. 单纯违宪意见

韩国《民法》第815条第2款、第3款以及第809条第2款规定的近亲属禁止通婚的范围是比较广泛的。本案中同姓同本血亲之间禁止结婚的规定不考虑其代数的远近一律列为禁止结婚的范围。民法把同姓同本作为取消婚姻效力的事由，根本不受理婚姻登记的申请。根据上述规定，同姓同本血亲之间不管相对方有多深的爱情，也不论其代数多远，一律禁止结婚。

源于中国同姓禁婚思想的同姓同本禁婚制经过朝鲜时代逐步得到法律化，是当时的国家政策、国民意识和伦理观以及经济结构和家族制度在婚姻制度上的反映，发挥了以忠孝思想为基础的农耕社会的家长制、身份等级制维持社会秩序的功能。但是，到了以自由与平等为基本理念、婚姻及家庭观念发生深刻变化、经济高速发展的现代自由民主主义社会，把同姓同本作为禁婚的条件是缺乏合理性的。

韩国民法典制定后，为了保护处于事实婚关系中的同姓同本婚，实施了《关于婚姻的特例法》，将近44 828对夫妇得到了法律救济。这种事实一方面说明同姓同本禁婚制已不符合社会变化的事实，另一方面也说明这一制度已经失去了其原有功能。《民法》第781条第3款规定：无法认识父母者（子），经法院许可可建姓和本，组成一家。根据这一规定，可能出现与血缘无关的同姓同本，这就说明同姓同本甚至失去了体现血缘关系的功能。总之，根据社会环境的变化，虽不能认定同姓同本存在的基础完全消失，但至少这个基础已发生了根本性的动摇。

《宪法》第 10 条规定的个人的人格权、追求幸福权是以个人的自我命运决定权作为前提的，而自我命运决定权又包括性的自我决定权，尤其是婚姻的自由和婚姻中决定相对方的自由。《宪法》第 36 条第 1 款规定婚姻制度和家庭制度体现了尊重人的尊严的人权和民主主义原理。民法规定的同姓同本禁婚制不仅限制了婚姻中决定相对方的自由，而且把限制的范围限于血缘，即男系血缘，实际上是对男女进行差别对待。因此，规定同姓同本禁婚的《民法》第 809 条第 1 款已失去了社会的妥当性及合理性，不仅与规定"人的尊严和价值及追求幸福权"的宪法理念相矛盾，而且与关于以"个人尊严和两性平等"为基础的婚姻及家庭生活成立、维持的宪法规定相矛盾，直接违反宪法的平等原则，其立法目的与《宪法》第 37 条第 2 款也是不一致的。

2. 宪法不一致意见

有 2 位法官认为，《民法》第 809 条第 1 款违反宪法的结论是成立的，但需要考虑同姓同本制度是数百年来形成的韩国民族的婚姻风俗，是一种伦理规范。婚姻制度是国会参照韩国民族的传统、习俗、伦理意识等多种情况，由立法政策决定的立法裁量事项，虽然条文中存在违宪性，但不宜由宪法法院马上作出违宪决定，应由国会综合考虑民族的风俗习惯、伦理意识、亲族观念及变化情况，合理判断同姓同本制度是否完全丧失社会的妥当性和合理性以及可行的改善方向等，同时要确立新的立法方案，故以宪法不一致方式作出判决更为合理。

3. 反对意见

有 2 位法官认为，婚姻是基于男女双方自由意志的结合，但以男女自由意志为基础的结合并不都是得到承认的婚姻，根据社会风俗、道德、宗教等社会规范，被社会公认的男女结合才是受到法律保护的婚姻。调整婚姻关系和家庭关系的法的形成并不仅仅是依据合理性而得到发展，在某种意义上还具有保守性、历史性。

同姓同本制度是韩国民族的美风良俗中的传统文化的一种，虽 20 世纪 90 年代后韩国在社会环境和社会意识等方面发生了变化，但还没有充分资料证明婚姻风俗（惯习）方面已发生了根本性的变化。对同姓同本禁婚虽有各种反对意见，但仅仅以存在反对意见为由不能简单地判定该制度存在问题。《关于婚姻的特例法》的制定也不能说明禁婚制存在的社会基础已发生变化，其立法宗旨主要是为同姓同本结婚所生的子女上学和社会生活提供帮助，不是在法律上承认同姓同本结婚的合理性。主张同姓同本禁婚制违宪的主要理由之一是，该条款禁止的范围广泛，侵害了决定相对方的自我决定权。问题在于即使禁止同姓同本结婚，但根据韩国的人口、姓的分布，选择结婚对象的自由还是可以得到保障的，并不侵害自我决定权的本质内容。追求幸福权是在传统文化继承的范围内得到保障的，幸福的概念本身在不同的历史条件和环境下具有不同的含义，感受幸福的精神状态因生活环境、生活条件、人生观及价值观不同而不尽相同。从法律性质看，追求幸福权是自然法的权利，与人的尊严和价值有着密切的关系，甚至包括宪法上没有列举的权利，是一种包容性的权利。但追求幸福权不得违反禁止反社会、反自然行为的规范或者国民的法律感情，更不能侵犯他人的权利和自由。总之，该条款符合传统文化的历史事实和传统文化继承的宪法理念，可以起到社会维持手段和精神支柱的作用，不能理解为已丧失了社会维持功能。

　　[评析]

　　同姓同本禁婚制的存废问题是韩国法学界一直存在争议的问题，这个争议可追溯到1958年2月民法典的制定过程。其争议的焦点主要是，同姓同本禁婚制是否属于实定法上解决的法律问题，它是一种法律制度还是一种传统文化，能否通过宪法审判手段对共同体内部长期形成的传统或文化作出司法上的判断，以及宪法法院与国会立法权的关系等。在宪法法院审理过程中也出现了三种意见，即违宪论、宪法不一致论、合宪论，可见这个问题的复杂性与社会的关注程度。以儒教文化的继承为宗旨的儒林会甚至认为这个判决是比卖国还严重的出卖祖宗的行为。但社会各界普遍肯定该判决，认为这个判决根据社会变革对传统文化中的落后意识进行了改革。该判决使20万对因同姓同本结婚处于不合法婚姻状态的夫妇取得了合法夫妇地位，其子女也享受了相应的待遇。

　　本案判决中的焦点问题之一是同姓同本禁婚制是否是一种传统文化，是否适应社会变化的要求。违宪论认为，它是在历史传统中所形成的一种制度，已不符合现代自由民主主义基本理念，已失去存在的基础。合宪论认为，它是一种传统文化，是在社会共同体长期发展中形成的具有社会合理性的文化。另外，在是否违反宪法规定的追求幸福权问题上，违宪论和合宪论对追求幸福权的解释有较大的分歧。合宪论的解释似乎过于抽象和概念化，在一定程度上混同了作为权利的追求幸福权和作为文化的追求幸福权的界限。主张宪法不一致论的法官虽同意该法律条款违宪，但主张应以宪法不一致的方式判决，由国会自行修改法律，并限定其修改期限。在违宪论、合宪论的争论中似乎缺乏实证意义上的资料和实证的分析，即同姓同本结婚对子女是否产生影响，在社会学、遗传学意义上有没有问题。在遗传学意义上，如果根据目前的人口分布、姓氏分布以及同姓同本血缘上的因素等判断可能影响结婚后的幸福，那么把它确定为违宪对于追求幸福的权利有可能带来不利的影响。如果没有这些所谓遗传学问题，那么同姓同本结婚应该属于宪法允许的范围。即使属于传统文化上的风俗或习惯，但是，如果不能适应社会变革的现实，或者阻碍社会成员享受人的尊严和自由，不管有多大的阻力也应废除落后的文化。在法治国家，文化只有在尊重人权的前提下才有存在的基础或者获得社会的正当性。

[附：韩国宪法相关条文]

第 10 条

一切国民都作为个人具有尊严和价值，享有追求幸福的权利。国家负有确认和保障个人享有的不可侵犯的基本人权的义务。

第 36 条

（1）国家保障婚姻和家庭生活的成立和维护以个人的尊严和两性平等为基础。

（2）国家必须努力保护母亲。

（3）国家必须努力保护一切国民的保健。

第 五 章

隐私权

第一节 基本概念与理论

一、隐私权的概念

人们对隐私权的解释往往是关于隐私的权利。因此，隐私权概念的关键在于什么是隐私。而不同时代和空间背景下，人们对隐私的界定往往存在很多差别。例如，在美国，传统上往往将隐私界定为"独处"（to be alone）的权利，而在法国，人们则倾向于将隐私描述为私人或个人生活（la vie privée）。汉语中的隐私，往往同时强调"隐"和"私"两个方面。

在法律上最早提出隐私和隐私权问题的是美国学者沃伦（Samuel Warren）和布兰代斯（Louis Brandeis）。沃伦由于对报纸添油加醋地报道其家庭生活中令人尴尬的细节感到非常愤怒，因而邀请布兰代斯共同撰写了《论隐私权》（The Right to Privacy）一文（发表于 1890 年的《哈佛法律评论》），这篇论文奠定了现代隐私权理论的基础，乃是研究这一领域必读的开山之作。

在我国，民法学者较早开始研究隐私权的问题，其关于隐私权概念的定义也随处可见。例如，彭万林教授主编的《民法学原理》将隐私定义为公民个人生活中不愿为他人公开或知悉的秘密。[1] 张俊浩主编的《民法学原理》认为，隐私即私人生活中不欲人知的信息。[2] 杨立新教授认为，隐私乃是一种与公共利益、群体利益无关的，当事人不愿他人

---

① 参见彭万林主编：《民法学原理》，214 页，北京，中国政法大学出版社，1994。
② 参见张俊浩主编：《民法学原理》，316 页，北京，中国政法大学出版社，1997。

知道或他人不便知道的个人信息，当事人不愿他人干涉或他人不便干涉的个人私事，当事人不愿他人侵入或他人不便侵入的个人领域。[①] 王利明教授认为，隐私是指有关个人生活领域的一切不愿为人所知的事情。[②] 如果单纯从中文的语义出发，所谓"隐私权"，不外是"隐"和"私"两点。前者乃指不愿为人所知的，后者为个人的，或者与公共、公众无关的。因此，隐私是指个人与公共或公众无关的不愿为人所知的事务。

我国宪法学界对隐私权的研究正日益丰富，与民法注重防止和纠正私人之间侵犯隐私的私法性质不同，宪法上更强调使隐私权免受国家的侵害。尽管宪法保障隐私权的实践日益丰富和发展，但关于隐私权的本质仍然存在多种相互联系的说法，例如独处权论、信息控制权理论和亲密或私密关系理论等。

二、隐私权的历史发展

隐私的观念虽然渊源悠久，但隐私真正成为法律上的权利，则是近代以来的事情。隐私权的问题之所以在近代以来才开始出现，可能是由于古代社会虽有隐私的观念，但公与私的划分并不极为严格，而且，落后的生产方式使人与人之间的关系较为松散，相互之间并不经常产生保障隐私的需要。而自近代以来，由于工业革命极大地拉近了人与人之间的距离，再加上新闻媒体的快速发展以及媒体对报道私人生活的喜好，等等，个人的空间受到日益严重的挤压，个人活动和个人信息极易为公众所知晓，因此，保护隐私的需求日益突出。人们逐渐提出了隐私权的要求，随之也出现如何处理个人隐私与公共事务之间关系的问题。隐私权在其发展中遇到的最大问题即在于，如何处理隐私利益与公共利益的关系。对此也有不同的主张。

在宪法的隐私权规范的历史发展中，一个非常有意思的情况是，很多宪法，包括相当一部分制定于第二次世界大战之后的宪法，例如，德国基本法、意大利宪法、日本国宪法，都没有在条文中明确确认隐私权。当然，这也有例外，比如西班牙王国《宪法》第18条规定："一、保障名誉、个人和家庭隐私及本人形象的权利。二、住宅不受侵犯。未

① 参见杨立新：《人身权法论》，669页，北京，人民法院出版社，2002。
② 参见王利明主编：《民法·侵权行为法》，303页，北京，中国人民大学出版社，1993。

经屋主许可或司法决定不得进入或搜查，现行犯罪除外。三、保障通讯秘密，特别是邮政、电报和电话的秘密，司法决定的情况除外。四、为保障公民的名誉、个人和家庭的隐私及其权利的充分实施，法律限制信息的使用。"基于这种情况，隐私权的保护不得不过多地依赖于宪法裁判机关对其他权利的扩张解释。

在美国法中，隐私权最早在法律实践中出现是在民法的侵权法中，最早的代表性案例之一是帕弗斯奇案（Pavesich v. New England Life Ins. Co.）。[①] 在该案中，主审案件的科布（Cobb）法官主要以社会契约理论和自然法为基础，论证了普通法上应存在隐私权。这一判例为隐私权进入法律权利体系奠定了基础。而在下文将要评析的格丽斯沃德诉康涅狄格州案中，联邦最高法院首次在宪法中确立了隐私权。大体上，美国联邦最高法院对隐私权的确认并加以保障的一系列判例，体现了一项未被列举的权利如何成为和充当法律合宪性审查的依据的过程。

背景资料：帕弗斯奇案对隐私权的自然法论证

在本案中，科布法官提出，个人为了成为社会的一员就得向社会让渡诸多他在自然状态下就可以自由行使的权利和自由。但这种让渡并不意味着他放弃了所有的权利，在未经他允许的情况下，公众无权侵犯那些必须由他加以保留的权利，隐私权就是其中的一项。隐私权有其内在的基础，它可以由直觉所感知，意识见证了它的存在。任何一个智力正常的人都可以马上分辨出哪些是社会中每一位成员的私人事务，哪些是公共事务。当个人放弃他的那些具有公共性质的权利时，会本能地反对公共势力侵犯那些带有私人性质的权利。隐私权作为纯而又纯的私人事务因此就发端于自然法……所有人都认为，如果个人想要过独处的生活时，别人不能违背他的意志从而强迫他在公共场合出现，除非这是法律所要求的。个人也许会被要求离开独处的场所来履行公共职责，但一旦职责履行完毕，若他要行使他的自由回去过独处的生活，则没有人可以阻止他实现这一权利。未经其本人之允许，在任何时间、任何地点都不得将其呈于公众面前。

三、隐私权的内容

对于隐私权内容的列举经常因人而异，事实上，不同国家的宪法对

① Pavesich v. New England Life Insurance Co., 50 S. E. 68;（Ga. 1905）.

隐私权的描述也经常存在差异。从《公民权利和政治权利国际公约》第17条的列举来看，私生活、家庭、住宅、通信甚至荣誉和名誉均在隐私保护之列，而其中的私生活通常包括姓名、个人外表、性选择权、身体及其完整权、个人资料等。从学术研究的角度出发，学者们通常认为，隐私权的内容可以包括个人空间、个人活动和个人信息三个领域。

个人空间是指个人所保有的物理或心理上的距离，例如，个人身体、私人物品和私人住所等，这些对于营造和维持个人在物理或心理上的空间，从而保障个人之尊严与人格至关重要。

个人活动是指个人不愿为人所知的一切个人活动，例如其社会交往与交际、日常生活和婚姻生活等。

个人信息是指个人不愿为人所知的数据情报，例如，身体状况、身体缺陷、财产收入状况、家庭住址、电话号码、刑事犯罪记录、个人档案等。

上述三个方面的内容都是隐私之必不可少的组成部分。就目前的发展而言，由于信息技术和网络技术的发展，个人信息的自我决定和控制日益困难，正如德国联邦宪法法院第四任院长本达（Ernst Benda）所言，人格的现代威胁并非来自于专制的压迫工具，而是出于现代社会的复杂程度和科技发展侵犯个人隐私的潜力。因此，个人的信息自决及其保障成为隐私权问题中日益重要的难题。

第二节　典型判例与分析

一、格丽斯沃德诉康涅狄格州案[①]

[事实概要]

康涅狄格州（可简称康州）的计划生育协会（Planned Parenthood League）执行官格丽斯沃德（Griswold）和医务主任巴克斯顿（Lee Buxton），因为对已婚者提供关于避孕方法的信息、指导和医学咨询，违反了康州议会通过的一项禁止使用避孕用品的法律，每人被罚200美元。格丽斯沃德对受到的处罚及其所依据的康涅狄格州法律有异议，因

---

① Griswold v. Connecticut，381 U. S. 479 (1965).

此向州法院提起诉讼。在康涅狄格州上诉法院维持处罚决定之后，格丽斯沃德上诉至联邦最高法院。上诉人称州法院所依据的康涅狄格州法律违反了第 14 条修正案规定的正当法律程序。

[判决内容]

联邦最高法院以 7∶2 的票数作出判决，裁定康州法律违宪。道格拉斯（Douglas）大法官撰写法院意见，戈德堡（Arthur Goldberg）大法官（Warren 大法官、Brennan 大法官参加）、哈伦（Harlan）大法官、怀特（White）大法官提出协同意见，布莱克（Black）和斯图尔特（Steward）两位大法官提出反对意见。

道格拉斯大法官提出，"权利法案所开列的保证书有自己的阴影地带（penumbras），它的形成来自支撑权利法案存在与主旨的保证条款的发散"。于是，尽管宪法根本没有提到隐私权，但隐私领域（zones of privacy）是第 1 条、第 3 条、第 4 条修正案所保护和服务的价值（在第 1 条修正案中体现为对集会权利的保护）。随后，道格拉斯大法官回到了第 9 条修正案的文本，"本宪法对某些权利的列举，不得被解释为否定或忽视由人民保留的其他权利"。显然，他是支持如下考虑的：尽管文本自身没有明确的所指，但这些阴影地带的权利受一项或几项修正案的保护。

在本案中，康州法律为了达到禁止避孕用具的目的，不是去调整避孕药物的制造和销售，而是禁止其使用，这就使警察获得搜查卧室的权力，可见，州法试图以对夫妇关系的最大破坏来达到立法目的。道格拉斯最后提出："我们愿意让警察搜查已婚者的卧室这样一个神圣区域吗？而搜查的目的就是为了找出使用避孕工具的痕迹？这种侵犯婚姻关系隐私的想法是令人反感的。我们这里所面对的这种隐私权存在于权利法案诞生之前，比我们的政党还要早，比我们的学校制度也要早。婚姻意味着荣辱与共，互相忍耐，是一种神圣的亲密关系。这种结合改善生活而不是造就生活；是一种生活和谐而不是什么政治信仰；是相互忠诚而不是商业的或社会的项目。这种结合的目的与我们之前的法律意见中所涉及的目的相比，同样崇高。"

戈德堡大法官在其协同意见书中明确援引宪法第 9 条修正案的"未列举权利条款"来支持法院的判决。哈伦大法官在协同意见书中则认为，隐私权受保障的依据是宪法第 14 条修正案的正当法律程序，怀特大法官也认为应当依据正当法律程序条款来保护隐私权。

布莱克和斯图尔特两位大法官对多数判决提出了质疑和反对。布莱克大法官在反对意见书中提出宪法条文中根本就没有规定隐私权，而将第 9 条修正案的"未列举条款"作为依据或者将第 14 条修正案作为依据都是不充分的。斯图尔特则认为康州的法律是传统上人们所谓的非常愚蠢的法律（an uncommonly silly law），但这与它是否合宪是两个问题。

[评析]

本案是联邦最高法院第一次明确在宪法第 4 条修正案之外找到了隐私权的条文依据。在某种意义上，本案主要争论的倒不是隐私权本身，而是隐私权的宪法条文依据，以及由此带来的法院之地位与权力的扩张问题。

联邦最高法院在将第 9 条修正案作为审查的依据时向来是十分谨慎的，因为所谓"未列举权利"其实是一个巨大的黑洞，如果最高法院可以将这一条款经常地作为审理法律合宪性的依据，则意味着最高法院的审查权将无限扩张，甚至失去了控制。因此，正如布莱克大法官在反对意见中所提出的那样，"由人民选出的议员建议的修正案可以提交给人民或他们选择的机构批准。我不能接受以正当法律程序条款或第 9 条修正案，或其他什么莫名其妙的不确定的自然法概念为理由撤销该州法令"。"本案中不是要求我们判断法律是不是不明智，甚至是不是愚蠢的，本案要求我们判断的是它是否违反了美国宪法。"

当然，在此案之后，尽管最高法院的大法官们仍然会争论第 9 条修正案作为审查依据的正当性，争论最高法院的司法能动与司法克制，但隐私权经由此案已成为一项正式的宪法权利，并成为联邦最高法院审查法律合宪性的依据。

如果承认隐私权是宪法权利法案中所包含的一项权利（如法院意见所言的那样），那么可以认为，法院推翻康涅狄格州法律的一项重要理由就在于康涅狄格州法律对比例原则的违反①，即为了追求禁止避孕用具的目的而采取了禁止其使用的管制手段，而不是禁止其生产或销售，考虑到禁止避孕用具的使用必然使警察获得搜查居民卧室的权力，这一权力对个人隐私的破坏性是如此之大，以至于用这样的手段来实现立法目的是不能令人接受的。况且，禁止避孕用具是否具有目的正确性，也是值得怀疑的。

---

① 当然，联邦最高法院并未采用"比例原则"这样的技术化公式，但这不妨碍我们用比例原则分析联邦最高法院的判决。

[附：美国联邦宪法相关条文]

第 9 条修正案

本宪法对某些权利的列举，不得被解释为否定或忽视由人民保留的其他权利。

二、瓦伦诉罗伊案①

[事实概要]

纽约州议会在 1972 年通过了一项药品控制法令（the New York State Controlled Substances Act），对有潜在危害的药物进行分类，并对危害最大的正当用药二类（Schedule Ⅱ）药品设定了特定形式的处方签（以政府规定的形式开处方），其中所载的信息应当包括开出处方的医师，发药的药剂师，所用药品及用量，病人的姓名、地址和年龄等，该法案同时要求开处方的医生除了自己保留一份处方签和提供一份处方签给药剂师外，还应将处方签的其中一联在州卫生部门统一备案。卫生部门将表格所载资料录入有磁性的磁带上，然后用计算机处理，处理完之后的表格保存在一个用铁丝栅栏锁起来并配有报警系统的房间内，而磁带则保存在一个上锁的柜子中，用以读取磁带的计算机与外部网络是断开的，因此，机房以外的任何终端都无法读取磁带上的数据。该法令规定，除以下情形以外，严禁向外透露病人的身份：（1）透露给卫生部门的其他雇员；（2）根据法院传票或法庭命令公开；（3）透露给一个有权管理那些由法令授权处理被控制物质的人的政府部门；（4）透露给卫生部门的备案处。

在这一法令生效的前几天，一些经常需要正当用药二类药品的病人、有处方权的医生和两家医师协会（Roe et all）提起这场诉讼，以阻止该法实施。原告提供证据证明病人担心计算机里保存的数据被滥用，这可能导致他们被诬蔑为"瘾君子"，因此病人可能拒绝此类治疗。联邦地区法院判决禁止该法令有关报告病人姓名和地址的条款，认为医患关系是宪法保护的隐私领域，登记的要求侵害了隐私权。纽约州支持卫生官瓦伦（Whalen）最终将案件上诉到联邦最高法院。

[判决内容]

本案是联邦最高法院第一次面对宪法上的隐私权与政府数据库中信

① Whalen v. Roe，429 U. S. 589 (1977).

息的收集、储存和使用这两者的关系。史蒂文斯（Stevens）大法官代表法院撰写了判决意见，法院一方面承认隐私权的存在，以及州政府机关在收集、储存和使用或散布信息时会涉及宪法上的隐私权，甚至可能侵害隐私权。但另一方面，法院认为，政府收集、储存、使用这些信息乃是为了实现特定的政府目的，只要采取了恰当的保密手段，就不应断然认为此类收集、储存信息的行为侵害了隐私权。

史蒂文斯大法官将政府目的认定为通过控制受限药品来最大限度地减少药物滥用，并对潜在的违法者予以一定的警示和预防，这一目的没有不合理之处。为了实现这一目的，州政府并没有单纯地禁止此类药物的使用，也没有要求此类药物的使用需要政府官员的事先批准，而仅仅要求"备案"。

患者和医生的要求，在实质上主要是两个不同的利益，其一是个人不愿泄露个人信息的利益，另一个是独立作出某项重要决定的利益。对于前一利益，州法令列举的四种可以公开信息的情形是否对隐私产生不利的影响？法院认为，即使在这一法令颁布之前，这些信息也要向公共卫生官员、法院等公开，这种公开与以前的法律要求并没有什么本质的不同，而且考虑到该法令已经设置以保密为目的的安全条款，没有迹象表明这些安全条款会被不恰当地使用。因此，该法令并不会导致对隐私权的侵害。对于后一利益，法院提出，在联邦地区法院发布禁令之后，每个月还是有100 000份这类药品的处方开出，这意味着病人和医生并不会由于该法令而当然地拒绝此类药物的治疗，原告所提出的病人的担心并不是一项"实实在在"的担心。因此，该法令也没有剥夺公众对此类药物的获取权和自主决定是否接受此类药用治疗的权利。

基于上述理由，法院最终支持了州法令的合宪性。

［评析］

本案是联邦最高法院隐私权保护史上的一个重要案例。考虑到从20世纪70年代以来，各类政府数据库快速发展，因而在个人的隐私权与政府机关收集、储存和散布个人信息并将其制成数据库的权力之间必须在宪法上作出一个"了断"，并在隐私权与政府权力之间找到一个比较好的平衡点。通过本案，联邦最高法院确立了一个基本的立场，为了公共利益收集和使用个人数据的权力伴随着法定义务：不得随意泄露。在本案中，州政府的安全条款能够满足"不得随意泄露"的要求，因此才没有被宣布为违宪。

需要补充的是，多数法官并非没有注意到隐私权的重要性和电子数据库对隐私权的潜在损害。尤其是布伦南（Brennan）大法官在协同意见中一再强调，新技术的采用使个人信息可以更有效地收集和集中（尽管这本身并不构成违宪），这给隐私权的保护带来巨大挑战。

除此以外，本案的重要意义还有以下两点：一是，本案是联邦最高法院首次将宪法上的隐私权明确承认为信息隐私和自决隐私两个部分；二是，承认限制政府对个人隐私或者私人之间的亲密关系的信息的获取并不仅仅局限于违反宪法第 4 条修正案的非法搜查与占有。

［附：美国联邦宪法相关条文］

第 9 条修正案

本宪法对某些权利的列举，不得被解释为否定或忽视由人民保留的其他权利。

三、德国"人口调查第二案"①

［事实概要］

在分析和评价本案之前，需要明确的是，在本案之前，德国联邦宪法法院就已经在判例中从《基本法》的人的尊严等条款解释出隐私权的存在。而在本案之前约 14 年，即 1969 年，联邦宪法法院曾审理著名的"人口调查第一案"，在该案中，联邦宪法法院曾认可了《联邦人口调查法》关于收集居民休假旅行信息之内容的合宪性。

本案发生在 1983 年，《联邦人口调查法》授权收集关于德国的人口和社会结构的全面数据，其中，不仅包括公民的基本的个人信息，还要求公民填写表格，提供包括其收入来源、职业、教育背景、工作时数、交通方式等各方面的内容。该法律授权把这些统计数据移交给地方政府，以协助其完成区域规划、调查、环境保护和选区重划等事务。

由于本案中受指摘的法律涉及收集公民个人的详细信息，联邦宪法法院认为它直接威胁公民的基本权利，因而，应一百多位公民的宪法申诉，宪法法院直接受理了本案，并临时停止《联邦人口调查法》的实施。

---

① 65 BverfGE，1 (1983).

[**判决内容**]

联邦宪法法院最终维持了《联邦人口调查法》绝大多数条款的合宪性，但要求议会修正某些特殊规定，以防止因法律漏洞导致在收集、储存、使用和转移个人信息过程中的权力滥用。法院在判决中指出："从自动数据处理的目前的和将来的状况来看，这一权利需要特殊的保护……由于储存高度私人化信息的技术手段在实际上是无限的，而且可在自动数据处理的帮助下在数秒钟内被调取，所以，这项权利尤其受到威胁。另外，特别是建立集成信息系统时，如和其他数据结合在一起，这类信息可产生部分或几乎完全的个性轮廓，受到影响的个人则缺乏足够的手段来控制其使用和真实性。获得信息并施加影响的可能性已增加到前所未有的程度，并可能因公共意识所产生的心理压力而影响个人行为……即使在目前的数据处理技术条件下，自我决定也要求个人有决定采取何种行动的自由，包括决定是否实施其自身决定。如果个人不能足够准确地预计国家将在其既定社会环境中公布何种个人信息，那么个人的计划和自由决策权就将受到决定性的阻碍……这不仅削弱个人的发展机会，而且也将损害公共福利，因为对基于公民行动和参与能力的自由民主社会而言，自我决定乃是其基本运行条件。"

因此，作为数据处理的现代条件下自由发展个性的前提，必须保护个人免受其个人数据的无限收集、储存、使用和传递。《基本法》第2条第1款要求议会注明所有官方数据收集程序的目标和条件，以使公民可清楚地知道何种信息为何种理由而被收集。这类法律授权必须遵从法治原则，且具备清楚框架以避免因过于模糊而违宪。在制定这些法律时，议会还必须遵守比例原则。

[**评析**]

本案是德国联邦宪法法院保护隐私权的重要判例。读者需要在对比"人口调查第一案"的过程中理解本案所确立的隐私权规则。由于本案中《联邦人口调查法》所收集的个人信息相比较于"人口调查第一案"中受指摘的法律更为详细，几乎将个人的私人信息"一网打尽"，这其中既有一些私密性较低的个人信息，也有私密性较高的个人信息，凭借这些信息，个人几乎无所遁形，因而，就必须对相关数据的收集、储存、使用和传递施加更为严格的限制。联邦宪法法院允许政府收集这类信息，但要求受指摘的法律充分尊重个人的自决权，以便使个人能够清楚地知道何种信息为何种理由而被收集。此外，联邦宪法法院也要求受指摘的法律采用充分的措施以防止个人信息收集、储存、使用和转移过程中的权力滥用。因此，本案中，联邦宪法法院的态度是允许在严格限制的条件下由政府收集个人的相关信息，这种态度与美国联邦最高法院和其他同类法院的态度是相通的。

[附：德国基本法相关条文]

第 1 条

一、人之尊严不可侵犯，尊重及保护此项尊严为所有国家机关之义务。

二、因此，德意志人民承认不可侵犯与不可让与之人权，为一切人类社会以及世界和平与正义之基础。

三、下列基本权利拘束立法、行政及司法而为直接有效之权利。

四、日本住基网与隐私权的冲突①

[事实概要]

根据 1999 年修订的《日本住民②基本户籍档案法》，日本建立了"住民基本户籍档案网络系统"（简称"住基网"）。通过建立住基网，日本各市、町、村所储存的住民基本户籍档案，不仅能由原地区使用，而且能够构建一个全国性的网络户籍档案系统。每个住民的户籍卡上必须记录户籍卡的卡号，户籍卡的卡号为 11 位数字编号，是由各都道府的知事，从任意的 10 位数字和 1 位检查数字所组合成的数列中所随机抽取，除户籍卡的卡号外，其内容还包括住民的姓名、出生日期、性别和住所等，以及法令规定的前 5 项信息之变更信息等。住基网之设立等于建立了一个全国性的住民基本信息数据库，这使得政府能够提高工作效率，同时亦可减轻住民负担。然而，住基网所载住民个人信息可在网上流通，因此其所登入的信息有泄露的危险，加之居民个人信息处于国家一元管理之下，其危险性就相应提高了。

住基网的建立引起了广泛的争议，相应地，日本各地住民针对住基网提起诉讼，要求停止向住基网提供个人信息，并声称隐私权受到侵害

---

① 日本最高法院第一小法庭平成 19（才）403 号，平成 20 年 3 月 6 日，民集第 62 卷 3 号 665 页。关于本案的评价可参见王涛：《日本住基网合宪性案》，载韩大元主编：《中国宪法事例研究》，308～311 页，北京，法律出版社，2010。

② 住民，即我国所谓的"居民"。我国清末地方自治法制以及我国台湾地区现行规定亦称为"住民"。

而要求损害赔偿。最早的一起关于住基网的诉讼发生在 2002 年，由东京地方法院受理，后来日本 13 个地方法院都陆续受理了相关案件。在北海道地区的相关诉讼中，起诉方声称住基网是违宪的，首先它侵犯了住民的人格权，其次侵犯了住民的隐私权，最后侵犯了市、町、村的自治权。但大部分地方法院都驳回了起诉，值得关注的是金泽地方法院在 2005 年 5 月 30 日作出住基网违宪的判决。在高等法院层面，名古屋高等法院金泽分院、名古屋高等法院、东京高等法院、大阪高等法院分别作出的四项裁决中，只有大阪高等法院在 2006 年判决住基网违宪。大阪府的某住民以未经本人同意将个人信息在住基网上流通侵害隐私权为由，要求大阪府进行赔偿，并删除个人信息。地方法院驳回了其诉讼请求，而大阪高等法院则认定住基网违宪，二审被上诉人不服，上诉到最高法院。

由于各地方法院与各高等法院之间存在意见分歧，故只能留待最高法院最终裁决。

[判决内容]

日本最高法院在 2008 年 3 月 6 日作出判决，撤销大阪高等法院判决，裁定基于住基网管理和利用个人信息，并未侵犯由《宪法》第 13 条所保障的权利与自由。

最高法院在判决中首先承认隐私权属于《宪法》第 13 条所保障的范围，之前的若干判例已经为这一点提供了基础，因此，对于个人信息，任何人都有是否向第三者公开的自由。在本案中，住基网所登记的那些信息，并不具有很高的私密性，个人姓名、性别、住所等信息是人们在社会生活中必然向一定范围内的其他人公开的个人识别信息，并且在录入住基网之前，这些信息就作为户籍卡所记载的事项，由保管住民基本户籍档案的各市、町、村管理和使用，而且要基于法令的要求向其他行政机关提供，以使政府机关便利地处理相关的行政事务。

从住基网所设立的宗旨来看，它是基于法令以提高为民服务和行政事务效率为目的，住基网是在此正当行政目的范围内运行的。并且，住基网并不会因为系统上的缺陷，而导致从外部入侵系统等轻易泄露个人识别信息的具体危险。法令不仅为住基网设置了特定的安全措施，而且将取得信息者在目的外使用个人信息的行为或是泄露与个人识别信息有关的秘密的行为规定为应予禁止的违法行为，行为人将受到惩戒处分甚至刑罚。因此，依照这些规定，不能说明住基网在系统技术上或在法律制度上存在缺陷。

综上，行政机关通过住基网来管理、使用住民的个人识别信息的行为，不是将个人信息任意向第三者开示或公开，即使该居民不同意，也不侵犯《宪法》第13条所保障的上述自由。

[评析]

本案涉及隐私权的一个基本问题，即个人的信息自决与政府出于公共目的搜集个人信息之行为的冲突。因此，在性质上，本案与前述的瓦伦诉罗伊案和德国人口调查案存在一定的类似性。

现代社会实乃信息社会与网络社会，出于行政便利和行政效率的考虑，政府实际上搜集了很多方面的个人信息，例如，个人的性别、出生日期、身份证号、血型、婚姻状况、亲属关系、居住地、工作单位、犯罪记录、银行消费记录，等等，这一方面使个人对自身信息的自主权范围受到限制，另一方面也使个人信息和个人活动很容易被政府所知晓。然而，这种做法也能在很大程度上帮助政府更有效地实现公共管理。不得不承认，个人信息的自决权与政府通过搜集、利用个人信息而提高行政效率这两者之间确实存在巨大的冲突。在美国，为了保护社区内的未成年人，法律甚至要求视情况公布曾有针对未成年人犯罪记录的公民的个人信息，而法院却容忍这种做法（尽管存在争议，并且法院也曾基于隐私权的考虑对这些法律提出各种要求）。那么，在本案中，隐私权与政府的行政效率考虑，哪一项应当优先呢？

最高法院在判决中的意见确实存在合理之处，不能单纯地强调个人的信息自决，而应当在个人信息自决与政府的行政便利与行政效率之间进行权衡。考虑到本案中，住基网收集的信息确实不具有很高的私密性，住基网在收集这些信息的基础上能够带来行政上的便利，并且政府已经为住基网设置了特定的安全措施。因此，住基网的设立并不侵犯《宪法》第13条所保障的自由。最后，也可以将本案的情形与德国联邦宪法法院的人口调查第二案相比，如果承认德国联邦宪法法院的认定是合理的，那么，考虑到本案中涉及的个人信息的私密程度较低，其相关法律就更不存在侵害隐私权的嫌疑了。

[附：日本国宪法相关条文]

第13条

全体国民都作为个人而受到尊重。生命、自由与追求幸福的权利在不违反公共福利的范围内，在立法及其他国政中得到最大限度的保障。

五、收集公民指纹信息与隐私权的冲突

[基本背景]

2011 年 10 月 29 日，第十一届全国人民代表大会常务委员会修正了《中华人民共和国居民身份证法》，要求在身份证中收集居民的指纹信息，相关条款如下：

第 3 条规定：居民身份证登记的项目包括：姓名、性别、民族、出生日期、常住户口所在地住址、公民身份号码、本人相片、指纹信息、证件的有效期和签发机关。

第 19 条规定：国家机关或者金融、电信、交通、教育、医疗等单位的工作人员泄露在履行职责或者提供服务过程中获得的居民身份证记载的公民个人信息，构成犯罪的，依法追究刑事责任；尚不构成犯罪的，由公安机关处 10 日以上 15 日以下拘留，并处 5 000 元罚款，有违法所得的，没收违法所得。

单位有前款行为，构成犯罪的，依法追究刑事责任；尚不构成犯罪的，由公安机关对其直接负责的主管人员和其他直接责任人员，处 10 日以上 15 日以下拘留，并处 10 万元以上 50 万元以下罚款，有违法所得的，没收违法所得。

有前两款行为，对他人造成损害的，依法承担民事责任。

第 20 条规定：人民警察有下列行为之一的，根据情节轻重，依法给予行政处分；构成犯罪的，依法追究刑事责任……

(5) 泄露因制作、发放、查验、扣押居民身份证而知悉的公民个人信息，侵害公民合法权益的。

对于收集公民指纹信息的目的，公安部副部长杨焕宁在该法修正过程中表示，在居民身份证中加入指纹信息，国家机关以及金融、电信、交通、教育、医疗等单位可以通过机读快速、准确地进行人证同一性认定，有助于防范恐怖活动、维护国家安全和社会稳定，有利于提高工作效率，有效防范冒用他人居民身份证以及伪造、变更居民身份证等违法犯罪行为的发生，并在金融机构清理问题账户、落实存款实名制等方面发挥重要作用。修改后的居民身份证法加大了对泄露公民个人信息行为的处罚力度。根据相关条款，泄露公民个人信息，不仅要面临刑事处罚，还要承担经济赔偿等民事责任，就此对公民个人信息进行了多重保护。

[评析]

本事例与前述的几起案件均涉及隐私权的同一个非常重要的问题，即政府是否有权收集公民的特定个人信息。乍看起来，收集公民指纹信息符合前述几起判例提出的各方面要求：国家收集指纹信息具有特定的正当公共目的，即维护国家安全和社会稳定，提高工作效率等；国家为其收集的信息设置了必要的安全措施，其中包括通过要求泄密人员承担民事、行政和刑事责任来防止其违法泄露个人信息。但这并不意味着收集公民指纹信息本身必然符合隐私权保护的要求，对此，需要在明确隐私权受我国宪法保障的前提下，借助比例原则等审查手段分析《居民身份证法》的相关规定。

隐私权虽然不是我国宪法明文确认的基本权利，但这并不意味着隐私权不受我国宪法的保护。事实上，从我国宪法的诸多条款中均可以直接引申出隐私权的存在。其中《宪法》第 33 条第 2 款对人权受尊重和保障的原则性确认可以作为隐私权的规范依据，因为隐私权乃被当代各国公认为人权所必不可少的组成部分，事实上，也有不少学者将《宪法》第 33 条第 2 款作为我国宪法的"未列举权利条款"，从中能够不断发掘新的权利类型。此外，《宪法》第 38 条的人格尊严条款也可以为隐私权提供直接的依据，因为隐私必然属于人格尊严的核心部分，在一个缺少隐私权保障的社会中，人的尊严必然是无法确立的。德国联邦宪法法院就从《基本法》第 1 条的人的尊严出发寻找隐私权的依据。此外，我国《宪法》第 39 条和第 40 条可以分别作为住宅隐私和通信隐私的权利保障条款。从上述几条宪法条文出发，可以在一般意义上确立隐私权的规范依据。

既然隐私权受到我国宪法的保障，就有必要分析《居民身份证法》收集公民指纹信息是否违宪地侵害隐私权。

首先，必须明确指纹信息在所有隐私信息中具有高度私密性。相比较于姓名、性别、民族、出生日期、常住户口所在地住址、公民身份号码、本人相片、证件的有效期和签发机关等信息，指纹信息具有极为高度的私密性，因为姓名、性别、民族等信息甚至可以由公众毫不费力地获得，诸如出生日期、住处、身份号码、相片等信息在公安机关和其他国家机构也有存档，尽管具有私密性，不能随意公开，但也不能说私密性很高。而指纹信息则不同，它与个人最为隐秘的生理特征直接相关，并因此连接着人的尊严的核心内容。因此，在涉及指纹这一高度私密的信息时，再多的谨慎都不是过分的。

其次，维护国家安全和社会稳定、提高工作效率、减少伪造身份证确实是正当的国家目的，但这一目的是否构成限制隐私权的充分理由则需要进一步分析不同的具体情况。我们显然不能接受把这些目的笼统地罗列在一起就可以不加区分地限制隐私权。

就维护国家安全和社会稳定而言，其必要手段显然是打击犯罪，尤其是恐怖主义犯罪，但出于这一目的而收集指纹信息，在合目的的范围内也只能将收集指纹信息的对象限定在那些具有相关前科的个人，或者有足够证据表明其具有相应潜在危险或嫌疑的个人，而不是不加区别地收集所有公民的指纹信息。

就提高工作效率而言，收集指纹信息似乎不构成一项既合目的又对隐私权限制最小的措施，因为在现代信息和网络技术极为发达的前提下，通过身份证本身的既有信息，利用机读措施、联网等，再加上使用者本人显露的面部特征，完全可以实现提高国家机关工作效率的目的。况且，值得注意的是，按照公安部副部长的说法，收集到的指纹信息显然不只是由国家机关出于工作效率的考虑而加以使用，特定的单位即金融、电信等企业，也将获得使用指纹信息的便利，而这些单位是出于营利目的设立的，由此对隐私权的限制就超出了合目的的范围。当然，《居民身份证法》本身并没有允许私人单位使用指纹信息，然则公安部门之所以作出相反的解释显然是由于《居民身份证法》没有进行必要的限制，从而使行政部门获得了过多的自由裁量权。在这个意义上，《居民身份证法》过于模糊，没有对保护隐私权提供充分的保障。

就减少伪造身份证而言，我国目前确实存在假身份证泛滥，且部分假身份证以假乱真的情形，但这是否使《居民身份证法》获得足够的正当性来收集公民指纹信息呢？为了减少伪造身份证的现象，正确的努力方向显然是去采取更先进的技术手段，提高身份证造假的难度和成本，而不是进一步扩充身份证中的个人信息。如果我们无法保证既有信息的安全，使犯罪分子能够轻易伪造身份证，却在这一条件下允许收集更多的个人信息，这不等于扩大了隐私受侵害的范围吗？

综合上述三点分析，收集公民指纹信息在不同方面违反了比例原则的合目的性原则、最小损害原则和平衡原则。因此，作者认为，《居民身份证法》要求收集个人指纹信息过度地限制了受宪法保障的隐私权。

最后，虽然《居民身份证法》本身为收集的指纹信息设置了必要的安全措施，防止信息外泄，但不加区分地一概收集所有公民的指纹信息本身已经违反了比例原则。因此，再充分的安全措施，也不足以支持收集行为本身的合宪性。

此外，需要补充的是，支持收集指纹信息的观点经常援引这一情况，即世界上亦有其他国家和地区要求收集个人指纹信息。但这一理由失之笼统。事实上，各国和地区试图收集指纹信息的法律都无一例外地受到过违宪指摘，即使被判定合宪，也都附有特定的限制条件，有的国家和地区只允许对特定公民（如被判定犯有特定罪名的罪犯）收集指纹信息，有的国家和地区只允许在极端重大的公共利益之下按照特定的要求收集，等等。以我国台湾地区为例，"立法院"在 1997 年亦曾通过修正"户籍法"试图搜集指纹信息，但"司法院大法官"判定其构成侵害隐私权，"大法官"在 2005 年作出的释字第 603 号解释文中提到，"'国家'基于特定重大公益之目的而有大规模搜集、录存人民指纹、并有建立数据库储存之必要者，则应以法律明定其搜集之目的，其搜集应与重大公益目的之达成，具有密切之必要性与关联性，并应明文禁止法定目的外之使用。主管机关尤应配合当代科技发展，运用足以确保信息正确及安全之方式为之，并对所搜集之指纹档案采取组织上与程序上必要之防护措施，以符'宪法'保障人民信息隐私权之本旨"。

[附：中国宪法相关条文]
第 33 条第 3 款
国家尊重和保障人权。
第 38 条
中华人民共和国公民的人格尊严不受侵犯。

六、美国"梅根法"引起的隐私权争议[①]

[事实概要]
1994 年 7 月，新泽西州一名年仅 7 岁的小女孩——梅根·坎卡（Megan Kanka），被一名有两次性犯罪记录的邻居骗入家中奸杀，但社区内的居民们对该邻居的情况竟然一无所知。此事在美国引起强烈的社会抗议，甚至有民众将一些强奸犯的住宅付之一炬。梅根的父母借此发

---

① "梅根法"作为一类法律，涉及多起隐私权相关判例，较有代表性的可参见 Connecticut Department of Public Safety v. Doe，538 U. S. 1（2003）；Smith v. Doe，538 U. S. 84（2003）。

动了一场草根性运动，在短短 86 天内，就推动州政府制定了社区通报法。受到这种政治压力的作用，美国国会为了保护社区成员，尤其是未成年人的安全，在 1996 年通过了《性犯罪者注册公示法》，经克林顿总统签署公布。通常亦将此类法律统称为"梅根法"（Megan's Law）。据统计，50 个州均通过了类似的法律。

此类法律的目的是，通过资讯公开的方式，让社区内的公众知道有儿童性犯罪前科者的行踪，从而提高社区居民的警觉和防范。凡性犯罪者出狱或假释后，执法机关不仅要将他们的姓名、照片、地址、服刑日期、犯罪性质等资料登入档案，让民众随时可以通过网络查询，此外，要公告民众、学校、各社区和相关组织，令其知晓。

"梅根法"特别规定，有性犯罪前科者必须每 90 天去警察局报到一次，更新住所、工作等最新信息，监管期通常至少为 10 年，如果他们留了胡须或外貌上有任何改变，必须通知警察局。

此外，还有类似法律规定，凡是有性侵 12 岁以下儿童前科者，必须终生配戴全球卫星定位系统（GPS）监控设备，每半年要向辖区警察局报到，更新现况数据，不得进入学校、公园等儿童活动场所 2 000 英尺内的范围。

"梅根法"虽然有助于保护社区安全，尤其是儿童的安全，却被有性犯罪前科者以及美国的民权组织指责为侵犯隐私权，而且违反宪法禁止"两次刑罚"的原则。具有性犯罪前科者因信息公示遭受巨大的心理压力，饱受社区公众的指责，甚至在加州议会通过"梅根法"的几天后，一位曾经犯过性侵犯罪的人因忍受不了巨大的压力而自杀。因此，"梅根法"是否侵害隐私权的问题，以及其他相关问题，受到美国社会的普遍关注。

[判决内容]

由于联邦和各州所通过的梅根法内容不尽相同，因而，在"梅根法"受到各级法院司法审查的过程中，没有一致的结论，缺乏一致的标准。

上诉法院曼哈顿第二巡回法庭曾裁定，康涅狄格州不加区分地将有性侵犯行为记录者的个人信息在网上公布，并且将那些不再对公众构成威胁的人也包含其中，这类做法侵犯了宪法赋予公民的权利。在很多州的立法中，会为有性犯罪前科者提供听证的机会或以其他方式考察其个人行为并净化个人记录，但也有一些州仍然在延续类似康涅狄格州的这种不加区别的做法。

2002 年 11 月，美国联邦最高法院曾经审查阿拉斯加州和康涅狄格州的"梅根法"文本，这两个判决有助于我们分析应当如何在维护社会安全和那些有性犯罪前科者的隐私权之间达成合适的平衡。联邦最高法院的判决允许有关政府机关将所有关于在押性犯罪者的档案放到因特网上，以供人们查询。此外，对于已经被释放的性犯罪前科者，也允许将他们以前的犯罪档案在网上备案。在阿拉斯加州一案中，联邦最高法院分析了该州的性犯罪者注册法是否违反宪法所禁止的"溯及既往"的法律。在联邦最高法院看来，"梅根法"旨在保护公众免遭未来的伤害，而不是惩罚那些刑满后获释的性犯罪者，因此，不构成所谓的"两次刑罚"。

[评析]

"梅根法"中的隐私权问题相对于前述的几个判例来说更为严重，因为瓦伦案等几个判例只是国家或政府收集特定的个人信息，而在本案中，国家则在收集的基础上进一步将这些信息公之于众，因此，对本案的隐私权的保护问题需持更为审慎的态度。

"梅根法"是否侵害隐私权需要具体分析相关法律设置的措施。一方面，应当承认，"梅根法"确实对提高社区安全，保护儿童免受性犯罪者的侵犯有积极的作用。据统计，在美国，强奸犯的重犯率大概在 39%，而那些专门向儿童下手的性犯罪者的重犯率则高达 52%。因此，适当限制此类人员的隐私权，保护儿童免受性犯罪的侵害，应当是必要的。但像康涅狄格州的"梅根法"那样不加区分地一律公开性犯罪前科者的个人信息的做法，在比例原则的审视下无疑存在缺陷。在这方面，新泽西州的"梅根法"可能是更合理的，即将这些有性犯罪前科者按危险程度分别设置要求公开的有关信息的范围，以及该信息公开的地理范围。

在美国之后，英国、加拿大等国也通过了类似的法律，但此类法律的具体措施无疑应当受到法院以隐私权为标准的审查。可以说，"梅根法"的争论必将继续。

[附：美国联邦宪法相关条文]

第 1 条第 9 款

不得通过公民权利剥夺法案或溯及既往的法律。

第 5 条修正案

……任何人不得因同一犯罪行为而两次遭受生命或身体的危害……

第 9 条修正案

本宪法对某些权利的列举，不得被解释为否定或忽视由人民保留的其他权利。

七、关菲诉天津福泰房地产开发公司案①

[事实概要]

1995 年 11 月 24 日，关菲与天津福泰房地产开发公司签订购房合同，关菲购买天津福泰房地产开发公司开发的福泰公寓 A 座 5 层 8 室房屋一套。购房后，由关菲进行设计，并委托案外人天津市河东区津达装饰材料经营部施工，对该套房屋进行了装修。1998 年 1 月 6 日，经关菲许可，天津福泰房地产开发公司对关菲装修后的居室进行拍照并将照片用于天津福泰房地产开发公司售楼处的相册内。1998 年 3 月，天津福泰房地产开发公司聘请案外人天津渤海新世纪广告有限公司的工作人员，经关菲许可，再次对关菲的居室进行拍照。后来，天津福泰房地产开发公司将其中的一幅照片分别用于其灯箱广告、售房宣传册以及在《今晚报》和《天津日报》上刊登的售房广告中。据关菲诉称，天津福泰房地产开发公司在《今晚报》的广告中刊登该照片 18 次，在《天津日报》的广告中刊登 1 次。对在上述灯箱、宣传册、报纸广告中使用涉讼照片，天津福泰房地产开发公司未能提供系经关菲同意的证据。

关菲以著作权和隐私权受侵害为由向天津市第二中级人民法院提起民事诉讼，法院认定关菲对其居室的装潢享有著作权，因为其具有独创性和原创性，属于美术作品，而被告则以营利为目的将照片在报纸上作为广告刊登，构成侵犯著作权的行为，并判令被告停止侵权，赔偿损失。

一审判决作出后，关菲不服，向天津市高级人民法院提起上诉，认为被告的行为除了侵害著作权之外，还给其"家庭的隐秘性、安全性造成损害"。

[判决内容]

在二审中，天津市高级人民法院认可了一审法院对关菲之著作权的认定，同时承认了其隐私权。

法院在判决中提出："根据我国宪法的规定，公民的住宅不受侵犯。上诉人的住宅是其个人领域，上诉人对其享有的、与公共利益无关的个

---

① 参见天津市高级人民法院（1999）高知终字第 33 号民事判决书。

人领域拥有保护、保密及利用的权利。上诉人住宅的私密性属于隐私权的范畴，应受法律保护。上诉人在一、二审诉讼中均提出被上诉人的行为破坏其住宅的隐秘性、安全性，请求法院保护其合法权益。上诉人同意被上诉人对其住宅居室进行拍照并将照片用于售楼处的相册内，属于对其隐私的利用。但被上诉人未经上诉人许可，将上诉人居室的照片用于其灯箱广告、售房宣传册及报纸上的售房广告中，属于非法利用上诉人的隐私，且主观上有过错，侵犯了上诉人的隐私权。上诉人主张被上诉人侵犯其隐私权的诉讼请求成立，应予支持。"

[评析]

本案在性质上乃为民事案件，这是毫无争议的。但在我国当时的民事法律及司法解释中，尚无隐私权保护之充分内容。① 因此，当事人在民事法律上主张（住宅方面的）隐私权受侵害，并要求法院予以保护，这在法律上缺乏条文的充分依据。二审法院的法官大胆地援引了宪法关于住宅不受侵犯之条款，从中引申出住宅隐私权的内容，从而对当事人的隐私权加以保障，改变了一审法院的法律适用和判决结果，在更大范围内认可和保障了关菲的权利主张。

二审法官在本案中将宪法关于住宅保护的条款作为保护民事权利的依据，这相应地引起了两个需要探讨的问题：第一个是法院审理（民事）案件时能否援引宪法条文，第二个是应当如何理解《宪法》第39条规定的"中华人民共和国公民的住宅不受侵犯"和"禁止非法搜查或者非法侵入公民的住宅"。

对于前一个问题，宪法学理论中早有论及。传统宪法学理论普遍认为宪法的基本权利条款不适用于私人之间的关系，但自德国联邦宪法法院1958年吕特案判决以来，主流的宪法学理论逐渐发展出宪法基本权

---

① 1986年的《民法通则》没有将隐私权规定为一种具体人格权，这被公认为是一个立法失误。1988年，最高人民法院在贯彻执行《民法通则》的司法解释中作出了一个重要的补充规定：以书面、口头等形式宣扬他人隐私或者捏造事实公然丑化他人人格……造成一定影响的，应当认定为侵害公民名誉权的行为。这可以视为对隐私权的间接保护，表述上并未涉及隐私权的核心。2001年，最高人民法院《关于确定民事侵害精神损害赔偿责任若干问题的解释》在第1条第2款规定："违反社会公共利益、社会公德侵害他人隐私或者其他人格利益，受害人以侵权为由向人民法院起诉请求赔偿精神损害的，人民法院应当依法予以受理。"但该条第1款对具体人格权的明文列举仍然没有包括隐私权，可见最高人民法院仍然未将隐私作为人格权的一种，只是作为一种具体的"人格利益"，对于自然人的隐私保护，只能按照"其他人格利益"的保护方法进行。直到2009年，《侵权责任法》第2条才将隐私权明确列举为应受保护的民事权益。

利条款的第三者效力理论，认为宪法的基本权利条款可以适用于私人之间的关系，但具体应如何适用则存在"间接适用说"、"直接适用说"等不同的主张。在这里，作者并不打算评述第三者效力理论，而需要提出的问题是，将我国宪法条款适用于私人之间关系的做法在我国现行实定法上是否存在依据？我国宪法在序言最后一段中规定："本宪法以法律的形式确认了中国各族人民奋斗的成果，规定了国家的根本制度和根本任务，是国家的根本法，具有最高的法律效力。全国各族人民、一切国家机关和武装力量、各政党和各社会团体、各企业事业组织，都必须以宪法为根本的活动准则，并且负有维护宪法尊严、保证宪法实施的职责。"从这一条款中，并不能得出我国宪法只适用于公法关系的结论，恰恰相反，一切政党、社会团体、企业事业组织和人民都与国家机关一样需要遵守宪法之条款，因此，现行宪法在条文上亦得适用于私人之间的关系。具体而言，这包括两点：第一，个人之间的活动可以将宪法规则作为"行为准则"；第二，人民法院在裁判个人之间的关系时，应以宪法规范作为某种形式的"裁判准则"。在本案中，由于民事立法关于隐私权的保护不够充分，导致关菲的权利无法得到充分的救济。因此，在民事立法缺失的情况下，二审法官运用《宪法》第39条的住宅不受侵犯条款，以便对当事人的权利予以充分的保护，这显示出法官在法律适用方面的睿智。

对于第二个问题，《宪法》第39条所谓的住宅不受侵犯到底排除哪些侵害住宅的情形，也就是说，第39条前一句所谓的"侵犯"是否在字面上仅仅是指该条后一句所谓的"非法搜查"和"非法侵入"？事实上，如果将《宪法》第39条的适用定格在20世纪初或者更早的时代背景下，则侵犯住宅的情形大体上只能是在物理上未经合法许可而"进入"，例如，未经合法许可闯入公民住宅。但在今天的时代背景下，侵犯住宅的情形显然已经不再局限于（甚至主要已经不在于）上述的情形，更经常的侵犯住宅的情形如利用高科技手段对住宅进行窃听、监视等。因此，应当根据时代和社会环境的变化来理解《宪法》第39条的含义，必须时刻铭记的是，《宪法》第39条虽然是对住宅的保护，但在这里，住宅其实仅仅是个形式，第39条并不是保护针对住宅的财产权，其保护的主旨是与公共利益无关的个人领域，或者说是个人对其个人领域内隐私利益的合理预期。因此，应当根据时代的需求在各种背景下保护个人的这种个人领域和隐私预期。在本案中，二审法官对《宪法》第39条的理解既没有脱离宪法的字面含义，也符合特定的时代和社会环境。

无论从上述两个方面的哪一方面出发，本案都是一个经典的判例。当然，本案在宪法视角下也并非不存在不足和疑问。法官在判决中虽然援引了《宪法》第39条的住宅不受侵犯条款，但这种援引宪法条文的做法在法院自身看来似乎并不非常理直气壮。一方面，判决书没有指明所援引的"住宅不受侵犯"来自于宪法哪一条，因此援引行为本身较为笼统。另一方面，判决书最终所明文列举的法律依据有"《中华人民共和国著作权法》第十二条，《中华人民共和国著作权法实施条例》第四条第（七）项、第五条第（八）项，《中华人民共和国民法通则》第五条、第一百三十四条第（一）项、第（七）项，《中华人民共和国民事诉讼法》第一百五十三条第一款第（二）项的规定"，这可谓非常详细，但唯独没有《宪法》第39条。而二审法院之所以改变一审判决，主要理由则来源于《宪法》第39条，因此，在这个意义上，法官对援引宪法条文的做法也采取了一种较为含糊的处理方法。

［附：中国宪法相关条文］
第39条

中华人民共和国公民的住宅不受侵犯。禁止非法搜查或者非法侵入公民的住宅。

八、未决收容者书信检阅与通信自由保障①

［事实概要］

请求人甲不服第一审、第二审的判决向最高法院提出上告后被收容在一个监狱里，请求人乙作为请求人甲的律师，在上告审中提交了选任申告书。被请求人某监狱的监狱长多次检查甲和乙之间通信的内容，有的信经检查后发出，有的信则拒绝发出。请求人甲、乙认为被请求人书信检查、拒绝发送、延迟交付的行为侵害了请求人享有的宪法保障的基本权，于是向宪法法院提出宪法诉愿审判请求。

本案的审理对象是：被请求人检查、拒绝发送和延迟发送请求人甲、乙的通信的行为。

本案的争议点主要集中在，检查未决收容者与律师之间通信的行为

---

① 韩国宪法法院1995年9月21日判决，92宪戊144。

是否违反宪法，未决收容者与非律师的其他人之间通信的检查是否有宪法依据以及推迟发送信件是否违宪等问题。

［判决内容］

宪法法院于 1995 年 9 月 21 日作出判决认定：（1）被请求人检查请求人甲和乙之间通信的行为侵犯了请求人的通信秘密不受侵犯的权利，侵犯了请求人甲取得律师帮助的权利，构成违宪。（2）对于被请求人拒绝发送请求人甲寄给友人的信件的部分，不受理其审判请求，其余部分驳回审判请求。（3）旧《行刑法》第 62 条援用规定中，将同法第 18 条第 3 款、同法实施令的第 62 条援用于没有充分理由怀疑未决收容者与律师之间的书信中包括毒品或其内容存在逃跑、证据毁灭、破坏收容设施及秩序等触犯刑罚法令的情况，这是违反宪法的。

宪法法院对请求人甲提出的其寄给非律师友人的信件，被请求人拒绝发送行为违宪的诉讼请求作出不受理决定作了说明。主要理由是，对被请求人拒绝发送信件的行为可根据《行政诉讼法》及《行政审判法》的规定寻求救济，在没有穷尽其他救济程序的情况下提出宪法诉愿审判是不符合宪法诉愿要件的。被请求人实施的其他检查信件等行为是一种行使权力的事实行为，即使成为行政诉讼或行政审判的对象，这些行为也已终止，其诉的利益被否定的可能性比较大，除提起宪法诉愿审判外没有其他有效的救济方式。

《宪法》第 18 条规定"一切国民的通信秘密不受侵犯"，把通信秘密不受侵犯作为基本权予以保障。因而不得违反本人意愿而公开书信当事者或书信内容，即书信的检查原则上是被禁止的。因符合拘留要件被拘禁的未决犯受拘束制度约束，具有与社会隔离的性质，不同于外部的自由通信，其书信内容与搜查及审判过程中的告诉人、告发人、搜查警察官、被害者、证人、鉴定人等许多人有关。如果对未决收容者的书信不作任何限制而予以发送有可能造成各种不良的后果，如载有委托毁灭证据、出狱后的报复威胁等内容的信不受限制地直接发送，有可能导致在搜查或审判过程中证人回避陈述、因怕报复不能阻止不法行为等现象，最后影响公正司法制度的正常运行。为了预防证据毁灭或当事人逃跑，维持监狱的内部秩序，对未决收容者书信的检阅是必要的。但对未决收容者的书信进行检查时应根据保护通信秘密的宪法精神，合理地运用检查的方式，尤其是对不予发送行为更要建立严格的标准，严守书信内容的秘密。《监狱规则》第 28 条、《在监者勤务规则》第 284 条对书信检查的标准作了规定，检查未决收容者书信、限制其通信自由是基于维持秩序或者公共福利的目的而进行的最低限度的限制，并不违反宪法。

为了保障受到无罪推定的嫌疑人、被告人的合法权益，《宪法》第12条第4款规定了人身被拘束的人有权得到律师的帮助，对于律师而言，给人身被拘束者提供法律帮助的最重要形式是运用接见权。律师在会见未决收容者时可告诉受拘束者对嫌疑事实和公诉事实保持沉默权的重要性，并告诉被强迫自白或逼供时应采取的合理的方法，保证未决收容者不作虚伪的自白，并随时确认是否有搜查机关的不当调查等，而上述内容的交流以通信秘密形式进行，只有在没有不当干预的情况下才有可能实现。宪法法院在判例92—4中已确认，与律师的自由接见是人身被拘束的人实现律师帮助权的最重要的内容，不得以国家安全保障、秩序维持、公共福利等任何理由加以限制。1995年1月15日《行刑法》第18条第3款、第62条及第66条等法律已作修改，规定未决收容者与律师接见时教官不应参加。未决收容者得到律师帮助的权利不仅包括接见，而且包括律师与未决收容者之间的通信。为了保障嫌疑人或被告人与律师之间的书信秘密，应做到：（1）由监狱方确认相对方是律师或准备受委托的律师；（2）在确认未决收容者与律师之间书信的事实后能够确信书信内容中没有逃跑、毁灭证据或其他破坏秩序等内容（或没有充分理由证明书信内容中有逃跑、毁灭证据或其他破坏秩序等内容）。

对请求人甲寄给非律师的友人信件进行检查符合一般检查原则，请求人乙给请求人甲写的信因被请求人没有确认，对其进行检查并不侵犯请求人的基本权。但被请求人检查请求人乙寄给请求人甲的5月26日信件和请求人甲寄给请求人乙的6月2日信件的行为侵害了宪法保障的请求人的通信秘密和请求人甲获得律师帮助的权利。其理由是：5月26日和6月2日信封上写有发信人或收信人是律师的标志，请求人甲曾对检查5月26日信件的行为提出抗议，而且被请求人没有充分理由说明信件载有法律禁止的不法内容。

旧《行刑法》第62条把规定对刑罚已确定的受刑者的书信检查的同法第18条第3款及施行令第62条援用于未决收容者，被请求人的检阅行为也是根据上述规定而作出的。宪法法院根据《宪法法院法》第75条第5款，对旧《行刑法》第62条规定中允许检查未决犯与律师之间通信的部分宣布违宪。另外，被请求人延迟发送信件的行为只是在监狱内处理业务过程中发生的问题，并不是被请求人故意推迟发送时间，不能认为这种延迟行为侵害了请求人的通信自由和请求人甲获得律师帮助的权利。

[评析]

本判决进一步明确了未决收容者与律师之间的自由通信权和自由接见权，有利于有效地保障被拘束者及时获得律师帮助的权利。首先，宪法法院论证了未决嫌疑人与律师之间自由地通信的宪法意义，把它确定为得到律师帮助权中最重要的内容。由于未决收容者人身处于被拘束的状态，他（她）的通信自由权必然受到一定限制，不同于一般国民的通信自由。但这种限制不得同宪法规定的内容相矛盾，其限制只能限于合理的范围内。本案中，尽管请求人甲的某些通信自由受限制，但请求人甲和乙之间的通信自由受到宪法保障，因为没有充分的理由说明二者之间的信件中载有可禁止（检查）的非法内容。但宪法法院在审判中没有具体涉及判断"充分理由"的标准问题，在实际操作中有可能产生标准不统一的问题。

[附：韩国宪法相关条文]

第 12 条

（1）一切国民享有人身自由。非依法律规定，对任何人不得逮捕、拘留、拘禁、搜查或审问。非依正当的法律程序，对任何人不得处以处罚、保安处分或者强制劳役。

（2）任何人不受拷问。在刑事上，不得强制任何人作不利于本人的供述。

（3）逮捕、拘留、拘禁或搜查时，按照合法的程序，出示依据检察官的申请，由法官签发的令状。但现行犯和可能判处 3 年以上徒刑的人犯，企图逃跑或有毁灭证据之虞时，可事后请求令状。

（4）任何人在逮捕或拘禁后，均有权得到辩护人的辩护。刑事被告人不能自行委托辩护人时，依法由国家提供之。

（5）如不立即告知逮捕或拘禁理由和委托辩护人的权利，对任何人不得逮捕和拘禁。在逮捕和拘禁后，应立即把逮捕、拘禁的原因、时间和羁押的场所依法通知被逮捕人和被拘禁人的家属等。

（6）任何人在逮捕和拘禁后均有接受公正的法院审判的权利。当认定被告人的口供是以拷问、暴行、威胁、长时间拘禁和欺骗等其他方法所得，并非出自本人意愿或者在正式审判中对被告人不利的唯一证据为本人口供时，不得定罪和科以处罚。

第 18 条

一切国民的通信秘密不受侵犯。

第 六 章

精神自由与表现自由

第一节 基本概念与理论

一、精神自由与表现自由的基本概念

精神自由与表现自由是两项不可分割的基本权利。人之所以为人，正在于其有思想，这是人性与动物性的本质区别。人，均得自由地思想，这在宪法领域中往往被称为"精神自由"。从理论上来说，精神自由由于内涵于人体内部的生理过程，不表现于外，因而是不受法律之调整所限制的。但人的思想往往需要表达出来，相互交流思想也是人类最宝贵的自由，这在法国 1789 年《人权宣言》中得到确认。个人在一定环境中内心的思维可以自由地展开，而外界因素只能说是一个次要的环节，源于个体主观能动性的驱使。从法理上来说，除了个体大脑中未表达出来的思维外，还应包括以其他形式表现出来的人类思想的结晶，如雄辩家的辩论、演说家的演讲、作家的写作、作曲家的音乐创作等。尽管思想表现于外构成了所谓的表现自由，但从本质上后者仍然是前者的延伸，因此，往往也被纳入广义的精神自由。

从类别上来看，精神自由最常见的形态乃是宗教信仰自由，除此以外，还有良心自由、思想自由，以及可以作为基本权利之单独类型的表现自由。

二、宗教信仰自由

宗教信仰自由作为公民的一项基本权利，属于人们的精神自由领

域，反映了人们对宗教的内心信念。现代各国宪法普遍规定公民的宗教信仰自由，并规定相应的保障制度。

1. 宗教信仰自由的概念

宗教信仰自由是指公民依据内心的信念，自愿地信仰宗教的自由。信仰宗教是个人选择的事情，具体包括如下内容：公民既有信仰宗教的自由，也有不信仰宗教的自由；有信仰这种宗教的自由，也有信仰那种宗教的自由，即有权选择宗教；在同一宗教里，有信仰这个教派的自由，也有信仰那个教派的自由；有过去信教而现在不信教的自由，也有过去不信教而现在信教的自由。宗教信仰自由作为一种权利体系，主要由信仰的自由、宗教活动自由、宗教仪式自由构成，在有些国家还包括传教自由。从宗教信仰自由的性质看，它既包括积极的自由，又包括消极的自由。积极的自由是指信仰宗教、结成宗教团体、宗教仪式等方面的自由，而消极的自由是指不信仰宗教的自由与不参加宗教仪式的自由。在宗教信仰自由概念中，积极的自由与消极的自由具有同等的价值，享有自由的主体地位平等。

宗教信仰自由是在反对宗教压迫斗争中形成的人的基本权利，反映了人类追求人权价值的目标与过程。宗教信仰自由原则的确定标志着人类从宗教压迫中解放出来，获得自我发展的机会与途径。在中世纪欧洲，国家权力与教会权威相互结合，限制公民自由地选择自己信仰的宗教，只允许国教的存在。由马丁·路德和加尔文领导的 16 世纪宗教改革运动，导致了与罗马教廷对立的改革教会派的产生，最后以国家承认各派地位平等而告终。1689 年英国制定《容忍法案》，首次肯定各教派地位平等。法国《人权宣言》第 10 条与美国联邦宪法第 1 条修正案中规定宗教信仰自由以后，各国宪法普遍以基本权利的形式规定宗教信仰自由。第二次世界大战后，宗教信仰自由作为人权的重要组成部分，受到国际社会的广泛瞩目。1948 年联合国大会通过的《世界人权宣言》第 18 条规定："人人有思想、良心和宗教自由的权利，此项权利包括改变他的宗教或信仰的自由以及单独或集体、公开或秘密地以教义、躬行、礼拜和戒律表示他的宗教或信仰的自由。"1987 年 11 月联合国大会通过了《消除基于宗教或信仰原因的一切形式的不容忍和歧视宣言》，该宣言中规定："凡在公民、经济、政治、社会和文化等生活领域里对人权和基本自由的承认、行使和享有等方面出现基于宗教或信仰原因的歧视行为，所有国家均应采取有效措施予以制止及消除；所有国家在必要时均应致力于制定或废除法律以禁止任何此类歧视行为；同时，还应采取一切适当的措施反对这方面的基于宗教或其他信仰原因的不容忍现象。"各国宪法普遍强调宗教信仰自由的价值；通过宪法规范和具体法律确定了宗教信仰自由在人权体系中的地位，为保障宗教信仰自由提供了可靠的法律基础。1993 年通过的《俄罗斯联邦宪法》第 28 条规定："保障每个人的信仰自由、信教自由，包括单独地或与他人一道信仰任何宗教或者不信仰任何宗教的自由、选择拥有和传播宗教的或其他的信念和根据这些信念进行活动的权利。"哈萨克斯坦共和国《宪法》第 12 条规定："共和国公民的信仰自由——独立确定自己对待宗教的立场、信奉或不信奉其中任何一种宗教、传播与宗教态度相关的信念和据此进行活动的权利受到保障。"

在我国，宗教信仰自由历来是宪法和法律所保护的重要权利。1954 年《宪法》规定："中华人民共和国公民有宗教信仰的自由。"1982 年宪法根据公民权利发展的实际情况和宗教的特点，在 1954 年宪法的基础上对宗教信仰自由问题作了更为具体的规定。

2. 宗教信仰自由的功能

确立合理的宗教信仰自由政策对于一个国家政治体制的稳定和法制发展有着十分重要的意义。

（1）宗教信仰自由作为人的思想信仰，构成人权的组成部分。信仰宗教或者不信仰宗教完全是由个人选择的事情，国家作为政治共同体不应加以干预，而应给予保护。对宗教信仰自由的保护在很大程度上取决于国家对宗教的基本态度与所采取的具体保障措施。宗教信仰自由受法律保障意味着个体对某种宗教的信仰或者不信仰得到社会的认可与尊重。

（2）宗教信仰自由具有社会生活的协调功能。我国是多宗教的国家，不仅宗教的存在具有悠久的历史，而且社会影响面比较广。世界性宗教，如佛教、基督教、伊斯兰教，通过文化的冲突与融合，逐步变为意识形态内容之一。另外，在我国宗教问题又与民族问题有着密切的联系，具有民族性，如我国信仰伊斯兰教的少数民族生活在不同区域，具有不同的宗教生活方式。正确处理宗教信仰自由问题，不仅有助于确定公民与国家之间的合理关系，而且有助于形成和谐的民族关系。多民族国家的宗教问题实际上是民族问题的一部分，是民族政策的重要组成部分。有些少数民族基本上全民信仰某一种宗教，在这些民族中宗教问题与民族问题交织在一起。可见，少数民族中的宗教信仰问题，是一个具有长期性、民族性与群众性的问题。正确处理宗教信仰自由问题对于一个具有多种宗教的国家而言具有特别重要的意义。

（3）宗教信仰自由政策反映了社会生活的实际，能够起到社会生活的自我调整作用。由于历史和现实的原因，宗教的存在具有长期性、复杂性与群众性。在现阶段，宗教对人们社会生活产生的影响比较大，它作为一种文化现象直接影响人们的生活方式、思维方式。宪法对宗教信仰自由的规定是社会生活的客观反映与表现。宪法的规定源于生活，又高于生活。现阶段宗教长期存在的主要原因是：人们意识的发展总是落后于社会存在；生产力发展水平不高；某些严重的天灾人祸所带来的种种困苦还不可能在短期内摆脱；复杂的国际环境等。宪法一方面保护信教公民的信仰自由，赋予其平等的地位，另一方面也保护不信教公民的不信仰宗教的自由，宣传无神论。从目前社会现实的实际出发，我们应该把宗教信仰作为思想领域的问题，不能采取简单的行政强制办法。依法保护宗教信仰自由，能够形成社会的凝聚力，以达到团结一切可以团结的力量之目的。

3. 宗教信仰自由的保障

宗教信仰自由作为公民的一项基本权利，受宪法和法律的保障。在我国，宗教信仰自由的保障具体表现在：

（1）法律保障

我国宪法和法律对公民宗教信仰自由的保障作了原则性规定。《宪法》第 36 条规定："中华人民共和国公民有宗教信仰自由。任何国家机关、社会团体和个人不得强制公民信仰宗教或者不信仰宗教，不得歧视信仰宗教的公民和不信仰宗教的公民。国家保护正常的宗教活动。"宪法的规定实际上确定了宗教信仰自由在基本权利体系中的地位，为宗教信仰自由的实现提供了宪法依据。除宪法的总体规定外，我国刑法、选举法、义务教育法等部门法律中具体规定了宗教信仰自由的保障，充分运用了民事、行政和刑事等各种手段。如《刑法》第 251 条规定：国家机关工作人员非法剥夺公民的宗教信仰自由和侵犯少数民族风俗习惯，情节严重的，处 2 年以下有期徒刑或者拘役。

（2）物质保障

宗教信仰自由不仅具有主观权利的功能，还具有客观法秩序的功能，不仅是防御权，还是受益权。因此，国家应为宗教信仰自由的实现提供物质、社会与组织的条件，使宗教信仰自由受物质保障。在保障宗教信仰自由的过程中，国家积极创造物质方面的条件，提供良好的环境，如安排宗教活动场所，恢复、修缮、开放寺、观、教堂。根据法律和国家的有关规定，各宗教团体的房屋财产的产权，归宗教团体所有，在房屋财产方面宗教团体具有法人的地位。

（3）组织保障

在我国，宗教设有自己的全国性和地方性的组织机构。目前我国有中国佛教协会、中国道教协会、中国伊斯兰教协会、中国天主教爱国会、中国天主教教务委员会、中国天主教主教团、中国基督教三自爱国运动委员会和中国基督教协会等 8 个全国性宗教团体。为了有计划地培养和教育年青一代的爱国宗教职业人员，国家设立了 74 所宗教院校，包括中国佛学院、中国伊斯兰教经学院、中国基督教南京金陵协和神学院、中国天主教神学院和中国道教学院等。目前，全国职业宗教人员约30 万人。

三、言论自由

1. 言论自由的概念

言论自由是宪法确定的公民的基本权利之一，是公民以言论表达内心见解的自由，同时也是公民参与国家管理的有效形式。从某种意义上讲，言论自由的保障程度是衡量一个国家宪政水平的重要标志。所谓言论自由是公民通过各种语言形式宣传自己的思想和观点的自由。从广义上说，新闻、出版、著作等也可包含在言论自由的范畴之内，形成综合性的权利体系。从狭义上说，出版自由不包括在言论自由范畴之内。言论自由按其性质与功能，可分为政治言论自由与非政治言论自由，政治言论自由是言论自由的核心与基础，因为言论自由常常出于政治目的而行使。通常而言，宪法规定的言论自由实际上指的是政治言论自由，构成政治权利的实体内容。如公民谈情说爱、议论趣闻轶事等，不涉及政治性言论，故不能列为宪法意义上的言论自由。在理解言论自由概念时，我们必须区分言论自由的界限，不能把言论自由中的言论泛解为所有言论，更不能任意扩大言论自由的范围。

我国宪法规定的言论自由具有特定的范围与表现形式，它通过具体的形式加以表现。一般说来，言论自由的范围包括：（1）公民作为基本权利主体，都有以言论方式表达思想和见解的权利，其内容十分广泛；（2）通过言论自由表达的内容受法律保护，不受非法干涉，既包括政治、经济方面的内容，又包括对社会、文化等方面的看法和见解；（3）言论自由的表现形式是多样化的，既可采取口头的，又可采取书面的，必要时依照法律规定，可利用广播、新闻、电视等传播媒介；（4）言论自由作为一项法定的权利，其权利的享受者不应由于某种言论而遭受不利后果，合法权益受法律保护；（5）言论自由客观上存在法定界限，受合理限制。

言论自由范围的确定主要取决于社会生活的发展与变化，其标准与界限并不是固定不变的。从宪法学发展历史看，传统的言论自由范围仅限于以不特定多数人为对象，表明自己的意见或思想的自由。但是到了现代社会，言论自由的范围有了扩展，除包括思想表达与传达自由外，还包括了解权、反论权、言论机关的自由等方面，特别是随着情报手段的发展与信息的扩大，个人行使言论自由的形式越来越丰富和多样化，了解权、反论权等权利的保护是当代各国宪法保护言论自由的重要形式。言论自由范围的扩大一方面为公民参与国家政治与社会生活提供了良好的环境，另一方面强化了公民对国家权力运行过程的监督。

2. 言论自由的功能

宪法上规定言论自由的目的是什么？言论自由在社会生活中产生何种影响？言论自由的价值是什么？这些问题实际上涉及言论自由的功能。从言论自由的运行过程看，正确认识言论自由的功能是维护言论自由价值的重要体现。

言论自由作为政治口号和公民的基本权利，最初是由资产阶级在反封建斗争中提出来的，它构成人权的基本内容。资产阶级革命胜利后，言论自由普遍规定在各国宪法之中，成为衡量民主政治发展水平的标志之一。1789 年法国《人权宣言》规定："自由交流思想与意见乃是人类最宝贵的权利之一，因此，每一公民都可以自由地言论、著作与出版"。美国宪法第 1 条修正案中规定："国会不得制定剥夺人民言论或出版自由的法律。"意大利宪法也规定："每人均有以口头、书面及他种传播思想之方法自由表达其思想之权利。"社会主义国家将言论自由作为公民的一项基本权利规定在宪法中，并规定了物质、法律保障。如 1918 年苏俄宪法规定："为保障劳动者享有真正表达自己意见的自由，俄罗斯社会主义联邦苏维埃共和国消灭出版事业对资本的从属关系，将一切有关出版报章及其他任何印刷品的技术与物质手段一律交归工人阶级与贫农掌握，并保障此等印刷品在全国的自由传播。"

从中国革命与建设的经验看，保障言论自由是中国共产党在制定政策时始终关注的问题。如 1931 年制定的《中华苏维埃共和国宪法大纲》中规定："中华苏维埃政权以保证工农劳苦民众言论、出版、集会、结社的自由为目的。"新中国成立后制定的第一部社会主义宪法——1954年《宪法》第87条规定："中华人民共和国公民有言论、出版、集会、结社、游行、示威的自由。国家供给必需的物质上的便利，以保证公民享受这些自由。"此后的几部宪法都从根本法高度确定了言论自由在权利体系中的重要地位，并采取了一系列的保障措施。

言论自由在社会发展中的具体功能表现在：

第一，言论自由在政治权利体系中处于核心地位。公民享有政治权利的首要前提是享有言论自由，能自由地发表对政治生活和国事的看法和见解。政治权利中的其他构成部分既是言论自由在不同领域的不同形式的表现，也是言论自由的具体化。如没有言论自由的保障，就不可能有选举权与被选举权的实现，同理，没有言论自由的法律确认与实际保障，公民难以真正实现结社自由、出版自由及游行示威自由。公民各项政治自由的出发点与落脚点是言论自由的实现。

第二，言论自由是民主政治的基础。一个国家保障言论自由的程度从一个侧面反映了这个国家民主化程度，它贯穿于民主政治统治的组织、运行与实现的整个过程。首先，在政治组织的形成过程中，言论自由能提供广泛的民意基础，使政治组织具有合法性与权威性；其次，在政治权力及其组织的运行过程中，言论自由起着有效的政治监督作用，以保证政治权力的有效运行；再次，言论自由是代议政体存在与发展的基础，为民意的集中与表现提供大量的信息，以保证代议政体发挥正常功能。我国的人民代表大会制度是国家的根本政治制度，在这一制度形成与运行中，公民享有的言论自由起着重要作用。人民代表大会制度的基本原则与具体运行过程都以保障公民充分享有言论自由为条件，体现了言论自由的价值。

第三，言论自由具有政治监督功能。在倡导民主、法治与人权的社会中，言论自由的价值受到高度重视，它不仅成为政治制度的核心内容，同时也是社会安定与繁荣的标志。公民运用言论自由可以监督国家公共权力的运行过程，若发现权力运行脱离主权者意志，可依据法律规定的程序，纠正或防止权力异化。在宪法和法律范围内的言论自由是保持廉政，推动决策民主化、科学化的重要保证。只有公民充分享有言论自由，才能形成强有力的社会舆论监督机制，保证社会稳定与发展。

第四，言论自由具有协调国家权力与公民权利的功能。国家权力与公民权利的平衡是政治与社会稳定的重要因素，当两者发生冲突与矛盾时，应采取有效的措施加以解决，否则政治稳定将受到影响。公民通过行使言论自由，可以为解决不同形式的冲突与矛盾提供大量的政治信息，使选择的方案具有合理性与科学性。因为公民对政治生活的各种意见与看法主要是通过言论自由来表达的，它已成为政治信息的主要来源与主要传达形式。这种传达形式的完备与畅通，可以避免政治生活中利益的对立，能够寻求达到平衡的形式，最后形成政治与社会生活的平衡。

言论自由的功能有潜在功能与实有功能两个方面。潜在功能只是体现言论自由价值的一种可能性，它转化为现实的实有功能则要通过制度的中介作用。社会主义制度的建立为言论自由的发展提供了广泛的基础。随着社会主义制度的发展，言论自由日益显现其重要性。从某种意义上说，没有言论自由的有效保障则无法推动社会、政治和经济的发展。应当根据社会主义制度发展的客观要求，确定适合于现实需要的恰当的言论自由度，以发挥社会主体的积极性与创造性。

3. 言论自由的界限

言论自由作为一项政治权利与自由，在客观上存在一定界限，即言论自由并不是绝对的，它受一定条件的限制。如何确定言论自由的界限是言论自由保障中需要解决的重要问题。

言论自由的受限制性是人权发展的普遍规律。各国在人权立法中一方面强调言论自由的实体价值，另一方面又对言论自由的内容作了必要的限制，以防言论自由之行使损害他人权利及公共利益。《世界人权宣言》第 19 条中规定："人人有主张及发表自由之权；此项权利包括保持主张而不受干涉之自由及经由任何方法不分国界以寻求、接受并传播消息意见的自由。"《公民权利和政治权利国际公约》第 19 条也规定："人人有保持意见不受干预之权利；人人有发表意见之权利；此种权利包括以语言、文字或出版物，艺术或自己选择之其他方式，不分国界，寻求、接受及传播各种消息及思想的自由；本条第二项所载权利之行使，附有特别责任及义务，故得予以某种限制，但此种限制经法律规定，且为下列各项所必要者为限：(1) 尊重他人权利或名誉；(2) 保障国家安全或公共秩序，或公共卫生或风化。"各国宪法中都有限制言论自由方面的规定，如德国《基本法》第 5 条规定，公民有自由发表意见的权利，但该条第 2 款又规定："这些权利应限制在一般的法律规定、关于保护少年的法律规定和个人名誉的范围内。"韩国《宪法》第 21 条第 4 款规定："言论、出版不得侵害他人名誉、权利、公众道德与社会伦理。"这一规定实际上明确了言论自由的内在界限，即不得侵害他人权利，不得违反社会公共道德。

在我国，确定言论自由合理界限的基本依据是《宪法》第51条的规定，即行使言论自由不得损害国家、社会的利益和他人合法权益。具体而言，言论自由的界限表现在两个方面：一是外在限制。指宪法规定的言论自由有确定的效力范围，在其效力范围内的言论才能得到法律的保护。二是内在限制。指言论自由的行使程度由宪法和法律规定，在其规定的程度之内言论自由才是合理的，否则就构成言论自由的滥用，甚至成为危害社会的行为。合理界限内的言论自由应当是主观上善意和客观上无害的行为，有害于国家或社会利益、侵害他人权利或侮辱他人的各种言论均属于禁止之列。与言论自由的合理界限相联系的另外一个问题是言论自由与错误言论的区别问题。宪法保障的言论自由中也包括公民对某一问题所发表的错误的言论，只要不是出于主观上的恶意，不危害社会，应允许错误言论的存在，不能苛求行使言论自由的主体的行为都符合客观要求。

言论自由限制方式的法律化是体现言论自由价值的重要方面。限制是必要的，但限制方式必须依据宪法和法律的规定，通常适用法律保留原则，使限制内容、程序、标准等进一步规范化，以保障言论自由不受非法侵犯。

4. 言论自由的发展

在信息化时代，基本权利体系中首先要实现信息享有者地位的平等，扩大平等权的适用范围。信息的共享是因特网时代国民地位平等的重要体现，如果国民在信息的享有方面处于不平等的地位就会影响其他权利的实现效果。在传统的宪法体制下，人们主要通过舆论机关的报道获取必要的信息，个人之间信息享有的机会大体上是平等的。但进入因特网时代后，人们不再仅仅通过舆论机关获取信息，而是更多通过因特网自由地获取信息，出现了享有信息的不平等现象。因为从世界范围来讲，因特网这种技术并没有得到普及，它被特定年龄段的社会成员所掌握。如在中国，网民的年龄结构是，18岁至24岁的占42.8%，25岁至30岁的占32.8%，占网民总数75.6%的人是青年人，他们与中年人、老年人之间获取信息方面的不平等现象是比较严重的。在以物质生活权利平等为主体的20世纪的权利体系向以精神生活权利平等为特征的21世纪的权利体系转变的时候，应当高度重视信息享有者地位不平等的问题。

在谈到基本权利与因特网技术时，人们普遍关注公民的了解权（知情权）问题。在全球范围内，了解权价值与因特网技术之间的矛盾是比较突出的。了解权本身是信息技术发展的产物，对于协调国家、社会与公民的相互关系发挥了重要作用。但在传统宪法体制下了解权通常被解释为言论自由的一项内容，是一种通过舆论媒体发表言论的形式。但在因特网时代，由于公共机关必须公开必要的信息，社会成员没有必要仅仅通过请求权等形式行使其了解权，其信息获取量大大增加，不断要求更多的信息的公开。即使是运用请求权，也可通过因特网实现其权利的要求，这就改变了传统的言论自由的实现方式，如在裁判请求权方面将会出现新的权利实现方式。

从某种意义上讲，因特网的正面效应与负面效应在表现自由领域都有相应的表现。毫无疑问，人类在因特网时代获得了前所未有的自由地表现思想与意志的多样化手段，能够通过各种形式推动宪政休制的民主化进程。但与此同时，作为表现自由核心的言论自由通过因特网获得新的表现形式，已超越传统言论法制的范围，由此产生言论的社会责任问题，即通过何种形式实现言论的价值与社会的责任。因为在因特网时代，个人表现自由的滥用现象十分严重，传统的限制表现自由的理论遇到新的难题，特别是在保障个人的隐私权与名誉权方面，传统的理论难以作出有说服力的解释。因特网技术扩大了人们享有的表现自由的范围，但没有及时地为他人权利的保护建立必要的体系。如因特网新闻目前主要存在于言论法制之外，通过现行的基本权利理论不能有效地解决言论自由与社会责任的相互关系问题。对因特网上的报道，法律上还没有建立有效的反论权制度，需要确立保护反论权的新的制度。在限制表现自由的标准与方式上，因特网技术带来了许多新课题。传统的表现自由限制理论是为调整现实关系中的权利问题而建立的，无法适用于因特网空间中出现的表现自由问题，其限制难以找到合理的依据与可行的方法。在因特网上滥用表现自由的问题已经影响言论自由的发展，需要在理论上进行探讨与研究。

四、出版自由

1. 出版自由的概念

所谓出版自由是指公民可以通过公开发行的出版物，包括报纸、期刊、图书、音像制品、电子出版物等，自由地表达自己对国家事务、经济和文化事务、社会事务的见解和看法。出版自由一般包括两个方面的内容：一

170

是著作自由，即公民有权自由地在出版物上发表作品；二是出版单位的设立自由，即报社、期刊社、图书出版社、音像出版社和电子出版社可自由设立，但应在保障出版自由的基础上遵循国家宪法和法律的规定。

在现代社会中，出版自由常常出于政治目的而行使，是公民的重要的政治权利，它是实现言论自由的必然要求，旨在保护公民文字上的表达自由与思想交流。其主要功能在于：

第一，出版自由是民主政治的重要体现。从广义上说，出版自由是言论自由的组成部分，但两者的表现形式不尽相同。言论自由侧重于口头上的思想表达与交流，而出版自由是通过文字的表现自由。公民根据宪法规定，通过各种出版物以文字的形式发表对国家事务与社会事务的看法，并直接参与国家管理，扩大了民主政治的基础。出版自由受保障的程度从一个侧面反映了一个国家民主与法制建设水平。

第二，出版自由具有政治监督功能。在一个法治社会中，公民有权通过多种形式监督政治权力运行过程，既需要口头的表现形式，又需要文字的表现形式。有了出版自由，可以形成政治监督的多样化机制，协调公民与国家之间的矛盾，形成和谐而稳定的政治局面。

第三，出版自由具有信息传播功能。新闻出版业主要涉及图书、报纸、期刊、音像及出版物的发行等工作，它以大众传播媒体为其主导产品。出版物的出版与管理直接与信息传播相关。它对社会经济发展的影响既有直观生动的一面，又有潜移默化的一面。保障出版自由，发展出版事业，有助于促进信息的社会流动，使社会形成一个开放性的结构。特别是，在经济转型时期，出版事业的发展对于人们形成共同的信念，构筑与时代主题相适应的主体文化能产生重要的影响。依法保障出版自由，可以使人们获得必要的信息，加强人们之间的交流。

第四，出版自由与其他基本权利的实现有着密切的联系。如宪法中规定的监督权、选举权与被选举权的实现，直接与出版自由的实现程度有关。因为出版自由是公民具体行使监督权的主要形式之一，反映了一个社会政治参与机制的完善程度。

2. 出版自由的保障

出版自由作为公民的一项政治权利，受宪法和法律保障。出版自由的保障是人类长期以来追求的基本目标之一，它已成为人权法的重要组成部分。

英国资产阶级思想家约翰·弥尔顿于 1844 年在向议会所作的《论出版自由》演说词中最早地完整论述了出版自由及其保障的问题。但法律文件对出版自由的保障，早在 18 世纪末就已经出现了。1789 年法国《人权宣言》第 11 条规定："自由交流思想与意见乃是人类最宝贵的权利之一，因此，每一个公民都可以自由地言论、著作与出版，但应在法律确定的情况下对此项自由的滥用承担责任。"1791 年美国宪法第 1 条修正案中明确规定政府不得剥夺人民言论或出版自由，并强调了出版自由的意义。1948 年《世界人权宣言》中虽然没有使用"出版自由"一词，但其内容体现了保障出版自由的精神。1966 年制定的《公民权利和政治权利国际公约》第 19 条第 2 款规定了出版自由的保障。各国宪法对出版自由的规定不尽相同，有的国家直接使用"出版自由"一词，有的国家则把出版自由规定在言论自由内。

在我国，最早规定出版自由的宪法性文件是清末《钦定宪法大纲》，其中规定："臣民于法律范围内，所有言论、著作、出版及集会、结社等事，均准其自由。"旧中国宪法性文件中有的使用了"出版自由"一词，有的则使用"刊行自由"一词。新中国成立后，几部宪法都规定了出版自由。另外，我国先后制定了《管理书刊出版业印刷业发行业暂行条例》、《期刊登记暂行办法》、《期刊管理暂行规定》等规范性文件。为了发展和繁荣中国特色的社会主义出版事业，保障公民依法享有出版自由，促进社会主义精神文明建设的发展，国务院于 1997 年 1 月颁布了《出版管理条例》（该条例于 2011 年 3 月 16 日修订），其中第 5 条第 1款明确规定："公民依法行使出版自由的权利，各级人民政府应当予以保障。"第 23 条规定："公民可以依照本条例规定，在出版物上自由表达自己对国家事务、经济和文化事业、社会事务的见解和意愿，自由发表自己从事科学研究、文学艺术创作和其他文化活动的成果。合法出版物受法律保护，任何组织和个人不得非法干扰、阻止、破坏出版物的出版。"这一条例是现阶段保障公民出版自由、管理出版事业的重要依据，是未来制定统一的出版法的基础。但在实践中提出了值得探讨的理论问题，如制定该条例的根据是否具有合法性与合宪性？尤其是在 2011 年修订该条例时，《立法法》已经对政治权利设定了法律保留的原则。从一般理论上讲，对政治权利的规范与限制必须通过法律来实现，行政法规作为法律的下位规范无权对宪法基本权利作出具体规定。法律的缺位是目前以行政法规调整出版管理活动的主要原因，应尽快通过出版法赋予其合法性的基础。

3. 出版自由的界限

出版自由与其他权利一样，并不是绝对的，它必然有一定的界限。

出版自由的保障与出版管理是统一的，合理的出版管理是保障出版自由的重要条件。国家权力可以根据一定的原则，对出版物与出版活动进行必要的限制，确定其合理界限。出版管理通常包括两个方面：一是国家对出版业，包括出版物的出版、印刷或复制、发行进行统一管理；二是国家对出版物，包括报纸、期刊、图书、音像制品、电子出版物的管理。随着民主与法制建设的发展，出版管理逐步从行政管理转向法制化的管理，从事前检查制向事后追惩制发展。需要指出的是，出版管理的出发点与目的是保障出版自由和公共利益的共同实现，并不仅仅是为了单纯限制出版自由。

（1）出版管理的基本原则

出版管理必须遵循宪法确定的基本原则，保障公民依法行使出版自由的权利，促进社会文明的发展。《出版管理条例》第5条第2款规定："公民在行使出版自由的权利的时候，必须遵守宪法和法律，不得反对宪法确定的基本原则，不得损害国家的、社会的、集体的利益和其他公民的合法的自由和权利。"这是出版管理过程中必须遵循的基本原则，是分清非法出版与出版自由界限的基本依据。

（2）出版单位的管理

根据《出版管理条例》的规定，出版单位是指报社、期刊社、图书出版社、音像出版社和电子出版物出版社等。为了加强对出版工作的领导，由国务院出版行政主管部门制定全国出版单位总量、结构、布局的规划，指导、协调出版事业发展。

设立出版单位，应具备下列条件：有出版单位的名称、章程；有符合国务院出版行政部门认定的主办单位及其必要的上级主管机关；有确定的业务范围；有30万元人民币以上的注册资本和固定的工作场所；有适应业务范围需要的组织机构和符合国家规定的资格条件的编辑出版专业人员。条例中对有关的申请和批准程序作了明确规定，如规定国务院出版行政主管部门应当自受理设立出版单位的申请之日起60日内，作出批准或者不批准的决定，并由省、自治区、直辖市人民政府出版行政主管部门书面通知主办单位；不批准的，应当说明理由。同时规定，出版单位不得向任何单位或个人出售或者以其他形式转让本单位的名称、书号、刊号或者版号，并不得出租本单位的名称、刊号。在我国，报纸、期刊、图书、音像制品等都由出版单位出版，因此对出版单位设立的规定与其他具体管理措施有助于出版管理的规范化，有助于确定出版自由的合理界限。

（3）出版物的管理

国家对出版物采取了一方面给予保障，另一方面加以限制的原则，以保证公民在出版物上自由地表达对国家事务、社会事务的见解和看法，自由发表自己的科研成果，而不致损害公共利益和他人权利。合法的出版物受法律保护，任何组织和个人不得非法干扰、阻止、破坏出版物的出版。任何出版物不得含有下列内容：反对宪法确定的基本原则的；危害国家统一、主权和领土完整的；泄露国家秘密、危害国家安全或者损害国家荣誉和利益的；煽动民族仇恨、民族歧视，破坏民族团结，或者侵害民族风俗、习惯，宣扬邪教、迷信的；扰乱社会秩序，破坏社会稳定的；宣扬淫秽、赌博、暴力或者教唆犯罪的；侮辱或者诽谤他人，侵害他人合法权益的；危害社会公德或者民族优秀文化的；有法律、行政法规和国家规定禁止的其他内容。

由于出版物的内容不真实或者不公正，致使公民、法人或者其他组织的合法权益受到侵害的，其出版单位应当公开更正，消除影响，并依法承担民事责任。报纸、期刊发表的作品内容不真实或者不公正，致使公民、法人或者其他组织的合法权益受到侵害的，当事人有权要求有关出版单位更正或者答辩，有关出版单位应当在其近期出版的报纸、期刊上予以发表；拒绝发表的，当事人可以向人民法院提起诉讼。

（4）出版自由与互联网技术

目前互联网技术的发展给公民行使出版自由带来了许多新的问题。从总体情况看，互联网技术的发展为公民更好地行使出版自由提供了各种便利条件，使出版自由有了更多样化的形式。但从宪法角度看，目前有关互联网方面的立法不够完备，有些行政法规或规章对互联网技术背景下保护出版自由的问题没有给予充分的重视，在立法的理念方面或具体制定规范时片面强调管理的价值，忽略了保障的价值。2002年6月由新闻出版总署、信息产业部颁布的《互联网出版管理暂行规定》对互联网出版问题作了具体规定。根据规定，从事互联网出版，除符合《互联网信息服务管理办法》规定的条件外，还应具备如下条件：要有确定的出版范围，有符合法律、法规规定的章程，有必要的编辑出版机构和专业人员，有适应出版业务需要的资金、设备和场所。申请互联网出版业务的程序是：由主办者向所在地省、自治区、直辖市新闻出版行政部门提出申请，经审核同意后，报新闻出版总署审批。同时该规定对出版的程序与相关责任问题等作了具体规定。如前所述，对出版自由进行必要的管理是合理的，但问题在于管理的出发点应该是更好地保障出版自由，不是为管理而管理。另外，涉及有关公民出版自由保障问题时应由法律加以规定，避免由法规或规章规定的现象，以符合法律保留的要求。

（5）违反《出版管理条例》的法律责任

《出版管理条例》中对有关违反出版管理的法律责任进行了具体规定，如规定未经批准，擅自设立出版物的出版、印刷或者复制、进口、发行单位，或者擅自从事出版物的出版、印刷或者复制、进口、发行业务，假冒出版单位名称或者伪造、假冒报纸、期刊名称出版出版物的，由出版行政主管部门、工商行政管理部门依照法定职权予以取缔；依照刑法关于非法经营罪的规定，依法追究刑事责任；尚不够刑事处罚的，没收出版物、违法所得和从事违法活动的专用工具、设备，违法经营额1万元以上的，并处违法经营额5倍以上10倍以下的罚款，违法经营额不足1万元的，可以处5万元以下的罚款；侵犯他人合法权益的，依法承担民事责任。新修改的《刑法》第363条规定，以牟利为目的，制作、复制、出版、贩卖、传播淫秽物品的，处3年以下有期徒刑、拘役或者管制，并处罚金；情节严重的，处3年以上10年以下有期徒刑，并处罚金；情节特别严重的，处10年以上有期徒刑或者无期徒刑，并处罚金或者没收财产。出版物从预防制向追惩制发展的趋势并不意味着国家可以放松出版物的必要管理与干预，必要的限制与管理是保障出版自由所不可缺少的条件。问题主要在于，如何确定限制的合理界限，使保障与限制保持相对的平衡。为了更好地实现出版自由，有必要进一步明确限制出版自由的主体、程序、标准以及救济等各个环节，使之走向法治化。

五、结社自由

1. 结社自由的概念

所谓结社自由是指公民为了一定的宗旨而依法律规定的程序组织某种社会团体的自由，它是公民的一项基本权利。结社自由一般具有如下特征：结社具有持久性与稳定性；结社应遵循法定程序，具有严格的程序性；结社一般具有固定的组织机构与成员；结社与一定的利益选择有关。

根据结社的性质和活动方式，通常把结社分为以营利为目的的结社和不以营利为目的的结社。前者指成立公司等，其成立条件与程序通常由公法加以规范，而其行为和活动则由民法、商法等法律加以调整。后者又分为政治性的结社和非政治性的结社。政治性结社主要指成立政党等，非政治性结社主要指成立宗教团体、学术团体、文化艺术团体等。宪法规定的结社自由针对的是不以营利为目的的结社，其中主要是以成立社会团体为其内容。1998 年 10 月国务院通过的《社会团体登记管理条例》在总则中明文规定，社会团体是指中国公民自愿组成，为实现会员共同意愿，按照其章程开展活动的非营利性社会组织。成立社会团体，应当经其业务主管单位审查同意，并依照本条例的规定进行登记。可以看出，在我国，公民享有的结社自由的范围一般限于组织社会团体的自由。

我国的社会团体既包括全国性社会团体，又包括地方性社会团体。1996 年全国性及跨省级活动区域的社团为 1 845 个，地方性社会团体 18.7 万个。到了 2011 年年底全国共有社会团体 25.5 万个，其中，工商服务业类 24 894 个，科技研究类 19 126 个，教育类 12 491 个，卫生类 10 776 个，社会服务类 33 987 个，文化类 22 472 个，体育类 13 524 个，生态环境类 6 999 个，法律类 3 148 个，宗教类 4 650 个，农业及农村发展类 52 105 个，职业及从业组织类 17 648 个，国际及其他涉外组织类 519 个，其他 32 620 个。① 可见，我国的社会团体不仅数量日益增长，而且类型日益多样。这些社会团体的存在，弥补了单个公民的自力之不足，促进了公民更充分、更有效地参与政治、经济、社会决策之过程。

2. 结社自由的功能

结社自由作为公民的一项基本权利，在国家的政治和经济发展中有着重要的功能，反映了社会发展进程中的不同特点。结社自由的保障与结社立法的发展程度是评价一个国家民主政治发展程度的重要指标。新中国成立以后，在结社自由的保障方面经历了曲折的发展过程。《中国人民政治协商会议共同纲领》第 5 条曾规定，中华人民共和国人民有结社的自由权。1950 年政务院通过了《社会团体登记暂行办法》，确定了社会团体的范围，1951 年中央人民政府内务部公布了《社会团体登记暂行办法施行细则》。1954 年宪法中规定公民有结社自由权。1975 年宪法由于受"左"的思潮的影响，取消了结社自由权。1978 年宪法和

---

① 参见中华人民共和国民政部发布的《2011 年社会服务发展统计公报》。

1982年宪法中结社自由作为公民的基本权利得到明确承认。1989年国务院发布了新的社会团体登记管理条例，1998年10月，国务院修订通过了《社会团体登记管理条例》，对有关社会团体登记管理问题作了具体规定，它是现阶段调整社会团体活动的主要依据。以法规的完善为基础，社会团体开始发挥越来越重要的功能。社会团体的主要功能在于：

第一，社会团体是政府同人民沟通的桥梁和纽带。政府在行政管理活动中需要经常听取人民群众的意见和呼声，使政府行为符合人民的意志和愿望。通过社会团体的活动，政府一方面可以了解不同利益主体的要求，另一方面可以向人民群众宣传、解释政府的政策、决定及法规，扩大政府活动的群众基础和社会基础。

第二，社会团体作为社会结构的组成部分，承担某些政府通过行政手段难以进行的行政性业务，如承担原来由经济行政主管部门所负责的经济管理职能，协助政府完成有关经济与社会管理方面的任务。特别是全国性的有影响的社会团体在社会发展中占有相当重要的地位，不同程度地承担着政府交办的某些工作，联系的社会层面及活动范围比较广泛。随着党和政府职能的不断转变，过去由党和政府直接处理的一些事务需要由社会团体来承担，社会团体的作用将更加突出。

第三，社会团体是建设社会主义市场经济的重要力量。社会团体具有专业性、行业性特点，拥有一大批学术上有造诣、技术上有专长的人才，具有广泛的社会影响力。他们通过提出建议、进行人员培训、咨询服务、开展国际民间交往等形式，参与政治生活和经济生活，投入经济建设，发展社会福利和公益事业，推动社会的协调发展。

第四，发展社会团体是保证政府决策民主化、科学化的重要形式。在利益格局多元化的条件下，政府的决策应及时听取社会各界的意见，在充分考虑不同利益主体要求的基础上，按照民主化、科学化的程序作出决策。社会团体反映了多元化的利益要求，他们提出的建议可以为决策提供可供选择的方案和背景材料，对党和政府决策产生较好的影响。

3. 结社自由的保障

如前所述，结社自由是公民参与政治生活、社会生活的重要形式，是公民的一项基本权利。各国宪法和法律以不同的形式保障结社自由，并加以合理的限制。1919年德国《魏玛宪法》首次以宪法形式规定了结社自由，如第124条规定："德国人民，其目的若不违背刑法，有组织社团及法团之权。此项权利不得以预防方法限制之。"多数国家宪法中确定了结社自由保障与限制的界限。如德国《基本法》第9条第1款规定："所有德国人民都有组成社团和团体的权利"，第 2 款又规定："如果结社的目的或者活动违反宪法、违反宪法秩序或者国际和平思想，此种结社应予禁止。"葡萄牙《宪法》第 46 条对结社自由作了如下规定："公民有权自由结社，无须征得任何许可，但其社团不得致力于推行暴力，其亦不得与刑法相抵触；各社团可为其宗旨而自由进行活动，公共当局不得干涉，国家亦不得将之解散或中止其活动，但在法律规定之情况，曾经法院作出裁判者，不在此限；不得强迫任何人加入社团，亦不得以任何手段强制他人留在社团内；不得成立武装团体，或军事性、军事化或准军事团体，以及鼓吹法西斯意识形态之组织。"在结社自由的保障方面，各国普遍采取追惩制原则，禁止事前审查制，但也有一些国家根据国情及社团活动之特点，采取事前审查制与事后追惩制相结合的方法，但其重点是事后的追惩。

在现代法治国家中，结社自由是公民实现表现自由的基本方式之一，是民主政治发展的重要基础。一方面要充分尊重结社自由的价值，建立有效的保障体制，另一方面也要适当地加以限制。保障与限制的界限应建立在合理的基础之上，并以法律明文规定。结社立法是结社自由的法律保障，应通过结社立法具体规定结社自由的主体及其地位、结社自由的行使方式、限制原则与程序等问题，逐步建立适合中国国情的结社立法体系。

六、集会、游行、示威自由

在公民的基本权利体系中，集会、游行、示威自由是公民以联合行动的方式表达其意愿的重要表现形式，直接反映了公民的宪法地位。

1. 集会、游行、示威自由的概念

集会、游行、示威自由是言论自由的延伸和具体化，是公民表现其意愿的不同表现形式。集会是指聚集于露天公共场所，发表意见，表达意愿的活动。游行是指在公共道路、露天公共场所列队行进，表达共同愿望的活动。示威是指在露天公共场所或者公共道路上以集会、游行、静坐等方式，表达要求、抗议或者支持、声援等共同意愿的活动。三种表达形式既有共同点，又有区别，比如集会自由的行使具有一定的静态性，示威、游行自由的行使则是动态的；示威、游行自由所表达的意愿与集会自由相比更强烈一些，社会的影响面更大。一般说来，集会、游行、示威自由具有如下特点：集会、游行、示威自由的主体是公民，国家决定举行的庆祝、纪念等活动以及政党、社会团体等组织依章程规定举行的活动不属于集会、游行、示威法所调整的范围；集会、游行、示威自由是公民表达其意愿、实现自我价值的主观性权利，通过公民的群体活动而得到实现；集会、游行、示威自由作为公民意愿与思想的表达形式，实际上反映了言论自由的价值与要求，是言论自由的具体化。一般性的文娱、体育活动、正常的宗教活动等不属于集会、游行、示威自由的范畴；集会、游行、示威自由的行使过程中，公民需利用公共场所、公共道路、公共设施等，因此，这一自由的行使同时表现为公物利用权。公民依法有权利用公共设施，公共机关有义务为公民自由地行使这一权利提供相应的条件。

2. 集会、游行、示威自由的功能

宪法和法律规定集会、游行、示威自由的目的是保障公民的表现自由，维护社会稳定和公共秩序，其基本功能具体表现在：

第一，协调功能。公民行使集会、游行、示威自由是现代民主政治的基本要求。由于利益结构的多元化，政府的决策与政府活动中可能出现与特定公民利益相冲突的情况。如果一个社会没有确立调整利益关系的机制，则有可能导致政治体系本身的不稳定。依法保障公民集会、游行、示威自由，可以使公民通过不同形式表达其意愿，包括不满与意见，使政府了解民意，及时地作出解释并进行相应的调整。

第二，监督功能。集会、游行、示威自由是"一切权力属于人民"宪法原则的具体体现。公民作为政治生活的参与者和监督者，有权通过法定的形式充分表达其愿望、建议或意见，促使决策者重新考虑已作出的决策。政治实践表明，集会、游行、示威自由是公民监督政府工作和公务人员活动的有效形式，有利于提高政治民主化的程度。

第三，稳定功能。政治与社会稳定是社会发展的重要保障。没有稳定的政治局面就不可能进行经济建设，人民群众的正常生活也将受到破坏。有些人担心，集会、游行、示威是公民表达其意愿的激烈方式，可能会造成骚乱，破坏社会秩序，影响安定团结的政治局面，主张在法律上应尽可能严格地进行限制。其实，这种担心是没有必要的，因为集会、游行、示威自由本身是政治沟通的一种形式，是政府了解民意的重要途径。依法保障集会、游行、示威自由，一方面可以协调不同群体的利益关系，另一方面可以形成政治沟通基础上的稳定的政治局面。政治稳定应该是在充分反映民意的基础上经利益协调而形成的客观的社会秩序。从根本意义上说，集会、游行、示威自由是维护政治稳定的重要形式。

3. 集会、游行、示威自由的保障

各国宪法和法律对集会、游行、示威自由给予了充分的保障，宪法上的具体规定通过有关集会、游行、示威的法规得到具体化。集会、游行、示威自由最初源于请愿权，早在英国 1215 年的《自由大宪章》、1689 年的《权利法案》中就有了关于集会、游行、示威自由的规定。第二次世界大战后，各国宪法以公民基本权利的形式确认了集会、游行、示威自由。如日本国《宪法》第 21 条规定："保障集会、结社、言论、出版以及其他一切表现的自由。"葡萄牙《宪法》第 45 条规定："公民有权举行和平、不携带武器之集会，即使在开放予公众的地方也无需任何许可；承认所有公民有示威权。"为了进一步保障集会、游行、示威自由，规范其行使程序，各国普遍制定了有关集会、游行、示威自由方面的单行法律，不仅有全国性的单行法律，某些国家还制定了相关的地方性法规。我国 1954 年宪法中规定公民享有集会、游行、示威自由，1975 年宪法、1978 年宪法、1982 年宪法沿用了 1954 年宪法的规定。1989 年全国人大常委会制定《中华人民共和国集会游行示威法》，具体规定了行使这一自由的程序、救济等内容，从法律上确定了保障与限制集会、游行、示威自由的界限。就该法的限制性内容而言，也需要运用比例原则进行衡量。

第二节　典型判例与分析

一、辛格诉教育委员会侵害宗教信仰自由案[①]

[事实概要]

辛格（Gurbaj Singh Multani）是一个 1989 年出生的正统剔克教徒，本案发生时正好 12 周岁，就读于圣凯瑟琳—拉布雷（Sainte-Catherine-Labouré）学校。剔克教的教义为教徒设定了特定的行为要求，其中包括：裹头巾，但头巾颜色无定规，随个人喜好或按衣服的颜色搭配；穿特定短裤、留长发、蓄胡须；戴铁手镯，佩特制剔克短剑；禁烟禁酒；等等。辛格根据其教义要求总是佩带剔克短剑，他把短剑放在外

---

① Multani v. Commission scolaire Marguerite-Bourgeoys, [2006] 1 S. C. R. 256, 2006 SCC 6.

衣里面，短剑配有剑鞘。辛格在 2001 年 11 月 19 日不慎在学校掉落了其所佩带的剔克短剑，被人发现并因此引起了学校的担心。辛格被暂时停课，因为《学校行为守则》出于安全等考虑是禁止学生佩带武器来校的。这促使学校委员会在 12 月 20 日对辛格的配饰施加了特定的限制要求，即允许辛格佩剑回校，但必须符合限制要求（密封于衣内，不许外露）。辛格家接受了学校的要求，但主管该学校委员会的教育委员会在 2002 年 2 月 12 日推翻了学校委员会的决定，认为该决定与《学校行为守则》的"第五条：危险与受禁物品"相冲突，教育委员会认定辛格所佩带的剔克短剑构成"武器"，应予以禁止，但是如果辛格象征性地佩带非金属或其他不具侵害性材质的剔克短剑，则是许可的。辛格家后来提出行政复议，但复议委员会维持教育委员会的决定。

　　辛格家认为原来的学校委员会决定才是合理的，因此向高等法院起诉，要求判令教育委员会的决定无效。高等法院支持了辛格的请求。后来教育委员会提出上诉，魁北克上诉法院转而支持了教育委员会。本案最终上诉到加拿大最高法院。由于本案涉及宗教信仰自由的重要法律问题，加拿大公民自由联盟、加拿大人权委员会等机构均作为自愿参加诉讼的第三人参与了本案。在本案审理期间，法院通过临时命令允许辛格按照学校委员会的决定限制性地佩剑，直到法院作出最终判决。

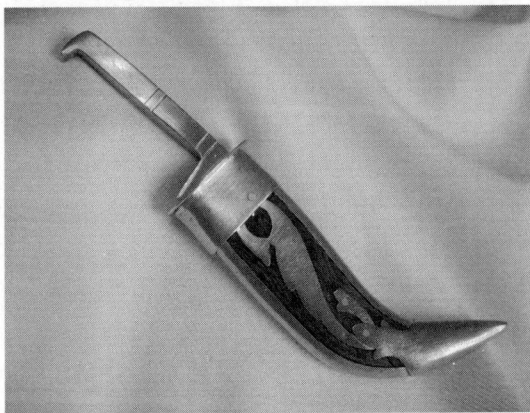

现代剔克教徒经常佩带的剔克短剑，长约 10 厘米，
代表尊严、荣誉和仁慈等含义

[判决内容]

　　加拿大最高法院最终支持了辛格的上诉，认定教育委员会的决定不成比例地侵害了辛格受《加拿大权利与自由宪章》和《魁北克人权与自

由宪章》所保障的宗教信仰自由。沙朗（Louise Charron）大法官代表多数法官撰写了法院意见。就宗教信仰自由而言，法院意见主要涉及如下几个方面的要点。

1. 作为重要的前提之一，关于宗教信仰自由的性质，它到底是一项"绝对的权利"还是具有内在限制。法院援引之前的很多判例提出，宗教信仰自由不得用于损害他人，即一个人不得根据自己的信仰去从事损害或妨碍他人的行为，因此宗教信仰自由具有内在的限制，可以基于特定的正当理由对宗教信仰自由进行限制。法院认为在本案中，实际上并不存在宗教信仰自由作为一种权利与另一种权利（如平等权）之间的冲突，本案的问题在于，国家从特定的目的出发来对宗教信仰自由进行限制。因此，本案中需要处理的中心问题是，对宗教信仰自由的限制是否符合《加拿大权利与自由宪章》第1条的要求。

2. 关于本案中受到限制的宗教信仰自由，法院强调，在过去的判例中已经多次阐述和指明宗教信仰自由的重要性，宗教信仰自由的核心在于，持有某种经自身选择的宗教信仰的权利、公开宣称其宗教信仰而不必担心受到妨碍或报复的权利、通过宗教礼拜或仪式表明宗教信仰的权利。在这些核心内涵的指导之下，宗教信仰自由具有更为广阔的内容。在本案中，上诉人的教义对佩剑的要求是绝对的，是不可取代的，上诉人也真诚地认为其信仰要求他总是佩带一把由金属制成的剔克短剑（除此之外，尚有其他四项绝对的佩饰要求），即使上床睡觉时也是如此。况且，剔克教的教义要求和平主义并鼓励教徒去尊重其他宗教，要求辛格不得将短剑作为武器去伤害他人，要求他拒绝佩带用金属以外的材质做成的短剑（教义对短剑材质的要求有特定的解释）。由于教育委员会的决定，辛格只能选择在家接受教育或进入私立学校，完全丧失了在公立学校就读的机会。因此，绝对禁止佩剑会显然构成对上诉人的宗教信仰自由的限制，这一限制是否是正当的，则需要着重分析《加拿大权利与自由宪章》第1条的要求。

3. 作为判决书中最重要的部分，法院专门分析了《加拿大权利与自由宪章》第1条的要求。该条明确规定："本宪章确保其中所列举的权利和自由只受到能在自由民主社会中具有明显正当性的法律所规定的合理限制。"根据该规定，如果试图限制本案中的宗教信仰自由，必须符合两个最基本的要求：其一是，立法所追求的目的必须足够重要以至于允许对宪法权利进行限制；其二是，立法所采取的限制措施相对于其目的而言必须是成比例的。

（1）关于立法目的本身及其重要程度。对于本案中限制宗教信仰自由的目的或原因，法院认为是秩序和安全。具体地说，是维持学校的秩序和安全从而创造一个使学生能够安心学习的环境。根据《加拿大权利与自由宪章》第1条，这一考虑构成一个重要的目的，也足以压倒受宪法保护的权利或自由。但这一目的能够达到何种程度的要求，则需要考虑各种因素视安全的要求而定，程度最高的安全等级需要禁止剪刀和其他类似物品。在本案中，教育委员会所主张的安全程度只是一种合理安全（reasonable safety），确保合理层次的安全毫无疑问是紧迫和实质的目标，需要具体分析为维持学校的秩序和安全而对宗教信仰自由的限制是否是过度的。

（2）关于限制措施是否是过度的，需要利用比例原则进行检验。1）从合目的性原则的角度来看，本案中教育委员会的决定具有合目的性，即在目的与手段之间存在合理连接，手段有助于促进学校的秩序与安全。2）从最小损害原则的角度来看，需要注意到如下几个方面的因素：上诉人并非主张毫无限制地佩带短剑，而是在接受学校委员会限制的前提下佩带；上诉人的教义对佩剑的要求是绝对的，是不可取代的；佩剑本身并不具有暴力性，也没有被用作武器，而是具有宗教内涵；被上诉人认为允许佩剑会鼓励学校中的暴力或使学校中的武器扩散，例如，短剑可能会被偷从而成为盗窃者的武器，或者会鼓励其他学生将武器带到学校，但最高法院认为，教育委员会的主张只是一种推测，上诉人所接受的限制使该短剑不太可能被偷，另外，也几乎没有证据表明学生在学校将短剑作为武器；教育委员会提出航空安检也不会允许上诉人佩剑，但法院认为，航空安检与本案中的情形有本质差别，学校中的人们相互熟识，并不像飞机会搭载互不相识的乘客从而难以判断某个乘客是否具有暴力性，况且，飞机在飞行中对安全的特殊需求也不同于学校；被上诉人提出，唯独允许上诉人佩剑可能会使其他学生感到不公平，对此最高法院认为，如果果真有其他学生感觉不公平，那正应当是学校所承担的教育职责，即教育学生使其认识到宗教信仰自由和文化多元主义的重要性。3）从限制措施的效果来看，教育委员会的决定等于是一概禁止上诉人的佩剑行为，这种完全禁止所带来的结果是值得担忧的，它会完全扼杀诸如文化多元主义、多样性、教育文化发展等各种价值，而这些价值正如法院多次指出的那样是非常重要的。因此，教育委员会的决定过度地限制了上诉人的宗教信仰自由，构成对宗教信仰自由和文化多元主义的侵害，违反了《加拿大权利与自由宪章》第1条的要求。

除《加拿大权利与自由宪章》第 1 条的问题以外，本案还涉及《加拿大权利与自由宪章》第 15 条第 1 款和《魁北克人权与自由宪章》的相关条款。但法院认为，既然根据《加拿大权利与自由宪章》第 1 条已经足以认定教育委员会的决定侵害宗教信仰自由，就不必再考虑其他问题。

综上，本案中的宗教信仰自由受到过度侵害，而《加拿大权利与自由宪章》第 24 条第 1 款规定本宪章所保障的权利或自由在受到侵害时，当事人可以向法院请求获得法院认为环境所需的适当和公正的救济，因此，最高法院必须宣告教育委员会的决定无效。

[评析]

本案涉及的问题在宗教信仰自由方面具有极强的典型性，加拿大最高法院的说理过程也较有代表性。

世界上的宗教信仰多种多样，它们都值得国家加以平等的保障，但不同宗教的教义总有差别，甚至个别宗教的教义要求还会相当"特殊"，本案中的剔克教即属此种情形，由此产生了一种潜在的冲突，即佩带短剑的教义要求与维持学校秩序与安全的冲突。加拿大最高法院充分运用比例原则来衡量《学校行为守则》的限制性措施以及教育委员会的禁令，分析了限制措施的目的是否"正确"以及它的重要性程度，限制措施本身是否具有合目的性，以及从狭义的比例原则出发是否"过度"。值得注意的是，《加拿大权利与自由宪章》第 1 条是对权利与自由的限制措施的反限制，加拿大最高法院在本案中对这一点进行了有效的阐述，本案的判决对于维护宗教信仰自由会起到重要促进作用。

事实上，与本案类似的案例或事件的数量相当可观，并且表现各异。例如，在法国曾有所谓的"头巾法案"事件。2004 年 2 月 10 日，法国国民议会以压倒性多数通过了一项关于宗教管制的法案，后参议院于 3 月 4 日亦以压倒性多数通过，同年 9 月 2 日开始实施。该法案规定，严禁在公立中学佩戴明显的宗教标志。公立中学的学生违反此义务者，可视情况予以开除。据称，此类法律的目的是实现宪法所规定的国家的"世俗性"（laïcité）原则，法国宪法将国家的世俗性作为重要的原则。"头巾法案"的支持者认为这构成对宗教信仰自由的合理限制，一个人公开表明其宗教信仰不得对学校中的未成年人造成外部压力。事实上，这些理由还得到了欧洲人权法院的支持，因为在土耳其曾经出现过比法国"头巾法案"更苛刻的法律，而欧洲人权法院判定其并不侵害宗教信仰自由。法国和土耳其的法律对宗教信仰自由的限制与本案相比尤甚，它们是否构成对宗教信仰自由的侵害尤其值得关注。

本案除了直接涉及宗教信仰自由的保护以外，还牵涉到宪法与行政法的关系以及两者不同的审查标准。本案在直接意义上显属行政法案件，多数意见认为，本案中的教育委员会是立法机关通过法律设立的，其权力亦来自于立法机关的授予，因此受到《加拿大权利与自由宪章》的约束。但这一看法具有争议性。德尚（Marie Deschamps）和阿贝拉（Rosalie Abella）两位法官对多数判决提出了协同意见，认为推翻教育委员会的禁令在法律上是正确的（保障宗教信仰自由的考虑），但他们认为正确的方法是利用行政法的规则来实现这一目的，宪法首先应当被用于法律和法规，宪法的审查标准也应当被用于法律和法规。而行政法则主要适用于行政主体，如本案的情况。

[附：加拿大宪法相关条文]

《加拿大权利与自由宪章》第 1 条

本宪章确保其中所列举的权利和自由只受到能在自由民主社会中具有明显正当性的法律所规定的合理限制。

第 2 条第 1 项

人人享有下列基本自由：

1. 良心自由和宗教信仰自由；

…………

《魁北克人权与自由宪章》第 3 条

人人享有包括良心自由、宗教信仰自由、意见自由、表达自由、和平集会自由和结社自由在内的基本自由。

第 9 条第 1 款

人人有权不披露其机密资料。

二、得克萨斯州诉约翰逊（焚烧国旗）案[①]

[事实概要]

1984 年 8 月，共和党在美国西部得克萨斯州的达拉斯举行全国大会，再次推选保守的时任总统里根作为共和党总统候选人，寻求连任。在其第一届任期内，里根的国内财政和税收政策，以及对外扩军备战，与苏联进行新的冷战的政策，都遭到了一些"左派"人士的猛烈批评。

① Texas v. Johnson，491 U. S. 397 (1989).

对"左派"人士来说，共和党大会是他们表达不满和愤怒，吸引民众和媒体关注的大好时机。一群号称是"革命共产主义青年旅"（Revolutionary Communist Youth Brigade）团体的百余人，在其领导人约翰逊（Gregory Lee Johnson）的率领下穿过达拉斯市中心，抗议共和党的政策。他们一边呼喊反对共和党、反对里根的口号，一边用喷枪在沿路的政府机构大楼上涂鸦，还不时地破坏草坪和绿树泄愤。其中的一人随手拔下一家银行门前的国旗交给约翰逊，这面国旗本来是为了庆祝共和党大会而悬挂的。当他们来到市政厅前时，约翰逊将一瓶煤油倒在了这面国旗上，他的伙伴则用打火机将其点燃。这些示威者一边焚烧，一边开心地欢呼歌唱："美国，红、白、蓝，我们唾弃你。"当时有不少旁观者在场，但面对狂热亢奋的示威者，他们敢怒不敢言。整个过程中没有任何人受到身体的伤害或威胁。等到示威者散去后，一位旁观者才小心翼翼地收拾起被焚国旗的残片，伤心地把它埋葬在自家后院。

一位便衣警察目睹了整个过程，并用对讲机向警察总部作了报告。警察随后逮捕了约翰逊，并指控他违反了得克萨斯州的一项州法。该法禁止亵渎"庄严的事物"（venerated object），它们不仅包括美国国旗，而且也包括州旗、公共纪念物和墓地。除了阿拉斯加和怀俄明两个偏远州外，当时美国其他 47 个州和华盛顿特区均有类似的法律。那么何谓亵渎（desecration）呢？该法的定义是：行为者明知其破坏行为会严重冒犯那些看到和发现其所作所为的人，仍实施其破坏行为。

本案当事人 Gregory Lee Johnson（左）及其律师 William Kunstler（右）

因此，按照普通法的原则，此案的关键是必须有人出来作证，声明约翰逊的焚烧国旗行为伤害了他们。检察官很容易就找到了目击者作为证人，他们明确表示，焚烧国旗是对他们情感的严重冒犯。于是，约翰逊被判有罪，被处以有期徒刑 1 年和 2 000 美元罚款。

约翰逊上诉到得克萨斯州的刑事上诉法院。在法庭上，约翰逊对自己的作为所提供的辩护是："我烧国旗时正值里根被提名为总统候选人。不管你是否同意，当时没有其他象征性的言论能比焚烧国旗更有力地表达我们的看法。这完全是一个姿态。我们有新的爱国主义，不是没有爱国主义。"

刑事上诉法院不仅推翻了定罪，而且接受被告辩护律师的看法，认定约翰逊的行为乃是一种"象征性的言论"（symbolic speech），因此，应该受到宪法第 1 条修正案言论自由条款的保护。不过，得克萨斯州刑事上诉法院只是认为得克萨斯州法律在适用于约翰逊的特殊情形时违宪，而没有回应约翰逊所主张的得克萨斯州法律因在表面上模糊和过于宽泛而违宪，因此，联邦最高法院签发了本案的调卷令。

[判决内容]

直到 5 年后，联邦最高法院才开庭审理了本案。在最高法院的内部讨论中，大法官们分为开明和保守两派，泾渭分明，意见针锋相对。布伦南（William J. Brennan）等三位开明派大法官坚持"言论自由"的绝对性，斯卡利亚（Antonin G. Scalia）大法官虽然是保守派，却是言论自由的坚定支持者。首席大法官伦奎斯特（William Rehnquist）等四位保守派法官则强调，焚烧国旗不是一种言论表达，而是一种有害社会稳定的行为。由于两派意见尖锐对立，最后，肯尼迪（Anthony Kennedy）大法官投下了关键的一票，站在了开明派一边。最终，最高法院以 5∶4 的票数通过了维持得克萨斯州刑事上诉法院原判的无罪决定。

布伦南大法官代表多数法官撰写了本案的判决。他非常巧妙地区分了"speech"（言论）和"conduct"（行为）之间的不同。因为对美国政府来说，限制有害行为要比限制有害言论容易得多。因此，他首先强调约翰逊的亵渎虽然也是一种行为，却是一种"expressive conduct"（表达行为），因为它旨在"传达一种特定的信息"。他引用以前的案例说明，它"带有足够的交流成分而成为宪法第 1 条修正案和第 14 条修正案的保护对象"。布伦南大法官指出，得克萨斯州不能因为焚旗所包含的有争议性的内容或者仅仅因为造成对他人的冒犯，而以这种"偶然调节"作为限制言论的借口。既然是因为焚旗所表达的政治信息，而非焚旗本身伤害了他人，那么，它实际涉及的就是言论，而言论自由是最根本的宪法权利，对它的任何限制，必须经受"最严格的审查"。

法院在判决中承认，在民众的情感中，国旗的确有其"特殊的地位"，但约翰逊的行为"将不会对我们的国旗所起的特殊作用以及所激发起的情感构成危险"。布伦南大法官还引用了 70 年前霍姆斯大法官在 Abrams v. United States 案中所表达的异议，声称"没有人会认定，这样一个无名之辈的这一姿态会改变我们民族对其国旗的看法"。他用一句话概括了他对公众自由的看法："如果存在着一项支撑宪法第 1 条修正案的根本原则的话，那就是，政府不能因为社会感到某种观念具有冒犯性或不能接受，就可以简单地禁止其表达。"

根据这一原则，"州政府防止扰乱治安的公共利益并不支持这项定罪，因为约翰逊的行为并未威胁和扰乱治安。州维护国旗作为民族和国家统一象征的愿望，亦不足以支持其对约翰逊政治表达的刑事定罪。因此，我们维持得州刑事上诉法院的判决"。

[评析]

本案是美国联邦最高法院言论自由保护史上的经典判例。很多法律体系在保障言论自由时，都需要处理那些冒犯性的言论与公众情感之间的冲突。而美国联邦最高法院的判决则为言论自由的保护奠定了坚实的基础。尽管本案是联邦最高法院历史上"势均力敌"的判决之一，但仍不失其重要意义。在本案中，保守派大法官所提供的反对意见似乎感情的成分大于法律逻辑和论理的成分，因此这里对其不置评价。但需要注意的是肯尼迪大法官的补充性的协同意见。肯尼迪在协同意见中指出："一个严酷的事实是，有时我们必须作出我们不喜欢的决定。我们这样做，是因为他们是对的，在宪法和法律决定结果的意义上，他们是对的。"他无奈地承认："本案最能显示运用司法权力所经常遇到的困难……国旗历来表达着美国共享的信念——对法律、和平及维系人类精神的自由的信念。本案的决定迫使我们承认坚持这些信念所要付出的代价。一项痛苦而又基本的事实是：国旗保护那些蔑视它的人。"在处理言论自由的问题时，尤其需要将主观上的喜好与法律上的正确与否区分开。

[附：美国联邦宪法相关条文]

第 1 条修正案

国会不得制定关于下列事项的法律：确立国教或禁止信教自由；剥夺言论自由或出版自由；或剥夺人民和平集会和向政府请愿申冤的权利。

三、打击网络盗版与网上表达自由的保护①

[事实概要]

在当今世界各国，网络盗版构成了知识产权的一大威胁，非法上传、下载、复制、传播等行为已成为知识产权在网络时代的"天敌"。网络时代给知识产权保护所带来的冲击，在法国亦不例外。根据法国反音像盗版协会发布的调查报告，2007年11月至2008年6月，法国民众通过互联网点对点非法下载音像的情况非常严重，平均每天达到45万多次，每月的非法下载超过1 000万次。网络盗版直接地侵害了相关知识产权的权利人，并在一定程度上扼制了法国的文化创作。因此，原法国总统萨科奇自上任以后一直致力于打击网络盗版，加强知识产权的保护。在政府的极力推动下，法国议会经多次审议、在重重争议之下于2009年5月13日通过了《关于加强网络作品的传播与保护的法律》。

该法律的主要内容是通过设立一个名为"网络作品传播及权利保护高级委员会"（HADOPI，Haute Autorité pour la diffusion des oeuvres et la protection des droits sur internet，以下简称"高级委员会"）的独立行政机构，并授权这一机构通过警告、强制切断网络、收缴罚款等行政手段，制止互联网用户侵害知识产权及其他相关权利的行为。

在该法律通过之后，国民议会社会党议员对这一法律的审议过程以及主要内容（第5条、第10条和第11条）提出了合宪性质疑，并提交宪法法院审查。宪法法院经审理在6月10日对该法律的合宪性作出裁决。在判决中，宪法法院对多项审查内容和法律措辞作出了违宪判断，即使是判决其合宪的部分内容，宪法法院也作出了多项解释的保留。在十几年来的合宪性审查实践中，这是宪法法院作出的最为严厉的判决之一。

以申请人的申诉为基础，《关于加强网络作品的传播与保护的法律》在以下几个方面存在合宪性问题，并成为宪法法院审查的主要对象：

第一，关于议会法律审议和通过的方式，申请人认为政府没有向议会提供足够的客观上必要的信息，这使议会辩论和审议过程缺乏明确性和准确性基础，并导致法律按非常规的方式通过，因此其制定程序存在

---

① Décision n°2009-580 DC du 10 juin 2009 du Conseil Constitutionnel.

违宪嫌疑。

第二，关于议会法律所增加的《知识产权法典》第 L336—3 条第 1 款，即，"互联网用户在进入网络公共通讯服务时有义务使此项进入不被用于复制、显现、利用或向公众传播特定著作权人或相关权利人的受保护的作品，除非前述权利人予以第一、二编所规定的必要授权"，申请人认为其表述不够清晰，因此，立法者的立法行为违反法律明白易懂的宪法原则。

第三，议会法律设立了一个独立的行政机构并授权其在 2 个月以上、1 年以下切断侵害知识产权的用户的互联网访问，申请人认为立法者一方面侵害了表达自由与通讯自由的基本权利，另一方面设立了明显不成比例的处罚方式，此外也将建立一项有罪推定，并且具有侵害防御权的性质。

第四，议会法律将会导致对公民的监控措施，并要求建立一个针对电子通讯的一般性监控，申请人认为这与保护隐私权的宪法要求不符，同时，该法律授权私立机构收集有共享受保护作品嫌疑的用户的地址，但未辅之以足够的保障，这将导致著作权的保护与隐私权的保护明显失衡。

第五，议会法律通过授权法令来明确高级委员会得授予标签的条件，使高级委员会可以"明确地鉴别"网络通信服务要约的"合法性"，这授权高级委员会按其意愿任意决定它认为具有合法性的此类要约，申请人认为这种授权是立法者怠于行使《宪法》第 34 条授予的关于"公民权和公共自由行使的根本保障"的立法权。

第六，申请人认为该法律设立的一系列措施和强制手段可能会阻碍电讯基础设施的正常运转，同时也可能剥夺很多互联网用户接收信息和不同观点的权利，使潜在的相关人被预防性地限制网络访问。

［判决内容］

针对申请人提出的上述几个方面的合宪性问题，宪法法院逐一进行了分析。从宪法判决的主文来看，第 1 个系争问题，即法律审议和通过的程序并不是重点，宪法法院认为，国民议会议员拥有关于该法案审议与讨论的足够的必要信息，这也可以根据专门组成的该法案审议与辩论委员会的报告得到证实，因此，申请人的主张在这方面缺乏事实根据。对于第 2 个系争问题，宪法法院认为，《知识产权法典》的表述是足够明确的，其关于互联网监控义务的定义与仿冒罪的定义是不同的，因此，立法者没有违反法律应明白易懂的宪法要求。其他几个问题则涉及为保护知识产权而设置的处罚和强制措施与言论、表达和通讯自由，与权力分立原则，与无罪推定原则，以及与隐私权的关系，是本案中的重要实体问题，因此也是宪法法院的审查重点，以下详述之。

关于处罚措施是否侵害了表达自由和通讯自由这一基本权利，宪法法院首先援引了1789年《人权宣言》第11条的规定，即"自由交流思想与意见乃是人类最宝贵的权利之一，因此，每一个公民都可以自由地言论、著作与出版，但应在法律确定的情况下对此项自由的滥用承担责任"。宪法法院认为，鉴于通讯手段的现实状况，以及网络公共通讯服务的普遍发展，且考虑到后者为参加民主生活及表达意见与想法的重要途径，言论表达自由与通讯自由隐含着登录或使用网络公共通讯服务的自由。其次，宪法法院承认，知识产权亦是1789年《人权宣言》第2条和第17条所确认的财产权的一部分，这是社会发展带来的财产权的新形式。知识产权应得到保护，并且政府也有权力为保护知识产权而采取必要的措施，包括打击网络盗版活动。再次，宪法法院提出，表达与通讯自由是如此的珍贵以至于其行使是民主社会的条件和其他权利与自由得到尊重的前提，对此类自由所施加的任何限制，都必须与限制所追求的目标成比例。那么，在本案中，法律为保障知识产权而设置的处罚和强制措施是否构成对（网络）言论和通讯自由的"不成比例的"限制呢？宪法法院认为，受审查的法律规定创立了处罚权并将之授予高级委员会这样一个并不是法院的行政机构，它有权限制或禁止用户或其他受益人对互联网的访问，并且这些措施并不仅仅针对一个特定群体，而是扩展到整个社会大众，该委员会的权力可能使任何人的自由表达与交流之权受到限制，甚至是在其自己的寓所。因此，考虑到1789年《人权宣言》第11条所保障的自由的性质，宪法法院最后认为，该法律对言论与表达自由的限制明显不成比例，亦言之，立法者不得为了保护著作权或相关权利而将这样的处罚权授予一个行政机关。

关于处罚措施是否遵守了宪法所要求的权力分立原则和无罪推定原则，宪法法院同样作出了否定的判断。关于权力分立原则，宪法法院认为，这一原则并不排除行政机关作为公权机构为实现其职能而拥有必要的处罚权，只是其行使须符合以保障基本权利为目的的法律。在本案中，受审查的法律不得将切断网络的处罚权授予一个独立的行政机构，其理由仍然来源于前文所述的网络通信自由的重要性，因此，高级委员会的唯一功能在于为启动法律诉讼而采取预先的措施，其目的仅限于视网络侵权的范围、为促进良好的司法秩序而减少侵权案件提交法院的数量，从而减轻法院的诉累，并只有在上述范围内才是正当的。而判断是否应以切断网络作为处罚，其权限只能属于司法机关。关于无罪推定原则，宪法法院援引了1789年《人权宣言》第9条"所有人直到被宣告有罪之前，均应被推定为无罪"的规定，认为，这一原则要求立法者不得在刑事案件中引入有罪推定，至于刑事案件以外，只要推定不具有不可辩驳的性质、防御权得到了尊重并且入罪可能性得到了事实的合理支持，作为例外手段，尤其是在违警罪的情况下，则可以采用有罪推定。在本案中，议会法律显然建立了一项有罪推定，因为法律规定从注册用户的地址所实施的侵权行为都属于违法，但并不能排除由用户以外的其他人借用注册用户的地址来实施侵权行为，在这种情形下，注册用户为了避免处罚，就有义务来证明侵害著作权或其他相关权利的行为是由第三方冒名实施的。而考虑到网络通信自由的重要性和切断网络这一处罚措施的严厉性，本案显然不属于能够采用有罪推定的那些例外情形。

关于知识产权保护与隐私权保护的平衡问题，宪法法院首先援引1789年《人权宣言》第2条"一切政治结合均旨在维护人类的自然的和不受时效约束的权利，这些权利是自由、财产、安全和反抗压迫"的规定，并肯定这一表述中隐含着隐私权的内容，此外，《宪法》第34条授权立法者确定公共自由之根本保障的法律规定，因此，立法者就必须确保隐私权之保障和财产权之保障等其他宪法要求之间的协调。在本案中，议会法律不仅建立了一个全国性登记系统用以收录被撤回网络服务的用户的姓名，而且授权高级委员会保留提供给它的技术数据直到违法用户的网络服务被完全撤回。此外，一些法人团体，如国家电影中心、维护知识产权的职业团体等也被授权收集数据并能因此而间接地认出那些有权使用网络公共通信服务的个人。对此，宪法法院认为，法律规定的这些措施旨在使著作权人在权利受侵害者的起点上发起法律诉讼，因此，并不构成对隐私权的侵害。当然，宪法法院在作出合宪判断的同时也极为谨慎地提出了一项"解释的保留"，即，此类数据的处理应符合1978年1月6日法律规定的要求，只能转移给本案中的独立行政机构或者司法机关，当国家数据处理与公共自由委员会授权其他主体处理此类数据时，应保证此类数据处理的方式，尤其是其保存的条件，必须严格与其所寻求的目的成比例，只有在这一保留的前提下，才符合保护隐私权的宪法要求。

关于对最高行政法院法令的授权是否构成立法者怠于行使立法权的问题，宪法法院认为，尽管《宪法》第34条规定，"法律确定关于下列各项的规则：……公民权及公民行使其公共自由的基本保障"，但议会决定的保障是由政府来实施的。《宪法》第 21 条的规定使总理负责保证法律的实施，并在《宪法》第 13 条所保留的范围内有权制定条例，《宪法》第 21 条的规定并不排除议会授权总理之外的其他公权机关来确定法律所定原则的实施规范，只要这样的授权在范围和内容上受到限制。当然，这样的授权并不排除条例制定机关应遵守宪法所要求的义务。考虑到在本案中，授权证明网络公共通讯服务的"合法性"的标签，只是被设计来便于识别尊重知识产权的服务要约，高级委员会在收到申请签发标签时，只要其确定此类要约所提供的服务没有侵害知识产权，就应有义务善意地回应。授予此类标签的条件，只是被设计来决定高级委员会如何受理和审查签发标签的申请，因此在上述保留的范围内，该法律规定并没有授予高级委员会任何专断的权力。因此，本案中并不存在任何议会怠于行使其职权的问题。

最后，关于该法律设立的一系列措施和强制手段是否可能阻碍电讯基础设施的正常运转，宪法法院认为，当议会使著作权人和其他相关权利人，以及代表其维护权利的机构，向大审法院申请强制令，在经充分的听证和多方质证之后，采取必要措施来防止或终止侵害知识产权的行为时，议会并没有侵害表达自由和通讯自由，因为法院将有义务来听取陈述，并且只在为保护知识产权所必要的范围内采取那些措施或强制令。在此项保留的范围内，受审查的法律也没有违反宪法。

综合以上理由，宪法法院最终判决议会法律所设置的知识产权保护措施中侵害网络自由的内容及措辞，与权力分立原则、无罪推定原则等相冲突的部分违反宪法，而其他判决合宪的内容，也都一一提出解释的保留，言外之意，超出保留的范围亦属违反宪法。再回到前文所列举的 6 个系争问题，第 1 和第 2 个属于立法程序与立法技术问题，不存在违宪情形，第 3 个问题被判决违反宪法，第 4、5、6 这三个问题虽属合宪，但都限于特定的"保留"范围内。

[评析]

本案堪称法国宪法法院的经典判例，这不仅是因为案件恰好非常典型地包含了重要的宪法原理，而且宪法法院的审查理由及标准也基本上运用得恰到好处。

1. 本案涉及的宪法原理

就本案所涉及的范围而言，其中的宪法原理可以分为两个方面。

本案直接涉及言论自由与通讯自由的基本权利。在网络时代的特殊背景下，互联网已经成为日常生活的重要组成部分，人们越来越普遍地借助网络来获取信息和对外表达观点，因此，是否承认访问网络的权利为传统宪法基本权利的合理延伸，乃是关涉基本权利的一大问题。在本案的背景下，推动受审查法律制定的政府部门明确否定网络访问权是公民的基本权利，例如法国文化部长阿尔巴内尔多次公开表明这一立场。但这种观点显然没有得到宪法法院的支持。宪法法院极力强调网络对于实现公民的言论自由和通讯自由，从而对于民主社会的重要价值，并坚定地将其视为一项基本权利，结合新的社会环境解释1789年《人权宣言》的字面含义。

以网络访问权为基础，本案还间接地涉及多项宪法原则。为了保护同样具有宪法效力的知识产权，法律是否能够针对侵害知识产权的行为设置特定的处罚措施和强制措施，是否可以授权公权机构收集和处理违法网络用户的有关信息，以及如果答案是肯定的，如何对公权力进行限制？这就间接涉及知识产权的保护与言论自由、通讯自由和隐私权保障的平衡与协调，以及公权力的存在目的及行使方式，如权力分立原则的作用形式，无罪推定原则的约束范围等一系列重大问题。

2. 宪法法院对审查标准的运用

就宪法法院在判决主文中所阐述的审查理由及审查标准来看，值得注意的有以下几个方面。

一是宪法法院强调对基本权利的限制必须严格遵守比例原则。在本案中，议会法律并非不能采取措施来保护知识产权，恰恰相反，保护知识产权也是议会根据《宪法》第34条所负担的职责，只是为保护知识产权而设置的那些限制言论、通讯、隐私等其他基本权利的强制措施和处罚措施，必须与这些措施所追求的目的成比例。宪法法院显然注意到了网络连接的重要价值，因此采取了一种严格的审查标准，亦言之，考虑到高级委员会的处罚权系抽象地针对社会大众，甚至通过网络而延伸到公民的住所里，如何能够允许一个独立的行政机构如此轻易地切断公民的网络连接，剥夺公民通过网络甚至是在自己的住所获取信息和表达意见的自由？

二是宪法法院根据多个理由综合地得出违宪的结论。在宣布法律不得授予高级委员会处罚权时，宪法法院的理由不仅在于议会法律违反了比例原则，而且它援引了宪法的权力分立原则和《人权宣言》的无罪推定原则等。当然，这首先源于本案事实的典型性，但同样不能忽视的是，宪法法院明确地揭示出这些原则都可用于约束议会法律。从某种意义上说，这是宪法法院的合基本权利性审查的发展。事实上，在 20 世纪 70 年代的结社自由案以来，宪法法院就开始从"分权原则的维护者"向"基本权利的保障人"转变，本案中，宪法法院则通过综合运用不同的理由，形象地展现了其作为基本权利保障人的地位，这也是作者将其名称译为宪法法院的重要原因之一。

三是宪法法院充分地运用了解释的保留这一方法。在本案的几个实体性系争问题中，只有一项被宪法法院直接宣布违宪，但不能因此而否定宪法法院的作用。不可忽视的是，宪法法院的合宪判决并不是无条件的，只有在其所陈述的范围以内，合宪的判断才能成立，这就给议会制定法律和政府制定条例并执行法律设置了一种"提醒"或"警告"。在既有的违宪审查实践中，解释的保留成为宪法法院最经常运用的工具之一，并发挥了重要作用，其重要性甚至超过了直接的违宪宣告。

3. 判决理由之不足

最后，也是必须指出的是，宪法法院的判决在特定部分的说理仍然不够充分和细致。

针对本案的情形，法国宪法法院没有指出的是，知识产权与网络访问权在本案中的具体表现形式和受保障的紧迫程度两方面都是不同的。

就表现形式而言，议会法律所设置的措施所对应的是知识产权的间接的垂直效力，即授权国家行政机关排除第三人对知识产权的侵害；而网络访问权在本案中则表现为直接的垂直效力，因为它由于议会法律而可能面临行政处罚权的直接侵害。

就受保障的紧迫程度而言，如果议会法律被宣布违宪而取消，并不必然意味着知识产权会被侵害，可能的结果只是无法有效抑制网络盗版活动，但至少不会加剧知识产权受盗版活动侵害的程度；然而，如果议会法律不被推翻或受到有效限制，由于分权原则、无罪推定原则等没有得到遵守，并由于议会法律所设置的处罚措施的严厉性，"网络"基本权则肯定会被高级委员会直接侵害。

在上述两个意义上，作者虽然认为宪法法院的判决理由不够全面，但完全支持其判决结果。

［附：法国宪法相关条文］
1789 年《人权宣言》第 11 条

自由交流思想与意见乃是人类最宝贵的权利之一，因此，每一个公民都可以自由地言论、著作与出版，但应在法律确定的情况下对此项自由的滥用承担责任。

四、国家安全保护与表现自由[①]

[事实概要]

申请人 A 因协助某反国家团体携带图书及发传单等受到刑事指控，在接受审判过程中提出了《国家保安法》第 7 条第 1 款及第 5 款违反宪法的审判请求，审理该案的法院接受其申请向宪法法院提出了违宪法律审判提请。

本案的审理对象是《国家保安法》第 7 条第 1 款及第 5 款。

第 7 条第 1 款规定：对反国家团体或其成员及接受其指令者的活动以赞扬、鼓励或同情等方式协助反国家团体者处以 7 年以上徒刑。

第 7 条第 5 款规定：以第 1 款及第 4 款的行为的实施为目的制作、进口、复印、运输、携带、贩卖、传播或取得图书、文书等表现物者判处各款所规定的刑罚。

本案的争议点主要集中在言论及出版自由的保障、合宪解释的要件、危害国家安全的宪法含义和《国家保安法》第 7 条第 1 款及第 5 款是否违反宪法。

[判决内容]

宪法法院于 1990 年 4 月 2 日作出判决，宣布《国家保安法》第 7 条第 1 款及第 5 款只适用于所规定的行为危害国家的存在与安全、危害自由民主的基本秩序的情形，在这种解释范围内该规定并不违反宪法（限定合宪）。

宪法法院在本案的审理中以限定合宪的方式解释了宪法规定的基本制度。在解释违宪法律审判对象的法律含义时，如法律内容过于广泛或在适用范围上过于广泛，则有可能违背法治主义和罪刑法定主义原则，有导致违宪的可能性。某种法律概念呈多样性，在语意的范围内存在几种解释的可能性时，为维护以宪法为最高法的统一法律秩序，应尽可能作出与宪法相一致的合宪的解释，即选择合宪的解释，排除导致违宪结果的解释，以寻求合宪。这种合宪的限制解释在宪法审判制度发达的国家中是普遍采用的，当某个法律中存在一定的合宪因素时以违宪要素相

---

① 韩国宪法法院 1990 年 4 月 2 日判决，89 宪戊 113。

对多为理由宣布全面违宪是一种给社会带来重大冲击的选择。

《国家保安法》的立法宗旨是保障国家安全，制裁破坏自由民主基本秩序的行为。如果把不侵害国家安全和自由民主基本秩序的行为排除在处罚范围之外，只制裁具有明显危险性的危害行为，则符合上述立法目的。这样一来，既可尊重第 7 条第 1 款保护的法益，同时也能避免全面违宪的可能性，消除是否限制言论、出版自由、学术、艺术研究自由的顾虑，有可能明确揭示被允许行为和不被允许行为的规则，避免当局的法律误用或滥用权力，从而产生基本权侵害问题。危害国家存在与安全是指威胁侵害韩国的独立和领土，为破坏、削弱宪法与法律的功能及其宪法机关而进行的实际上的破坏工作。危害自由民主的基本秩序是指危害以多数人意志为基础，依据国民的自治、自由、平等的基本原则而形成的法治主义的统治秩序，即旨在破坏、颠覆以基本人权的尊重、权力分立、议会制度、多党制、选举制度、私有财产和市场经济为核心的经济秩序及司法权独立等国家的内部体制。

卞祯洙法官对此提出了反对意见，他认为，《国家保安法》第 7 条第 1 款及第 5 款的内容是不确定的，违背罪刑法定主义原则，不区分表现自由对国家是否存在明显的、现实的危险，仅仅以有利于反国家团体为理由无条件地限制表现自由并给予惩罚，是一种侵害表现自由本质内容的明显违宪的法律。判决主文中提出的"危害韩国的安全或危害自由民主的基本秩序的情况"是一种抽象的表现，既然已认定该法律条款的违宪性，宪法法院理应宣布其违宪。限定合宪决定或变形决定在韩国法制上是没有明文规定的，对违宪性十分明显的法律以限制解释方式作出合宪决定后不可能治愈其违宪性。

［评析］

宪法法院在解释《国家保安法》第 7 条第 1 款及第 5 款时，采用了"明白—现存危险"的原则。在有明显危害性时，这一原则可作为所规定的行为与危险性之间相互连贯性的一种标准。过去，在韩国的司法实践中，"明白—现存危险"的原则并没有得到具体适用，宪法法院的判例无疑为其提供了重要的契机。当然，在主文的表述及其理由部分，回避了"明白性"的危险或者实质危险等标准的具体判断，造成具体判断标准过于原则和抽象的结果。

在判决中，宪法法院以"合宪的限定解释"为原则，对已存在违宪性因素的法律，作出限定解释后得出了合宪的结论。这种限定合宪的解释方法主要是为了避免因单纯判决违宪可能导致的法律关系的紊乱和法律的空白，消除危害国家安全的因素。但问题是，对具有违宪性的法律作出过于严格的限制解释，不考虑该法律实施过程中的扩大解释的事实，是否符合合宪解释的基本要求？在本判决中，宪法法院为得出"合宪"的结论，在具体判断过程中超越了合宪解释的界限，反对意见中即指出了这一点。另外，在判决中宪法法院对宪法规定的"自由民主的基本秩序"的基本原理的内涵作了统一解释，即把"以私有财产和市场经济为核心的经济秩序"作为自由民主基本秩序概念的要素之一。这种宪法解释明确了自由民主基本秩序的概念，对未来制定统一宪法也会产生积极的影响。

[附：韩国宪法相关条文]

第 21 条

（1）任何国民有言论、出版的自由和集会、结社的自由。

（2）不承认对言论、出版的许可、检阅和对集会、结社的认可。

（3）有关保障通信、广播的设施标准和新闻机能所需的事项以法律规定之。

（4）言论、出版不得侵害他人的名誉、权利、公众道德或社会伦理。当言论、出版侵害他人名誉或权利时被害者有权提起损害赔偿的请求。

五、纽约时报诉苏力文案①

[事实概要]

本案发生的时代背景是 20 世纪 50 年代和 60 年代美国黑人民权运动蓬勃发展。1960 年 3 月 29 日，黑人民权领袖马丁·路德·金等四名牧师联络了 64 位著名的民权人士，在《纽约时报》的一整个版面刊登了题为《请倾听他们的呐喊》（Heed Their Rising Voices）的政治宣传广告，为民权运动募集资金。该广告抨击了美国南方各级政府镇压民权示威者的行径，其中特别谴责阿拉巴马州蒙哥马利市警方恐怖镇压非暴力的群众示威，并且将镇压民权运动的警方和其他势力称为"南方的违宪者"。

苏力文（L. B. Sullivan）是蒙哥马利市专门负责管理当地警局的市

---

① New York Times Co. v. Sullivan, 376 U. S. 254 (1964).

政专员，他认定《纽约时报》的广告是在含沙射影地批评自己，因此将《纽约时报》和在广告中署名的几名黑人牧师起诉到法院，要求 50 万美元的名誉损害赔偿金。此外，亦有其他人受到苏力文的影响而相继起诉了《纽约时报》。案件首先在阿拉巴马州法院审理，法院判决《纽约时报》败诉，其广告构成名誉侵权，应当承担赔偿责任。

《纽约时报》后来以言论自由为理由将案件上诉到联邦最高法院。联邦最高法院认为这一案件涉及重要的宪法问题，即对公职人员的舆论监督，尤其是联邦宪法第 1 条修正案中言论自由和新闻自由的核心公共问题，因此受理了本案。

[判决内容]

1964 年 3 月，联邦最高法院以 9∶0 的票数推翻了阿拉巴马州法院的判决，坚定地捍卫了言论自由和新闻自由。在布伦南大法官撰写的判决中，明确地指出，美国宪法历史上从来没有任何判决"支持以诽谤罪压制对公职人员执行公务行为的批评"。"美国上下普遍认同的一项原则是，对于公众事务的辩论，应当是毫无限制、富有活力和广泛公开的。它可以是针对政府和公共官员的一些言辞激烈、语调尖刻有时甚至是一些令人极不愉快的尖锐抨击。"

联邦最高法院还在判决中进一步引用以前的有关判例，提出，本案涉及的政治广告，正是对当今一个重大公共问题表示不满和抗议，它显然有权得到宪法的保护。即使它的个别细节失实，有损当事官员的名誉，也不能成为压制新闻和言论自由的理由，仍然应当得到宪法第 1 条修正案的保护，唯有如此，言论自由才有其存在所需的"呼吸空间"（breathing space）。

联邦最高法院提出，涉及公共官员因处理公共事务而受到批评和指责，使个人名誉可能受到损害时，不能动辄以诽谤罪起诉和要求赔偿，除非公共官员有证据证明这种指责是出于"实际的恶意"（actual malice）。据此，公共官员的名誉侵权索赔，不仅要证明新闻报道失实，而且必须找到证明新闻存在实际恶意的证据。

[评析]

本案是美国联邦最高法院在言论自由与新闻自由保障方面所作出的经典判例之一。由于本案，美国的新闻报刊取得了"无冕之王"的地位。实际上，所谓的"实际的恶意"几乎是难以证明的，因此，美国的公共官员在面对新闻报纸的冷嘲热讽甚至是人身攻击时，总是无能为力。正是由于这一判决所确立的原则，美国公共政治生活领域对公共官员及政府的各种各样的批评性、抨击性的言论异常活跃，这是其政治开放活跃的重要条件之一。

在我国晚近几年的公共生活中，也经常存在对国家机构及其公务人员的各种批评，其中一部分在内容上属于那种令人非常不愉快的言论，而且，部分情节失实的也有出现，国家机关（如法院）或其公务人员起诉要求进行名誉损害赔偿。对于此类案件，可以在一定程度上借鉴美国联邦最高法院在本案中的原则，对言论自由加以合理的保护，以便保持国家政治生活的开放与活跃。

［附：美国联邦宪法相关条文］
第 1 条修正案

国会不得制定关于下列事项的法律：确立国教或禁止信教自由；剥夺言论自由或出版自由；或剥夺人民和平集会和向政府请愿申冤的权利。

六、更正报道请求权与言论自由[①]

［事实概要］

A 公司以请求人发行的报刊内容侵犯其自己的名誉权为由，根据《定期刊物登记法》第 16 条第 3 款、第 19 条第 3 款向汉城地方法院提起诉讼。在一审中 A 公司胜诉，之后请求人向汉城高等法院提起上诉，要求保护报道机关的言论自由，并向法院提出对规定更正报道请求权的《定期刊物登记法》第 16 条第 3 款进行违宪审查的要求。审理该案的法院对其违宪审查请求予以驳回，于是请求人根据《宪法法院法》第 68 条第 2 款的规定提起宪法诉愿裁判请求。

本案的审判对象是《定期刊物登记法》第 16 条第 3 款、第 19 条第 3 款。

第 16 条第 3 款规定：因报道机关报道造成侵害时受害人有权行使更正报道登载请求，报道机关必须登载更正报道。

第 19 条第 3 款规定：法院根据《民事诉讼法》有关诉讼保全程序审理请求，认为有理由时可命令刊登更正报道。

---

① 韩国宪法法院 1991 年 9 月 16 日判决，90 宪戌 10。

本案的争议点主要是：更正报道请求权的依据；基本权价值之间发生冲突时如何保持协调；更正报道请求权是否侵害了报道机关的报道自由。

[判决内容]

宪法法院于 1991 年 9 月 16 日作出判决，认定《定期刊物登记法》第 16 条第 3 款、第 19 条第 3 款不违反宪法。

言论自由是民主国家存在与发展的基础，具有优先的地位，这是现代宪法的特征。人格权是一切权利的出发点与归宿，当宪法保护的言论自由与人格权互相冲突时，应从宪法角度合理地保持平衡，以协调两者权利价值的统一。在不同传统和社会背景下，各国解决两者冲突的方法不尽相同。英国、美国等国对以言论侵犯人格权的行为实行严格的损害赔偿责任。实行反论权制度的主要有法国型与德国型两种方式。法国型模式的特点是，不仅反论事实上的主张，而且对论评、批评等意见及其价值判断也可提出反论，扩大适用反论的范围。而在德国等国，只允许对事实主张提出反论，对反论权采取缩小解释的方法。

《定期刊物登记法》第 16 条、《广播法》第 41 条规定的更正报道请求权是指，因定期刊物或广播所公开的事实而受侵害的受害人有权要求刊登受害者的实际陈述以及更清楚地表达的必要说明，其实质是受害人享有对报刊或广播中报道事实进行反驳的权利。更正报道请求并不是为了分清事实与否及请求虚假报道的更正。制定这一制度的主要理由是：(1) 言论报道机关侵害特定人的一般人格权时应赋予受害的个人迅速、适当和对等的防御手段；(2) 对于读者而言，不能只依靠报道机关因时间限制而单方面地收集资料后提供的信息，同时需要了解相对方的反对意见，在此基础上才有可能作出正确的判断，因此这一制度有利于发现真实，形成合理的舆论导向。

作为反论权的更正报道请求权的基础是宪法保障的人格权。其目的是赋予因言论机关的报道使其人格权和私生活秘密与自由受侵害的受害者合理的防御手段，体现公平、公正原则，形成正确的舆论，保护受害者的人格权。可见，反论权的性质就是更正报道请求权，但该法律使用"更正"一词，把反论权表述为"更正报道请求权"，容易造成误解。实际上，所谓对报道内容进行反驳并不是要求报道机关纠正自己报道中的内容。尽管法律用语的表述上存在不够准确的问题，但不能由此认为该法以不合理的方式把人格权的实现加以立法化，侵害了报道机关言论自由的本质内容，即法律名称不能成为违宪的依据。

在本案中言论机关的报道自由与受害者人格权及私生活秘密权的保

护出现了相互冲突。当两种基本权冲突时，为了维护宪法的统一性，应寻求两种基本权都能最大限度地发挥功能与效应的协调方法，需要论证根据过剩禁止原则更正报道请求制度的目的是正当的，为达到目的所采用的手段及其限制言论的程度与人格权之间形成了合理的比例关系等。

反论权以宪法保障的人格权、私生活秘密与自由为基础，并把反论的对象限定在事实的主张，以保障通过意见陈述等价值判断而表现的言论自由。即使是事实主张，如果受害人对更正报道请求权的行使不具有正当利益，或请求的更正报道内容明显地违反事实，或以广告为目的进行请求时，报道机关可拒绝刊登更正报道的要求。根据该法规定，更正报道请求权的行使在时间上也有一定的限制，如日报或通讯，应在 14 日以内，其他刊物应在 1 个月内提出刊登更正报道请求。这是为了防止报道机关陷入长期的不稳定。另外，更正报道的字数不能超过已报道内容的字数，更正报道事件的审判前置程序是言论仲裁委员会，以通过当事人之间的协商自律解决双方的纠纷。发表更正报道时以受害人的名义进行，不会出现侵害言论机关名誉或信誉的问题。因此，现行法律规定的更正报道请求权虽然具有限制言论自由的性质，但通过对反论范围的必要的、最小的限制，维持了两种权益之间的均衡。

受害者通过言论仲裁委员会仲裁难以达到合意时可向法院提起更正报道审判请求。法院的审判程序是根据《民事诉讼法》的财产保全程序进行，不作为单独的本案诉讼，对其审判不服时除提出异议申请或上诉外没有其他提出不服申请的程序。这是因为反论权制度是为了给受害人提供迅速救济权利的手段，只要符合一定的形式要件可以不考虑复杂的、实体的权利关系，直接给予认定。因此，不能认为这种程序是限制言论自由或限制审判请求权的。作为反论权的更正报道请求权的功能是保护受害者人格权，形成公正、正确的舆论，它并不是发现真实、纠正错误的请求权，因此它的行使要件应尽可能缓和，一般不按照《民事诉讼法》上的本案程序，而尽可能通过迅速而简便的假处分程序解决。

对宪法法院的多数意见，韩丙采、李世润法官提出了如下反对意见。其主要观点是：

（1）多数意见认为《定期刊物登记法》第 16 条的更正报道请求权是反论权，在这个前提下该法是合宪的。这种解释从韩国法理论上并不是合理的理论构成。韩国《定期刊物登记法》上的更正报道请求权被认为是以德国言论法上的反论权作为蓝本，但两者是有区别的：德国法上的标题就是反论请求权（Gegendarstellung sanspruch），明确登记的内容是对已经报道内容的反驳，而在韩国法律上没有反论权或反驳权的表述；德国法规定登载反论（Gegendastellang）是一种义务，请求刊登反驳文，与已刊登的内容无关，而在韩国法律规定了更正报道刊登义务，被理解为更正已经报道的内容；德国法上使用关联者（Bertroffene）的用语，而韩国法律上则使用"受害者"的用语，故该权利被理解为因错误报道而受损害的被害者的权利救济方式；德国法上没有仲裁的前置原则，而在韩国则采用仲裁前置主义，要请求更正报道，必须先通过言论仲裁委员会的仲裁。基于以上情况，两位法官认为韩国法律上的更正报道请求权与德国法上的反论权有很大区别，容易理解为因错误报道而受损害的受害者的一种救济，制定该制度是为了查明报道内容的真实与否以达到更正的目的。

（2）《定期刊物登记法》第 19 条第 3 款规定对更正报道请求权采用民事诉讼法假处分程序，从法律本身的规定看是采取简易程序，难以从程序上防止基本权受害的现象。

（3）将现行法律上的更正报道请求权制度解释为《民法》第 764 条上的名誉权被侵害的受害者恢复原状请求制度，则似乎更合理一些。从一般人的理解看，把它理解为反驳权是有一定困难的，应解释为在因定期刊物名誉受损害的特殊情况下，请求恢复原状。因此，在审理更正报道请求权时应根据《民法》第 764 条，按照正式的审判程序进行，不宜采用简易的审理程序，否则有可能侵害发行人或编辑充分的防御权，使其在程序上受到不利的影响。如果继续保持现行的更正报道请求制度，可能影响正式审理程序上应得到保护的《宪法》第 109 条的接受公开审判的权利，《宪法》第 27 条第 1 款依照审判程序接受公正审判的权利等程序上的基本权。

如要避免《定期刊物登记法》第 19 条第 3 款违宪，应重新调整现行法的表述，通过法律修改，消除因更正报道请求权而可能发生的误解，这时法律上即使采用假处分程序，也不存在宪法程序的基本权受侵害的违宪问题。因此，法院认为需要进行新的立法以消除违宪要素。

［评析］

在现代信息化社会中，新闻媒体发挥着越来越重要的作用，这种作用既有积极的一面，也有消极的一面。消极方面主要是新闻媒体的言论自由与社会成员人格权、私生活之间发生的冲突。新闻报道容易侵犯国民的人格权和私生活权。本案的重要意义在于，从宪法体制上明确了新闻媒体行使的言论自由有一定的限度，即不能侵害国民的宪法保护权利，权利受侵害时应采取迅速得到救济的程序与制度。同时，判决中明确了两种基本权发生冲突时的解决原则，即为保护宪法的统一性，采用规范协调的方式，在价值认定的协调中保持宪法功能的统一。保护受害人的反论权并不影响新闻机关应享有的言论自由，所谓的更正报道实际上是刊登反驳文，并不要求新闻机关更正报道的内容，也不产生报道是否真实的后果，只是向读者提供与报道内容不同的具有反驳性质的文章，以寻求宪法权利在客观上的平衡。如果把反论权理解为对报道内容的纠正，则会侵犯新闻媒体应享有的言论自由，反之，不给受害者反论的权利，有可能造成受害者人格权的损害。本案通过宪法规范的合理协调，确立言论自由作为客观规范秩序的合理界限，以实现各种基本权价值。

在本案中，多数法官与少数法官的意见分歧主要在于更正报道请求权的性质与表述问题。多数意见认为，更正报道请求权实际是反论权，而且法律上对反论权本身作了一些限制，以保持与言论自由价值的平衡。而少数意见认为，应从法律实体的规定和表述上把更正报道请求权理解为反论权，促使立法机关及时修改容易产生误解的法律条文，明确反论权性质。宪法法院作出合宪判决后，国会于 1995 年 12 月 30 日修改了《定期刊物登记法》，把"更正报道请求权"修改为"反论报道请求权"，接受了本判决中少数法官提出的意见。在合宪判决中以一定的形式要求立法机关修改相关的法律，不仅避免了因违宪引起的社会生活的混乱，同时保持了法律条文与社会生活的协调。

[附：韩国宪法相关条文]

第 21 条

（1）任何国民有言论、出版的自由和集会、结社的自由。

（2）不承认对言论、出版的许可、检阅和对集会、结社的认可。

（3）有关保障通信、广播的设施标准和新闻机能所需的事项以法律规定之。

（4）言论、出版不得侵害他人的名誉、权利、公众道德或社会伦理。当言论、出版侵害他人名誉或权利时被害者有权提起损害赔偿的请求。

第 27 条 1 款

任何国民有接受宪法和法律规定的法官依法进行的审判的权利。

第 109 条

裁判的审理和判决须公开。但审理有妨碍国家的安全保障、公共秩序或善良风俗之虞时，经法院的决定可以不公开。

七、事先审查电影与表现自由①

[事实概要]

请求人 A 在上演电影《梦的国家》时被控违反了韩国《电影法》第 12 条第 1 款的规定，事先没有经过公演伦理委员会的审查，因此遭到起诉。在汉城地方法院审理本案期间，请求人向审理本案的法院提起该条款违宪的请求，其申请被驳回后请求人依照《宪法法院法》向宪法法院提起宪法诉愿审判诉讼。

本案的审判对象是《电影法》第 12 条、第 13 条。

第 12 条规定：（1）电影（包括预告片）在上演之前须经根据《公演法》设置的公演伦理委员会的审查。（2）没有经过第 1 款规定的审查不得放映电影。

第 13 条规定：公演伦理委员会或者广播审议委员会根据第 12 条第 1 款或者第 4 款的规定审查时，如有下列情形之一时不得对电影作出审查通过的决定，但认为如删除有关部分可上演时，删除有关部分后可作出审议通过决定：（1）违背宪法基本秩序或有损国家权威时；（2）有损公序良俗或造成社会秩序紊乱的可能性时；（3）有损国家间友谊的可能性时；（4）有损害国民精神的可能性时。

本案的争议点主要在于：事先审查的制度是否违反宪法规定的表现自由；公演伦理委员会的性质及其检阅行为的合宪性与否。

[判决内容]

宪法法院于 1996 年 10 月 14 日作出判决，认定《电影法》第 12 条第 1 款及第 2 款，以及第 13 条第 1 款中规定的公演伦理委员会审查部分违反宪法。

电影是人类意思表示的一种手段。电影的制作及上演受到宪法保障，它既是发表研究成果的形式，也是艺术表现的手段。因此，电影的制作及上演受规定学术、艺术自由的《宪法》第 22 条第 1 款的保障。宪法明确禁止对言论、出版的许可和检阅，即使对言论、出版自由的限制也不得以检阅的手段进行。检阅是指行政机关作为主体以预防的手段审查、选择发表以前的思想、意见的内容，是一种禁止发表未经许可内

① 韩国宪法法院 1996 年 10 月 14 日判决，93 宪甲 13。

容的制度。作品一般在发表以前应提请许可，行政机关作为主体对此作品进行事先审查，禁止发表未经许可的内容。

《宪法》第 21 条第 2 款禁止的检阅只包括事先检阅，不具有事后审查或检阅的性质，也就是说，除事先审查之外其他审查形式不包括在宪法第 21 条第 2 款的检阅之内。禁止的检阅并不包括精神作品发表后采取的事后的司法规制，依据司法程序禁止电影上演的措施（如侵害名誉或知识产权的假处分）或在后果上实际相同的刑罚决定并不意味着禁止对电影的所有事先审查。由于电影是以观众为对象的表现形式，影像媒体本身又具有特殊性，上演后通常产生很大的冲击或刺激，一旦普及到观众生活则没有有效的规制的方法。因此，在上演或普及电影以前有必要审查规制，由审议机关最终作出是否上演的判断相当于检阅，但为了事先防止因电影上演后而出现的违反实定法的可能性和在流通阶段防止对青少年产生不良影响，事先审查等级不属于事先检阅。对未经等级审查而上演电影的行政制裁并不属于检阅，这里所讲的上演禁止不是审议的结果，而是总体上体现等级审查的措施。《电影法》第 12 条第 1 款、第 2 款以及第 13 条第 1 款的有关规定赋予公演伦理委员会事先审查电影的权力，规定未经事先审查的电影不得上演。该法规定的对电影的审议制内容是审议机关事先审查电影的内容，对不符合审议标准的电影禁止上演，对未经审查而放映的行为给予刑事处罚。这种规定明显采用了事先检阅制度。

本案的焦点并不涉及作为电影审议机关的公演伦理委员会的性质问题。宪法上的检阅禁止原则只限于检阅依据行政权进行的情形，那么公演伦理委员会是否行使行政权？虽然检阅是由非行政机关的独立委员会进行，但如果行政权作为主体建立检阅程序，对检阅机关的构成产生持续的影响，则实质上检阅机关就是行政机关。即使公演伦理委员会是由民间人士组成的自律机关，但《电影法》上规定对电影的事先许可制度，行政权对公演伦理委员会产生持续影响力时它仍是体现行政权的检阅机关。尽管在审议活动中该委员会是保持独立性的审议机关，但在判断该机关性质时独立性并不是考虑的重要因素，因为独立性仅仅是审议程序与结果保持公正性与客观性的前提。

[评析]

本案是合并审理的案件。宪法法院在本案的审理中对宪法禁止的检阅制度的含义、宪法意义上的表现自由及事先检阅与表现自由的关系等问题进行了学理上的分析。根据宪法法院的分析，所禁止的检阅制度的要件包括：为了获得许可提交作品的义务；行政权作为主体的事先审查程序；禁止未经许可的意思表示；体现审查程序的强制手段。如果实行上述意义上的检阅制度，必然会侵害国民艺术活动的独创性与创造力，对精神生活造成不利影响，有可能被特权者滥用，阻碍正常言论的发展。因此，以行政权为主体而进行的事先检阅制度是宪法禁止的不合理的制度，缺乏宪法基础。宪法法院特别强调，只要是行政权持续地对任何形式的审查机关保持影响力，那么这种审查机关就具有行政机关的性质，是行政权的不当干预。从这一前提出发，宪法法院区分了事先的等级审查与一般检阅审查的概念。为了保证社会生活的稳定，事先进行等级审查是必要的，否则电影这种传播影响力和冲击力比较大的影像媒体产生的负面影响是难以控制的。但问题是如何判断电影的正面影响和可能产生的负面影响。《电影法》中规定的基准显然是过于抽象和原则的，不易对具体对象采取具体的、客观的判断。严格意义上讲这种判断标准存在违宪的问题。宪法法院在本案中首先认定检阅制度本身是违宪的，因此对其标准问题没有作出判断，但作者认为，从宪法判断的效果看，似乎有必要对其标准的违宪性问题同时作出判断。

1996年10月31日，宪法法院对VCD是否需进行事先审查问题作出了与上述判决相同的判断，即歌手制作、贩卖VCD必须经过公演伦理委员会的审查的规定违反宪法。两个案件的违宪决定在社会上产生了极大的反响。演艺界人士普遍认为宪法法院的决定保障了艺术自由与言论自由。但也有一些人担心上述决定会导致对表现淫乱、暴力等内容的作品缺乏有效的控制，特别是损害青少年的身心健康。当时也有一些政党提出应设立专门的成人电影院与青少年电影院的建议。1997年4月，国会在听取各方面意见的基础上通过了修改的《电影振兴法》。该法把事前审议制度修改为上演等级赋予制度，把电影分为四个等级，即所有人都能观看的电影、12岁以下青少年不能观看的电影、15岁以下青少年不能观看的电影、18岁以下青少年不能观看的电影。也就是把事先审查制改为等级评定制，必要时把等级保留到6个月；同时把"公演伦理委员会"改为"韩国公演艺术振兴协议会"，赋予该机构评定等级的权力。为保证等级评定制度的有效性，该法对未得到电影等级评定、虚假的电影等级评定以及编造等级等行为规定了严厉的处罚措施。

[附：韩国宪法相关条文]
第21条
（1）任何国民有言论、出版的自由和集会、结社的自由。

（2）不承认对言论、出版的许可、检阅和对集会、结社的认可。

（3）有关保障通信、广播的设施标准和新闻机能所需的事项以法律规定之。

（4）言论、出版不得侵害他人的名誉、权利、公众道德或社会伦理。当言论、出版侵害他人名誉或权利时被害者有权提起损害赔偿的请求。

第 22 条

（1）任何国民有从事学术研究和艺术的自由。

（2）著作权人、发明家、科学技术工作者和艺术家的权利受法律保护。

八、《皮条客》杂志诉法尔威尔案①

［事实概要］

《皮条客》杂志（Hustler）是拉里·弗林特（Larry Flynt）公司旗下的一份色情杂志，其 1983 年刊登了一则为一个名为"Campari"的意大利酒所做的诙谐广告，该广告的图片和文字内容均涉及美国著名宗教领袖法尔威尔（Jerry Falwell）。广告的标题是"法尔威尔讲述他的第一次"（Jerry Falwell talks about his first time）。广告正文以采访的对话形式展开，用文字描写了法尔威尔的第一次乃是与母亲发生的乱伦的性经历，内容极为不堪。此外，广告配有未经授权而使用的法尔威尔的本人照片。广告版面最底端以极小字体标明"纯属虚构"的字样。

法尔威尔以诽谤、侵犯隐私权等理由向法院起诉了拉里·弗林特公司和《皮条客》杂志。案件首先在联邦地区法院西弗吉尼亚巡回法庭审理，法院判决拉里·弗林特公司和《皮条客》杂志赔偿 15 万美元。拉里·弗林特提起上诉。案件最终上诉到联邦最高法院。

［判决内容］

联邦最高法院以 8∶0 的票数一致认可了弗林特公司以言论自由作出的抗辩。最高法院在判决中指出，联邦宪法第 1 条修正案的核心在于，对关于公众关心的问题或利益自由地交流思想是极端重要的。自由地表达思想不仅具有个人自由的维度，并因此对个人本身是重要的，而且对于求证真理和社会整体的有效性也是必不可少的。因此，法院必须非常警惕地确保个人对其观点的表达免于政府的制裁。第 1 条修正案对

---

① Hustler Magazine, Inc. v. Falwell, 485 U. S. 46 (1988).

Jerry Falwell talks about his first time.*

FALWELL: My first time was in an outhouse outside Lynchburg, Virginia.

INTERVIEWER: Wasn't it a little cramped?

FALWELL: Not after I kicked the goat out.

INTERVIEWER: I see. You must tell me all about it.

FALWELL: I never *really* expected to make it with Mom, but then after she showed all the other guys in town such a good time, I figured, "What the hell!"

INTERVIEWER: But your mom? Isn't that a bit odd?

FALWELL: I don't think so. Looks don't mean that much to me in a woman.

INTERVIEWER: Go on.

FALWELL: Well, we were drunk off our God-fearing asses on Campari, ginger ale and soda—that's called a Fire and Brimstone—at the time. And Mom looked better than a Baptist whore with a $100 donation.

INTERVIEWER: Campari in the crapper with Mom... how interesting. Well, how was it?

FALWELL: The Campari was great, but Mom passed out before I could come.

INTERVIEW-ER: Did you ever try it again?

FALWELL: Sure...

lots of times. But not in the outhouse. Between Mom and the shit, the flies were too much to bear.

INTERVIEWER: We meant the Campari.

FALWELL: Oh, yeah. I always get sloshed before I go out to the pulpit. You don't think I could lay down all that bullshit sober, do you?

Campari, like all liquor, was made to mix you up. It's a light, 48-proof, refreshing spirit, just mild enough to make you drink too much before you know you're schnockered. For your first time, mix it with orange juice. Or maybe some white wine. Then you won't remember anything the next morning. Campari. The mixable that smarts.

CAMPARI You'll never forget your first time.

*AD PARODY—NOT TO BE TAKEN SERIOUSLY

《皮条客》杂志所做的广告

言论自由的保护必须保证民主社会中所发生的政治辩论时而延伸到对公众人物的批评，不会动辄受到名誉侵权赔偿的威胁。社会有可能发现言论令人不快，可这个事实并不构成压制言论的足够理由。的确，如果是讲话者的观点造成了不快，那么这种不快的结果正是将其交付宪法保护的理由。法尔威尔是第 1 条修正案意义上的公众人物（public figure）。不会有人认为广告中的描述是真实的，因此不会造成纽约时报案"实际的恶意"标准下的损害。因此，联邦最高法院推翻了下级法院的判决。

[评析]

本案是美国联邦最高法院关于言论自由和新闻自由保障的另一经典判例。它严厉地限制了公众人物的名誉权、隐私权等相关权利，而将言论自由和新闻自由的范围几乎扩张到了极限。因此，在美国，公众人物几乎从来不可能在与新闻报刊的法律较量中取胜。美国联邦最高法院将言论自由与新闻自由的保障扩展到了极限，以至于任何评析都显得多余了。但反过来看，如何保障名誉、隐私等则为一大问题。

［附：美国联邦宪法相关条文］
第 1 条修正案

国会不得制定关于下列事项的法律：确立国教或禁止信教自由；剥夺言论自由或出版自由；或剥夺人民和平集会和向政府请愿申冤的权利。

九、淫秽物的出版与出版自由[①]

［事实概要］

申请人在成立出版社后一直出版 Semi-girls 的画报。汉城特别市西草区厅长根据《出版登记法》（全称为《出版社及印刷所登记法》）第 5 条之二第 5 款，认为该画报存在淫秽、低级趣味的内容，以该出版社出版的画报相当于淫秽、低级趣味的刊物为由作出了撤销该出版社登记的处分。对此，申请人以西草区厅长为被告向汉城高等法院提起取消处分的行政诉讼。在审理中，申请人认为撤销该出版社登记所依据的《出版登记法》第 5 条之二的第 5 款违反《宪法》第 21 条第 1 款和第 11 条，故向法院提出违宪与否审判的提请，审理该案的法院受理申请后向宪法法院提出违宪法律审判提请。

本案的审理对象是《出版登记法》第 5 条之二第 5 款。

该条规定：登记厅根据第 3 条第 1 款的规定，对已登记的出版社或印刷所如有下列情形之一时应予取消其登记……（5）出版淫秽或低级的刊物或对儿童有害的漫画等，损害公众道德或社会伦理。

本案的主要争论点是：在宪法上，性的表述应在什么范围和程度上视为合理，其限制的界限如何把握等问题。具体涉及基本权竞合与冲突、宪法上淫秽或低级的含义、撤销出版淫秽或低级趣味刊物的出版社是否与宪法规定相矛盾，成人的了解权与低级出版物的关系等。

---

① 韩国宪法法院 1998 年 4 月 30 日判决，95 宪甲 16。

宪法法院于 1998 年 4 月 30 日作出判决，认定《出版登记法》第 5 条之二第 5 款有关规定"淫秽刊物"部分不违反宪法，有关规定"低级刊物"部分违反宪法。

[判决内容]

宪法法院首先从客观事实角度对宪法规定与该法律的关系问题作了说明。

（1）该法律条款为保护社会公共道德和社会伦理对出版社以两种形式进行了两次限制。第一次限制是对已登记的出版社规定禁止出版淫秽或者低级的刊物；第二次限制是当出版社违反上述规定时撤销出版社登记。第一次限制内容是禁止淫秽或者低级出版物的出版，表现为对《宪法》第 21 条第 1 款言论、出版自由的限制。如果出版社登记被撤销、出版社不能以自己的名义出版所有的出版物（包括淫秽、低级的刊物和合宪的出版物）时，登记撤销处分不仅限制了该出版社合乎宪法的言论、出版的自由，而且在被吊销期间因其不能进行出版活动，限制了其职业选择自由和出版社利用商号的财产权。可见，该法律条款对言论自由、出版自由、职业选择自由及财产权进行了相互竞合的限制。当一个规定同时限制几个基本权时，需要综合考虑申请人与提请法院的意图及基本权限制的立法者的客观动机，以同该案件关系最为密切、侵害程度最大的基本权为中心论证其界限。在该案中，立法的意图是规制出版内容，其规制手段是对言论、出版自由进行更多的限制，因此有必要以言论、出版自由为中心分析该法律条款的宪法界限。

（2）《出版登记法》没有对"淫秽"一词的内涵作出具体规定。从该法律禁止淫秽出版物的出版本身的规定看，"淫秽"是指宪法上不保护的性的表现。宪法上不保护的性的表现具体指"歪曲人的尊严及人类属性的赤裸裸的、露骨的性的表现，只能表现性的兴趣，整体上没有任何文化的、艺术的、科学的或政治的价值"。韩国最高法院在解释、适用《刑法》第 243 条的"淫秽"的概念时，也是从上述意义上把握其概念的，提出了约定俗成的标准。该法律条款中"淫秽"的概念与刑法上"淫秽"的概念没有实质性的区别。因此，该法律条款的"淫秽"概念也决定了执法者遵循的合理标准，不能因法适用者个人的意图而从不同意义上赋予其含义。按照这种解释，法律条款中"淫秽"概念本身并不是不确定的，与明确性原则没有矛盾。

（3）即使淫秽表现是追求幸福权的一项内容，但如果允许以出版物为载体向社会广泛渲染，从国民的性观念看，可能导致性道德的混乱，特别是，把既作为主体，又以目的而存在的人类看作是满足于物质享受和商业物欲的手段。为了保护社会的性道德，禁止淫秽出版物的出版是十分必要的。为了禁止淫秽出版物的出版，《刑法》第 244 条规定了对淫秽出版物出版者的刑事处罚，以达到特别预防的目的。但本案所涉法律条款不是对过去行为的制裁，而是通过撤销出版社登记本身，禁止其进行全面的出版活动，以防止今后可能出现的淫秽出版物的出版，最终要达到控制淫秽物的流通。因此，该法律条款的目的是正当的，撤销登记这一手段也符合其目的。因为现行法制上还没有对已经出版的淫秽出版物的具体控制制度，所以刑法上的规定、民事程序上的规定也有其局限性。

通过登记撤销手段而得到的公益和被侵害的基本权之间如何形成均衡是本案中的基本问题。在分析时应综合考虑出版登记法上的登记难易度、淫秽出版物的流通过程和具体形态，以及淫秽出版物规制的必要性、登记撤销制度的实际运用程度等因素。现行《出版登记法》上规定的登记要件是不严格的，任何人只要租用场地，申请登记即可以登记出版社，登记被撤销后重新登记时法律上没有任何限制。因此，因淫秽出版物的出版被撤销登记后可以再申请出版社登记。当然，根据该法律条款规定，并不是出版淫秽出版物后马上撤销登记，而是要考虑是否侵害了公众道德和社会伦理。立法者已经从立法的角度考虑到了由于撤销手段的滥用可能导致的合宪出版活动的限制问题。这样把登记的撤销规定为裁量行为，如果当事人因行政厅的裁量判断而遭受侵害，则可通过法院进行救济。从登记撤销制度的具体运用看，登记撤销并不是依登记厅的主观的、恣意的判断而形成，即淫秽、低级出版物的审议决定并不是登记厅直接作出，而是由作为社团法人的韩国刊物伦理委员会根据自己的审查基准作出判断，并把决定内容向文化体育部通报，文化体育部对建议制裁的出版物指导管验登记厅作出行政处分，管验登记厅在作出登记处分前进行一次听证。这样一来，因出版社登记被撤销而造成的基本权利益的实际侵害并不特别巨大，反而得到的公益是明显的。故该法律条款的限制并不是过分的限制，并不违反过剩禁止原则。

（4）该法律条款规定的登记撤销制度不仅针对淫秽的刊物，而且包括"低级的刊物"。首先，需要考察"低级"概念本身是否不明确。从通常的理解看，"淫秽"是指淫乱、淫荡等现象，而"低级"是指"品位低"的现象或表现。从该法律条款的规定看，"低级"是一种还没有达到"淫秽"程度的性的表现，以及比较残酷、暴力等的描述。"低级"

概念涉及的范围是比较广泛的，即使作出补充解释，它仍是不确定的、十分抽象的概念。达到什么程度的性的表现是低级的，什么程度的暴力和残酷性才是低级等问题在一般情况下是不确定的，无法对适用法律的过程提供比较明确的标准。简言之，"低级"概念中对导致出版社登记被撤销的性的表现只列了下限，对于出版者而言无法明确在什么程度上把握出版物的表现内容。以性为题材的故事、被歪曲的社会道德或伦理的描述以及暴力的描述等都可能被纳入"低级"概念之中。因此，该法律条款容易造成适用法律上的恣意性，存在着侵害言论、出版自由的可能性。全面禁止低级刊物的出版，进而撤销出版社登记的规定过分地限制了言论、出版自由。低级的表现不同于"淫秽"的描述，它属于言论、出版自由的保护领域，具有一定的社会价值，除特殊情况下有重大理由外，这一规定存在侵害表现自由的威胁。

当然，为了保护青少年的身心健康，有必要规制表现低级、庸俗的性的描述，但对它的规制只能限定在青少年，其规制手段只能是限制向青少年的流通，比如，事先对低级表现物分等级，发行时不让青少年接近等。对继续向青少年传播低级表现物的人，应停止营业或者必要时采取刑事制裁手段。但本案所涉法律条款全面禁止低级出版物的出版，进而撤销出版社的登记，显然是选择了过分的限制手段。以保护青少年的名义，全面禁止成年人阅读低级刊物显然侵犯了成人的了解权。总之，该法律条款全面地禁止宪法上受保护的低级表现，超越了保护青少年的立法目的。故该法律条款中规定"低级刊物"部分违反了《宪法》第37条第2款的过剩禁止原则。

[评析]

本案涉及的宪法基本理论问题是基本权竞合中如何选择其中更为重要而且对社会生活产生重要影响的权利，以相对重要的权利为中心分析不同的权利形态。宪法法院在判决中以言论、出版自由的价值为核心确立了需要给予保护的社会关系。基于社会公益和伦理道德，对某种社会现象进行规制时需要明确规制的目的与为达到目的而采取的手段之间的有机联系。法律条款中出现的"淫秽"与"低级"是不同的概念，但该法律条款在规制的具体手段上采取了相同的方法，没有对其保护领域进行必要的划分。"低级"刊物的出版和描述并不是宪法一律禁止的，如需要限制只能限定在特定的主体，即青少年。以不确定的概念一律禁止，则会侵犯宪法保护领域的对象。宪法法院对"淫秽"和"低级"概念的区分为确立宪法保护领域提供了合理的依据。行政厅在作出撤销处分时应严格区分两个概念，以宪法法院在判决中提出的标准为依据，不得随意扩大解释范围。

作出该案判决后，审理该案的法院按照宪法法院提出的低级出版物的概念，撤销了行政厅的登记处分决定，认为该出版物不是淫秽出版物，而是"低级"出版物，属于宪法保护对象。

[附：韩国宪法相关条文]

第 11 条第 1 款

一切国民在法律面前一律平等。在政治、经济、社会和文化的诸领域，任何人不得因性别、宗教或社会身份不同而有所差别。

第 21 条

（1）任何国民有言论、出版的自由和集会、结社的自由。

（2）不承认对言论、出版的许可、检阅和对集会、结社的认可。

（3）有关保障通信、广播的设施标准和新闻机能所需的事项以法律规定之。

（4）言论、出版不得侵害他人的名誉、权利、公众道德或社会伦理。当言论、出版侵害他人名誉或权利时被害者有权提起损害赔偿的请求。

第 七 章

人身自由

第一节　基本概念与理论

一、人身自由的概念

人身自由，又称身体自由，是指公民的人身不受非法侵犯的自由。人身自由是公民参加国家政治生活、社会生活的基础，是保护个人免受国家任意干预的自由权，是以人身保障为核心的权利体系。我国《宪法》第 37 条规定："中华人民共和国公民的人身自由不受侵犯。任何公民，非经人民检察院批准或者决定或者人民法院决定，并由公安机关执行，不受逮捕。禁止非法拘禁和以其他方法非法剥夺或者限制公民的人身自由，禁止非法搜查公民的身体。"这一条规定实际上确立了公民人身自由的宪法地位，使之成为基本权利体系的基石。

人身自由的基本价值体现在：

1. 人身自由是体现公民宪法地位的重要标志。人身自由是公民作为人而表现的基本价值要求，是人的不可剥夺的权利。人身自由制度的完善是社会文明进步的结果，反映了人类自我完善的过程。

2. 人身自由是人类自身生存所必需的权利。在宪法体制中，自由通常分为人身自由、精神自由与经济自由等；享有精神自由与经济自由的前提是人身的独立与自由，即首先在人身上成为自由的人，其人身受宪法和法律保障，客观上存在有效的人身自由保障制度。

如果公民的人身自由得不到保障，其他权利与自由的行使则会失去基础。从这种意义上说，人身自由是基本权利体系的基础与核心，反映了宪政的基本要求。

3. 人身自由的保障直接关系到社会的稳定与发展。人身自由本身体现了人的价值，构成公民与国家之间保持协调的重要因素，是维护社会稳定的基础。人身自由的价值能否得到尊重，其自由的实现程度，直接影响社会生活的安定。因此，从法律与制度上切实保障公民的人身自由有助于稳定社会关系，发挥社会主体的积极性。

二、人身自由的内容

人身自由具有丰富的内容，可以进一步划分为多项更为具体的权利，最常见者包括但不限于如下几项：

1. 不受非法逮捕的自由

逮捕措施是合法的刑事强制措施，但这一措施在实施的过程中经常会被滥用，由于其强烈的压制性特点，逮捕，尤其是在警察权失去控制时造成的非法或不当逮捕，经常成为损害人身自由的原因。正因为如此，人身自由的保障必然要求禁止非法逮捕，例如我国《宪法》第 37 条所规定的，"非经人民检察院批准或者决定或者人民法院决定，并由公安机关执行，不受逮捕"。

2. 不受非法拘禁的自由

与逮捕类似，拘禁也是合法的刑事措施，如我国刑法所设置的有期徒刑和无期徒刑，即属于合法的拘禁。合法的拘禁必须同时具备多项要求，如由合格的法庭通过正当审判作出判决，由有权的国家机关（监狱机关）予以执行，等等。但国家机关本身以及私人亦可能对个人实施法律所不允许的拘禁，因此，人身自由在内容上必须包括不受非法拘禁的自由。我国《宪法》第 37 条对于此项内容亦有列举。

3. 不受非法搜查的自由

不受非法搜查是指个人不受非法的搜身、盘问、搜索等，无理的搜身、盘问或搜索亦在此列。此类措施多属于警察权的必要手段，但不能排除被滥用的可能，从而超出合法与合理的范围。当然，搜身、盘问、搜索等不同措施对人身自由的限制程度各有不同，是否构成非法（尤其是无理）需要结合具体的情形予以判定。不受非法搜查的自由一方面与人身自由存在毗连，另一方面又联系着隐私权。我国《宪法》第 37 条专门作出规定禁止非法搜查，从第 37 条的语义结构来看，不受非法搜查与人身自由的联系更为密切。

4. 不受奴役或非法劳役的自由

对于受到奴役的个人来说，奴役不仅损害了其人身自由，而且是将人单纯地作为客体或手段，严重侵害人的尊严。因此，现代各国均普遍禁止各种形式的奴隶制，《公民权利和政治权利国际公约》亦在第8条禁止将任何人作为奴隶，禁止一切形式的奴隶制度和奴隶买卖。强制劳役同样是对人身自由的限制，但强制劳役本身并不必然损害人的尊严，在将劳役作为合法的刑事处罚手段的国家，合法判处的强制劳役是对人身自由的正当限制，但出于维护人身自由的考虑，一方面一切非法的劳役仍应在禁止之列，另一方面即使合法劳役也应符合宪法的要求。

除以上四项外，人身自由尚有不受无理驱逐、不受刑讯、无罪推定等各种内容，亦可引申出迁徙自由等诸多基本权利。几乎每一项具体的人身自由，其名称或内容中均含有"不得"、"禁止"等表述，可见人身自由具有强烈的防御权色彩。

三、人身自由的保障

人身自由作为公民的基本权利，构成自由权的核心内容，具有不可侵犯性。就其主体而言，本国公民和外国人都可以成为人身自由的享受主体，其权利的价值体系具有普遍性。出于维护社会秩序与公共利益的必要可以限制人身自由，但必须遵循宪法和法律所确定的合理界限，即对人身自由的限制必须在合理的范围内，以最合理的手段为之。保障人身自由是国家权力为公民权利的实现而提供的安全保障，反映了国家权力的义务性。就人身自由的实体价值而言，它具有普遍的约束力，一切国家机关、政党与公务人员都有义务尊重公民的人身自由，负有保障人身自由的义务。从这种意义上说，人身自由是防止国家权力的侵犯并就非法侵害取得赔偿的个人消极的、防御的公权利。

人身自由的保障是现代宪法遵循的一项基本原则，对人身自由的限制必须遵循基本权利的立法界限原则，确立国家权力运行的界限。人身自由的保障通常分为两种形式：一是实体保障；二是程序保障。实体保障是指有关保障人身自由的原理、原则，程序保障是指限制人身自由时遵循的刑事程序或刑事制度。我国宪法和法律所确定的人身自由的实体保障主要表现在：确立了限制或剥夺人身自由时遵循的法定原则，只有法定的国家机关按照法定程序才有权决定剥夺或限制公民的人身自由；确立罪刑法定主义原则，即法律明文规定为犯罪行为的，依照法律定罪处刑，法律没有明文规定为犯罪行为的，不得定罪处刑；禁止连坐制，即公民不因亲属的犯罪行为而受到株连。我国宪法和法律所确定的人身自由的程序保障主要表现在：拘留和逮捕须依法律程序进行；严禁刑讯逼供；被告人合法权益受保护原则；保护罪犯的合法权益。人身自由的司法保障是我国人身自由保障制度的重要内容。宪法上确定的人身自由保障原理通过具体的司法程序得到实现。

《宪法》第37条规定的"人身自由不受侵犯"是指公民享有不受任何非法搜查、拘禁、逮捕，不被非法剥夺、限制人身自由的权利。这一概念表明：人身自由是公民宪法地位的直接体现；任何组织或个人不得非法剥夺或限制公民的人身自由；剥夺或限制公民的人身自由，必须按照法定程序进行。这意味着，依照法定条件和程序可以限制人身自由。因此，人身自由是一种相对的权利，国家权力可依照法定程序进行限制或剥夺。但对公民人身自由的限制必须基于法律的规定，严格遵循宪法规定的基本原则。一般人身自由的实体保障主要表现在：限制人身自由实行严格的法律主义，体现了法律保留原则；实行罪刑法定主义；为了保障公民的人身自由，在司法活动中实行一事不再罚原则，限制国家刑罚权的行使并禁止其滥用。

在我国，剥夺或限制人身自由的法定程序的具体内容包括如下几个方面。

1. 拘留和逮捕程序

根据宪法的规定，任何公民，非经人民检察院批准或者决定或者人民法院决定，并由公安机关执行，不受逮捕。对此，《刑事诉讼法》进一步规定，公安机关逮捕人的时候，必须出示逮捕证，除无法通知的情形以外，应当在逮捕后24小时以内通知被逮捕人的家属。人民法院、人民检察院对于各自决定逮捕的人，公安机关对于经人民检察院批准逮捕的人，必须在逮捕后的24小时以内进行讯问，在发现不应逮捕的时候，必须立即释放，并发给释放证明。公安机关依法具有拘留权，被拘留者对拘留不服，可向公安机关或检察机关提出申诉。公安机关拘留的人犯，需要逮捕的，必须由人民检察院批准，人民检察院不批准逮捕的，公安机关应当在接到通知后立即释放。

2. 搜查、取证的法定程序

根据宪法规定，禁止非法搜查公民的身体，禁止非法搜查或者非法侵入公民的住宅。对此，《刑事诉讼法》进一步规定，为了搜查犯罪证据，查获犯罪人，公安机关可以对被告人以及可能隐匿罪犯或者犯罪证据的人的身体、物品、住处或其他有关的地方进行搜查，但必须严格依照法定程序进行。进行搜查时，侦查人员必须向被搜查人出示搜查证，并且应当有被搜查人或者他的家属、邻居或者其他见证人在场。搜查妇女的身体应当由女工作人员进行。这些法定程序的确定保证了公民人身自由不受非法侵犯，即使依照法定程序受到限制或剥夺时也不超出宪法所能容许的程度。

3. 审判活动的法定程序

我国《宪法》第 125 条规定："人民法院审理案件，除法律规定的特别情况外，一律公开进行。被告人有权获得辩护。"公开审判制度本身就是对人身自由的一种法定程序的保障，法院在审判活动中坚持依照法定程序全面地搜集证据，只有被告人供述，没有其他证据的，不能认定被告人有罪和处以刑罚，没有被告人供述，而证据确实充分的，可以认定被告人有罪和处以刑罚。在刑罚的适用方面实行"刑罚的轻重，应当与犯罪分子所犯罪行和承担的刑事责任相适应"原则，保护被告人的合法权益。根据刑事诉讼法的规定，被告人除自己行使辩护权以外，还可以委托律师或者近亲属或者其他公民为其辩护。公诉人出庭公诉的案件，被告人没有委托辩护人的，人民法院应为他指定辩护人。

4. 禁止刑讯逼供原则

严禁刑讯逼供是我国公安、检察机关的办案原则。法律严格禁止刑讯逼供，乃是因为刑讯逼供是对公民人身自由的严重侵犯。我国新《刑事诉讼法》第 50 条中规定，严禁刑讯逼供和以威胁、引诱、欺骗以及其他非法的方法收集证据，不得强迫任何人证实自己有罪。我国《刑法》第 247 条规定：司法工作人员对犯罪嫌疑人、被告人实行刑讯逼供或者使用暴力逼取证人证言的，处 3 年以下有期徒刑或者拘役。致人伤残、死亡的，依照本法第 234 条、第 232 条的规定定罪，从重处罚。全国人大通过在刑事法律中将刑讯逼供定为犯罪行为并予以处罚，履行着保障公民人身自由的义务。

第二节　典型判例与分析

一、韩国《国家保安法》超期拘留规定违宪案[①]

[事实概要]

请求人因违反《国家保安法》被治安本部拘留并接受审讯，在此期

---

① 韩国宪法法院 1992 年 12 月 24 日判决，92 宪甲 8。

间被治安本部根据《国家保安法》第 19 条第 1 款延长拘留期限一次，在被移送到汉城地方检察厅接受审讯期间，其拘留期限第二次被延长，最后地方检察厅以申请人违反《国家保安法》第 7 条为由将其起诉到汉城刑事地方法院。在法院审理期间请求人主张《国家保安法》第 19 条规定违宪，并向宪法法院提起宪法诉愿审判请求。

本案的审判对象是《国家保安法》第 19 条。

该条规定：（1）地方法院法官对第 3 条至第 10 条的罪，由司法警察向检察官提出申请并由检察官请求时认为有继续侦查的充分理由的，可允许将《刑事诉讼法》第 202 条规定的拘留期限延长一次。（2）地方法院法官认为对第 1 款的罪，根据检察官的请求有继续侦查的充分理由的，可允许将《刑事诉讼法》第 203 条规定的拘留期限延长两次。（3）第 1 款及第 2 款延长期限为各 10 日。

本案的争议点主要在于：有具体的执行行为存在时能否对法律提出宪法诉愿；作为宪法诉愿对象的侵害行为结束时是否存在请求审判的利益；人身自由保障的宪法规定与拘留期限延长的法律规定是否矛盾。

[判决内容]

宪法法院于 1992 年 12 月 24 日作出《国家保安法》第 19 条第 1 款及第 10 条罪名有关拘留期限延长部分违反宪法的判决。

宪法法院明确指出，当存在具体的执行行为时可认定侵害的直接性。尽管存在一种执行行为，但不存在以其为对象的救济程序或即使有救济程序但难以期待权利救济可能性时，可以认定该法律作为宪法诉愿的直接对象。对《国家保安法》第 19 条规定的侦查机关拘留期限的延长申请地方法院法官作出的认可决定，《刑事诉讼法》没有规定上告、准上告、即时上告的具体救济程序。提起宪法诉愿审判请求须符合"穷尽其他程序救济"的原则只是一般性的要求，在特定条件下可以不经过这种程序。

根据本案的情况，请求人的拘留期限已结束，此案正在法院审理之中，那么宪法诉愿所保护的利益是什么？宪法诉愿的本质不仅在于它是一种主观的权利救济，而且在于它是客观的宪法秩序的保障。由于侵害行为已结束，无法取消其行为，从主观权利救济的角度看似乎没有实际意义，但这种侵害行为今后也有可能反复出现，其争议的解决对宪法秩序的维护具有积极意义。因此，在这种意义上即使侵害行为已经结束，在宪法上仍具有重大意义，应该认定其宪法意义。《国家保安法》第 19 条规定的拘留期限的延长有可能反复出现，搜查机关延长拘留期限是对嫌疑人人身自由的重大限制，对其限制作出违宪与否的判断对于宪法秩序的维护具有重要意义，因此应当肯定宪法诉愿的利益性。如果认为这种诉愿没有利益性，那么有可能失去判断限制人身自由法律是否违宪的机会，对权利救济带来不利的影响。

人身自由是为实现人的尊严与价值所必要的最基本的自由，是一切基本权保障的前提条件，最大限度地保障人身自由是宪法的基本精神。为了体现无罪推定原则，一般应当采取不拘留搜查和不拘留审判的方式，拘留搜查或拘留审判只限于嫌疑人可能逃跑或消灭证据等情况。即使被允许，拘留搜查或拘留审判也仅限于最短的期限之内。《刑事诉讼法》规定的拘留期限是 10 天，即 10 天之内如果不移送到检察厅则应立即释放当事人，不得延长拘留期限。检察官拘留嫌疑人后如 10 天之内不起诉应立即释放。但地方法院法官认为有充分理由继续搜查时，根据检察官的申请可延长 10 天。这种拘留期限的规定是不拘留搜查原则的一种例外，符合搜查的基本要求，因为根据一般经验在此期限内可以完成起诉程序。但如在此期限的基础上再次延长期限，则需另设定新的特例，因为这显然扩大了基本权的限制范围，客观上要求确立更为严格的审查标准，以维持保障国家安全和维护社会秩序等公益与国民基本权保障的相互平衡关系。

法务部长官认为，违反《国家保安法》的犯罪一般都是智力性和有组织的犯罪，在短期内难以把握背后关系及其相关证据，需要给予更充分时间进行彻底的搜查，这符合保障国家安全、国民生命与自由的立法目的。因此，对违反《国家保安法》的嫌疑人的差别对待是不可避免的，这并没有超越《宪法》第 37 条第 2 款基本权限制的界限，是正当的法律。但宪法法院认为，《国家保安法》第 3 条及第 10 条规定的犯罪并不一定是智力性的或有组织的犯罪，很难肯定违反《国家保安法》的犯罪一定就是《刑事诉讼法》规定期限内不能认定的犯罪。比如，对于给国家安全带来重大影响的刑法上的内乱罪、外汇罪等，搜查机关拘留期限也是 30 天，毒品犯罪或有组织暴力犯罪的搜查期限通常也有不得超过 30 天的规定。

从法律条款的具体情况看，《国家保安法》的第 3 条、第 4 条、第 5 条、第 6 条、第 8 条、第 9 条规定的犯罪在案件处理上可能复杂一些（但搜查期限也不得超过 30 天），但同法第 7 条、第 10 条规定的犯罪要件并不复杂，从事件的性质看证据搜集并不困难，因此搜查机关没有理由把拘留期限再延长。《国家保安法》第 19 条把第 7 条、第 10 条犯罪行为的行为人的拘留期限延长为比《刑事诉讼法》规定多 20 天是没有根据的。它错误地衡量了国家刑罚权与国民基本权之间的相互关系，允许没有必要性的长期的拘留期限，只强调立法目的的正当性，而无视宪法的合理性原则与侵害最小性原则。因此，《国家保安法》第 19 条（拘留期限的延长）规定中将拘留期限的延长适用于同法第 7 条及第 10 条所规定的犯罪是违反宪法的。

[评析]

宪法法院在本案中从宪法价值的角度确立了人身自由在整个基本权利体系中的核心地位，把它确定为宪法的核心内容。以人身自由为基础，刑事诉讼及其他法律程序都要贯彻法律面前平等原则和罪刑法定原则，即使是对国家安全和公共利益造成重大损害的犯罪行为也要在既定的法律程序内寻求解决途径，不能以所谓案情复杂等主观的判断为基础变更法定程序。违反《国家保安法》的行为可能是性质严重的犯罪行为，但国家发动刑罚权时也要慎重考虑刑罚权与国民人身自由价值之间的平衡，不得追求盲目的、主观的优先刑罚权的正当性，以侵害国民依据宪法享有的人身自由权。即使是基于真正公益的考虑而采取的限制措施，也要求履行极其严格的程序并限于最小的范围内。因此，将过分限制犯罪嫌疑人权利的该法第 19 条及第 10 条的规定宣布为违宪是合理的，为国民人身自由提供了有力的保障。

在本判决中，宪法法院进一步论证了宪法诉愿审判的主观性权利价值与客观秩序之间的合理关系，对个体权利侵害的现实与侵害结束后对其他国民可能产生的侵害给予了高度关注，从维护客观宪法秩序的角度说明审判本案提出的宪法诉愿的正当性及现实必要性。对个体而言，对于已经结束侵害的行为可能没有诉的利益，判决结果本身也可能缺乏利益上的连贯性，但个体权利救济并不是国家设立宪法诉愿制度的全部意义，或者说个体权利救济只是主观权利的保护，宪法诉愿制度同时具有维护整个宪法秩序以及消除未来宪法秩序中可能出现的侵害国民权利现象的功能。宪法诉愿制度功能的扩大解释有利于在稳定的宪法秩序中保护个体享有的权利，实现宪法规范的生活化。

[附：韩国宪法相关条文]

第 12 条

（1）一切国民享有人身自由。非依法律规定，对任何人不得逮捕、拘留、拘禁、搜查或审问。非依正当的法律程序，对任何人不得处以处罚、保安处分或者强制劳役。

(2) 任何人不受拷问。在刑事上，不得强制任何人作不利于本人的供述。

(3) 逮捕、拘留、拘禁或搜查时，按照合法的程序，出示依据检察官的申请，由法官签发的令状。但现行犯和可能判处 3 年以上徒刑的人犯，企图逃跑或有毁灭证据之虞时，可事后请求令状。

(4) 任何人在逮捕或拘禁后，均有权得到辩护人的辩护。刑事被告人不能自行委托辩护人时，依法由国家提供之。

(5) 如不立即告知逮捕或拘禁理由和委托辩护人的权利，对任何人不得逮捕和拘禁。在逮捕和拘禁后，应立即把逮捕、拘禁的原因、时间和羁押的场所依法通知被逮捕人和被拘禁人的家属等。

(6) 任何人在逮捕和拘禁后均有接受公正的法院审判的权利。当认定被告人的口供是以拷问、暴行、威胁、长时间拘禁和欺骗等其他方法所得，并非出自本人意愿或者在正式审判中对被告人不利的唯一证据为本人口供时，不得定罪和科以处罚。

二、韩国《道路交通法》规定之申告义务限定合宪判决[①]

[事实概要]

请求人于 1998 年 10 月 11 日因违反《道路交通法》在光州地方法院接受审判，审判内容主要是作为司机的请求人在驾车肇事后没有向警察申告交通事故的内容，其行为违反《道路交通法》第 50 条第 2 款、第 111 条第 3 款的规定。请求人认为《道路交通法》第 50 条第 2 款、第 111 条第 3 款违反宪法第 12 条第 2 款规定，向审理该案的法院提出宪法诉愿审判请求，该法院根据请求人的请求向宪法法院提请违宪与否审判。

本案的审判对象是《道路交通法》第 50 条第 2 款、第 111 条第 3 款。

第 50 条第 2 款规定：因车辆交通出现人员伤亡或物体损害（以下称交通事故）时驾驶该车辆的司机等应立即向现场的警察公务员，警察公务员不在现场时向附近的警察官署（警察支厅、派出所、派出机关

---

① 韩国宪法法院 1998 年 11 月 28 日判决，97 宪甲 8。

等）申告事故场所、伤亡者情况、损害物的损害程度及其采取的措施情况等。

第 111 条第 3 款规定：根据第 50 条第 2 款的规定没有履行申告义务者处以 20 万元以下罚金或拘役刑。

本案的争议点主要在于：《道路交通法》规定的申告义务是否具有制裁的性质；宪法规定的沉默权与申告义务的关系；申告义务的规定是否违反宪法。

[判决内容]

宪法法院认为，《道路交通法》第 50 条第 2 款及同法第 111 条第 3 款规定适用于救护受害者及恢复交通秩序所必要的范围内，不适用于与刑事责任相关的事项，限于这种解释时，该条款的规定不违反宪法。

宪法法院在本案的判决中运用了宪法的平等权、沉默权等规定，并采用限定合宪的方式作出判决。

（1）宪法法院首先分析了交通事故的本质与道路交通法的具体适用情况。《道路交通法》的立法目的是及时地防止、解决在交通运营中出现的各种危险与事故，确保交通的安全。为此发生交通事故时肇事司机有按照警察公务员的指挥采取紧急措施的义务。但针对违反此义务的《道路交通法》的罚金和拘役是对不履行交通事故申告义务的行政罚，不同于因违反《交通事故处理特例法》而追究的刑事罚。

（2）关于申告义务与宪法规定的陈述拒否权的关系，宪法法院作了如下判断：《宪法》第 12 条第 2 款规定："任何人不受拷问。在刑事上，不得强制任何人作不利于本人的供述。"这是国民对刑事责任所享有的不被强制陈述的沉默权。宪法规定沉默权的原因是，实现社会正义的国家应优先保护刑事嫌疑者或被告人的人权，保障人的尊严和生存价值，最后要消除强制自白与拷问的现象。同时这种沉默权不仅在刑事程序上得到保障，而且在行政程序、国会质询等方面，一旦陈述在刑事上对自己不利，均可行使沉默权。作为正在被搜查或审理阶段嫌疑人或被告的交通事故肇事者，如陈述内容与刑事责任有关时都有不被强制陈述的基本权。因此，如果法律上规定犯罪人必须陈述自己的犯罪事实，并以未履行申告义务而予以处罚，则显然侵害了宪法保障的国民基本权。

（3）根据《道路交通法》第 50 条第 2 款规定，发生交通事故时肇事司机有义务向警察公务员申告交通事故发生地、伤亡人数、损害程度等事项，同时第 111 条第 3 款规定不履行申告义务时应加以处罚，这些规定存在侵害《宪法》第 12 条第 2 款的陈述拒否权的可能性。其根据主要在于：要求交通肇事者申告构成犯罪的要件或量刑的要件，实际上是提供犯罪线索，侵犯了刑事上的陈述拒否权；交通警察根据《警察职务执行法》第 2 条第 1 款有权进行犯罪搜查，这正好使交通警察直接获得了供述。因此，如果把《道路交通法》第 50 条第 2 款的申告义务的规定扩大解释为与刑事责任相关的事项，有可能违反《宪法》第 12 条第 2 款的规定。

（4）韩国的交通事故大部分是因第一次事故而引起的第二次、第三次恶性循环交通事故（占整个交通事故的 42.7%）。如发生第一次交通事故时不及时采取措施有可能导致新的交通事故。因此，在交通事故发生的现场迅速采取措施抢救伤员、恢复交通秩序，是交通行政不可缺少的现实需要。在这种情况下，如不认定驾驶员的申告义务或单纯宣布该规定违宪，有可能导致作为现代社会动脉的交通的瘫痪，损害国民生活和社会安定，引发交通秩序的混乱。上述法律规定，有助于警察公务员迅速了解交通事故的发生，及时采取措施治疗伤员和恢复交通秩序，以消除因交通事故而造成的道路障碍，减少人身和财产损害，维护交通安全。对交通行政而言，这一规定是必要的。

根据以上情况，把《道路交通法》第 50 条第 2 款、第 111 条第 3 款限定在《道路交通法》的宗旨与目的上进行解释和适用是必要的，也是合理的，并不违反宪法。既要保障宪法规定的国民的基本权，又要防止交通的堵塞，需要严格区分交通事故性质的双重性。基于这种目的，把《道路交通法》第 50 条第 2 款、第 111 条第 3 款只适用于为受害者的救护及交通秩序的恢复而采取的措施范围内、与刑事责任无关的申告事项，并不违反宪法。

对此一名法官提出了反对意见，认为《宪法》第 12 条第 2 款的陈述拒否权在性质上虽不同于良心及信仰自由，但不得以国家安全、维护秩序等理由依照法律施加外部的制约。陈述拒否权与人的内心作用有密切的关系，《道路交通法》的规定实际上损害了人的尊严与价值，是对陈述拒否权本质内容的侵犯。根据大多数法官的意见，尽管司机的申告义务只适用于限定的范围，但申告有关事实本身就是提供发现犯罪的线索，其结果侵犯了国民的陈述拒否权。只限定在"受害者的救护及交通秩序的恢复"是抽象和不明确的，对于肇事司机而言难于判断是否申告事故事实。在处罚规定的法律条例中追加构成不明确的要件是违反罪刑法定主义原则的，是一种无效的规定。

[评析]

宪法法院在本案中作出了限定合宪的判决。从宪法规定的基本权看，《道路交通法》中规定的交通事故当事人的申告义务是违反陈述拒否权的，但如果只适用于与刑事责任无关并为及时救护伤员或维护交通秩序所必要的范围内，则不违反宪法。从判断的基准看，把某种法律规定的适用和条件限定在一定范围内，有条件地适用可避免因单纯宣布违宪可能导致的社会秩序的混乱。

现代社会中交通手段越来越多样化，交通手段的利用率也越来越高。由此带来的现实问题是交通事故的增多，它不仅伤害当事人的身体，而且对交通秩序的维护造成了各种困难。为了以法律手段解决日益增多的交通事故，制定《道路交通法》等法律是必要的。但《道路交通法》的规定与作为上位法的宪法不能发生矛盾，也就是不能以下位法侵犯上位法。宪法规定的陈述拒否权作为国民的基本权应受到尊重，保护个体的基本权与维护社会公共利益应保持合理的平衡。为了解决交通事故而规定交通肇事者应违背自己意愿陈述可能带来刑事责任的事实，必然会损害个人的尊严。在这一点上，宪法法院提出的个体内心价值的保护原则是合理的。但在任何一种宪政体制下，个体所享有的权利和自由并不是绝对的，即使是陈述拒否权也是有限度的，在非刑事责任领域个体利益与公共利益之间要达到平衡，但在刑事责任领域个体价值与尊严应高于社会公共利益。社会利益、社会责任是宪法学的重要命题，宣布合宪或违宪决定时也要综合考虑宪法确定的价值观和实际社会价值之间的连贯性。在这种意义上，限定合宪决定比单纯违宪决定更有利于社会生活的稳定和宪法体制的发展。当然，正如反对意见所指出的，限定合宪的条件和标准在适用上有时存在不确定性，既有客观标准的不确定性，也有当事人判断标准的不确定性。因此，立法上进一步明确各种规范所适用的具体条件是十分必要的。

[附：韩国宪法相关条文]

第 12 条

（1）一切国民享有人身自由。非依法律规定，对任何人不得逮捕、拘留、拘禁、搜查或审问。非依正当的法律程序，对任何人不得处以处罚、保安处分或者强制劳役。

（2）任何人不受拷问。在刑事上，不得强制任何人作不利于本人的供述。

（3）逮捕、拘留、拘禁或搜查时，按照合法的程序，出示依据检察官的申请，由法官签发的令状。但现行犯和可能判处 3 年以上徒刑的人犯，企图逃跑或有毁灭证据之虞时，可事后请求令状。

（4）任何人在逮捕或拘禁后，均有权得到辩护人的辩护。刑事被告人不能自行委托辩护人时，依法由国家提供之。

（5）如不立即告知逮捕或拘禁理由和委托辩护人的权利，对任何人不得逮捕和拘禁。在逮捕和拘禁后，应立即把逮捕、拘禁的原因、时间和羁押的场所依法通知被逮捕人和被拘禁人的家属等。

（6）任何人在逮捕和拘禁后均有接受公正的法院审判的权利。当认定被告人的口供是以拷问、暴行、威胁、长时间拘禁和欺骗等其他方法所得，并非出自本人愿意或者在正式审判中对被告人不利的唯一证据为本人口供时，不得定罪和科以处罚。

三、赵作海冤案与人身自由的保护

[事实概要][①]

赵作海系河南省商丘市柘城县老王集乡赵楼村人。1998 年 2 月 15 日，同村人赵作亮到公安机关报案，称其叔父赵振晌于 1997 年 10 月 30 日离家后已失踪 4 个多月，怀疑被同村的赵作海杀害，怀疑的理由是二人之间曾有过节。柘城县公安机关接到报案后进行了相关调查，但由于赵振晌一直音信全无，亦未找到尸体，因而，本案的调查一直没有取得任何进展。至 1999 年 5 月 8 日，赵楼村在挖井时发现一具高度腐烂的无头、膝关节以下缺失的无名尸体，这被认为是赵作海案调查过程中所出现的实质性突破，柘城县公安机关遂于同年 5 月 9 日将赵作海作为重大嫌疑人予以刑事拘留。

1999 年 5 月 10 日至 6 月 18 日，赵作海在被羁押期间共做了 9 次有罪供述（事后证明赵作海受到了刑讯逼供），柘城县公安机关认定赵作海为本案的犯罪嫌疑人，并向检察机关移送案件，要求检察机关提起公诉，但检察机关在接到公安机关移送的案卷材料后，发现案件事实存在诸多疑点，因此将案件退回公安机关补充侦查。1999 年 6 月 18 日，柘城县人民检察院对赵作海作出逮捕决定。同年 8 月，柘城县公安局以故

---

① 整理自各种新闻报道，完整内容参见胡锦光主编：《2010 年中国十大宪法事例评析》，北京，法律出版社，2011。

意杀人罪将该案移交柘城县人民检察院起诉，案件报送商丘市人民检察院起诉处审查。商丘市人民检察院审查发现，无名男尸没有确定身份，加之赵作海也推翻了原来的供词，决定退回柘城县公安局补充侦查。不久后，公安机关再次将案件移送到检察院。但尸体身份依然没有确定，检察院再次要求公安机关补充侦查。1999 年 12 月 9 日，检察机关最后一次退卷，再未受理。

当本案的案卷材料在公安机关和检察机关之间往来反复期间，赵作海一直被羁押，而与此同时，本案由于长期未侦破而变为疑难案件。在2001 年的清理超期羁押专项检查活动中，柘城县公安局再次把赵作海案移送起诉提上日程，并向当地政法委反映了本案中的"问题"。2002年，赵作海案被当地政法委列为重点清理的超期羁押案件，要求迅速结案。2002 年的 8、9 月份，赵作海案作为疑难案件被提交到商丘市政法委进行研究。期间，商丘市政法委召集公、检、法三机关举行专题研究会，对案件进行协调，会议最终的意见是，案件具备了起诉条件，要求商丘市人民检察院 20 日之内必须起诉到法院。2002 年 10 月 22 日，商丘市人民检察院以被告人赵作海犯有故意杀人罪向商丘市中级人民法院提起公诉。而直到此时，赵作海已被连续羁押三年多。

2002 年 12 月 5 日，商丘市中级人民法院作出一审判决，以故意杀人罪判处被告人赵作海死刑，缓期二年执行，剥夺政治权利终身。河南省高级人民法院经复核于 2003 年 2 月 13 日作出（2003）豫法刑一复字第 13 号刑事裁定，核准商丘市中级人民法院的上述判决。至此，本案的审理尘埃落定，但在 8 年之后出现了一个"戏剧性"的转折。

2010 年 4 月 30 日，本案的被害人赵振晌突然回到赵楼村。经调查，赵振晌离家出走的原因是，他在 1997 年 10 月 30 日夜曾携自家菜刀在杜某某家中向赵作海头上砍了一下，怕赵作海报复，也怕把赵作海砍死因而承担法律责任，因此收拾东西于 10 月 31 日凌晨骑自行车，携带 400 元钱和被子、身份证等外出，一直以捡废品为生，后因患偏瘫无钱医治，不得不返回村里。随着赵振晌的出现，商丘市中级人民法院的刑事判决被发现存在重大错误，赵作海冤案也浮出水面。

2010 年 5 月 5 日下午，河南省高级人民法院决定启动再审程序。2010 年 5 月 7 日下午，商丘市中级人民法院递交了对赵振晌身份确认的证据材料。2010 年 5 月 8 日下午，河南省高级人民法院召开审判委员会，认为赵作海故意杀人案是一起明显的错案，审判委员会决定：

1. 撤销省高院（2003）豫法刑一复字第 13 号刑事裁定和商丘市中

级人民法院（2002）商刑初字第 84 号刑事判决，宣告赵作海无罪。

2. 省法院连夜制作法律文书，派员立即送达，并和监狱管理机关联系放人。

3. 安排好赵作海出狱后的生活，并启动国家赔偿程序。

2010 年 5 月 13 日上午，河南省高级人民法院召开新闻发布会宣布：给予赵作海 50 万元国家赔偿金和 15 万元生活困难补助费，共计 65 万元。

[评析]

本案曾入选"2010 年中国十大宪法事例"，其中涉及的问题包括《国家赔偿法》的修改与国家赔偿制度的完善、刑事诉讼体制中法、检、公三机关之间的关系以及公民人身自由的保障，其中公民人身自由的保障是最核心和最基础的问题。

1. 本案中的人身自由保障问题具有普遍性

事实上，本案绝不仅仅是个别的"孤案"，本案中反映的问题也绝不仅仅是个别问题。如果将本案与近几年的类似案件联系在一起则会发现，赵作海案中所反映的问题在我国已经比较普遍和严峻，这些问题可能会动摇公民对宪法和法治的信念，引发刑事司法体制的正当性危机，需要我们从宪法的角度予以关注和解答。兹将近几年的类似案例简单列举如下：

（1）"佘祥林案"

1994 年 4 月 28 日，佘祥林由于被怀疑杀害了因患精神病而失踪的妻子张在玉，而被以涉嫌杀人罪批捕。佘祥林后被原荆州地区中级人民法院一审判处死刑，剥夺政治权利终身。之后，由于行政区划变更，佘祥林一案移送京山县公安局，经京山县人民法院和荆门市中级人民法院审理，1998 年 9 月 22 日，佘祥林被判处 15 年有期徒刑。然而，佘妻张在玉于 2005 年 3 月 28 日突然（从山东返回）出现在京山县。由此，同年 4 月 13 日，京山县人民法院经重新开庭审理，宣判佘祥林无罪。2005 年 9 月 2 日，佘祥林领取七十余万元国家赔偿款。

（2）"聂树斌案"

聂树斌因被石家庄市公安局郊区分局怀疑为一起强奸杀人案的犯罪嫌疑人，1994 年 9 月 23 日下午被民警抓捕，同年 10 月 1 日被刑事拘留，10 月 9 日因涉嫌故意杀人、强奸妇女被批准逮捕。1995 年 3 月 3 日，石家庄市人民检察院以故意杀人罪、强奸妇女罪向石家庄市中级人民法院提起公诉，后者判处聂树斌死刑，剥夺政治权利终身。聂树斌上诉至河北省高级人民法院，后者变更了部分认定，但最终维持"死刑、剥夺政治权利终身"的判决。1995 年 4 月 27 日，经河北省高级人民法院复核，聂树斌被执行死刑。但在聂树斌被执行枪决之后，河南省警方抓获通缉犯王书金，后者供认了一起强奸杀人罪行，与当年石家庄市中级人民法院判决聂树斌死刑的案情类似，王书金甚至亲自指认了当时的作案现场，由此出现了"一案两凶"的局面。2005 年 3 月 17 日，河北省公安厅新闻发言人宣布，河北省公安厅领导注意到了王书金案的情况，并将组织专门力量进行调查复核。2005 年 4 月，河北省政法委也成立了专门的工作组，负责对聂树斌案进行重新调查。但至今已经过去多年，就连王书金案也已经审理终结，而聂树斌一案的重新调查仍然没有下文。

（3）"孙学双案"

2005 年 6 月 11 日，辽宁省锦州市黑山县励家镇黑鱼头村村民孙学双由于被怀疑涉嫌一起强奸杀人案受到刑事拘留，2006 年 2 月 23 日，锦州市人民检察院对孙学双提起公诉，指控他犯有故意杀人罪和强奸罪（未遂）。同年 4 月 5 日，锦州市中级人民法院判处孙学双死刑，剥夺政治权利终身。孙学双向辽宁省高级人民法院提起上诉，后者随后以证据不足为由将此案发回重审，锦州市中级人民法院仍作出有罪认定，但改判为无期徒刑。其后，本案多次往返于锦州市中院和辽宁省高院之间，其间共计三次被省高院发回重审。锦州市中院第四次判决中认定本案事实不清、证据不足，宣布孙学双无罪。2009 年 10 月 16 日，孙学双被释放，至此他已经被羁押了 1 589 天。2010 年 8 月 23 日和 9 月 13 日，孙学双分别从锦州市人民检察院和锦州市中级人民法院领到了国家赔偿款，共计约十九万元。而本案的真凶至今尚未落网。

除上述案例之外，河北省曲阳县的杨志杰案，云南省昆明市的杜培武案，诸如此类的案例，作者没有能力穷尽列举，但可以毫无疑问地说，其中任何一起个案都足以引起全社会的警示，我国亟须健全刑事诉讼程序，切实保障公民的人身自由和其他基本权利，让宪法的阳光"照亮"刑事程序的每一个角落，让共和国的每一位公民都能充分享受到宪法所保障的自由、幸福与正义。

2. 公民人身自由的保护

从根本意义上说，人身自由是个人人格与尊严的必然要求，只有人身自由得到保障，个人的人格与尊严才能得到维护。个人只有享有人身自由才能够毫无阻碍地参加各种活动，并享有其他各种权利，在这个意义上，人身自由在宪法所确认的基本权利中是最为基础的权利之一，构成很多其他权利的前提。我国《宪法》第 37 条专门确认了公民的人身自由。其第 1 款是关于人身自由的一般规定，即"中华人民共和国公民的人身自由不受侵犯"。而第 2 款则是专门针对刑事犯罪嫌疑人和刑事被告人身自由的特别规定，即"任何公民，非经人民检察院批准或者决定或者人民法院决定，并由公安机关执行，不受逮捕"。第 3 款则是关于禁止非法剥夺和限制人身自由的否定性规定，即"禁止非法拘禁和以其他方法非法剥夺或者限制公民的人身自由，禁止非法搜查公民的身体"。第 2 款和第 3 款的规定之所以必要，是因为公民的人身自由极易受到刑事司法程序的侵害。

宪法确认的人身自由显然与刑事司法程序中的各种限制人身自由的强制措施以及各种剥夺人身自由的刑事处罚存在冲突，因此，需要借助基本权利的宪法原理来审视各种刑事立法的内容，以及依据刑事法律作出的具体的刑事司法行为。宪法的人身自由条款具有最高的法律效力，其关于人身自由的主旨对一切法律、法规，一切行政和司法措施都具有拘束力，因此，包括国家权力机关、司法机关和行政机关在内的一切国家机关都负有尊重、保护和实现人身自由的宪法义务。

众所周知，刑事司法手段之所以必要，是由于市民社会内部存在各种犯罪行为，此类行为不仅侵害个人的人身权，而且侵害其财产权和其他权利，因此，国家出于维护和实现包括人身权在内的各种权利的目的，有必要设置基本的刑事司法程序，通过有效预防、扼制和惩罚犯罪来维持安全和安定的社会秩序，从而保证公民的人身权、财产权和其他权利不受刑事犯罪的危害。而为了实现刑事司法程序的有效性，就必须由立法机关制定刑事实体法和刑事程序法，授权相关司法机关采取法律所规定的限制人身自由的刑事措施。因此，刑事司法程序乃是一项工具，其目的是维持人权得以保障的客观法律秩序。必须时刻铭记，保护公民的基本权利才是宪法赋予刑事司法程序的最高价值和追求。但颇具讽刺意味的是，为实现保障人权的目的却不得不借助于限制人权的刑事司法程序。因此，就必须根据保障人权的要求从宪法的高度来审查和衡量刑事司法程序，这就涉及其合宪性和合法性。

刑事司法程序的合宪性主要是指法律所设置的刑事司法程序，尤其是其中规定的限制人身自由的强制措施和剥夺人身自由的刑事处罚，必须符合宪法的各种要求。在形式上，各种刑事实体法和刑事程序法必须由立法机关以法律的形式制定，即遵循所谓的"法律保留"原则。根据我国《宪法》第 62 条，制定和修改刑事的基本法律乃是全国人大的职权。《立法法》进一步明确，关于"犯罪和刑罚"、"对公民政治权利的剥夺、限制人身自由的强制措施和处罚"等事项只能制定法律。在内容上，立法机关所制定的刑事实体法和刑事程序法也必须符合包括比例原则在内的要求。以比例原则而论，首先，刑事实体法和刑事程序法必须符合保障人权的最终目的，符合预防、扼制和惩罚犯罪的直接目标，具有合目的性；其次，当刑事实体法和刑事程序法为实现上述目的具有多种侵益性手段可供选择时，应当选取那些对人身自由损害最小的手段；最后，刑事实体法和刑事程序法的手段必须与其目标保持严格的比例关系。

考察我国《刑事诉讼法》中有关各种限制人身自由强制措施的规定，以及《刑法》中关于人身罚的内容，立法机关都在小心翼翼地落实着宪法关于人身自由保障的要求。因此，大体上对我国刑事实体法和刑事程序法就人身自由方面的衡量而论，似乎不存在合宪性的疑问。当然，这只意味着刑事诉讼制度本身没有积极地违反宪法，并不妨碍立法机关进一步限制各种刑事强制措施，更充分地保障人身自由。立法机关显然有责任不断适时地修正刑事诉讼程序，以便更充分地保障人身自由。

刑事司法程序的合法性主要是指在具体的刑事司法程序中，有关司法机关及其工作人员的刑事司法行为必须遵守刑事程序法和刑事实体法的规定，不得侵害公民的人身自由。具体的刑事司法行为可能在多种不可能穷尽列举的具体情形下违反法律，大体上可以分为违反法定程序或违背法定实体标准。前者如公安机关没有在法定的期限内讯问被拘留的公民，没有在法定期限内提请人民检察院审查批准逮捕，检察机关没有在法定期限内作出批准逮捕或不批准逮捕的决定，人民法院审理刑事案件超过法定期限，等等；后者如检察机关对不符合起诉条件的案件提起公诉，人民法院定罪量刑违反刑法的实体规定，等等。事实上，我国刑事司法程序侵害公民人身自由的案件多数是由于刑事司法行为违反法律所造成的。在本案中，公安机关超期羁押，检察机关将本不符合起诉条件的赵作海提起公诉，人民法院没有严格按照《刑事诉讼法》和《刑法》的规定，没有严格遵守"以事实为根据，以法律为准绳"的基本原则，这一连串的违法行为最终导致了悲剧的发生。

在赵作海以及其他一系列类似案件中，都普遍存在刑事司法行为违反刑事程序法或刑事实体法的情形。可以说，诸如超期羁押、刑讯逼供、枉法裁判等问题，一直是我国刑事司法体制的"顽疾"（虽然近几年有所好转）。对于这种情形，不仅所有刑事司法机关有义务严格遵守法律，切实尊重和保障公民的人身自由，而且全国人大及其常委会也有义务针对实践中的情形采取相应的举措，切实保障公民的人身自由，履行"尊重和保障人权"的宪法义务。而在这方面，通过制定"人身保护法"建立人身保护令制度，是最主要的选择之一。即使"人身保护法"由于种种原因迟迟不能进入全国人大的立法规划，全国人大及其常委会、最高人民检察院也有义务针对目前普遍存在的刑事司法行为违法侵害公民人身自由的情形采取有效的扼制措施，约束各级公安机关和各级检察机关的刑事司法行为，尤其要杜绝超期羁押，严禁刑讯逼供。

[附：中国宪法相关条文]

第 37 条

中华人民共和国公民的人身自由不受侵犯。

任何公民，非经人民检察院批准或者决定或者人民法院决定，并由公安机关执行，不受逮捕。

禁止非法拘禁和以其他方法非法剥夺或者限制公民的人身自由，禁止非法搜查公民的身体。

第 41 条第 3 款

由于国家机关和国家工作人员侵犯公民权利而受到损失的人，有依照法律规定取得赔偿的权利。

第 135 条

人民法院、人民检察院和公安机关办理刑事案件，应当分工负责，互相配合，互相制约，以保证准确有效地执行法律。

四、法国 2010 年司法拘留制度违宪案[①]

[事实概要]

本案涉及多起普通刑事诉讼。作为其中一起刑事诉讼的当事人，丹尼尔（Daniel W）先生因牵涉刑事案件受到艾克斯上诉法院的判决，并就此向最高司法法院提起上诉，在上诉审过程中，他提出《刑事诉讼法典》关于拘留制度的设置违反了宪法，侵害了其受宪法所保护的权利和

① Décision n° 2010-14/22 QPC du 30 juillet 2010 du Conseil Constitutionnel.

自由，因此根据《宪法》第 61—1 条和相关组织法向最高司法法院提出违宪抗辩。同时，另一起独立的刑事上诉案的上诉人劳航（Laurent D）也向最高司法法院提出针对《刑事诉讼法典》的违宪抗辩。另外，最高司法法院也收到了来自里昂上诉法院和其他法院层转的违宪抗辩，其中涉及多起刑事诉讼案件，并牵涉众多的诉讼当事人。最高司法法院经过审议认为，适用于这一系列案件的《刑事诉讼法典》的规定以前未曾由宪法法院审查，且这些问题具有严重性，涉及宪法所保障的个人权利和自由，因此认可了当事人提出的违宪抗辩，最终以 2010 年 5 月 31 日第 12030 号裁决向宪法法院递交了合宪性先决问题，要求宪法法院审查《刑事诉讼法典》中有关拘留制度的第 62 条、第 63 条、第 63—1 条、第 63—4 条、第 77 条和第 706—73 条。

其后，宪法法院于 2010 年 6 月 11 日按照相同的条件收到了由最高司法法院以 2010 年 6 月 4 日第 12041 号、12042 号、12043 号、12044 号、12046 号、12047 号、12050 号、12051 号、12052 号、12054 号裁决递交的同样的合宪性先决问题，此问题由雅克（Jacques M）等众多当事人以违宪抗辩的形式提出。

丹尼尔等众多申请人认为《刑事诉讼法典》违宪，其理由主要有以下四点：

第一，实施拘留的实质条件违反了人的尊严受尊重的宪法原则。

第二，赋予司法警察决定拘留的权力违反了"司法机关是个人自由的捍卫者"这一原则。司法警察在作出拘留决定后才告知检察官，而检察官并不是一个独立的司法机关。检察官有权作出延长拘留期间的决定，但检察官作出该决定时不需要亲自提审和询问被拘留者。这些环节均违反 1789 年《人权宣言》对人身自由的保障。

第三，对存在一个或若干可信证据证明其实施或者企图实施违法行为的任何人，司法警察均有权进行拘留，这一拘留权构成一项专断的权力，违反了 1789 年《人权宣言》第 9 条，即禁止"一切为羁押人犯身体而不必要的严酷手段"。

第四，被拘留者与律师的首次会见只能交谈 30 分钟，而不能寻求律师的帮助。律师不能接触诉讼案卷的材料，在被拘留者受到讯问时也无权在场。当事人没有被告知保持沉默的权利。因此，拘留制度侵害了辩护权，不符合公正审判、无罪推定和法律面前人人平等原则的要求。况且，在特定罪行的侦查中，当事人会见律师的权利要在拘留 48 小时或者 72 小时后才能实现，这同样违反了上述要求。

[判决内容]

宪法法院根据宪法、相关组织法的规定对申请人提出的违宪抗辩进行了审理，由于最高司法法院递交的多个合宪性先决问题都涉及相同的法律条文，因而，宪法法院进行了合并审理，并于 2010 年 7 月 30 日作出了单一的最终裁决。

对于申请人提出的《刑事诉讼法典》第 63—4 条第 7 款和第 706—73 条，宪法法院拒绝重复审查。因为根据相关组织法的规定，对于宪法法院已经在事前审查程序中宣布合宪的法律，除非存在情势变更，否则不得再提出合宪性先决问题，业已提出者，亦不进行审理。关于《刑事诉讼法典》第 63—4 条第 7 款和第 706—73 条，宪法法院曾经针对 2004 年 3 月 9 日法律进行事前审查，当时宪法法院主要审查了第 1 条，它规定在《刑事诉讼法典》第四编中插入第二十五章，内容是犯罪与有组织犯罪中的适用程序，其中包含了本案中被提请审查的《刑事诉讼法典》第 63—4 条第 7 款以及第 706—73 条的内容，而宪法法院当时宣告第 1 条符合宪法①，因此，第 63—4 条第 7 款和第 706—73 条的内容同样具有合宪性。就目前而言，情形并没有发生任何变化，因此，宪法法院拒绝对《刑事诉讼法典》第 63—4 条第 7 款和第 706—73 条的合宪性进行新的审查。在排除上述条款的审查之后，宪法法院主要将审查集中在《刑事诉讼法典》第 62 条、第 63 条、第 63—1 条、第 63—4 条第 1~6 款和第 77 条。以下分别介绍法院的判决理由与结论。

1. 事实与法律方面的环境变化

宪法法院在其 1993 年 8 月 11 日的判决中并没有具体审查《刑事诉讼法典》第 63 条、第 63—1 条、第 63—4 条和第 77 条，但它曾依申请审查对这些条款的修正条款并判决其符合宪法。这些条款规定了司法警察有权实施拘留以进行讯问，上述拘留期限的延长，检察官对上述拘留措施的监督，以及被拘留者享有 30 分钟会见律师的权利。《刑事诉讼法典》的这些条款在 1993 年 8 月 24 日法律之后相继进行过多次修正。相对于宪法法院在其 1993 年 8 月 11 日判决中审查的那些条款而言，现在受到指摘的这些条款对司法警察的拘留提供了更好的监督，也包含了对被拘留者更好的保护。

但从 1993 年以来，刑事诉讼规则的修正和这些规则实施方式的变

---

① Décision n° 2004-492 DC du 2 mars 2004 du Conseil Constitutionnel.

化已经导致司法警察的拘留更频繁地受到起诉，以及要求修改《刑事诉讼法典》以调整它所规定的权力与权利的平衡。

针对预审所提起诉讼的案件比例已经持续减少，目前在法院作出判决和命令的轻罪案件中只占约 3%。在 1993 年 8 月 24 日法律以后，刑事案件的"实时"做法已经一般化。这一做法导致检察官的决定是以司法警察在拘留结束前提交的报告为基础的。尽管决定是否提起公诉所依赖的这些新的方法与手段使侦查的结论按照建立良好司法管理的目的可能出现变化或有所不同，但事实仍然是，在那些涉及复杂和特殊案件的程序中，对嫌疑人的审判经常只以司法拘留期间获得的证据为基础，尤其是嫌疑人在被拘留期间所作的供述。将犯罪嫌疑人拘留进行讯问因此已经成为对其提起公诉（之后的法院审判也受此左右）的主要阶段。

另外，《刑事诉讼法典》第 16 条，按照 1978 年 7 月 28 日法律和 1985 年 11 月 18 日法律的措辞，确定了具有司法警察地位的人员的范围，即只包括那些被明确授权决定是否对个人实施司法拘留进行讯问的人员。本条后来由 1994 年 2 月 1 日法律第 2 条、1995 年 2 月 8 日法律第 53 条、1996 年 7 月 22 日法律第 20 条、1998 年 11 月 18 日法律、2003 年 3 月 18 日法律第 8 条和 2006 年 1 月 23 日法律第 16 条所修正。这些修正案减少了对司法警察地位的限制，将拘留权的主体扩大到了国家警察机关的其他公职人员和国家宪兵的军职人员。在 1993 年至 2009 年期间，具有司法警察地位的文职和军职人员的数目从 25 000 人增加到了 53 000 人。

这些变化使得司法拘留变得平常，适用范围变广，甚至包括在未成年人犯罪中予以运用。而司法拘留对于侦查的结果非常重要，也决定了是否将案件提起公诉从而使相关人员受到法院审判。在 2009 年就曾实施了 790 000 起拘留决定。上述法律与事实两方面的变化使得审查这些受指摘法律的合宪性变得非常必要。

2. 关于侵害人的尊严的问题

针对申请人提出的拘留的具体条件侵害人的尊严的理由，宪法法院认为，1946 年《宪法》序言确认了人的尊严的宪法效力，即"每一个人无论种族、宗教、信仰之区别均享有不可让渡的和神圣的权利"，保护人的尊严免于任何种类的奴役和贬低属于此种权利的一部分，同时它也是一项具有宪法效力的原则。

法律规定了司法机关以及司法警察应使任何拘留在尊重人的尊严的前提下实施。而且，司法机关有权在《刑事诉讼法典》所授予的职权范围内，基于当事人所犯的罪行，防止和处罚反过来侵犯被拘留者人格尊严的行为，并责令对被拘留者的损失进行赔偿。司法警察可能在实施拘留的过程中没有完全遵循《刑事诉讼法典》的要求从而侵犯人的尊严，但是《刑事诉讼法典》关于拘留具体条件的规定本身并不必然侵害人的尊严从而违反宪法。尽管议会享有修改相关条款的自由，但提交宪法法院审查的规定本身并不损害人的尊严。

3. 申请人的其他要求

针对申请人的其他请求，宪法法院认为，《人权宣言》第 7 条规定："除非在法律所确定的情况下并按照法律所规定的程序，任何人均不受控告、逮捕与拘留。凡请求发布、传送、执行或使人执行任何专断的命令者，皆应受到惩罚；但任何根据法律而被传唤或逮捕的公民则应当立即服从，抗拒即属犯法。"第 9 条规定："所有人直到被宣告有罪之前，均应被推定为无罪，而即使判定逮捕系属必要者，一切为羁押人犯身体而不必要的严酷手段，都应当受到法律的严厉制裁。"第 16 条规定："一切社会，凡权利无保障或分权未确立，均无丝毫宪法之可言。"

根据《宪法》第 34 条，法律确定了关于刑事程序的规则。《宪法》第 66 条规定："任何人不得受到专断的拘禁。司法机关作为个人自由的保障人，按照法律规定的条件确保此原则得到遵守。"

依据《宪法》第 34 条，议会决定刑事法律的适用范围。就与刑事程序相关的方面而言，尤其要求在拘押犯罪者的过程中避免不必要的严苛或残酷行为。

而且议会有义务，一方面阻止损害公共秩序的行为和侦查犯罪者，这两者对于捍卫权利和维护具有宪法效力的原则而言都是必不可少的，另一方面确保受宪法保障的那些自由，并在这两方面之间保持平衡。这些自由包含对辩护权的尊重——辩护权来源于《人权宣言》第 16 条，同样也包含司法机关根据《宪法》第 66 条承担保护义务的个人自由。

宪法法院认为，司法机关由法官和检察官组成。在拘留期限的延长超过 48 小时的情况下，要求法官的介入。而在这一期限之内，拘留的进行则处在检察官的监督之下，检察官有权决定在必要时将拘留延长24 小时。根据《刑事诉讼法典》第 63 条和第 77 条，任何拘留在实施时必须告知检察官。检察官随时可决定释放或提审被拘留者。因此，检察官有权决定是否继续进行司法拘留，以及在必要时延长拘留的时间，这是为了达到侦查犯罪的目的所必要的，并且与被拘留者被指控实施的罪行的严重程度保持了比例关系。因此，申请人提出的拘留制度违反

《宪法》第 66 条的主张必须予以驳回。

但是，首先，根据《刑事诉讼法典》第 63 条和第 77 条，司法警察对所有被怀疑违法的人都可以将其拘留 24 小时而不论其行为的严重程度，所有拘留都可以延长 24 小时而不论违法行为的性质是否严重。

其次，《刑事诉讼法典》第 62 条和第 63 条规定，允许对被拘留者进行讯问，但是第 63—4 条规定却不允许受讯问的人在讯问违反其意志的情况下得到律师的有效帮助。为了搜集及保存证据，这种对辩护权的限制在普通案件中非常普遍，而且丝毫没有考虑到特殊的情形。另外，被拘留者也没有收到其沉默权的告知。

在上述条件下，《刑事诉讼法典》第 62 条、第 63 条、第 63—1 条、第 63—4 条第 1～6 款和第 77 条没有对被拘留者提供适当的保障，前述的侦查犯罪者与保障宪法自由这两方面的平衡也没有达到。因此，这些条款违反了《人权宣言》第 9 和第 16 条，必须被认定为违反宪法。

4. 关于违宪的效力问题

首先，宪法法院没有任何权力去评价宪法授予议会的权力，因此，宪法法院也无权去指示应当如何修改那些违宪的刑事诉讼规则。其次，立即撤销受到挑战的法律条文将不符合防止损害公共秩序的行为和侦查犯罪者的目标，并带来明显不适当的后果。因此，撤销上述条文的时间必须延长至 2011 年 7 月 1 日，以使议会对违宪的条文进行补救。在上述日期以前，根据此处被认定为违宪的条文所采取的措施不得以上述违宪的理由而受到再次指摘。

据此，宪法法院最终裁决如下：

第一，《刑事诉讼法典》第 62 条、第 63 条、第 63—1 条、第 63—4 条第 1～6 款和第 77 条的内容违反宪法。

第二，前述的违宪认定应自 2011 年 7 月 1 日起生效。

第三，宪法法院无须对《刑事诉讼法典》第 706—73 条和第 63—4 条第 7 款的内容进行审查。

［评析］

本案是法国宪法法院自合宪性先决程序于 2010 年 3 月 1 日实施以来所作出的最重要判决之一，其中涉及一项长期以来备受争议的刑事诉讼制度——司法拘留。实际上，法国司法界已经长期关注现行司法拘留制度与被拘留者人身自由的问题，早在 2008 年修宪刚刚建立合宪性先决程序伊始就已经有律师提出要对《刑事诉讼法典》的相关条款提出违宪抗辩。确实如法国宪法法院在判决中指出的那样，仅 2009 年法国就发生了 79 万起司法拘留案件。而法国的总人口不过约 6 500 万，如此算来每 100 个法国人中就有 1.2 人次在 2009 年受到司法拘留。由此可见司法拘留制度在实施过程中的混乱局面。

但法国的合宪性审查制度在 2008 年修宪以前是单纯的事前审查和抽象审查，因此，诸如本案中侵害人身自由的法律条文那样的违宪条文很可能在事前审查中"漏网"，虽然涉嫌违宪，但人们在法律上却对其无可奈何。在合宪性先决程序实施的当年，宪法法院就通过本案的判决，纠正了长期涉嫌过度侵害人身自由但得不到废止的司法拘留制度，可谓顺应潮流。作者认为，本案中倒不存在值得争论的疑难宪法问题，因为只要稍微运用比例原则就可以很容易地发现《刑事诉讼法典》相关条款没有符合狭义的比例要求，构成对人身自由的侵害。与其说本案具有法律意义，解决了疑难法律问题，倒不如说它具有政治意义，因为它显示了刚刚建立的合宪性先决程序作为事后审查与具体审查的"威力"，从此以后，那些在事前审查中"漏网"的法律将逐渐被统合于宪法的原则与规则之下，宪法法院也将在保障基本权利方面发挥日益重要的作用。

最后，回到本案涉及的主题——人身自由，需要加以一般化说明的是，刑事诉讼实践中的最常见问题恐怕就是各种刑事强制措施涉嫌过度限制人身自由了。关于这一点，不禁使人联想到我国的刑事诉讼实践，其中既存在包括超期羁押在内的各种刑事强制措施本身违反《刑事诉讼法》的"合法律性问题"，也有《刑事诉讼法》本身所设置的各种制度可能存在的"合宪性问题"。从法国和其他国家的经验来看，修正和完善刑事诉讼规则，限制各种刑事强制措施，以尽可能尊重和保障宪法所确认的人身自由，这是大势所趋，值得我国立法机关在修改《刑事诉讼法》的过程中予以注意。

[附：法国宪法相关条文]

1789 年《人权宣言》第 7 条

除非在法律所确定的情况下并按照法律所规定的程序，任何人均不受控告、逮捕与拘留。凡请求发布、传送、执行或使人执行任何专断的命令者，皆应受到惩罚；但任何根据法律而被传唤或逮捕的公民则应当立即服从，抗拒即属犯法。

第 9 条

所有人直到被宣告有罪之前，均应被推定为无罪，而即使判定逮捕系属必要者，一切为羁押人犯身体而不必要的严酷手段，都应当受到法律的严厉制裁。

第 16 条

一切社会，凡权利无保障或分权未确立，均无丝毫宪法之可言。

1946 年《宪法》序言

随着自由人民战胜了奴役和损害人类的各种制度，法兰西人民重新宣告每一个人无论种族、宗教、信仰之区别均享有不可让渡的和神圣的权利。他们庄严确认 1789 年人权宣言所铭记的人与公民的权利和自由以及共和国法律所承认的基本原则。

1958 年《宪法》第 34 条

法律确定关于下列各项的规则：

…………

——犯罪与违警之确定及其所适用之处罚，刑事诉讼，大赦，司法机关新层级之创设及司法官之地位；

…………

第 61—1 条

在普通诉讼程序中，若认为法律之规定对宪法所保障的权利与自由构成侵害，可经最高行政法院和最高司法法院向宪法法院层转违宪审查申请，由宪法法院在确定期限内予以裁决。

第 66 条

任何人不得受到专断的拘禁。

司法机关作为个人自由的保障人，按照法律规定的条件确保此原则得到遵守。

五、芝加哥市诉莫埃尔案与游荡罪的合宪性[①]

[事实概要]

本案发生于 20 世纪 90 年代的芝加哥，由于黑帮活动日益猖獗，黑帮成员经常聚焦和游荡在市区街头，伺机实施暴力犯罪和毒品交易，因而社会治安遭到破坏，社区居民深受其害，甚至不敢走出家门，成为"被囚禁于自己家中的囚犯"，城市的经济、旅游和社会发展等均受到不同程度的不利影响。但当警察出现时，黑帮成员则通过实施并不构成犯

---

① City of Chicago v. Morales, 527 U. S. 41 (1999).

罪的行为来逃避警察的合法拘捕。为了应对这种情况，芝加哥市理事会（the Chicago City Council）在 1992 年制定了一部反游荡法令（the Gang Congregation Ordinance）①，该法令禁止街头犯罪的帮派成员与其他成员或其他任何个人一起在公共场所游荡，如果警察可以合理地认为其为与他人在街头游荡的帮派成员，有权通过命令将其驱散。任何人若不遵守该命令迅速离开，将违反芝加哥市的法令，可能因此受到刑事处罚。在该法令中，游荡的定义是，"停留在任何一个地点而缺少明显目的（apparent purpose）"。

具体而言，反游荡法令设定的游荡罪的构成要素主要是四点：第一，警察必须合理地认定出现在公共场合的两个或更多的人的其中至少一个是街头犯罪的帮派成员；第二，必须具有游荡的行为，即"停留在任何一个地点而缺少明显目的"；第三，警察必须相应地命令所有人从该区域离开或散去；第四，其中有一人违反警察的命令。相应地，违反警察命令的人员将可能视情况被处以 500 美元以下罚金、6 日以下监禁或 120 小时内的社区服务。为了更好地执行市理事会的法令，同时减少执法过程中的肆意行为，芝加哥警署在两个月后专门制定了一项更为详细的执法规则，其中规定只在芝加哥市的局部地区，即帮派成员活动猖獗的城区实施市理事会的法令，并设定了具体的执法标准和程序。但该执法规则只是内部规则，没有对外公布。

在该法令实施后的 3 年期间，芝加哥市警方共发出了约 89 000 次驱散命令，并逮捕了超过 42 000 人。其间也出现了多起诉讼案件，均涉及该法令是否侵害正当法律程序所保障的人身自由，但不同法院的裁决并不相同。1993 年，本案原告即被上诉人莫埃尔（Jesus Morales）拒不遵守警察要求其离开的命令，从而遭到逮捕和刑事指控。后来，莫埃尔向法院提出正当法律程序的抗辩，在州层面，伊利诺伊州最高法院支持了莫埃尔的主张，裁决芝加哥市的法令违反了正当法律程序，在表面上过于模糊，对人身自由构成了一种专断的限制。后来，联邦最高法院考虑到类似案件数量较多，其中的宪法问题又值得联邦最高法院发表意见，因此通过调卷令一并审理了本案和其他类似案件。联邦最高法院需要裁决的核心问题在于，伊利诺伊州最高法院认定芝加哥市的法令违反联邦宪法第 14 条修正案正当法律程序是否正确。

---

① Chicago Municipal Code 8-4-015（1992）.

[判决内容]

联邦最高法院最终以 6∶3 的票数结果支持了伊利诺伊州最高法院的判决。史蒂文斯（John Paul Stevens）大法官代表多数法官撰写了法院意见。

法院在判决中认为，帮派成员的游荡行为确实对社区和社区内的居民构成了威胁，具有恐吓的性质，而芝加哥市的法令以及禁止此类行为的其他法令旨在保护居民，维持秩序，在目的上无疑是合宪的，但是芝加哥市的法令过于宽泛地覆盖了大量的附属性活动，而没有完全和准确地集中于帮派成员的行为。关于此类附属性活动的范围过于不确定，因此给上诉人的主张，即该法令过于模糊，提供了基础。

根据联邦最高法院以往判例（如 Kolender v. Lawson 案）所确立的原则，如果一项刑事法律具有模糊性，以下两个相互独立的原因都可能使该刑事法律归于无效：其一，该刑事法律没有提供一个明确的行为标准，从而使一般的正常人难以获知什么是法律所禁止的；其二，该刑事法律可能允许甚至鼓励专断和任意的执法。而在这两个方面，芝加哥市的法令都没有符合要求。

一方面，就"明确的行为标准"而言，在法令对游荡罪的定义中，"明显目的"是一个非常抽象的概念，在实际运用过程中难以界定，例如，几个人聚集在一起聊天、频繁地看手表、向街头张望，等等，是否包含着明显目的？因此，芝加哥市的法令对游荡的定义并没有给予人们足够的行为提示，以致人们无法知道"什么是禁止的"和"什么是允许的"，即使是一个没有违反法律的人，直到他拒绝离开为止仍然无法确定违法与合法的边界。法律若是如此模糊和缺少明确标准，以至于使公众无法确定什么行为是被禁止的，那么它就没有满足正当法律程序的要求。

那么，警察的命令是否为人们提供了明确的行为标准呢？法院同样认为这并不构成明确的行为标准，因为如果游荡本身在事实上是无害和无辜的，驱散命令本身就会构成对自由的不公正伤害。况且，驱散命令本身恐怕也是难以界定的，有很多实际的问题都缺少明确的答案，例如，游荡者在接到驱散命令时要离开多远的距离？离开多久？是否可以离开片刻之后重新回到原处？等等。因此，就这一方面而言，法院确认了最核心的原则，即限制人身自由的法律不能过于模糊，以至于一个具有普通理智的正常人不能分清何为无罪、何为有罪从而失去行为的准绳。

　　另一方面，芝加哥市的法令也违反了联邦最高法院在以往判例中所建立的关于限制行政裁量权的立法要求，即，立法机关应当制定关于执行法律的最明确的指导。芝加哥市的法令可能导致警察要求市内的任何公共地点的个人离开，只要被要求离开的个人没有"明显目的"。正如伊利诺伊州最高法院所指出的那样，芝加哥市的法令将判断是否构成游荡行为的决定权完全授予警察，从而构成一项绝对的自由裁量权。如此定义"游荡行为"，不仅把范围扩展到了那些完全无害的行为，而且也偏离了制定该法令的目的。

　　据此，联邦最高法院确认了伊利诺伊州最高法院的判决，即芝加哥市的法令违反了联邦宪法第 14 条修正案的正当法律程序条款，侵害了人身自由。

　　[评析]

　　本案是关于游荡罪合宪性方面的经典判例之一，通过本案判决，联邦最高法院确定了对游荡罪的限制，提高了人身自由的保护标准。游荡罪（loitering，也译为"闲荡罪"）最早起源于 15 世纪后期的英国普通法，在当今美国各州以及所有普通法系国家的刑法中都是一项普遍存在的刑事罪名，此外，在法国等其他国家的刑法中，它也有不同形式的体现。但关于该罪的定义却五花八门。有的刑法规定只要"在特定的公共场所逗留特定的持续时间"即可构成游荡罪，而根本不要求逗留者本身实施任何非法行为。在一些刑法中，游荡本身并不构成犯罪，而是必须与其他行为或要素结合在一起，例如，游荡勾引卖淫、乞讨、在公共场所酗酒，其中，游荡勾引卖淫在美国所有的州都构成犯罪。再比如，加拿大最高法院曾经裁决，有虐待儿童罪前科的个人如果在学校操场旁边游荡则构成游荡罪。[①] 游荡罪，尤其是前一种游荡罪，肯定会涉嫌侵害人身自由，因为所谓"人身自由"，显然包括个人有权自主决定其身体所处的空间位置，其中包括自由地行走、停留、闲荡等。

　　根据联邦最高法院的判决，游荡本身并不构成犯罪，因为出于无罪目的的游荡属于联邦宪法第 14 条修正案正当法律程序所保障的人身自由。据此，刑事法律若出于打击犯罪的目的而设置游荡罪，则必须具有明确的行为界限，给人们以明确的法律指导，并且必须尽可能限制执法过程中的自由裁量权。当然，本案在具体的法律标准上也并非没有任何争议。

---

① R. v. Heywood [1994] 3 S. C. R. 761.

事实上，只有苏特（David Souter）和金斯伯格（Ruth Bader Ginsburg）两位大法官完全同意史蒂文斯大法官的意见，奥康纳（Sandra Day O'Connor）、肯尼迪（Anthony Kennedy）和布雷耶（Stephen G. Breyer）三位大法官都单独撰写了协同意见。而其他三位法官则站在了芝加哥市一边，尤其是斯卡利亚（Antonin G. Scalia）大法官，他撰写了很长的反对意见来批评多数判决。

在本案之后，芝加哥市在 2000 年修正了反游荡法令，试图把那些被法院判定违宪的内容剔除，从而使该法令继续适用。在新的法令中，游荡的定义较之前更为具体，即："停留在任何一个地点从而使一个理性人认为该停留行为的目的或效果是使一个街头帮派对一个可识别的区域建立控制，从而对他人构成威吓、使他人不敢进入该区域，或者用以掩盖非法活动。"这一定义从原来的"缺少明显目的"变为具体列举可能的犯罪意图，具有了更明确的要素，其可能的适用范围也更为狭窄，可以更有效地集中于该法令所针对的目的。

本案除了涉及人身自由的问题以外，如何处理司法审查与地方自主的关系也是值得考虑的。一是如何处理联邦法院与州法院之间的关系。联邦最高法院在判决中一再强调，联邦最高法院在解释各州法律的过程中尊重州法院对州法律的解释，不得超出州法院的解释范围。二是如何处理联邦法院的司法审查与市镇的自治活动之间的关系，市镇的自治活动不得侵害公民的基本权利。

[附：美国联邦宪法相关条文]
第 14 条修正案第 1 款
……无论何州……非经正当法律程序，不得剥夺任何人的生命、自由和财产……

六、深圳市公安机关清理"高危人群"事件

[事实概要]
深圳市在 2011 年 8 月举办了第二十六届世界大学生运动会，在这之前，深圳市公安局为强化大运会期间及大运会前后的安保，采取了一项名为"治安高危人员排查清理百日行动"的执法运动。根据深圳市公安机关的界定，所谓"高危人员"主要包括七类：第一类，同时满足"有前科、长期滞留深圳、又没有正当职业"等条件的；第二类，同时

满足"在应当就业的年龄无正当职业、昼伏夜出、群众举报有现实危险的";第三类,涉嫌吸毒、零星贩毒、涉嫌销赃的;第四类,使用假身份证入住旅馆酒店、租房的;第五类,长期滞留深圳、明显靠非法收入生活的,比如涉嫌卖淫的失足妇女;第六类,肇事、肇祸的精神病人员,对他人有危害的;第七类,扬言报复社会,有可能产生极端行为的。除上述七类以外,还包括其他一些未列举的,对群众安居乐业有现实或潜在危险的。

直到 2011 年 4 月 10 日,该项清理活动才告一段落。深圳市公安局表示,通过系统筛查和公安机关实地排查,警方加大了对治安高危人员的排查清理力度,有八万余名治安高危人员离开了深圳。据深圳市警方强调,深圳市流动人口总量失控,具体管理缺位,是深圳治安的症结所在,要从根本上解决深圳市的治安问题,就要解决流动人口总量失控、无业人员长期在深滞留等问题。

[评析]

本案发生后受到了社会各界的普遍批评。从宪法角度而言,涉及的问题是,地方政府是否有权限制公民的人身自由。人身自由是宪法所确认的基本权利,《宪法》第 37 条规定:"(第 1 款)中华人民共和国公民的人身自由不受侵犯。(第 2 款)任何公民,非经人民检察院批准或者决定或者人民法院决定,并由公安机关执行,不受逮捕。(第 3 款)禁止非法拘禁和以其他方法非法剥夺或者限制公民的人身自由,禁止非法搜查公民的身体。"为进一步细化宪法对人身自由的保障,防止人身自由受侵害,2000 年全国人大制定的《立法法》在第 8 条规定,"对公民政治权利的剥夺、限制人身自由的强制措施和处罚"的事项只能制定法律。因此,无论如何,深圳市(人大或政府)均没有权力规定限制人身自由的措施,深圳市公安机关更无权超越法律采取限制人身自由的强制措施。除此以外,深圳市公安机关对七类高危人员的界定也违背了禁止有罪推定的原则。

[附:中国宪法相关条文]

第 37 条

中华人民共和国公民的人身自由不受侵犯。

任何公民,非经人民检察院批准或者决定或者人民法院决定,并由公安机关执行,不受逮捕。

禁止非法拘禁和以其他方法非法剥夺或者限制公民的人身自由,禁止非法搜查公民的身体。

七、警察临检的规则侵害人身自由案①

[事实概要]

声请人李×富于 1998 年 1 月 15 日晚间 9 时 5 分，行经台北市重阳桥时，"台北市政府警察局保安大队"在该处执行道路临检勤务，见声请人夜间独自一人行走，即要求声请人出示身份证件，遭声请人拒绝，警员即强行搜索声请人身体，声请人一时气愤以三字经辱骂警员。此案经"台湾士林地方法院"1998 年度易更字第 5 号判决及"台湾高等法院"1999 年度上易字第 881 号刑事判决，以声请人系于警员依"警察勤务条例"第 11 条第 3 款"依法"执行职务时，当场侮辱公务员，而认定其行为该当"刑法"第 140 条第 1 项之于公务员依法执行职务时当场侮辱罪，而处以拘役。声请人认为"警察勤务条例"第 11 条第 3 款及第 2 款内容涉及警察之盘查权及人身自由之限制，而有违反"宪法"第 8 条保障人身自由精神及"宪法"第 23 条比例原则之虞，故声请"大法官"就系争"宪法"疑义加以解释，并宣告"警察勤务条例"第 11 条第 2 款、第 3 款违宪。

"警察勤务条例"第 11 条规定：警察勤务方式如左：……二、巡逻：划分巡逻区（线），由服勤人员循指定区（线）巡视，以查奸宄，防止危害为主；并执行检查、取缔、盘诘及其他一般警察勤务。三、临检：于公共场所或指定处所、路段，由服勤人员担任临场检查或路检，执行取缔、盘查及有关法令赋予之勤务……

[判决内容]

"司法院大法官"于 2001 年 12 月 14 日作出释字第 535 号解释，判定"警察勤务条例"和相关"法规"不够完备，要求有关机关依照解释意旨，并且参酌社会实际状况，在兼顾人民自由与警察安全的维护下，订定相关法规。

1. 解释文

"警察勤务条例"规定警察机关执行勤务之编组及分工，并对执行勤务得采取之方式加以列举，已非单纯之组织法，实兼有行为法之性

---

① 我国台湾地区"司法院大法官"议决释字第 535 号解释，2001 年 12 月 14 日颁布，院台大二字第 30795 号。

质。依该"条例"第11条第3款,临检自属警察执行勤务方式之一种。临检实施之手段,如检查、路检、取缔或盘查等不问其名称为何,均属对人或物之查验、干预,影响人民行动自由、财产权及隐私权等甚巨,应恪遵法治国家警察执勤之原则。实施临检之要件、程序及对违法临检行为之救济,均应有"法律"之明确规范,方符"宪法"保障人民自由权利之意旨。

上开"条例"有关临检之规定,并无授权警察人员得不顾时间、地点及对象任意临检、取缔或随机检查、盘查之立法本意。除"法律"另有规定外,警察人员执行场所之临检勤务,应限于已发生危害或依客观、合理判断易生危害之处所、交通工具或公共场所为之,其中处所为私人居住之空间者,并应受住宅相同之保障;对人实施之临检则须以有相当理由足认其行为已构成或即将发生危害者为限,且均应遵守比例原则,不得逾越必要程度。临检进行前应对在场者告以实施之事由,并出示证件表明其为执行人员之身份。临检应于现场实施,非经受临检人同意或无从确定其身份或现场为之对该受临检人将有不利影响或妨碍交通、安宁者,不得要求其同行至警察局、所进行盘查。其因发现违法事实,应依法定程序处理者外,身份一经查明,即应任其离去,不得稽延。前述"条例"第11条第2款之规定,于符合上开解释意旨范围内,予以适用,始无悖于维护人权之"宪法"意旨。现行警察执行职务"法规"有欠完备,有关机关应于本解释公布之日起2年内依解释意旨,且参酌社会实际状况,赋予警察人员执行勤务时应付突发事故之权限,俾对人民自由与警察自身安全之维护兼筹并顾,通盘检讨订定,并此指明。

2. 解释理由书

按人民于其"宪法"上所保障之权利,遭受不法侵害,经依法定程序提起诉讼,对于确定终局裁判所适用之"法律"或命令发生有抵触"宪法"之疑义者,得声请解释"宪法",对此"司法院大法官审理案件法"第5条第1项第2款定有明文。所谓裁判所适用之"法律"或命令,系指法令之"违宪"与否与该裁判有重要关联性而言。以刑事判决为例,并不限于判决中据以论罪科刑之实体法及诉讼法之规定,包括作为判断行为违法性依据之法令在内,均得为声请"释宪"之对象。就本声请案所涉之刑事判决而论,声请人(即该刑事判决之被告)是否成立于公务员依法执行职务时当场侮辱罪,系以该受侮辱之公务员当时是否依法执行职务为前提,是该判决认定其系依法执行职务所依据之"法律"——"警察勤务条例"相关规定,即与该判决有重要关联性,而得为声请"释宪"之客体，合先说明。

"警察法"第 2 条规定警察之任务为依法维持公共秩序，保护社会安全，防止一切危害，促进人民福利。第 3 条关于警察之勤务制度定为"中央立法"事项。"警察勤务条例"第 3 条至第 10 条乃就警察执行勤务之编组、责任划分、指挥系统加以规范，第 11 条则对执行勤务得采取之方式予以列举，除有组织法之性质外，实兼具行为法之功能。查行政机关行使职权，固不应仅以组织法有无相关职掌规定为准，更应以行为法（作用法）之授权为依据，始符合依法行政之原则，"警察勤务条例"既有行为法之功能，尚非不得作为警察执行勤务之行为规范。依该"条例"第 11 条第 3 款，"临检：于公共场所或指定处所、路段，由服勤人员担任临场检查或路检，执行取缔、盘查及有关法令赋予之勤务"，临检自属警察执行勤务方式之一种。唯临检实施之手段：检查、路检、取缔或盘查等不问其名称为何，均属对人或物之查验、干预，影响人民行动自由、财产权及隐私权等甚巨。人民之有犯罪嫌疑而须以搜索为搜集犯罪证据之手段者，依法尚须经该管法院审核为原则（参照"刑事诉讼法"第 128 条、第 129 条之一），其仅属维持公共秩序、防止危害发生为目的之临检，"立法者"当无授权警察人员得任意实施之本意。是执行各种临检应恪遵法治国家警察执勤之原则，实施临检之要件、程序及对违法临检行为之救济，均应有"法律"之明确规范，方符"宪法"保障人民自由权利之意旨。

上开"条例"有关临检之规定，既无授权警察人员得不顾时间、地点及对象任意临检、取缔或随机检查、盘查之立法本意。除"法律"另有规定（诸如"刑事诉讼法"、"行政执行法"、"社会秩序维护法"等）外，警察人员执行场所之临检勤务，应限于已发生危害或依客观、合理判断易生危害之处所、交通工具或公共场所为之，其中处所为私人居住之空间者，并应受住宅相同之保障；对人实施之临检则须以有相当理由足认其行为已构成或即将发生危害者为限，且均应遵守比例原则，不得逾越必要程度，尽量避免造成财物损失、干扰正当营业及生活作息。至于因预防将来可能之危害，则应采其他适当方式，诸如：设置警告标志、隔离活动空间、建立戒备措施及加强可能遭受侵害客体之保护等，尚不能径予检查、盘查。临检进行前应对受临检人、公共场所、交通工具或处所之所有人、使用人等在场者告以实施之事由，并出示证件表明其为执行人员之身份。临检应于现场实施，非经受临检人同意或无从确定其身份或现场为之对该受临检人将有不利影响或妨碍交通、安宁者，不得要求其同行至警察局、所进行盘查。其因发现违法事实，应依法定程序处理者外，身份一经查明，即应任其离去，不得稽延。前述"条例"第11条第3款于符合上开解释意旨范围内，予以适用，始无悖于维护人权之"宪法"意旨。又对违法、逾越权限或滥用权力之临检行为，应于现行"法律"救济机制内，提供诉讼救济（包括赔偿损害）之途径：在"法律"未为完备之设计前，应许受临检人、利害关系人对执行临检之命令、方法、应遵守之程序或其他侵害利益情事，于临检程序终结前，向执行人员提出异议，认异议有理由者，在场执行人员中职位最高者应即为停止临检之决定，认其无理由者，得续行临检，经受临检人请求时，并应给予载明临检过程之书面。上开书面具有行政处分之性质，异议人得依法提起行政争讼。现行"警察执行职务法规"有欠完备，有关机关应于本解释公布之日起2年内依解释意旨，且参酌社会实际状况，赋予警察人员执行勤务时应付突发事故之权限，俾对人民自由与警察自身安全之维护兼筹并顾，通盘检讨订定，并此指明。

[评析]

警察权是一种与个人的基本权利经常发生冲突的压制性权力，其所包含的盘问、检查、查验、扣押、拘留、逮捕等各种各样的措施无一不是对个人人身自由的限制。不止是人身自由，包括身体自由、行动自由、财产权、隐私权等无一不处在警察权的潜在干预（甚至是阴影）之下。实际上从近代立宪运动以来，"人身自由"之所以如此有号召力，就在于警察权未受到有效约束。因此，近代宪法和宪政运动无不将人身自由放在崇高的地位上，并开始寻求对警察权的限制。实际上，对警察权的限制措施最早在法国大革命以前就已经存在了，在17世纪末期的法国，人们就要求执行逮捕的官员必须认真选择逮捕时间和地点，以便把被逮捕者受到的影响减到最少，例如，牧师、法官或教师在履行职责时是绝对不受逮捕的，再比如，也不能逮捕新郎或新娘从而打断婚礼的进行。[1] 在当今各国宪法中，警察权无不在时间、场所、具体情况、行使过程、事后救济与追究等方面受到全方位的控制，可以毫不夸张地说，在现代法治国家中，警察权都存在于而且也必须存在于宪法和法律的"天罗地网"中。

---

① 　Antoine Bruneau, Observations et Maximes sur les Matières Criminelles 103 (Paris，1715).

声请人在本案的声请书中也列举了日本《警察职务执行法》、韩国《警察官职务执行法》和美国《统一逮捕法》的相关规定，上述各国关于盘查权都明确规定了实行的具体状况、时间限制及场所限制。然而，在我国台湾地区的"警察勤务条例"和相关"法规"中，关于警察如何执行勤务（如盘问）的各种要求却付之阙如，这种缺失的可能后果是警察行使职权过程中的各种肆意行为。就此，显然如"大法官"所认定的那样，有必要通过完备相关"法规"来规制警察权。"大法官"的解释文对警察权行使的各种限制提供了全面的指导，归纳起来，大体上有如下几个方面：

第一，警察对于场所的临检，应只限于已经发生危害，或是依据客观、合理判断，认为容易发生危害的地方或交通工具，如果是私人居住的空间，就等同于住宅，不得任意侵犯。

第二，对于人的临检，则必须基于相当充分的理由，以认为个人的行为已经构成危害，或是即将发生危害的情形为限，并且应该遵守比例原则，不可以超过必要的限度，应尽量避免造成人民的财物损失，以及对正当营业、生活作息的干扰。

第三，为了预防将来可能发生危害，应采取适当的方式，如设置警告标志、隔离活动空间、建立戒备措施及加强保护等，而不能直接予以检查、盘查。

第四，进行临检之前，应该将实施临检的事由，告知受临检人，或是交通工具、处所的所有人、使用人等在场者，同时应出示证件，表明身份。

第五，临检应该在现场实施，不得要求受临检人到警察局、派出所进行盘查。除非经过受临检人的同意；或是因为无法确定身份；或是现场临检将对受临检人有不利的影响；或妨碍交通、安宁。

第六，在查明受临检人的身份，以及确定没有违法情形之后，就应该立即让他离开。

除此以外，诸如受害人的行政争讼权、异议权等，均有所涉及。总结所有这些方面，无外乎一条最基本的标准：警察权虽然必要，但必须在合目的的范围内按比例地行使，而不得滥用，否则即属侵害人民的基本权利。

上述解释理由书所阐述的原则，亦可以用来审视我国大陆的警察权问题。现行《人民警察法》是由第八届全国人大常委会第十二次会议于1995年制定、第十一届全国人大常委会第二十九次会议于2012年10

月 26 日修订的,其中设置了人民警察的基本职权。其第 6 条列举了人民警察的基本职责,第 7 条赋予警察采取行政强制措施、行政处罚的权力,第 8 条赋予警察强行带离现场、拘留和采取其他措施的权力,第 9 条赋予警察盘问、检查的权力。同时第 9 条设置了盘问和检查权的限制,即"为维护社会治安秩序",并"对有违法犯罪嫌疑的人员"行使。可见《人民警察法》设置的警察权在总体上是具有正确的目的并具有合目的之手段的。但关于行使上述这些权力的具体要求,《人民警察法》则付之阙如。因此,作者认为,我国的警察法治有进一步完备的必要。

值得注意的是,第十一届全国人大常委会于 2011 年 10 月 29 日修正的《居民身份证法》亦扩大了人民警察的查验权,根据该法第 15 条的规定,人民警察依法执行职务,遇有下列情形之一的,经出示执法证件,可以查验居民身份证:(1)对有违法犯罪嫌疑的人员,需要查明身份的;(2)依法实施现场管制时,需要查明有关人员身份的;(3)发生严重危害社会治安突发事件时,需要查明现场有关人员身份的;(4)在火车站、长途汽车站、港口、码头、机场或者在重大活动期间设区的市级人民政府规定的场所,需要查明有关人员身份的;(5)法律规定需要查明身份的其他情形。有前款所列情形之一,拒绝人民警察查验居民身份证的,依照有关法律规定,分别不同情形,采取措施予以处理。其中第 4 项为 2011 年修改时新增。作者认为,此项对查验权缺少具体的限制条件,有进一步完备的必要。

[附:中国台湾地区"宪法"相关条文]

第 8 条 [人身自由]

人民身体之自由应予保障。除现行犯之逮捕由法律另定外,非经司法或警察机关依法定程序,不得逮捕拘禁。非由法院依法定程序,不得审问处罚。非依法定程序之逮捕、拘禁、审问、处罚,得拒绝之。

人民因犯罪嫌疑被逮捕拘禁时,其逮捕拘禁机关应将逮捕拘禁原因,以书面告知本人及其本人指定之亲友,并至迟于二十四小时内移送该管法院审问。本人或他人亦得声请该管法院,于二十四小时内,向逮捕之机关提审。

法院对于前项声请不得拒绝,并不得先令逮捕拘禁之机关查覆。逮捕拘禁之机关对于法院之提审,不得拒绝或迟延。

人民遭受任何机关非法逮捕拘禁时,其本人或他人得向法院声请追

究，法院不得拒绝，并应于二十四小内向逮捕拘禁之机关追究，依法
处理。

第 23 条 ［基本人权之限制］

以上各条列举之自由权利，除为防止妨碍他人自由、避免紧急危
难、维持社会秩序或增进公共利益所必要者外，不得以法律限制之。

第 八 章

财产权

第一节　基本概念与理论

一、财产权的概念

在现代宪政国家中，财产权与公民的生命权、自由权一起构成了公民最基本的三大基本权利体系，集中体现着人的基本价值与尊严。宪法作为国家的根本法和社会共同体的最高价值体系，通常把私有财产权的保护作为社会追求的基础与出发点。为了实现通过财产权所体现的人的基本价值，各国普遍在宪法中规定保障私有财产权的原则、界限与范围，并通过普通法律把保护私有财产权的宪法原则具体化，为公民实现私有财产权提供法律基础。

公民财产权是指公民个人通过劳动或其他合法方式取得财产和占有、使用、处分财产的权利。公民财产权是公民基本权利的一项重要内容，是公民在社会生活中获得自由与实现经济利益的必要途径。宪法上规定的财产权一般是指公法和私法上有财产价值的所有权利。宪法规定的财产权不同于民法意义上的财产权，属于不同范畴的权利体系。作为基本权利的财产权主要是针对公共权力而存在的，它不仅意味着国家权力不得侵害财产权，而且意味着国家通过民事和刑事等法律创造使财产权得到实现的法律秩序，因此，财产权一旦被规定为宪法内容就脱离了民法上财产权的概念，为私法上的财产权保障提供法律基础。承认公民财产权的权利性并强化其宪法保护，是保障个人尊严与人格发展的必然要求，也是市场经济发展的必然要求。在宪法所要调整的经济关系中，公民个人财产权的保护是一个不可忽视的内容，它不仅仅是公民个人的一项基本权利，更重要的是宪法确立的一项原则，具有普遍性意义。

二、财产权的发展

我国第一部社会主义宪法——1954 年宪法曾对公民财产权的地位作了规定，1954 年《宪法》第 11 条规定：国家保护公民的合法收入、储蓄、房屋和各种生活资料的所有权。第 12 条中规定，国家依照法律保护公民的私有财产的继承权。1975 年《宪法》和 1978 年《宪法》第 9 条基本保留了 1954 年《宪法》有关保护公民财产权的规定。1982 年《宪法》对公民财产权的规定同 1954 年《宪法》相比有重大发展，主要是将公民"其他生活资料的所有权"改成"其他合法财产的所有权"，扩大了公民财产权的保护范围。

新中国的几部宪法对公民的合法财产和私有财产的继承权等问题做了不同形式的规定，但内容与体系不完整，尤其是缺乏尊重和保障私有财产的社会与法律基础。第四次宪法修改以前，宪法对私有财产权的规定是不完善的，主要表现在：没有形成私有财产保障的理念；财产权的保障对象不明确，基本排斥了对生产资料的保护，只保护合法收入、储蓄、房屋等生活资料，对公民作为财产权主体应享有的生产资料所有权没有给予必要的保护。在具体保障私有财产权的规范体系与制度上，现行宪法没有明确地确立私有财产权的宪法地位，只规定限制的原则，没有从宪法角度规定补偿原则与程序。在公共财产与私有财产保护的关系上，过去采用的原则是不平等的，对公共财产的保护采取更为积极和主动的政策，而对私有财产的保护显得消极和被动，在具体保障力度上明显向公共财产倾斜，导致两种财产权保护的不平等。由于财产权保护的不平等，客观上产生了一系列社会问题，如私有财产的拥有者缺乏财产的安全感，开始出现了向国外转移财产的现象，出现了强行拆迁、拖欠民工工资、非法占用耕地等现象。从宪法角度看，近年来我国社会发展中公益与私益之间产生冲突的重要原因之一是对财产权缺乏有效的保障。

随着市场经济的发展、公民个人财富的积累与公众法律意识的提高，公众对财产权的保护问题给予了高度关注，要求在国家法律体制中提供有效的保护。社会主体普遍要求政府加强对私人财产权的保护。根据社会实践和民众权利的要求，党的十六大报告中提出：一切合法的劳动收入和合法的非劳动收入，都应得到保护，明确了"依法加强监督和管理，促进非公有制经济健康发展。完善保护私人财产的法律制度"。2004 年宪法修正案确立了私有财产权的宪法地位，有助于在全社会实现保护私有财产的基本价值，要求政府和公共机关尊重私有财产权的价值，为私有财产权拥有者提供良好的法律环境。

三、财产权的内容

在世界范围内，1919 年德国魏玛宪法诞生以前，财产权被视为神圣不可侵犯的自然权，但随着权利相对化趋势的发展，财产权逐步呈现出相对化趋势，成为负有社会责任的综合性的权利体系。

围绕财产权的性质主要有四种学说：第一种观点认为，财产权是自由权，是个人享有的不可侵犯的权利；第二种观点认为，宪法上的财产权是一种个人依照法律享有的法律制度，即私有财产权的制度性保障；第三种观点认为，财产权是个人对国家任意行为的防御性权利，同时具有个人财产权与法律制度的性质；第四种观点认为，财产权在宪法框架里具有双重性，即主观的防御性与客观秩序的性质。作为防御性权利，财产权是公民抵御公共权力侵犯的权利，确立了公权力活动的基本界限。同时，财产权又具有制度保障的基本属性，是一种每一个公民自由地行使财产权的制度或客观的法律秩序。因此，宪法对财产权的规定实际上起着保障个体自由地利用各种经济条件的"自由保障"的功能。从财产权的历史发展与基本属性看，第三种和第四种观点是比较合理的，两者存在着共同的理论基础，应从制度与个人权利两个方面分析现代宪法体制下的财产权的性质和内容。

根据我国宪法修正案第 22 条的规定，公民的合法的私有财产不受侵犯，国家依照法律规定保护公民的私有财产权和继承权。"合法的私有财产不受侵犯"意味着国家有义务保护所有公民的财产权，并采取各种有效措施实现财产权价值。基于财产权的宪法性质，宪法修正案扩大了私有财产权的保护范围。而现行宪法在修正前对财产权的保护采取了列举的方式，把保护的范围仅限于生活资料，没有明确规定生产资料的保护。财产权范围的不确定性，直接影响了财产拥有者创造财富的积极性，使财富的积累经常伴随着不安与非议。从宪法原理上讲，凡是根据社会通常观念形成的具有财产价值的法益都构成宪法意义上的财产权。1982 年宪法规定的所有权概念并不包括财产权的所有内容，它只是财产权的一部分，无法完整地表述财产权的基本内容。为了明确公民私有财产中生产资料的保护范围，宪法修正案以财产权代替原宪法条文中的所有权，并确立了私有财产权不受侵犯的宪法原则。根据宪法修正案的精神，公民的生活资料和生产资料都应受宪法保护，如公民的股权、土地承包权、承包经营权、专利、发明权等。公民财产权的范围主要包括：

1. 合法收入

合法收入是指公民在法律允许的范围内，用自己的劳动或其他方法所取得的货币或实物收入。具体内容包括：工资、实物、奖金、稿酬、退休金等；劳动保险、家庭副业、公民自有的林木、果树、文物、图书资料；城乡集体劳动者个人用于生产的生产资料；个体劳动者所使用的生产工具和其他生产资料；公民合法取得的其他收入，如出租房屋的合法租金、银行储蓄存款的利息、接受的赠与、继承的遗产等。

2. 储蓄

储蓄是指公民存入银行或信用社的货币。国家鼓励公民将暂时不用的货币存入银行、信用社。银行、信用社对公民的储蓄，实行存款自愿、取款自由、存款有息和为储户保密原则。不因国家的专断政策而遭受贬值。非经司法机关批准，任何个人、单位不得查询、冻结或提取公民的个人存款。就此，财产权与隐私权可能发生竞合。

3. 房屋

房屋是指属于公民生活资料的房屋。无论城市或乡村，凡属公民个人所有的房屋，任何单位或个人都不得非法侵占、查封、破坏。如因国家建设需要，必须占用或拆除公民的房屋时，应按照法律规定，对房屋所有人的住房给予妥善安排和合理补偿。

4. 其他生产资料和生活资料等

公民受法律保护的生产资料和生活资料的范围日益广泛，凡依法不禁止的公民个人所有的有关衣、住、行、用的生活用品，都可以作为公民个人财产权的客体，受国家法律保护。随着经济的发展，公民财产权的范围日益扩大，出现新的权利类型，如投资权利、从事生产经营的权利等。另外，在市场经济的发展中出现的非按劳分配而得到的收入，如证券收入、红利、股息收入等，需要从法律上明确其性质与地位。从1988年、1993年和1999年修宪的内容看，扩大公民财产权是一项重要目标，应当以不同的形式完善我国公民财产权宪法保护的制度，为今后进一步强化财产权的宪法保护提供了有益的基础。

在公民的劳动收入中既包括合法的劳动收入，也包括合法的非劳动收入。非劳动收入主要指持股分红、买卖差价收入、彩票中奖等。随着公民富裕程度的提高，合法的非劳动收入部分在整个收入中的比重将越来越大，在有些公民的收入中甚至超过劳动收入部分。要引导人们投资，就要承认投资收益的合法性。公民在实际生活中取得财产权的方式是多种多样的，很难在宪法中一一列举。根据财产权的性质，宪法修正案没有采取对财产权列举的方式，只确定一个原则，即合法的公民财产权受到法律的同等保护。在财产权的宪法保护界限方面，宪法的保护只限于合法的财产的范围，宪法不保护不合法的私有财产。在这里，"合法"是一种严格的法律判断，旨在强调财产积累过程的合法性，要求社会成员通过诚实的劳动积累财富，树立合法致富光荣的社会风气。

四、公共利益与财产权限制

私有财产权在现代法治社会中对于个人自由的伸张和其他基本权利的实现发挥着重要的作用。财产权的本质是实现自由的基本要求，是人作为有尊严的个体存在的社会物质基础。因此，从社会发展的角度看，个体拥有私有财产是社会协调发展与保护人的尊严的重要条件。与任何权利一样，财产权的存在并不是绝对的，财产权的社会性实际上决定了财产权存在的界限。各国宪法一方面规定财产权受保护原则，另一方面对财产权也规定了必要的限制。

我国宪法修正案规定：国家为了公共利益的需要，可以依照法律规定对公民的私有财产实行征收或征用并给予补偿。宪法的这一规定有利于在公权力与私权利、私有财产与公共利益之间确定合理的界限，使受侵害的财产得到合理补偿。征收和征用是国家为了公共利益对公民的私有财产进行限制的形式，但两者的性质与功能是不同的。两者的主要区别是：征收是所有权的转移，征用是使用权的改变，一般在紧急状态下强制使用，一旦紧急状态结束，被征用的物品要返还给原权利人。适用征收和征用的条件和补偿标准也是不同的，因征收对权利人利益的损害大于征用，故补偿标准相对更高一些。过去，在限制公民财产权时，法律上并没有明确其标准，程序也不完备，由此引发补偿金标准不统一或过低等问题。宪法修正案为了在公共利益与个人利益之间寻求合理的平衡，规定了征收和征用的条件与程序，对公共利益本身划定了严格的范围。按照宪法的精神，权利人对公共利益本身的正当性与否可以进行判断。对公民财产权的限制必须基于公共利益，即社会整体利益，体现国家国防、外交等重大的国家利益，既要考虑为公益而采取的国家政策的价值，同时也要考虑社会正义的价值。公共利益不同于团体、社会组织或商业的利益，应对其进行严格的限定。实践中存在的以公共利益的名义侵犯公民财产权的现象，实际上以"公共利益"之名实现了私人的商业利益和不正当的社会公共利益。

同时，需要注意的是，为了公共利益对公民财产权进行的任何限制，也不是无对价的剥夺私有财产，必须给予合理的补偿。为公共利益而进行的征收或征用给权利人造成了不同程度和不同形式的财产损失，故从权利保护的角度给予合理补偿是十分必要的。宪法修正案关于补偿制度的规定对于保护公民的财产权将产生重要影响，有助于公民运用损失补偿请求权获得权利救济。

第二节　典型判例与分析

一、土地买卖许可制的合宪性判决①

[事实概要]

请求人 A 未经道知事许可将某郡所在地的租赁土地转让给他人，因此受到《国土利用管理法》的处分，此案在汉城地方法院南部支院审理时，请求人向审理本案的法院提出审理作为本案审理依据的《国土利用管理法》第 21 条第 3 款第 1 项、第 31 条第 2 款是否违宪的申请，法院接受其申请向宪法法院提出违宪与否审判的提请。

本案的审理对象是《国土利用管理法》第 21 条第 3 款第 1 项、第 31 条第 2 款。

第 21 条第 3 款第 1 项规定：对规制区域内的土地所有权等权利的转让或签订契约（土地等买卖契约）的当事人须经管辖道知事的许可，未经许可而签订的土地等的买卖契约无效。

第 31 条第 2 款规定：违反第 21 条第 3 款第 1 项规定未经许可签订土地买卖合同者处 2 年以下徒刑或 500 万元以下罚金。

---

① 韩国宪法法院 1989 年 12 月 22 日判决，89 宪甲 13。

本案是宪法法院成立后争议最大的判决之一，涉及财产权保障的意义和财产权本质内容，以及土地买卖许可制是否侵犯宪法规定的财产权等基本的宪法问题。

[判决内容]

宪法法院于 1989 年 12 月 22 日作出判决，认定《国土利用管理法》第 21 条第 3 款第 1 项不违反宪法；同时认定第 31 条第 2 款不能宣布违宪。

土地的所有权从部落居民全体"共有"的概念经过了中世纪封建社会的分割所有权、近代初期资本主义的绝对私权、现代社会财产权的内容与界限由法律规定的相对权利等几个阶段。现代社会强调财产权的社会制约及社会羁束性的目的是最大限度地减少因财产权绝对保障而产生的社会弊端，保护私有财产制度的基本理念，为维护私有财产制度，要求私有财产制度作出最低限度的自我牺牲或让步。基于上述发展趋势，韩国宪法一方面保障财产权，但另一方面以法律限制财产权，赋予财产权以社会的义务性（《宪法》第 23 条第 2 款）。财产权的行使要符合公共福利是宪法规定的一种义务，通过立法形成权的行使而得到具体化，成为一种现实义务。根据财产的种类、性质、形态、条件、状况、位置等具体情况对财产权进行的限制或禁止行为的形式是不尽相同的。由于土地是不能因需求而增加供应的特殊财产形态，无法直接运用市场经济原理调节分配，具有固定性特点，因而，立法机关需要对土地财产权采取比对其他财产权更为严格的规制，其立法裁量权范围随之得到扩大。

土地财产权的本质内容是指成为土地财产权核心的实质性的要素，所谓财产权本质内容的侵害是指，因某种侵害事实的存在，私有财产权变为有名无实的东西，无法达到宪法保障财产的最终目的（如对私有财产制度的全面否定，财产权的无偿没收，因溯及立法的财产权剥夺）。土地买卖许可制旨在控制土地的投机，《国土利用管理法》规制的内容并不包括所有的私有土地，而是限定在可能存在投机的地区或土地价格容易上涨的地区。同时它综合考虑了如下因素：规制期限是 5 年以内；即使处在规制的情况下，如不违反有关买卖目的、买卖面积、买卖价格等的标准，亦可能得到买卖许可，处分权并不完全被禁止；对当局的买卖不许可决定不服可寻求其他救济途径等。因此，土地买卖许可制并不是对私有财产制度的否定，而是一种限制形式。对不能自由地再生产的土地不能认定处分自由而加以一定限制是不得已情况下的限制，它只是《宪法》第 122 条规定的对财产权进行限制的一种形态，不能理解为对财产权本质的侵害。

依据宪法的基本精神对基本权进行限制时，即使没有侵害本质内容，但如违反过剩禁止原则也有可能出现违宪。过剩禁止的原则确定了国家作用的界限，它意味着目的的正当性、方法的适宜性、受害的最少性与法益的平衡性（保护的公益应大于受侵害的私益），如违反上述要求中的任何一项都会构成违宪。国家发挥国家作用时，应基于合理的判断采取与所追求目的相适应的合理的手段，其手段应该是为达到目的所必要和有效的，对相对方产生最小侵害，在这种条件下国家作用才具有正当性，能减少对方的损害。在国家作用中，所采取的任何措施或所选择的任何手段首先要符合所要达到的目的，但在合目的的范围内通常并不只有唯一的措施或手段。国家为达到目的有时可能采用一种措施或手段，有时也可能综合采用几种措施或手段。过剩禁止原则并不是要求为达到某种目的选择唯一的手段。当采用几种措施或手段时，措施或手段应符合目的和在必要的限度内。也许有人认为，控制土地投机的措施或手段可采用登记制度、租赁制度、行政制度、开发利益还原制、土地买卖申告制、土地买卖实名制等制度。但采用上述制度控制土地投机等行为都存在一定缺陷，需要采用土地买卖许可制这种更为有效的规制手段。在立法当时土地投机现象泛滥的特殊情况下，采用这种手段是一种不得已的选择。只要土地买卖许可制符合限制土地所有权的目的，其限制手段满足最小侵害的要求，就不能得出土地买卖许可制违反比例原则或过剩禁止原则的结论。另外，在土地投机中得到的利润是相当可观的，靠罚金刑限制土地的投机行为实际上存在功能上的缺陷，必要时并用自由刑也是一种不得已的选择，有选择地采用自由刑并不违反过剩禁止原则。

罪刑法定主义所要求的明确性原则是指任何人都能预见法律所处罚的行为是什么，对其刑罚是什么，随之可以决定自己的行为。构成要件明确并不是指在法律适用阶段完全排斥价值判断的抽象概念，而是指立法者的立法意图对于具有一般常识的人而言可以提供有把握的标准。在一定范围内，即使需要法官进行补充解释，但运用阶段不存在误解时也不能认为它违反宪法所要求的明确性原则。该法律条文的表述尽管有不明确之处，但根据法官的有条理的补充解释可以进一步明确法条的意义。

对上述判决有5位法官有不同意见，他们提出违宪意见，因而本案没有达到作出违宪决定所需的充足数（6人），故判决书中最终采用

"不宣布为违宪"的表述。

李时润法官提出了补充及反对意见。他认为，对《宪法》第 37 条第 2 款、第 23 条第 3 款综合考虑的话，财产权的限制应遵循公共福利适应性、比例原则或过剩禁止原则、本质内容侵害禁止原则、正当补偿原则，法院提请申请虽限于《国土利用管理法》第 21 条第 3 款及第 31 条第 2 款，但需要综合考虑与土地买卖许可制具有内在联系的《国土利用管理法》的相关条款。对土地买卖不予许可时，非依正当价格的购买请求权或者依征用价格的征用请求权实际上是购买介绍请求权，故第 21 条第 15 款购买请求权制度违反了正当补偿原则，构成违宪。另外，在具有违宪要素的现行土地制度没有转化为合宪状态的情况下，在单纯否定契约效力之外进一步采用刑法上的自由刑与罚金刑显然违反了比例原则和过剩禁止原则。他主张《国土利用管理法》第 21 条第 3 款合宪的多数意见，但认为对第 21 条第 15 款应提出违宪警告或立法完善要求，对违反过剩禁止原则的第 31 条第 2 款应宣布违反宪法。

韩炳采等三位法官提出了反对意见。他们认为，《国土利用管理法》第 21 条第 3 款第 1 项虽是土地买卖许可制的最核心的法律条款，但只依该条款无法判断土地买卖许可制的违宪与否，应综合考虑成为许可对象的土地买卖规制区域的指定要件、程序、许可标准、不许可处分的救济方法等。因实行土地买卖许可制财产权受侵害时采用的救济方法之一的购买请求权与财产权保障、正当补偿原理相矛盾。购买请求权作为一种救济手段与土地买卖许可制有着密切的联系，如果购买请求权的规定侵害宪法上财产权保护的正当补偿原理，那么以购买请求权为基础的土地买卖许可制本身也具有违宪性。

另一名法官金振宇认为，如果综合考虑《国土利用管理法》第 21 条第 3 款（包括同法第 31 条第 2 款）中土地买卖许可制构成、许可制内容的许可标准、购买请求权的规定、购买价格等因素，可以得出违宪的结论，立即宣布该条款违宪不会带来法律空白或社会混乱，故应宣布违宪。

[评析]

本案是宪法法院对财产权保障问题所作的具有代表性的判决，明确了财产权的本质，提出了限制财产权的基本原则。在当时的学术界，公法学者和民法学者有两种不同的意见。公法学者认为，土地许可制是基于公共利益而作出的合理的限制，并不侵害财产权本质内容。而多数民法学者认为，国家权力不应干预传统的财产权领域，土地是私有财产的重要形式，如对其买卖进行限制必然侵害财产权的本质内容。从实际效果看，该判决作出后在社会上产生了积极的影响，及时控制了土地投机行为，稳定了土地价格，消除社会阶层之间的矛盾，在全社会确立了土地公的概念。由于土地具有不同于其他财产的性质，土地所有权本身带有鲜明的公益性。当社会公共利益的保护价值和保护特定人的财产权价值发生矛盾时，以社会公共利益作为价值取向合理地限制财产权行使是必要的。在此意义上，即使将财产权视为自然权，它也与人身自由、信仰自由在价值上存在差别。当然，限制手段和限制目的要保持内在的联系性，要符合限制的合理界限。在判决的表述上，本案第一次使用了"不宣布违宪"的表述，这是一种合宪的变通决定形式，因为主张违宪的人数没有达到法定的票数要求。但这种判决形式能够以一种相对温和的形式向立法机关提出警示。

［附：韩国宪法相关条文］

第 23 条

（1）保障一切国民的财产权。有关财产权的内容和界限，以法律规定之。

（2）财产权的行使须符合公共福利。

（3）为了公共的需要，可依照法律规定对财产权实行征用、使用、限制并予以补偿。必须支付正当补偿。

第 122 条

为了保证高效率地、均衡地利用与开发作为一切国民生产及生活基础的国土，根据法律规定，国家可进行必要的限制与赋予义务。

二、解散国际财团与公共权力行使[①]

［事实概要］

本案的请求人是国际财团的创始人，该公司以株式会社国际商务为主要企业，下设二十多个分公司。1985 年国际财团的主要客户株式会社第一银行发表了解散国际财团公司的方案，并将原来由请求人持有的股份卖给第三者，以此作为解散的措施之一。请求人认为，国际财团的解散是依公权力而作出的决定，因公权力未合法行使，请求人依宪法享

---

① 韩国宪法法院 1991 年 5 月 13 日判决，89 宪甲 97。

有的基本权受到了侵害，于是向宪法法院提起取消公权力行使的宪法诉愿请求。

本案的审理对象主要包括：财政部长官向总统报告后，按照总统的指示决定解散国际财团的过程；要求第一银行行长直接插手国际财团公司的资金管理，委任处分权的解散准备过程；让第一银行行长发表国际财团解散的有关言论是否涉及公权力属性。

[判决内容]

宪法法院认为，被请求人按照总统的指示，于 1985 年 2 月 7 日决定解散国际财团的基本方针，并于同月 11 日选择购买的企业，向第一银行行长指示直接插手国际财团公司的资金管理，接受委托处分权，最后以第一银行名义向社会各界发表国际财团公司解散言论等针对国际财团公司所行使的公权力活动，侵害了请求人的企业活动自由与平等权，属于违宪。

当国际财团公司在经营过程中遇到财政上的困难，作为主要客户的第一银行准备提供资金帮助时，财务部长官向总统提出"国际财团现状与对策"的秘密报告，总统决定全面解散国际财团公司，把它转移给第三者。财务部长官按照总统决定，采取先转移经营权，后清算财产的原则，并以直接或间接形式指示第一银行进行解散的具体准备工作，而且直接参与资金管理过程。然后，要求第一银行以自己的名义发表财务部已拟定的"实现国际财团公司正常化对策"报告，把解散变为既成事实。从决定解散国际财团公司到具体实施只用了两个多星期，可见，财务部长官具体主导整个解散的过程，第一银行虽以自己名义发表解散的决定，但它是在财务部的具体安排下作出了决定，并不表明银行方面的真实意志。请求人一直怀疑解散是通过公权力来完成的，并努力举证证明其主张。1988 年第五共和国时期腐败听证会和 1989 年大检察厅发表的腐败事件声明中基本上查清了公权力直接干预国际财团解散过程的事实。

在列举本案的上述事实情况后，宪法法院首先肯定了请求人主张的公权力侵害属于《宪法法院法》第 68 条第 1 款规定的宪法诉愿对象。总统对财务部长官发出的国际财团全面解散和由第三者接受的指示是对外没有效力的上级机关对下级机关所作的内部指示，是一种行政机关相互之间的行为，它本身不能成为宪法诉愿的对象，但可以把上述行为看作是公权力行使的过程，财务部长官对第一银行行长所作的解散准备指示和发表解散声明的指示已超越了非权力的劝告、建议等单纯行政指导的界限。从形式上看，它是一种作为社团法人银行的行为，不属于行政行为，但从实质意义看，却是由公权力的行使导致了企业被解散的事实，因此，它是一种权力的事实行为。

根据《宪法法院法》第 40 条第 1 款规定，在宪法诉愿审判中可援用行政诉讼法，如有正当理由可以允许超过诉讼时效的《行政诉讼法》第 20 条第 2 款的但书，在宪法诉愿审判中同样也可以援用。所谓正当理由是指综合考虑诉讼时效超过的各种原因，允许超过时效的审判请求在社会基本理念上被认为有充分理由。在本案这个事件中有三个具体理由：（1）公权力行使是通过总统—财务部长官—第一银行行长途径在秘密状态下进行的，请求人在整个事件中没有正式得到通报，处于第三者地位，没有机会获得公正、合理程序的保护；（2）尽管请求人通过自己的调查活动和国会听证会，于 1988 年 12 月 21 日知道了本事件中行使的公权力，但当时公权力还没有正式承认其干预的事实，只是大检察厅已进行对该事件的调查，作为请求人只能等待该事件的最后结论；（3）宪法诉愿制度在韩国只是一种新型的制度，是一种从外国引进的制度，故对多数国民而言是陌生的制度，而且当时这个制度实施还不到 180 天，从理论上或判例上并不能清楚确定诉愿对象，甚至专家之间对该事件请求是否属于宪法诉愿对象也存在着争论。在这种情况下，请求人在其应知道公权力侵害事实的 1988 年 12 月 21 日加 60 天的请求期限和超过的 8 天，即到 1989 年 2 月 27 日提起诉讼，这虽超过期限，但在社会通念上应视为具有充分理由。

作为私法人的银行和金融企业如出现经营不善等问题时，作为债权者的银行回收贷款的方式是多种多样的，但不管采取何种方式都应根据私企业所面临的实际经营上的问题，按照法律规定在其责任和权限范围内选择和具体处理。根据银行监督院制定的《不健全债权处理业务指南》第 12 条的规定或第 16 条的规定，经营不善企业的选定和清算属于在银行权限和责任范围内处理的固有领域，不允许公权力的干预。《宪法》第 119 条第 1 款也规定，大韩民国的经济秩序以尊重个人和企业经济上的自由和创意为基础，实行基本市场经济原理的经济体制。按照宪法的规定，企业的产生、发展与消灭应基于企业自律，体现企业自由，除有特殊情况外禁止国家公权力的干预。《宪法》第 126 条同时规定，除在国防上或国民经济发展上有切实需要且法律上有特殊规定的情况外，不得把私营企业变为国有或公有，不得统制或管理其经营。由此明确了禁止干涉私营企业经营权的原则。如果公权力介入经营不善企业的处分清算过程，必须要依据基于特殊的必要性而制定的法律的规定。在没有法律规定的情况下公权力介入经营不善企业清算的例外的途径是，当国家处于重大的财政、经济上的危机，为维护公共秩序的需要在不得已的情况下发布紧急命令，以紧急命令为依据采取合宪的措施，即对企业活动的自由，国家权力介入时必须依据法定程序进行。

如果不尊重银行的自律，公权力主动干预企业活动有可能减弱企业自我解决问题的能力，影响市场经济原理的适应性，违背以尊重企业的经济上的自由与创意为根本原则的《宪法》第119条第1款的规定。解散的基本方针的确定、接受企业的决定、资金管理的措施等解散准备指示以及以第一银行的名义发布解散决定等解散国际财团企业的一系列环节中，第一银行只是服从了公权力已作出的政策决定。在应由银行自律解决的领域，财务部长官作为主角指挥了整个解散的过程，行使其公权力。公权力不管以什么理由限制国民的权利和干预国民的义务时，都应根据具有预测可能的法律，特别是限制或介入企业经营权时更应该依据法律规定。在本案中，没有法律根据的公权力的行使违背了法治国家的程序，是一种法律上无权限者实施的公权力，明显违反《宪法》第11条的禁止恣意原则。即使放任经营不善企业继续营业可能给国家和社会产生不良影响，也要在遵循宪法原则的前提下努力解决问题。以程序复杂为由省略程序或只追求目的正当性而以超越法律规定的手段干预私营企业的活动，实际上是剥夺了私营企业主的经营权，其公权力行使显然破坏了市场经济秩序。

对此崔光律法官提出了反对意见。其主要观点是：（1）多数意见对正当事由的界定是合理的，但多数意见列举的三个具体的事实是否属于社会通念上的"正当理由"是有疑问的。（2）多数意见主张被请求人秘密地行使公权力只是判断请求人是否知道公权力行使的参考事项，不能成为认定正当理由的依据。多数意见列举的第二个事项也不能作为超过诉讼时效的正当理由，请求人不了解法律而导致超过时效也不是正当理由。因此，多数意见所主张的正当理由的解释和具体列举的事实之间是有矛盾的，是一种容易导致混乱的不正当解释。

[评析]

本案违宪判决的重要意义在于明确了私营企业自主权（自律）与国家公权力干预的界限。宪法法院在本案中首先分析了请求人提出的"公权力"侵害是否属于宪法诉愿对象的问题。从表面上看，解散国际财团公司的活动是以银行名义进行的，但银行本身并不是基于固有权限和自治原则介入解散的过程，而是在财务部长官的直接命令下作出解散的行为，其背后存在的事实上的、实质上的力量是公权力，即公权力的介入直接导致国际财团公司的解散。按照宪法和有关法律的规定，私营企业的自主权是受到保护的，没有法律上的明确规定，公权力不得以任何理由干预私营企业的经营活动。在本案中财务部长官通过银行所进行的解散国际财团公司的活动，是在没有法律根据的情况下进行的，是一种不正当的公权力行使，同时也是一种权力的事实行为。有的学者以"延长理论"论证了其公权力违法性的宪法依据，财务部长官对银行的强制性命令首先以事实权力的形式侵害了第一银行的基本权，这种侵害的直接效果就是请求人基本权受到了损害。[①] 本案判决进一步阐明了法治主义的原理，确立了依法行政原则和市场经济秩序的基本价值。根据宪法法院的违宪判决，请求人获得了要求返还被解散企业财产的权利。

[附：韩国宪法相关条文]

第 119 条第 1 款

大韩民国的经济秩序以尊重个人和企业经济上的自由和创意为基础，实行基本市场经济原理的经济体制。

第 126 条

除在国防上或国民经济发展上有切实需要且法律上有规定的情况外，不得把私营企业变为国有或公有，不得统制或管理其经营。

三、过度的行政处罚侵害财产权[②]

[事实概要]

原告蓝×春，分别于 2002 年 1 月 15 日、16 日及 17 日，销售"台湾省烟酒公卖局"产制之旧装米酒计 48 000 瓶予全×加油站股份有限公司、销售 4 800 瓶予邱×滨，实际成交金额分别为新台币 260 160 元（平均每瓶 54.2 元）及 249 600 元（平均每瓶 52 元），因超过按原米酒专卖价格每瓶 21 元销售，被告"财政部台北市国税局"认定原告违反

---

① 参见许营：《财产权保护与公权力干预界限》，载《判例月报》，1994 年 1 月号。

② 我国台湾地区"司法院大法官"议决释字第 641 号解释，2008 年 4 月 18 日颁布，院台大二字第 0970008738 号。

"烟酒税法"第21条前段规定，遂以同年12月5日"财北国税财字第75091080552号罚款处分"，处以每瓶2 000元之罚款，计19 200 000元。原告不服，迭经提起复查及诉愿，均遭驳回，遂向台湾地区"高等行政法院"提起行政诉讼，请求撤销原处分。"烟酒税法"第21条规定："本法施行前专卖之米酒，应依原专卖价格出售。超过原专卖价格出售者，应处每瓶新台币二千元之罚款。""高等行政法院"认为所应适用的"烟酒税法"第21条规定，有抵触"宪法"第15条财产权保障及第23条比例原则的疑义，因此向"司法院大法官"声请解释。

[判决内容]

"司法院大法官"于2008年4月18日作出释字第641号解释，判定"烟酒税法"第21条违反比例原则，侵害了"宪法"保障的财产权。

1. 解释文

"烟酒税法"第21条规定："本法施行前专卖之米酒，应依原专卖价格出售。超过原专卖价格出售者，应处每瓶新台币二千元之罚款。"其有关处罚之规定，使超过原专卖价格出售者，一律被处每瓶新台币2 000元之罚款，固已考虑贩卖数量而异其处罚程度，唯采取划一之处罚方式，于个案之处罚显然过苛时，"法律"未设适当之调整机制，对人民受"宪法"第15条保障之财产权所为限制，显不符妥当性而与"宪法"第23条之比例原则尚有未符，有关机关应尽速予以修正，并至迟于本解释公布之日起届满1年时停止适用。

系争规定修正前，依该规定裁罚及审判而有造成个案显然过苛处罚之虞者，应依"烟酒税法"第21条规定之立法目的与个案实质正义之要求，斟酌出售价格、贩卖数量、实际获利情形、影响交易秩序之程度，及个案其他相关情状等，依本解释意旨另为符合比例原则之适当处置，并予指明。

2. 解释理由书

对人民违反行政法上义务之行为处以罚款，其违规情节有区分轻重程度之可能与必要者，应根据违反义务情节之轻重程度为之，使责罚相当。"立法者"针对特别应予非难之违反行政法上义务行为，为求执法明确，以固定之方式区分违规情节之轻重并据以计算罚款金额，而未预留罚款之裁量范围者，或非"宪法"所不许，唯仍应设适当之调整机制，以避免个案显然过苛之处罚，始符合"宪法"第23条规定限制人民基本权利应遵守比例原则之意旨。

米酒在长期烟酒专卖、价格平稳之制度下，乃"国人"之大量消费品，唯历经烟酒专卖改制与加入世界贸易组织谈判之影响，零售商与民众预期米酒价格上涨，而"国人"之料理习俗与饮食习惯，一时难以更易，故坊间出现囤积争购行为，造成市场混乱，消费者权益受损情形。"烟酒税法"第21条规定，乃课人民就该法施行前专卖之米酒应依原专卖价格出售之行政法上义务，并对违反此一行政法上义务者，处以罚款，以维护稳定米酒价格、维持市场供需之公共利益，本质上乃为稳定米酒市场所采之经济管制措施，揆诸专卖改制前后，米酒短缺，市场失序，致有民众须持户口簿排队购买之情形，其"立法"目的洵属正当。又罚款系对违反行政法上义务者施以制裁，乃督促人民履行其行政法上义务之有效方法，是该规定为达行政目的所采取处以罚款之手段，亦属适合。

至于处以罚款之方式，于符合责罚相当之前提下，"立法者"得视违反行政法上义务者应受责难之程度，以及维护公共利益之重要性与急迫性等，而有其形成之空间。"烟酒税法"第21条规定，乃以"瓶"为计算基础，使超过原专卖价格出售该法施行前专卖之米酒者，每出售一瓶，即处以新台币2 000元之罚款，受处罚者除有"行政罚法"减免处罚规定之适用者外，行政机关或法院并无综合个案一切违法情状以裁量处罚轻重之权限，"立法"固严，揆诸为平稳米酒价格及维持市场供需，其他相关"法律"并无与"烟酒税法"第21条规定达成相同"立法"目的之有效手段，且上开规定之违法行为态样及法律效果明确，易收遏阻不法之效，是尚属维护公益之必要措施。但该条规定以单一标准区分违规情节之轻重并据以计算罚款金额，如此划一之处罚方式，于特殊个案情形，难免无法兼顾其实质正义，尤其罚款金额有无限扩大之虞，可能造成个案显然过苛之处罚，致有严重侵害人民财产权之不当后果，立法者就此未设适当之调整机制，其对人民受"宪法"第15条保障之财产权所为限制，显不符妥当性而有违"宪法"第23条之比例原则，有关机关应尽速予以修正，并至迟于本解释公布之日起届满1年时停止适用。

系争规定修正前，依该规定裁罚及审判而有造成个案显然过苛处罚之虞者，应依"烟酒税法"第21条规定之"立法"目的与个案实质正义之要求，斟酌出售价格、贩卖数量、实际获利情形、影响交易秩序之程度，及个案其他相关情状等，依本解释意旨另为符合比例原则之适当处置，并予指明。

［评析］

行政处罚与刑法上的刑罚一样都是限制人民基本权利的压制性措

施，因此与基本权利保障密切相关。行政法上的行政处罚行为经常遇到的问题是处罚结果"畸轻畸重"，因此受到当事人的指摘，行政法上就此自然有各种各样的约束方法。但是，如果这种"畸轻畸重"（尤其是后者）是法律本身所设置的，那就超出了行政法的范围，只能从宪法的财产权保障和比例原则来进行考量。本案即是这方面的经典案例。

从比例原则的考量出发，行政处罚的设定应当具有正确的目的，同时应使处罚的严厉程度与违法行为的严重程度相当。台湾地区"烟酒税法"第 21 条的立法目的本身、处罚手段的合目的性以及形式上的责罚相当都得到了"司法院大法官"的认可。但是，该条所设置的处罚手段以"瓶"为计算标准，导致特殊个案中的罚款金额无限扩大，造成个案处罚"过苛"，因此无法兼顾实质正义，并在此意义上违反了比例原则的要求。对于这一争议点，如果仅从形式上看是符合比例要求的，即违法的数量越多，罚款的数额越大，并且这两者总是成比例地增长的（即每增加一瓶，处罚增加 2 000 元新台币）。但从实质上看，如此处罚必将在特别情形之下过度侵害财产权，甚至在个别严重情形下导致被处罚人破产，进而会危及其本人和家人的生存权，也可能影响到其作为人的基本尊严。考虑到这一点，解释文中的认定是极为妥当的。

综上，第 641 号解释所阐明的责罚相当和个案实质正义原则等，足以纠正行政处罚在设定上违反比例原则，过度侵害财产权。

[附：中国台湾地区"宪法"相关条文]

第 15 条　[生存权、工作权及财产权]

人民之生存权、工作权及财产权，应予保障。

第 23 条　[基本人权之限制]

以上各条列举之自由权利，除为防止妨碍他人自由、避免紧急危难、维持社会秩序或增进公共利益所必要者外，不得以法律限制之。

四、汽车司机无过失责任的合宪性判决[①]

[事实概要]

本案是两个违宪提请事件与一个宪法诉愿事件合并审理的案件。提

① 韩国宪法法院 1998 年 5 月 28 日判决，96 宪戊 246。

请申请人和请求人驾驶的汽车因发生交通事故导致乘客伤亡，伤亡乘客的家属以司机和保险公司为被告提起损害赔偿诉讼。在法院审理过程中提请申请人和请求人以《汽车损害赔偿保障法》第3条但书第2款规定违宪为由提出宪法诉愿审判申请。

本案的审理对象是《汽车损害赔偿保障法》第3条但书第2款。

该款规定：驾驶汽车的司机，因其驾驶而造成乘客伤亡时除乘客故意或自杀行为外有赔偿损害的责任。

本案争议点主要集中在，对汽车司机规定无过失责任是否违反宪法。

[判决内容]

宪法法院于1998年5月28日作出判决，认定《汽车损害赔偿保障法》第3条但书第2款规定不违反宪法。

根据以自由市场经济秩序为基础，同时体现社会国家原理的韩国宪法的理念，一般侵权行为责任采用过失责任原理，而对特殊的侵权行为责任则运用危险责任原理，这是立法者的立法裁量问题。《汽车损害赔偿保障法》第3条但书第2款根据汽车事故的特殊性，规定如出现乘客伤亡时依据危险责任原理让司机承担无过失责任，这并不违背自由市场经济秩序。

同时，该法的规定并不侵犯司机的财产权。司机实际上支配汽车的运营，并得到因运行而产生的利益，至少以抽象、间接形式同意乘客乘车的行为本身将乘客纳入汽车的直接危险之中。因此，对其损害进行赔偿并不侵犯财产权的本质内容，而是一种依据社会国家原理，为维护社会公共福利而采取的最小限度内的合理限制。另外，该法的规定与宪法规定的平等原则并不矛盾。乘客和没有乘车的一般人在本质上是有区别的，乘客因乘车而产生与汽车风险一体化的事实。而有过失的司机和无过失的司机在支配有危险的汽车这一点上没有什么本质上的差异，故有过失和没有过失的司机一律承担无过失责任具有合理的理由，不违反宪法的平等原则。

[评析]

汽车在现代社会中是人们的基本交通手段，交通事故是威胁人的生命的头号"敌人"。交通事故往往是在一瞬间发生的，有时难以明确其责任所在，加害者与受害者之间围绕赔偿（补偿）问题常常发生纠纷。保险公司和商法学者也提出过司机无过失责任原则的确定违反宪法的主张。宪法法院在判决中运用社会国家原理，区分了一般侵权行为责任和特殊侵权行为责任的性质，对无过失责任的宪法正当性作了具体论证。

社会国家原理与自由的市场经济秩序并不矛盾，对汽车驾驶等具有特殊危险的职业或行为采用无过失责任原则，对于人权保护也会产生积极的意义。本案以宪法判断的形式修正了传统的过失责任主义原理，按支配危险原则由当事人承担因危险现实化而造成损害的危险责任，有利于实现社会国家的原则。随着现代社会的社会连带性不断强化，无过失责任的适用还会扩大，未来制定《原子能损害赔偿法》等一系列法律时，有可能进一步运用危险责任原理。

［附：韩国宪法相关条文］

第 23 条

（1）保障一切国民的财产权。有关财产权的内容和界限，以法律规定之。

（2）财产权的行使须符合公共福利。

（3）为了公共的需要，可依照法律规定对财产权实行征用、使用、限制并予以补偿。必须支付正当补偿。

五、法国 1981 年"国有化"案[①]

［事实概要］

法国历来是一个"社会主义"传统深厚的国家，注重由国家对经济施以调控，这也包括通过企业的国有化来干预经济过程。在本案发生以前，法国至少已经出现过两次大规模的国有化，因此，国有化企业的产值在法国国民经济中所占的比例在西方国家中居于前列。

从 1972 年 10 月开始，法国社会党与其他具有社会主义倾向的政党（如法国共产党）合作发布"社会主义化"的共同纲领，尝试对法国经济实行一次广泛的社会主义改革。社会党内部的国有化措施主要有两种不同的思路，一种是激进的和广泛的国有化，另一种是照顾现实的、分批分期的国有化。1981 年，密特朗竞选总统成功，立即宣布社会党实行扩大国有化政策。社会党最终采纳的是现实的国家化政策，即照顾现实、分批分期实现国有化。

1981 年 12 月 18 日，法国国民议会通过了莫鲁瓦（Mauroy）政府

---

① Décision n° 81-132 DC du 16 janvier 1982 du Conseil Constitutionnel.

的国有化法（la loi de nationalisation）。根据该项国有化的法律，5 个工业集团、存款在 10 亿法郎以上的 36 家私人银行和两个法国持有股权的公司（巴黎—荷兰金融公司、苏伊士金融公司）将进行国有化，这些企业将受制于政府计划指令。社会党援引《宪法》第 1 条所规定的法兰西是一个"社会的共和国"（une République sociale）来支持自己的国有化政策。

国有化的方案当然遭到了"左派"议员和政党的反对，他们认为国有化的法律侵害了《人权宣言》所保障的财产权，因此，在该法律通过之后将其提交给宪法法院进行审查。

[判决内容]

宪法法院认为议会对公共需要的衡量需要受到合宪性控制，但考虑到议会针对经济增长、促进就业等方面有宪法赋予的自由衡量权，能采取其认为合理的措施，如果没有发现明显的错误，宪法法院不会对其进行干预。

宪法法院首先解释了《人权宣言》中的财产权条款，根据《人权宣言》第 2 条，财产被置于与自由、安全和反抗压迫同样的层次，财产权的保护构成《人权宣言》所宣示的人们构成政治社会的基本目标之一。宪法法院同时还援引了《人权宣言》第 4 条，即自由就是指能从事一切无害于他人的行为，虽然财产权可以基于公共利益而受到限制，但如果对企业自由施加任意或滥用的限制，那么这项自由本身就不能得到维持。虽然《宪法》第 34 条所列举的议会制定法律（la loi）的事项包括"企业国有化及公有企业之产权向私营企业的转移"，但这并不免除议会在行使立法权时必须遵守约束着所有国家机构的具有宪法效力的原则与规则。

从被提交审查的法律的内容及其立法准备材料来看，议会为国有化法律所提供的理由是：这些法律对处理经济危险、促进增长、减少失业等问题是必要的，因此它们属于《人权宣言》第 17 条意义上的"公共需要"，国有化法律是否必要应由议会来加以判断，只有在议会的衡量存在明显的错误，以致侵犯了 1789 年《人权宣言》的条款时，宪法法院才会否定它的合宪性。

宪法法院在总体上认可了国有化法律的主要立意和内容的合宪性。但在以下两个部分，则否定了其合宪性。其一是国有化法律部分内容违反了平等权。本案中被提交审查的法律排除了那些具备商业或工业财产的公司地位的银行，这并不抵触平等原则，因为这些银行的某些特征对它们而言是独特的。但该法律还排斥了那些多数资产份额直接或间接属于互助或合作公司的银行，这一点侵犯了平等原则。因为这一分类既不在于其地位的特殊性，也不在于其获得资产的性质，所以，宪法法院宣布国有化法律的第13—1条违反宪法。其二是关于国有化的补偿。1789年《人权宣言》第17条要求的是公正与事前的补偿，但被审查的法律却把排除分配资产的净资产以及排除分配利润的净平等利润作为参照，这对有关的公司导致了极为不同的结果。这并非基于经济和财产状况的客观分类，而是基于管理技术和结账方法的不同，而后者本身与补偿的衡量缺乏任何关系。因此，就补偿的公正性而言，被提交审查的法律第8条、第18条和第32条违反了1789年《人权宣言》的第17条。

[评析]

财产权与传统的自由权（如精神自由）已经存在越来越明显的区别，它受到法律施加的越来越多的约束和限制，尤其是在法国加强社会调控的背景下，财产权的相对性一直较为明显，甚至有法国学者认为财产权远不是1789年《人权宣言》所确认的那么"不可侵犯与神圣"。也正是由于这一原因，宪法学理论对财产权的理解也不尽相同，有学者将其作为传统的自由权，但越来越多的学者将财产权纳入社会经济权的范畴加以讨论。值得一提的是，与《人权宣言》具有同样宪法效力的1946年《宪法》序言规定，"一切财产和一切企业，若其开发具有或取得公共服务或事实垄断之性质者，均应成为社会财产"。这是对绝对财产权理念的修正。

本案是法国宪法法院针对财产权作出的重要判决之一，其中涉及财产权本身以及对其补偿的计算标准等重要问题。此外，本案的重要意义之一还在于，宪法法院确认了法人与自然人一样的基本权利主体地位，对于法人平等权和财产权的侵犯视同对自然人的侵犯，理由在于法人是自然人的组合。

[附：法国宪法相关条文]

《人权宣言》第17条

财产是不可侵犯与神圣的权利，除非合法认定的公共需要对它明白地提出要求，同时基于公平和预先补偿的条件，任何人的财产皆不可受到剥夺。

六、凯洛诉新伦敦市案与"公用"的范围①

[事实概要]

新伦敦市（City of New London）是康涅狄格州（以下简称康州）的一座小城市，约有 25 000 名居民。该市自从 20 世纪晚期以来一直受到经济衰退的困扰，城市人口自 20 世纪 60 年代以来下降了约 30%，财政收入持续减少，而失业率却持续升高，1998 年的失业率是康州平均失业率的两倍，市政府推行的一些经济开发计划也一直未见奏效。1998 年，国际知名的制药商辉瑞公司（Pfizer, Inc.）在新伦敦市附近兴建一座耗资约 3 亿美元的研发中心。新伦敦市理事会（City Council）想借此机会与辉瑞公司合作从而振兴本市的经济，因此授权市政府控制下的一家名为"新伦敦开发公司"（New London Development Corporation）的私有实体对城边一块土地重新进行规划，希望以辉瑞公司的研发中心为基础实现更多的招商引资计划。整个规划包括一座酒店和一个会议中心、一个州立公园、约 80 幢新民居楼、一个新的国家海岸警卫博物馆和其他一些商用建筑等。开发规划把这一地区划分为 7 块用地，除 1 号地确定为酒店和会议中心之用外，其他 6 块地并没有在规划中详细列定具体用处。市理事会于 2000 年批准了开发规划，预计这一规划会给该市创造 1 700 个至 3 150 个就业机会，增加 680 544 美元至 1 249 843 美元的税收。

开发规划将使用土地共计约 90 英亩，涉及 115 户居民和商家。开发公司原计划出价全部买下，但其中 15 户却拒绝出售。为了使规划能够付诸实施，新伦敦市理事会只好决定动用"征收权"，它任命开发公司作为市的合法代表，强行征收 15 户居民地产。

因此，以凯洛（Susette Kelo）为代表的众业主在 2000 年 12 月向州法院提起诉讼，控告新伦敦市理事会滥用"征收权"（eminent domain）。原告诉讼请求的依据是美国宪法第 5 条修正案和第 14 条修正案。案件一直上诉到了康州最高法院，州最高法院判决支持新伦敦市，认为出于经济发展的目的而征收私人财产是合宪的，即如果一项经济计划可以创造就业、增加税收和实现城镇复兴，则其征收并不违反宪法。

---

① Kelo v. City of New London，545 U. S. 469 (2005).

另外，法院还裁决政府可以将其征收权授予私人实体。

凯洛等就此向联邦最高法院提出上诉，联邦最高法院考虑到案件的新颖性和严重性签发了调卷令。这是联邦最高法院自 1954 年的 Berman v. Parker 案以来时隔 50 年又一次批准类似的上诉请求。

[判决内容]

2005 年 6 月 23 日，最高法院以 5∶4 的多数判决支持新伦敦市理事会。

1. 法院意见

史蒂文斯（John Paul Stevens）大法官代表多数法官撰写了法院意见，法院意见几乎全部集中在经济发展能否构成"公用"（public use）的问题上。

法院认为，从下级法院的认定来看，在本案中没有任何证据表明该市的规划包含不正当目的，并且新伦敦市的规划不是设计来使特定阶层受益，而是为了普通的大众（general public）。

法院提出，在过去的一个世纪以来，联邦最高法院关于"公用"的判例和法理给立法机关提供了宽泛的空间来决定以何种公共需要来正当地行使征收权。促进经济发展一直是个传统的和长期广为接受的政府职能。而且，也不存在把经济发展从我们已经承认的其他公共目的中区别开来的原则性方法。

在有关土地使用的决议里，应当给予地方政府较为宽泛的自由裁量权。新伦敦市确实已经非常仔细地制定了开发计划，相信能给社区带来可评估的利益，这个利益包括但不限于，提供就业机会和增加税收。

据此，法院在本案中确立了如下原则：政府为了经济发展的需要征收私有财产并转移至另一私有实体的行为，在第 5 条修正案公共使用条款的允许范围之内。

多数法官在得出上述判决之后，也强调法院的判决只是设定了一个联邦基线，各州仍得根据本州宪法和法律自由地设置更高的公用标准。

2. 肯尼迪大法官的协同意见

值得注意的是，肯尼迪（Anthony Kennedy）大法官在他的协同意见中，更详细地补充说明了对经济开发的司法审查标准。肯尼迪大法官提出，在审理针对此类征收的看似合理的诉讼时，法院应当严肃地对待反对征收的那些理由，并审查案卷材料以确定征收是否衡平。在阐明这一原则之后，他援引了案件的特定事实来强调本案中的经济发展规划没有使某一个特定阶层受益，相反，它确实是出于公共目的，因此符合了审查的标准。

3. 反对意见

奥康纳（Sandra Day O'Connor）、托马斯（Clarence Thomas）等四名大法官提出了反对意见。奥康纳大法官撰写了反对意见，她认为以反罗宾汉的方式——劫贫济富——动用该项权力，后果不是下不为例，而是相反：现在，任何私有财产都有可能因另一私方利益而被剥夺，这个判决的后续效应将不是偶发事件，受益者很可能是那些拥有不对等（比如受害者）政治影响和权力的公民，比如大公司和大开发商等。她认为，多数法官的判决模糊了财产在私用和公用之间的区别——这等于是把"为了公用"这些字眼从第5条修正案的条款里有效地剔除了。

奥康纳大法官认为，只有三种类型的征收可以符合"公用"的要求：私产转为公有；私产转为由公众使用的公共运输（如铁路、公共设施）；私产"在特定条件下且满足特定需要时"转为私方（如消除城市衰落或纠正广泛的社会不公）。在缺乏既存的明确危害的情况下允许出于经济目的的征收，将极度扩张"公用"的范围。

托马斯大法官单独写了一份原旨主义的反对意见，认为多数判决所援引的依据是有缺陷的，在宪法解释上犯了很严重的错误。他批评多数法官把第5条修正案里的"公用"替换成了在含义上有着很大差别的"公共目的"，正是这种措辞上的变换，使法庭得到了一个违反常识的结论，即一个投入巨资的城市重建项目（陈述的开发目的中含糊地承诺将带来新的就业机会和增加税收，但这同时也是辉瑞公司所喜见的），属于"公用"。托马斯大法官还强调了对社会公正的担忧，经济发展的代价将不成比例地落在贫困社区的身上，而只是由于他们看上去没能那么体系性地将其土地加以最高和最好的社会使用，因为他们在政治上最无权无势。

[评析]

本案涉及财产权的保护与征收征用的冲突。对此，美国宪法第5条修正案规定，"不给予公平赔偿，私有财产不得充作公用"。该条在对征收权加以限制性规定的同时肯定了它的存在，其限制主要在于以下两点：（1）征收权的行使必须是为了"公用"（public use）；（2）私有财产被征后要有"公平赔偿"。凯洛和其他上诉人的起诉理由就是开发公司作为私人实体所陈述的经济开发目的与"公用"不符。

如何解释第 5 条修正案的"公用"？确定其内涵和范围是至关重要的。它只允许收归公有，还是也允许以公用为目的将私人财产收归另一私人所有？它只允许实际的公用，还是只要具有公共目的即可？在本案以前，联邦最高法院对"公用"的解释主要体现在 1954 年的 Berman v. Parker 案[①]和 1984 年的 Hawaii Housing Authority v. Midkiff 案[②]两个判例中，这两个判例所确立的原则似乎都表明"公用"是指由公共实际地使用。在 Berman 一案里，政府为消除贫民窟和枯萎旧城区而动用了征收权，最高法院判定在上述目的范围内第 5 条修正案并不保护土地所有者不失去土地。但凯洛案有所不同，在本案里，市政当局动用征收权是出于复苏当地经济的目的，而且凯洛案的另一个不同是，至少在表面上，负责规划土地的开发公司是一家私人实体。正如原告所提出的那样，政府把私有土地从一个个人或公司手里夺走，再转给另一个私人，而这仅仅因为后者能使这块土地产出更高的赋税收入，这是违背美国宪政精神的。

但在本案中，联邦最高法院显然是扩大了"公用"的范围，把"公用"解释成了公共目的（public purpose），即只要是出于公共目的，即允许把私有财产转归另一私人所有（当然，这不意味着不用公平赔偿了）。

作者较为支持肯尼迪大法官的协同意见。因为多数意见确实如反对意见所批评的那样，可能会混淆公用与私用的区别，如此一来，弱势群体可能成为经济发展的牺牲品。若是"公平赔偿"的标准亦有所松动，则弱势群体受损的可能性就会变为必然性。但幸运的是，本案原告虽然在联邦最高法院败诉，但在这个事件中恐怕并不算受害者，因为第 5 条修正案除了公用的要求外还有公平赔偿的要求。最终市理事会不得不同意向凯洛等业主支付数额巨大的赔偿金。但是反过来，若像反对意见那样判决，城市的经济发展和复兴又可能受到致命的阻碍，而且也有司法过多干预立法过程之嫌疑。事实上，由于本案的进行，新伦敦市政府在终审判决后一直未能实施发展规划，并且辉瑞公司在 2009 年 11 月也宣布关闭在新伦敦市的研发中心。而且本案过后，若干个州法院出于保护私产的目的有提高关于"公用"的联邦基线的趋势。

---

① Berman v. Parker，348 U. S. 26 (1954).
② Hawaii Housing Authority v. Midkiff，467 U. S. 229 (1984).

[附：美国联邦宪法相关条文]

第 5 条修正案

……非经正当法律程序，不得被剥夺生命、自由或财产。不给予公平赔偿，私有财产不得充作公用。

第 14 条修正案

……无论何州……非经正当法律程序，不得剥夺任何人的生命、自由和财产。

第 九 章

社会经济权

第一节 基本概念与理论

一、社会经济权的概念

（一）社会经济权的概念

所谓社会经济权，亦可称为社会经济权利，是指公民依照宪法的规定享有由国家积极给付的经济利益的权利，它构成公民实现其他权利的物质上的保障。社会经济权利是宪法调整经济生活的过程中产生的，是宪法调整的重要内容。社会经济权利作为宪法的一项基本内容始于1919 年的德国魏玛宪法。魏玛宪法确定了国家对经济生活干预的合理性与必要途径，促进了权利的社会化进程。第二次世界大战以后，各国宪法普遍重视社会经济权利的价值，扩大了对社会弱者的保护范围。

（二）社会经济权的特征

1. 社会经济权利是一个复合的概念。有关经济的自由权与经济权利共同构成社会经济权利体系，表现人们在物质生活方面的需求。

2. 社会经济权利是以国家权力的积极而适度的干预为条件的。在社会经济权利涉及的经济生活领域中，国家应采取积极的干预方式，为公民享有其权利提供充分的物质条件，特别是应对社会弱者的权益给予关注。

3. 社会经济权利是宪法遵循的社会正义原则的体现。公民财产权、物质帮助权、劳动权等权利的保护实际上反映了社会生活中的社会正义价值，它是以国家承担某种义务为基础的。公民作为社会经济权利的主体，有权利要求国家积极履行实现社会经济权利的义务，并不断地创造条件满足人们在物质生活方面的需求。

（三）社会经济权的内容

由于各国经济发展水平与宪法文化的不同，对社会经济权利具体内容的规定不尽相同。随着宪法调整范围的扩大，社会经济权利的内容呈现出不断扩大的趋势，如出现了消费者权利保护、环境权保护、社会保障权的保护等新的权利类型。从我国宪法和有关法律的规定看，社会经济权利包括：公民财产权、劳动权、休息权、物质帮助、退休人员生活保障权与社会保障权。把公民财产权与社会保障权列入社会经济权利范围，则有助于从国家履行义务的角度合理地确定其在基本权利体系中的地位，进一步扩大社会经济权利的范围，满足公民实现经济利益的要求。

二、社会经济权的可诉性

所谓基本权利的可诉性（justifiability），亦可称为可审判性或司法（裁决）性，它是指"能够从法律上加以考虑，并运用法律原则与技术予以决定的属性"[①]。当然宪法确认的基本权利受到积极或消极的侵害，均应能够通过法院诉讼的形式获得保障，这是基本权利所具有的可获得救济的本质属性之一。也正是以基本权利的可诉性为基础，本书所谓的基本权利宪法"判例"才是可能的，因为，如果基本权利不具有可诉性，无法从法的角度进行衡量，也就不可能形成基本权利的司法判例。然而，本章所分析的社会经济权与之前几章的基本权利相比，具有特殊的性质。很多人权理论认为，社会经济权与其他基本权利不同，是需要以经济条件为基础而逐步加以实现的权利，因此，其权利保护就不可以通过司法诉讼的方式来进行，而只能依据政府的经济行为和社会政策来加以保障。由于这种学说广泛存在于社会经济权的领域，因而，本节在分析社会经济权的宪法判例之前，就有必要先来分析社会经济权的可诉性。

无论是根据国际人权宪章，还是多数现代宪法，国家都承担"尊重"（respect）、"保障"（protect）和"实现"（realize）社会经济权的义务。国家若违反"尊重"和"保障"的义务，其行为受行政审判或宪

---

① David M. Walker, *The Oxford Companion to Law*, Oxford University Press, 1980, p. 694.

法审查自然是没有疑义的。就其"实现"而言，往往是立法机关制定有关的社会经济政策，尔后由行政部门依法律加以实施。因此，经济社会权的实现义务本身主要是针对立法和行政部门的社会经济政策而言的。那么，立法和行政部门的实现义务是否合宪地履行，从而实现公民的社会经济权，是否可以由宪法裁判机构进行审查呢？这一问题在传统上存在诸多争议。从各国的实践来看，国内法律制度对社会经济权进行司法救济主要存在以下五种情形：

（一）对于公民根据立法已经享受的社会经济利益，立法机关撤销该项立法的行为应受司法审查

对于《经济、社会和文化权利国际公约》缔约国的义务，联合国经济、社会和文化权利委员会认为："任何对（公约权利）的有意的撤销都要求最慎重的考虑，并且需要参照公约规定的权利的总体和最大可利用资源的充分运用来得到充分的正当化。"[①] "葡萄牙宪法法院曾判决，对建立国家健康部的立法予以撤销与宪法中关于公民健康权的规定相悖，一旦立法者采取一定的步骤实施了其所负有的宪法义务，其所建立的机构就受到宪法保护，撤销这些相关的立法将侵害公民的宪法权利。"[②] 撤销社会保障立法意味着根本地废止公民根据该立法享受的社会保障，因此对撤销立法的行为进行审查是较为根本的。同时，这也是社会经济权司法保护的前沿领域，因为立法机关撤销法律的行为具有明显的政治性，对其进行司法审查必然构成对传统分权理论的重大挑战。尽管这已得到少数国家的承认，但在各国国内法上以此种方式对公民的社会经济权进行司法保护仍属罕见。例如，在理论上，美国国会及各州议会得通过撤销法令来废止社会保障体系的存在，尽管它们出于选民的压力不可能这样做。

（二）立法在设立社会经济利益时所设定的该利益的授予或终止程序应受司法审查

一般而言，立法机关在实现公民的社会经济权方面所能作出的努力仅限于适时地通过立法为公民创立社会经济利益，然后将这些立法交由

---

① UN Committee on Economic, Social and Cultural Rights, General Comment No. 3, para. 9, UN Doc E/1991/23.

② Sandra Liebenberg, "The Protection of Economic and Social Rights in Domestic Legal Systems", in Asbjørn Eide, Catarina Krause & Allan Rosas, *Economic, Social and Cultural Rights: A textbook*, Dordrecht: Martinus Nijhoff Publishers, 2001, p. 64.

行政机关执行。这些立法规定了公民获得社会经济利益的条件，行政机关在授予或终止公民社会经济利益时所应当遵循的程序。这些程序适当与否直接关系到公民的社会经济利益能否有效实现，因此，很多国家允许司法机关对立法所设立的程序的正当性进行审查。将此种审查权运用得最为娴熟的首推执掌"正当法律程序"利剑的美国联邦法院。在1976年马休斯诉埃尔德里奇案中，联邦最高法院创立了行使此种审查权时必须考虑的三个因素："受政府行为影响的私人利益；该利益在程序中被错误剥夺的风险，以及因任何额外或替代性保障程序所可能产生的利益；政府的相关利益，尤其是额外的或与替代性保障程序伴随而来的财政与行政负担。"① 根据联邦最高法院在一系列判例中所确立的原则，"特权可以由法律任意给予，但不能由执法人员任意剥夺。法律已经给予的利益，不论叫它什么名称，在被剥夺时都要受正当法律程序的保护，法律规定剥夺个人利益的程序，也必须符合宪法的要求"②。

（三）当涉及公民作为人的最基本的生存与尊严时，社会经济权具有可诉性

联合国经济、社会和文化权利委员会已经接受这一认识：《经济、社会和文化权利国际公约》中的权利的充分实现，仍然是渐进性的，但其权利体系中的一部分是应当立即实现的，必须获得可诉性。该委员会在《第3号一般性评论》中认为下列权利是应立即实现并通过国内司法机关予以救济的：男女平等权（第3条）、同工同酬的权利（第7条）、组织与加入工会的权利和罢工权（第8条）、儿童获得特别保护的权利（第10条）、获得免费的强制性初等教育的权利（第13条）、选择非公立学校的权利（第13条）、建立教育机构的权利（第13条），以及进行科学研究和创造性活动的自由（第15条）。在随后的《第4号一般性评论》中，该委员会指出公约第11条确认的权利③"与国内法救济的规定相符合"④，因此，实际上承认了个人维持最低生活标准的权利具有可诉性。联邦德国《基本法》第1条规定：人之尊严不可侵犯，尊重及保护此项尊严为所有国家机关之义务……基本权利作为直接有效的法律

---

① Mathews v. Eldridge, 424 U. S. 319 (1976).

② 王名扬：《美国行政法》，398页，北京，中国法制出版社，1995。

③ 公约第11条第1款规定："本公约缔约各国承认人人有权为他自己和家庭获得相当的生活水准，包括足够的食物、衣着和住房，并能不断改进生活条件。"

④ UN Committee on Economic, Social and Cultural Rights, General Comment No. 3, para. 17, UN Doc E/1992/23.

拘束立法、行政与司法。该法第 2 条第 2 款确认：任何人享有生命权和身体不受侵犯的权利。对于基本法的上述规定，德国法学界广泛接受的观点是："在社会国家原则的背景下来解释宪法第 1 条规定的尊严权和第 2 条第 2 款规定的身体不受侵犯权（即身体完整权），可以从中引申出维持最低生存标准的权利。"[1] 而该条所确认的基本权利是可以获得司法救济的。

（四）社会经济权的实现是否遵循了平等原则，应受司法审查

《经济、社会和文化权利国际公约》第 2 条第 2 款规定："本公约缔约各国承担保证，本公约所宣布的权利应予普遍行使，而不得有例如种族、肤色、性别、语言、宗教、政治或其他见解、国籍或社会出身、财产、出生或其他身份等任何区分。"世界各国宪法也通常将"平等"作为一项权利或原则予以确认。美国宪法第 14 条修正案规定："无论何州……不得在其管辖范围之内否定任何人享有平等法律保护。"联邦最高法院充分利用了平等保护条款来保护公民基本权利。在 1982 年普莱勒诉多伊案中，联邦最高法院适用平等保护条款保护非法移民的子女的平等教育权。[2] 再如，德国联邦宪法法院利用基本法规定的平等原则来保护公民的社会经济权之实现，而这还没有考虑到德国各邦宪法对社会经济权更为充分的保护。尽管加拿大没有在宪法层面上承认公民的社会经济权，但加拿大最高法院适用《加拿大权利与自由宪章》第 15 条（平等保护权与无差别地享受法律带来的利益的权利）来保护公民平等和无差别地享受社会经济利益。[3] 可见，多数国家的司法机关都能成功地运用平等权（原则）来保护公民社会经济权的平等实现。在实现公民的社会经济权方面，如果政府的立法或行政行为有违反平等原则之嫌，应受司法审查。

（五）行政机关在授予或终止公民的社会经济利益时是否遵从了立法所设定的程序，应受司法审查

在现代法治文明下，几乎所有国家的司法机关都获得了审查行政机关行政行为合法性的权力，这种审查权要扩展到行政给付行为。易言

[1] Sandra Liebenberg, "The Protection of Economic and Social Rights in Domestic Legal Systems", in Asbjørn Eide, Catarina Krause & Allan Rosas, *Economic, Social and Cultural Rights: A textbook*, Dordrecht: Martinus Nijhoff Publishers, 2001, p. 74.
[2] Plyler v. Doe, 457 U. S. 202 (1982).
[3] Sandra Liebenberg, "The Protection of Economic and Social Rights in Domestic Legal Systems", in Asbjørn Eide, Catarina Krause & Allan Rosas, *Economic, Social and Cultural Rights: A textbook*, Dordrecht: Martinus Nijhoff Publishers, 2001, p. 71.

之，行政机关在授予和终止社会经济利益时，必须遵从法律已经设定的程序，符合法律已经确定的实体条件。就各国的实践而言，司法机关较多地审查行政机关的给付行为是否遵从了法定的程序，若非行政行为有重大瑕疵，尽量避免对实体要件的审查，这主要是出于对行政权的尊重。在现代福利国家，此种审查方式实际上构成了司法机关保护社会经济权时最为广泛使用的手段。"如果国家对公民从婴儿照管到死，保护他们生存的环境，在不同的时期教育他们，为他们提供就业、培训、住房、医疗机构、养老金，也就是衣食住行，这需要大量的行政机构。"① 因此，尽管不如其他方式根本，但由于行政行为的广泛性，此种审查方式是同样重要的。

综上所述，社会经济权完全不可诉的论点，在各国法律实践中已经难以成立。社会经济权得以进入法院的诉讼过程获得司法救济，实际上采用了两种不同的形式：宪法诉讼（违宪审查）的形式和行政诉讼的形式。前者对保护社会经济权而言更为根本，后者则在适用上更为广泛，因为违宪的行为毕竟不是经常地发生，而行政行为在影响公民社会经济权方面却具有广泛性。因此，国内司法上救济社会经济权的法律制度，在其完整的意义上，不仅应当指向宪法，还应当同时指向行政法。前三种审查方式常常采用宪法诉讼的形式，对立法行为进行合宪性审查；司法机关在运用第四种审查方式的过程中既可能审查立法行为的合宪性，也可能审查行政行为的合法性；最后一种审查方式则常常采用行政诉讼的形式。但这种区分并不是绝对的，因为不同的国家在法律技术选择上可能是不同的，例如，行政机关的法令侵害公民的社会经济权在美国可能引起宪法诉讼，在法国则只能在行政法院系统内通过行政诉讼解决。

尽管社会经济权的可诉性得以在较大的深度和广度上被落实，但目前的实践尚未发展到对不可诉性构成根本挑战的程度。司法机关在保护社会经济权方面显然还不能做到主动决定某项社会经济权的实现，这一决定权仍然被认为是政治性的，因而只能由立法或行政机关行使。司法机关对政治问题的审查仍然不得不遮遮掩掩，例如，美国联邦最高法院一直坚持"政治问题回避审查"的原则。实际上，司法机关以审查立法合宪性的方式来保护社会经济权的做法仍然广受批评。尽管美国联邦最高法院有权审查立法设定的程序，但即使最高法院内部也一直对此存在

---

① ［英］威廉·韦德：《行政法》，4 页，北京，中国大百科全书出版社，1997。

分歧意见，尤其是最高法院伦奎斯特大法官的"甜与苦"的理论。"实体权利的授予无法摆脱地与用来决定那一权利的程序的限制相互缠绕，而处于原告位置的诉讼当事人就必须接受甜头，同时也接受苦果。"①易言之，社会经济利益是立法机关通过法令创立的，享受社会经济利益的公民在接受立法授予的利益的同时，必须无条件地接受立法机关设立的权利实现程序，司法机关不应对该程序进行审查。当然，随着各国基本权利实践的发展，社会经济权的保障程度在加强，其可诉性也在逐渐扩张，这是一个基本趋势。

三、劳动权

（一）劳动权的概念

劳动权是指一切有劳动能力的公民，有劳动和取得劳动报酬的权利。劳动权是公民赖以生存的基础，是行使其他权利的物质上的前提。我国《宪法》第42条规定："公民有劳动的权利和义务。"劳动权作为基本权利，具有自由权与社会权的综合性质。劳动者进行劳动的权利不受国家任意侵犯，对公共权力进行防御的功能体现了自由权的基本精神。同时，劳动者通过劳动追求幸福生活，并要求国家积极创造条件，在这种意义上劳动权又具有社会权性质。在劳动权的具体实现过程中，劳动者行使的劳动权的社会权性质表现得更为突出。

（二）劳动权的特征

1. 劳动权的平等性。凡是具有劳动能力的公民，都有权平等地参加社会劳动，享有平等的就业机会。

2. 参加社会劳动的公民有权根据所提供的劳动数量和质量获得相应的报酬。劳动权的行使与报酬是相联系的，后者甚至常常成为前者的目标。

3. 劳动权具有双重性。劳动权既是权利，又是义务。宪法规定，劳动是一切有劳动能力的公民的光荣职责。公民有权根据自己的能力参加社会劳动，取得相应报酬，同时也有义务参加社会劳动。这种权利与义务的一致性反映了我国社会主义条件下劳动的性质。

---

① ［美］欧内斯特·盖尔霍恩、罗纳德·M·利文：《行政法和行政程序概要》，124页，北京，中国社会科学出版社，1996。

（三）劳动权的内容

根据我国宪法和劳动法的规定，劳动权主要包括劳动就业权和取得报酬权。

1. 劳动就业权

劳动就业权是劳动权的核心内容，是公民行使劳动权的前提。我国《劳动法》第3条规定："劳动者享有平等就业和选择职业的权利"。第12条规定："劳动者就业，不因民族、种族、性别、宗教信仰不同而受歧视"。为劳动者提供更多的就业机会是国家的一项义务，我国《宪法》第42条规定："国家通过各种途径，创造劳动就业条件，加强劳动保护，改善劳动条件，并在发展生产的基础上，提高劳动报酬和福利待遇。"劳动就业权关系到劳动者的切身利益，为此国家采取了一系列的措施，如1990年4月国务院通过了《关于做好劳动就业工作的通知》，1993年4月国务院发布了《国有企业富余职工安置规定》，对国有企业富余职工的安置问题作了具体规定。另外，为了保证特定主体的劳动就业权，《劳动法》对妇女、残疾人、少数民族人员的劳动就业问题作了特殊保护性规定，2007年的《就业促进法》为保障和实现公民的劳动就业权采取了一系列措施。

2. 取得报酬权

劳动报酬是公民付出一定劳动后所获得的物质补偿。我国《劳动法》第46条规定："工资分配应当遵循按劳分配原则，实行同工同酬。工资水平在经济发展的基础上逐步提高。国家对工资总量实行宏观调控。"为了保障劳动者的取得报酬权，我国实行最低工资保障制度。根据劳动法的规定，最低工资的具体标准由省、自治区、直辖市人民政府规定，用人单位支付劳动者的工资不得低于当地最低工资标准。在经济转型时期，由于企业破产和停产、半停产，形成了城市居民中新的贫困人口。1993年6月，上海市在我国率先实施了城镇居民最低生活保障制度，到目前为止，全国所有城市已经按照1999年国务院《城市居民最低生活保障条例》的规定实施这项制度。城市从实际情况出发，根据当地居民最低生活必需品的市场价格计算出人均每月最低消费金额，再按当地财政承受能力和资源情况，规定一个切实可行的最低生活保障线。一般救济对象包括四类人：一是"三无对象"，即无固定收入、无劳动能力、无法定赡养人或抚养人的居民；二是家庭中有在职人员，因赡养、抚养系数高或所在单位和部门经济效益差，收入低的居民；三是失业保险期满仍不能就业，而且符合社会救济条件的居民；四是由于各种原因造成生活低于最低生活保障线标准的其他居民。自 2002 年以来，全国各地一直在不同程度上不断提高本地的城市居民最低生活保障标准，如北京市民低保标准在 2011 年已增加至人均每月 480 元。我国劳动法同时规定，工资应当以货币形式按月支付劳动者本人，不得克扣或者无故拖欠劳动者的工资。拖欠劳动者工资的行为是违法行为，应依照法律寻求救济。《企业最低工资规定》中具体规定了最低工资的概念、范围、支付方式、最低工资的保障与监督等事项。如该规定第 12 条规定，企业支付给劳动者的工资不得低于当地最低工资标准。

四、休息权

（一）休息权的概念

休息权是指劳动者休息和休养的权利，它是劳动者获得生存的必要条件。休息权作为劳动者享有的基本权利，与劳动权形成完整的统一体，没有休息权，劳动权则无法实现。

（二）休息权的基本特征

1. 休息权是实现劳动权的必要条件。劳动者在付出一定的劳动以后，需要消除疲劳，恢复必要的劳动能力，休息权本身是劳动权存在和发展的基础。

2. 休息权是劳动者享受文化生活，实现自我提高的重要权利。休息权不仅为劳动者提供充分地恢复体力的机会，而且为劳动者参加各种文化与社会活动，提高文化素质提供了机会。因此，休息权是劳动者自我发展不可缺少的条件。

3. 休息权是一种法定的权利，在劳动者享有休息权期间不得以任何理由侵犯其法定的休息权。劳动者有权自行安排自己的活动，用工单位不得扣除应支付的工资。

（三）休息权的保障

休息权是我国宪法规定的公民的基本权利之一。《宪法》规定：中华人民共和国劳动者有休息的权利。同时规定：国家发展劳动者休息和休假的设施，规定职工的工作时间和休假制度。根据我国《劳动法》的规定，职工每日工作不超过 8 小时，平均每周工作不超过 44 小时。目前，我国劳动者的休息时间主要有：工作日中应给予劳动者一定的用于休息和用膳的间歇时间；公休假日；法定休假节日；年休假；探亲假等。

五、社会保障权

（一）社会保障权的概念

在当代的权利保障体系中，社会保障制度起着十分重要的作用。完善的社会保障制度不仅使宪法规定的权利保障原则得到具体落实，同时进一步扩大和巩固了权利的社会基础。社会保障权是指因社会危险处于保护状态的个人，为了维持人的有尊严的生活而向国家要求给付的请求权。这一概念由四种要素组成：社会危险的存在，即年老、疾病等事实的存在；提出保护的要求；保障人的有尊严的生活；国家积极履行给付义务。

社会保障权从法律原则到具体的权利形态经过了长期的过程。《世界人权宣言》第22条中规定：每个人，作为社会的一员，有权享受社会保障，并有权享受他的个人尊严和人格的自由发展所必需的经济、社会和文化方面各种权利的实现，这种实现是通过国家努力和国际合作并依照各国的组织和资源情况。第25条第1款规定：人人有权享受为维持他人和家属的健康和福利所需的生活水准，包括食物、衣着、医疗和必要的社会服务；在遭到失业、疾病、残疾、守寡、衰老或在其他不能控制的情况下丧失谋生能力时，有权享受保障。《经济、社会和文化权利国际公约》第9条规定：本盟约各国承认人人有权享受社会保障，包括社会保险。《政治权利和公民权利国际公约》第9条规定：人人有权享有人身自由和安全。《欧盟基本权利宪章》第34条专门规定了社会保障和社会援助，明确欧共体各国应尊重个人的社会保障福利和社会服务的权利，确认和尊重社会和住房援助权等。这些公约的规定，实际上确立了个人的社会保障权，并赋予国家积极实现社会保障权的义务。

在我国宪法中，社会保障权集中体现在宪法第45条规定的以物质帮助权为核心的权利体系。值得注意的是，2004年宪法修正案专门规定"国家建立健全同经济发展水平相适应的社会保障制度"，这在宪法层次确立了国家对社会保障权所承担的义务。

（二）社会保障权的基本特征

1. 社会保障权是保障人们过有尊严生活的有效手段，体现了社会公正原则。

2. 社会保障权是一种具体的权利，当国家不履行社会保障义务时，当事人有权在法律规定的范围内通过司法程序主张自己的权利。

3. 社会保障权既是一种社会权利，又是一种经济权利，具有社会性和经济性的二重特征。

4. 社会保障权是宪政国家必须履行的义务，其实现过程需要国家的积极干预。通过社会保障权的实现，不仅使处于社会危险中的弱者得到必要的社会救济，同时保障社会生活的平衡。

（三）社会保障权的基本功能

社会保障权在基本权利体系中有着重要功能，具体表现在：

1. 政治功能。由于现代社会生活的复杂性，为了形成安定的政治局面，需要以社会保障制度及时调整各种矛盾，保证社会成员利益不受侵害，切实保障人权。社会保障权实际上是现代社会的安全阀。

2. 社会功能。通过社会保障权的行使，能够保障社会成员最低生活标准，防止社会成员陷入贫困，减少社会生活中的贫富差别，以解决社会矛盾和协调国家和公民之间的关系。

3. 经济功能。社会保障权的经济功能主要表现为所得的合理分配，通过给予一定的社会保障费，对公民基本生活需要和社会权利予以保障。社会保障权的价值在于"使贫富之间的收入差距有某种缩小"。

4. 法律功能。社会保障权的基本内容是实现生存权，并通过法律确定社会保障的具体内容，明确公民对国家的社会保障请求权，如社会保险请求权、社会福利请求权、补助请求权等。

（四）社会保障权的基本内容

社会保障权的内容是多方面的，通常可分为实体的社会保障请求权和程序的社会保障请求权。实体的社会保障请求权是指个人向国家提出的具体请求，主要包括所得保障、医疗保障、福利保障、教育保障等。程序的社会保障请求权是指实现实体的社会保障权所需要的一种救济程序。

在我国，社会保障权主要表现为公民的物质帮助权。宪法规定，中华人民共和国劳动者在年老、疾病或者丧失劳动能力的时候，有获得物质帮助的权利。国家举办社会保险、社会救济和群众卫生事业，并且逐步扩大这些设施以保证劳动者享受这种权利。除宪法的规定外，有关法律、法规中具体规定了社会保障权的内容及实现方式。社会保障权作为一种权利体系，由生育保障权、疾病保障权、伤残保障权、死亡保障权与退休保障权等具体权利构成。

在实现社会保障权的过程中，发展社会保险制度是一种重要形式。从各国社会保障制度的发展看，社会保险对人权保障产生直接的影响，具体表现在：社会保险是一种防止贫困的所得保障手段，即政府向被保险人提供保险金，以保证被保险者的生活安定和福利；社会保险是一种强制性的保险，国家为了消除贫富差别和地区之间的差异，要求社会成员参加社会保险；社会保险对国家而言是一种非营利性事业。目前，我国的社会保险主要包括老年保险、医疗保险、疾病保险、伤残保险、失业保险、生育保险等。

（五）社会保障权的界限

从宪法与社会保障制度的相互关系看，社会保障权是一种根据补充性的原理，帮助社会弱者摆脱贫困的权利。对于社会保障权主体而言，社会保障只是一种起补充作用的制度。因此，社会保障权客观上有它的界限，即社会保障不能超过补充的限度，国家需要投入必要的物质资源，既要防止提供的物质帮助过少，以免无法保障社会弱者的基本生存，又要防止提供的物质帮助超过一定数量，以免形成过重的财政负担，损害社会创造力与动力。根据一个国家经济与社会发展情况，应选择适当的社会保障方式，发挥社会保障制度的利益调整功能。当公民的社会保障权受到侵犯时，公民可以通过法律或宪法程序得到救济。如有关社会保障权立法不作为或立法不充分时，当事人可以提起宪法诉讼，寻求宪法救济。此时，宪法裁判机关可以采取宣布与宪法不一致、敦促立法机关尽快立法等形式保护当事人的社会保障权。当立法机关通过的法律剥夺或限制宪法规定的社会保障权时，当事人可以提起宪法诉愿诉讼，请求宪法裁判机关宣布违宪法律无效，并确认社会保障权的基本权利性质。由于社会保障权是补充性的权利，因而在具体保障与救济方面也需要根据权利侵害的事实，作出合理的判断。

第二节　典型判例与分析

一、哥德堡诉凯利案[①]

[事实概要]

本案中，原告凯利（John Kelly）乃是纽约州居民，他根据联邦家

---

① Goldberg v. Kelly, 397 U. S. 254 (1970).

庭辅助计划享受联邦财政资助，并同时根据纽约州家庭救济计划享受州的财政资助。但是，纽约州政府未经通知和听证就突然取消了对他的资助。因此，凯利代表自己和其他被取消此项福利的人向法院提起诉讼。其基本主张是，未经事先通知和听证即终止这些福利资助违反了联邦宪法第 5 条修正案和第 14 条修正案的正当法律程序（due process of law）条款。

在诉讼刚开始时，纽约州的法律并未要求在终止福利资助之前必须通知或听证，但在诉讼提起后，纽约州和纽约市引入了通知和听证程序。因此凯利继而提出，这些程序仍不足以保护其正当法律程序的利益。联邦地区法院认为，一个事前的证据性听证（a pre-termination evidentiary hearing）才能满足宪法的要求，并拒绝了纽约州官员所谓的事后的公正听证和非正式的事前的复审相结合就满足了宪法要求的主张。案件最终由纽约市社会服务部专员哥德堡代表纽约市政府上诉到联邦最高法院。

[判决内容]

联邦最高法院于 1970 年 3 月 23 日对此案作出最终裁决。法院认为，在终止福利资助之前，各州必须给公共援助受益者提供一个事前的论证听证会，各种福利津贴都是立法性权利，而不是可以随时终止的"特权"（privilege），法院对援助受益者对程序性正当程序的需要与诸如政府迅速裁决的需要进行权衡，认为，州政府从节约行政成本所得的利益并不足以压倒公共援助受益者对程序性正当法律程序所具有的利益。公共援助为适格的受益者提供了至关重要的食品、衣物、住房以及医疗保健，与政府所关心的财政和行政负担增加相比，这些受益者在接受不间断的公共援助方面所体现的利益以及州政府在不应错误地终止这种支付方面所体现的利益要重要得多。对于纽约州在听证开始后开放实施的各种听证，法院认为，这些听证都不允许受益者提供证据，不允许本人亲自或通过律师口头进行听证，不允许对政府证人进行交叉询问，因此这些听证程序是有缺陷的，仍然违反了宪法第 14 条修正案的正当法律程序条款。

[评析]

本案对于美国从宪法层面保护社会经济权具有开创性的地位。美国一直是一个较为注重消极自由之保护而轻视社会经济权的国家，直到今天为止，美国也是世界上少数几个没有批准《经济、社会和文化权利国际公约》的国家之一。美国宪法制定于福利国家的观念之前，因此也就不可能包含任何关于社会经济权的规定。但是，随着现代社会经济结构的变化，政府不得不开始干预经济过程，联邦和各州的社会经济立法开始大量出现，并赋予公民越来越多的社会救济和社会福利。在按照传统人权观念制定的宪法之下，这些社会经济权是否能够受到宪法的保障实为一大难题。

联邦最高法院在本案中所确立的原则就是，社会经济权虽然是立法所创立的立法性权利，需要受制于社会经济状况，但它并不是政府给予公民的"恩惠"（grace），而是一项财产，应当受到宪法正当法律程序的保障。在宪法上，恩惠与财产的区别在于，前者可以任意赋予也可以任意剥夺，而后者之剥夺要受正当法律程序的保障。

在本案之后，美国法院将"福利津贴"这一传统的"特权"纳入"新财产权"（new property）① 的范畴，由此，要求终止福利津贴时应给予正当程序条款的保障，给予当事人事前的听证机会。其后，在许多案例中，如 Perry v. Sindermann 以及 Board of Regents v. Roth 案中法院不断扩展了正当程序条款的适用范围。

[附：美国联邦宪法相关条文]
第 14 条修正案
……无论何州……非经正当法律程序，不得剥夺任何人的生命、自由和财产……

二、马休斯诉埃尔德里奇案②

[事实概要]
1956 年，美国修正的社会保障法（Social Security Act）规定了残疾扶助金计划，即工人在残疾而无法正常工作时，可以从政府得到残疾扶助金。埃尔德里奇（George Eldridge）是一名残疾的工人，1968 年 6 月，他第一次从州政府那里领取了残疾扶助金。但是，到了 1972 年 3 月，他收到了州政府询问他治疗情形的书面问卷。埃尔德里奇在其对州

---

① 莱克教授首先提出了"新财产"的概念，用以指称伴随社会福利政策而出现的社会经济权。See Charles A. Reich, "The New Property", *The Yale Law Journal*, Vol. 73, No. 5 (Apr., 1964), pp. 733-787.
② Matthews v. Eldridge, 424 US 319, 335 (1976).

政府的答复中指出，他的病情并未改善，并同时报告了他接受治疗的情况，包括他的医生及其所采用的治疗方法，等等。后来，州政府又向他的医生及精神顾问询问他的情况，并得到了相关的报告资料。在考虑了这些报告及其他资料之后，州政府以书面的形式通知埃尔德里奇，已于1972年5月终止给付其扶助金，并同时说明了终止的原因，以及告知他可以要求合理的时间以获取并提出有关其病情的其他资料。

埃尔德里奇回信申诉了他的病情状况，指出州政府已经有足够的证据证明他仍然处于残疾状态。然而州政府还是作出了自该年5月起埃尔德里奇已不再具有残疾身份的最后决定。这一决定为社会保障局（Social Security Administration，SSA）所认可。于是，该年7月，社会保障局通知埃尔德里奇其扶助金将终止，并告知埃尔德里奇可在6个月之内请求州政府审查这一决定。

埃尔德里奇并未请求州政府审查社会保障局的决定，反过来质疑这一项行政程序的合宪性。他要求立即召开听证会审理其残疾情形并恢复其权利。健康教育部部长认为，埃尔德里奇残疾扶助金终止的决定乃是经过有效的行政规则和程序而作出的，况且埃尔德里奇并未用尽现行的救济途径。于是，埃尔德里奇便提起了诉讼。地方法院认为，被告根据行政程序终止了埃尔德里奇的扶助金，已经剥夺了他宪法上所享有的正当法律程序的权利，受补助者得到的利益应该是不间断的权利，与哥德堡诉凯利（Goldberg v. Kelly）一案中的社会福利受补助者并无不同之处。由于判断其是否具有残疾扶助金受补助者的资格，是基于相互冲突的医疗或非医疗的资料，所以，终止埃尔德里奇的扶助金之前，必须举行一个社会保障法第五章为社会福利者所设计的证据听证会。上诉法院基于地方法院的观点，肯定在听证会举行之前禁止作出终止福利的强制令。本案最终上诉到美国联邦最高法院。

本案的核心问题，并非是原告是否应受宪法上正当法律程序保障的问题，而是程序保障的方式问题。也就是说，本案的问题在于宪法所规定的正当法律程序，是否要求于社会保障残疾扶助金终止前，应向受补助者提供一个证据性听证会的机会，或者是于事后给予听证及司法救济便已经足够？

[判决内容]

联邦最高法院认为社会福利机构终止残疾福利的最初决定，已经由有效的行政程序予以正当化，不必在终止前举行证据性听证会，现行程序已经满足了宪法上正当法律程序的要求。

在由鲍尔大法官所主笔的法院意见中，开宗明义地肯定，依据宪法第 5 条修正案和第 14 条修正案的规定，政府决定剥夺生命、自由或财产的，必须遵守正当的法律程序。被告承认"个人持续接受扶助金"亦为宪法第 5 条修正案所保障的财产权，正当法律程序的要求亦适用于社会保障残疾扶助金的终止程序，但主张目前的行政程序已为当事人提供在宪法上足够的程序保障。

法院向来认为，在个人被剥夺财产权利的最终决定作出前，需要举行某种形式的听证。问题是，这一听证应当在什么时候举行。法院仅在哥德堡诉凯利一案中，认为在终止福利给付的决定作出前，应该提供准司法形式的听证，在其他的判决中，则没有明确地指定特定的程序。

法院以往的判决曾确认，正当法律程序并非仅具有特定的内涵，或是与时间、地点或环境毫不相干的技术概念。因此，在决定行政程序是否合乎宪法正当程序的要求时，必须同时考虑当事人与政府的利益。这些利益包括以下三项：（1）受政府活动所影响的私人利益；（2）利益在程序中被错误剥夺的风险，以及因任何额外或替代性保障程序所可能产生的利益；（3）政府的相关利益，尤其是额外的或与替代性保障程序伴随而来的财政与行政负担。问题的重点是，现行的中止残疾扶助金的程序，与终止前的听证程序相比较，在上述的各种利益的考量下，是否已经满足了宪法上正当程序的要求？

中止给予残疾扶助金的主要原因，是当事人已经不再是残疾或已经回到工作岗位。要具备残疾扶助金维持的资格，必须由工作者通过"医学上可以接受的临床或经试验证明的诊断技术"，来持续证明"因任何可预期导致死亡或医学上可确定持续 12 个月的生理或心理损害，不能参与实质上有所得的活动"，程序上是由州政府机关通过由一名医师及一个受过残障评估训练之非医学人员组成的工作小组负责持续的资格调查。具体的程序如：（1）定期与残疾工作者联系，通常通过邮件或电话询问医疗限制、医疗方法及其他有关持续资格的相关情况，也可以从其医疗处获得受扶助者最近的情况。如果受扶助者和医疗者或两个医疗者所提供的情况不一致，该小组会安排由独立的咨询医师检验。（2）如果相关的初步评估异于受扶助者，将通知受扶助者暂时中止扶助金，并提供决定基础资料、审查其档案中医疗报告及其他证据的机会。受扶助者也可以写信反映，提出新资料。（3）州政府机构作出最终决定，由社会保障部的残疾保险局审查。通常社会保障部会接受原机构的决定，并以书信通知受救济者中止的原因，但也有权要求原机构重新考虑。（4）如果受扶助者要求州政府机构再考虑的决定是不利的决定，社会保障部将通知受扶助者结果。此时受扶助者享有在社会保障部行政法官前举行证据听证的权利，此听证并非对抗性的，只有受扶助者可以由律师代表。如果听证结果仍对受扶助者不利，他可以请求司法审查。在对现行的程序有所了解的情况下，联邦最高法院按照如下方式具体考虑了本案中的上述三大利益：

第一，政府活动影响的私人利益。

依现行的程序，如受扶助者最后获胜，可回溯受补偿，因此受扶助者在程序上唯一的利益，是在程序未确定之前仍能获得持续的给付。其潜在的损害在本质上是与哥德堡诉凯利案中的社会福利受补助者基本相同的。但是在哥德堡诉凯利一案，法院曾认为正当程序要求于暂时性的终止前举行证据听证。

然而，哥德堡诉凯利案与本案的案情有所不同。在前案中，生活福利金是用于帮助那些濒于生计边缘的人的。而残疾补助金并非基于工人的财务需要，他可能有其他收入来维持生计，如家庭成员的收入、侵权赔偿、其他救济计划等。就像法院在哥德堡一案中所宣示的，"一个特殊决定的潜在剥夺程度"是评价行政决策过程的主要考虑因素。本案潜在的剥夺在一般情况下要小于哥德堡诉凯利一案。

法院曾在其他判决中承认，"错误剥夺福利的可能期间"也是"评估公务活动是否影响私人利益的重要因素"。行政程序的迟钝和生理残疾家庭单纯的收入，对于被错误终止补助家庭所造成的困苦是明显的。但残疾工作者的需要可能小于生活福利救济者的需要，因为除了私人资源途径外，即使在补助金终止后工人及其家庭陷于困境，还有其他形式的补助可以提供帮助。基于这些暂时收入的潜在资源，本案潜在的剥夺程度与哥德堡诉凯利一案相比要少，故本案应与该案所建立的原则相区别，因而在不利的行政行为前不需要证据性听证会。

第二，程序保障的利益。

依现行法，要维持受扶助，当事人必须经由医学上可接受的临床或实验诊断，证实其因医学上可以判断的生理或心理障碍，而无法从事工作。因此，关于当事人身体及心理状况的医疗评估是需要的。与典型的福利决定相比，此种判断比较容易清晰地判定，也比较容易以文件证明。而在福利资格的决定过程中，则涉及广泛多样的情况与证人可信度、真实性等问题。

在大部分案件中，决定残疾扶助金是否持续发给，是基于医学专家作出的公式化、标准化和无偏差的医疗报告。因此，在本案中，提供证据性听证对决策者进行口头说明的潜在价值，小于哥德堡诉凯利一案。

具体而言，首先，在哥德堡诉凯利一案中，法院认为书面报告代替口头陈述不适当，因为大部分的受扶助者因缺乏足够的教育程度而不能用书面形式与决策制定者沟通，另外，书面形式的提出不具有弹性，也不能就决策者认为重要的争议形成论点。但在本案中，州政府对受扶助者的近况有定期的详细问卷。受扶助者可以向当地社会保障机构寻求协助以完成问卷。更重要的是，决定受扶助者资格的资料通常是来自医院所提供的情况，如由治疗医师推论得出，这些情况能以书面文件的形式进行比较有效地沟通。医生以 X 光片及临床实验报告提出的书面资料，要比口头形式更有说服力。防止政策错误的进一步保障，是允许残疾金受补助者的代表能够充分接触州政府机构决定所依赖的证据，然后为受补助者提供提出其他证据或主张以挑战档案材料的正确性，以及更正政府机构初步决定的机会。其次，原告指出程序中重新作决定的比例很高是因为目前行政程序中证据的不周全，但基于选择基础和分析方式的不同，当事人要求复查的比例从 58.4% 到 3.3% 不等。单纯的统计不能测评程序的公正与否，尤其该行政审查是以开放档案的方式进行，受补助者可以随时提出新资料，并可能因此而进行新的医疗检验。以此来论证资料与本案相关，也不应具有绝对的影响力。

第三，行政成本。

最后要评估的是当事人之外的公共利益，包括要求事前听证引发的行政负担及其他社会成本。有形的负担将是提供听证会所增加的成本以及最终决定前提供给不适当者的补助。这些成本增加的幅度无人可预测，但经验证明，这笔费用所产生的行政负担确实相当可观。

在判断正当程序要求是否在某些行政决定前提供了特别的程序保障时，财政成本并不是起决定性作用的因素。但在有关公共资源的配置上，如何节约有限的财政资源及行政资源，也应予以正视。为了保障个人的权益，以及增进程序的公正性，其付出的代价可能要比最终的收获还要多。

在宪政体制下，何时需要用准司法形式的程序来保障决定的公正，乃是所有衡量的核心。证据性听证往往不是必不可少且也未必是最有效的方式，如同哥德堡诉凯利一案中法院认为"听证对象的能力及状况适合时"才需要。在本案中，政府的程序不仅在行政机关行动前提供了申诉者主张的有效程序，而且也确保了在其申诉被拒绝而变成终局决定前，举行替代司法审查之听证会的权利。因此，法院认为在残疾扶助金终止前不需要举行证据性听证会，现行的行政程序完全符合正当程序要求。

[评析]

本案在通常意义上往往被纳入行政法的讨论范围，这主要是由于本案涉及法院对行政听证的具体要求。从"新财产"的角度看，本案不如哥德堡案将"福利津贴"纳入宪法正当法律程序保障那样具有开创性的意义。在本案中，联邦最高法院对哥德堡诉凯利案中确立的原则进行了一定的修正，此类福利的终止并不一定都要举行事前的听证，而要视具体情形而定。联邦最高法院从三方面因素搭建了分析类似问题的基本模型，在此意义上，本案的分析框架极为重要。

对于本案的判决，联邦最高法院亦有法官提出反对意见，例如，同属自由派的布伦南大法官与马歇尔大法官提出了不同意见书，他们同意地方法院和上诉法院的看法，认为基于社会保障法第五章，在终止扶助前，应提供给埃尔德里奇以证据性听证的权利。另外，对于多数意见所谓"不持续的残疾扶助，导致受扶助者遭受的只是有限的剥夺"，两位大法官也不赞同。

[附：美国联邦宪法相关条文]
第 14 条修正案

……无论何州……非经正当法律程序，不得剥夺任何人的生命、自由和财产……

三、泰利斯诉孟买市政府案①

[事实概要]

本案的基本背景是，印度社会、经济结构导致大批的农村居民在农村无法生活，因此只能移居到城市。但他们在城市中又无法找到足够报酬的工作，因而，只能在城市的人行道、公共街道或者其他公共土地上搭建简易棚屋以便居住。由于这样的定居者人数众多（如本案中这样的定居者占孟买市将近一半的人口），影响了城市的市容市貌，并在一定程度上破坏了城市的公共秩序和公共卫生。在本案中，马哈拉施特拉邦

---

① Olga Tellis and Other v. Bombay Municipal Corporation and Others AIR (1986) SC 180.

(the State of Maharashtra) 和孟买市（Bombay Municipal Corporation）决定自1981年起强制驱逐居住在孟买市区内的公共道路和其他公共土地上的定居者，将其遣返回原居住地或者遣送至孟买市区以外。根据这一决定，上述定居者中的一部分人的棚屋受到了孟买市的强制拆迁，因此以泰利斯（Olga Tellis）为首的定居者向高等法院提出申诉。在高等法院，作为临时性措施，原告没有主张自己在公共道路和贫民区搭建棚屋的基本权利，并承诺最迟在1981年10月15日主动搬离，因此，政府方面也承诺在上述日期之前不采取强制拆迁行动。最终，本案到达了印度最高法院。

原告向最高法院质疑被告的驱逐和拆迁决定，其主要理由是：第一，拆迁剥夺了其生存权（right to livelihood），这违反了《宪法》第21条的权利保障，除非根据法律规定的程序，不得剥夺任何人的生命；第二，邦、市两级政府违反了《宪法》第19条第1款、第3款，第21条；第三，孟买市第1888号法规第314条关于强制将非法占地者予以驱逐可以不经通知直接进行的规定是专断和任意的；第四，政府不能将原告等定居在公共道路上的人视为非法占地者，因为他们居住在公共道路上实在是为经济原因所迫，邦、市政府将其认定为非法占地者违反了宪法；第五，最高法院应当决定生命权的内容。此外，本案还涉及财产在福利国家的功能，马路定居者的迫切需要以及行人的通行权之间的平衡，以及法律面前人人平等等一系列相关内容。

原告的诉讼考虑或策略主要在于，将生存权（right to livelihood）纳入宪法所保护的生命权，这样一来，被驱逐就意味着其被剥夺了生存的机会，因此等于被剥夺了生命，再加上邦、市政府的驱逐决定是专断的，因此就构成了违宪。

被告提出如下答辩理由：任何人都无权在人行道、公共街道或者任何公众有权通行的地点建造建筑。《宪法》第19条第1款第5项所确认的在印度领土内的任何地方居住与定居的权利并不能被理解为有权侵占公共财产。孟买市法规的第312、313、314条，并不违反宪法，而是旨在实现公共利益，因为必须保证公众在公共道路上的通行权，据此，清理公共道路并保证其通畅乃是公共部门的职责。

［判决内容］

在最终判决中，首先，印度最高法院认可了原告关于《宪法》第21条所保障的生命权包括生存权的主张。根据该条的规定，"除非根据法律规定的程序，不得剥夺任何人的生命和人身自由"。法院认为，本条所确认的生命的含义和范围是非常广泛的，并不仅仅局限于非经法律规定的程序不得判处或执行死刑等对生命的直接剥夺，还在更广义的范围内包括生存的权利，因为如果缺少了生存和生活的手段，任何人的生命都不可能延续，这就使得维持生存的手段成为生命之不可分割的一部分。再加上《宪法》第39条第1款和第41条的规定，进一步说明了生命权包含生存权的结论。第39条第1款确认，国家应使其政策致力于保证：一切男女公民平等享有适当谋生手段权利。第41条确认，工作权、受教育权和一定条件地享有公共补助的权利——国家应在经济能力与经济发展之限度内，制定有效规定确保工作权、受教育权及在失业、年老、疾病、残疾及其他过分困难情形下享受公共补助之权利。

其次，法院认为，原告侵占公共财产的行为实在是为生活所迫，这一点，法院也支持了原告的立场。法院提出，原告之所以居住在公共街道和贫民窟中，是因为他们在附近有份小工可以做，并且他们找不到其他的去处，如果选择其他的地方居住（例如政府打算要将他们驱逐到的郊区），则会离工作地点很远，这会带来上下班所花费的时间和经济成本，而这些成本是原告根本无法承受的。这意味着，离开现在的定居点，就会丢掉工作。在这个意义上，原告虽然侵占了公共财产，但这是一种无过失的行为。而被告将原告任意驱逐必将导致原告的生存手段被剥夺并进而导致其生命受到剥夺。

最后，上述结论是否意味着被告不能采取措施维护和清理公共道路和公共土地，以实现其公共职能呢？答案当然是否定的。政府当然可以基于合理的考虑来驱逐马路上的定居者，但必须考虑被驱逐者实现生存权的特殊困难，并且必须经过合理的程序。前者要求政府应该给那些被驱逐的定居者提供距离上可以接受的安置土地，后者则要求，政府的驱逐措施不能使用超过必要限度的强制力，必须先向定居者提出搬离的要求，并使其有合理的、充足的时间离开。

印度最高法院对本案的判决，不仅认可了生活或生存权，并要求孟买市政府向被驱逐的定居者提供可选择的替代性定居点，并要求与现有的定居点有合理的距离，而且，法院也重申了政府有义务采取积极的措施平等对待社会上被忽视的群体，建议政府在农村地区增加就业机会，以逐渐减少城市公共道路上的定居者。

[评析]

印度与中国一样是发展中国家，其经济发展和社会转型过程中在很多方面存在与中国可对比的问题，例如城镇化所带来的农村人口过度涌入城市寻找就业机会，这在满足城市对劳动力的需要的同时，也会带来城市的增容压力，例如城市秩序、治安、交通和卫生等公共需求面临挑战（唯其程度不同而已）。从社会发展的角度来看，这些问题的解决当然需要一种合理的社会发展规则，以及平衡的城乡结构。但在政治实践中，政府往往无法看到或者缺少足够的耐心看到长期的社会规划在解决这类问题上的根本作用，而是采取直接有效的强制性驱逐或遣返措施。这种做法带来了城市的马路定居者的生存权问题，需要从宪法上加以衡量。

对于此类问题，印度最高法院提供了一个模范性的解决办法。在判决书中，Y. V. Chandrachud 首席大法官对弱势群体的生存权给予了高度关注，感性的描述加上充分的论理，造就了这一经典判决。在承认政府清理公共道路保障公共交通畅通的职责的同时，要求政府注意社会上被忽视的群体的基本生存权。

从宪法技术的角度来看，印度最高法院的做法也等于在某种范围内承认了社会经济权的可诉性，但法院对生存权的处理却是将它与生命权联结在一起。印度宪法在条文上确认了很多社会经济权，但按照宪法的条文表述，这些社会经济权仅仅是"国家政策的指导性原则"，严格来说并不具有直接的强制实施力（enforceability）。但印度最高法院将《宪法》第39条第1款、第41条的规定与《宪法》第29条的规定联系在一起，通过将生存权与生命权结合在一起，使生存权在一定程度上获得了司法审查的保障。

[附：印度宪法相关条文]
第 19 条 ［自由权］
（第 1 款）一切公民均享有下列权利：
（1）言论和表达自由；
（2）和平而无武装之集会；
（3）结社或建立工会；
（4）在印度领土内自由迁徙；
（5）在印度领土内的任何地方居住与定居；
（6）取得、保有与处理财产（已删除）；
（7）从事任何专业、职业、商业或事业。
（第 2 款）第 1 款（1）项规定不得妨碍国家为维护印度的主权完整、国家安全、同外国的友好关系、公共秩序、礼仪道德，或就藐视法庭、诽谤或煽动犯罪而已经或将要制定对第 1 款（1）项所授权利加以合理限制的法律。

（第 3 款）任何现行法律，凡因印度主权与领土完整或公共秩序之需要而对第 1 款（2）项所赋权利之行使加以合理限制者，其实施不受该款（3）项规定之影响，该款（3）项之规定亦不妨碍国家为此而制定此类法律。

…………

（第 5 款）任何现行法律，凡为保护公共利益或附表所列部落（以下简称"表列部落"）之利益，对第 1 款（4）、（5）两项所赋权利之行使加以合理限制者，其实施不受该款上述各项规定之影响，上述诸项规定亦不妨碍国家为此制定此类法律。

（第 6 款）任何现行法律，凡因公共利益而对第 1 款（7）项所赋权利之行使加以合理限制者，其实施不受该款（7）项规定之影响，该项规定亦不妨碍国家为此制定此类法律；该项规定尤其不影响有关下述事项的现行法律的实施，亦不影响国家就下述事项制定法律——（1）从事任何专业、职业、商业和事业所必需的专业资格或技术资格；（2）由国家，或由国家所有或控制的公司所从事的公营商业、事业、工业或服务业完全不准或部分不准公民或其他人经营。

第 21 条

除非根据法律规定的程序，不得剥夺任何人的生命和人身自由。

第 39 条

国家应使其政策致力于保证：（1）一切男女公民平等享有适当谋生手段权利……

第 41 条

工作权、受教育权和一定条件地享有公共补助的权利——国家应在经济能力与经济发展之限度内，制定有效规定确保工作权、受教育权及在失业、年老、疾病、残疾及其他过分困难情形下享受公共补助之权利。

四、格鲁特布姆诉南非政府案[①]

[事实概要]

本案的原告为格鲁特布姆夫人（Mrs. Irene Grootboom）等共 390

---

① Government of the Republic of South Africa and Others v. Irene Grootboom and Others(CCT11/00) (4 October 2000).

名成年人和 510 名儿童。原告众人本来居住在沃拉斯丁（Wallacedene）的临时定居点，但这里既缺乏电力也没有生活必需品，原告由于不堪忍受这里的恶劣条件因而搬迁到一块私人所有的土地上，这非法侵占了私人土地，土地所有者要求原告离开，并向政府申请了强制驱逐令，政府相应地发布了限期离开的命令，但原告称无处可去而拒绝离开。强制驱逐令规定的最后期限到来的前一天，政府采取了强制驱逐措施，包括动用推土机强行铲平了格鲁特布姆等人的临时居所，这一强制行为同时导致格鲁特布姆等人的窝棚等居住和生活工具以及其他财产被毁坏殆尽。原告在沃拉斯丁的居住点也已经被他人占用，绝望之中，他们只好在沃拉斯丁的一块运动场和附近的市政厅临时定居，格鲁特布姆等人向好望角地区高等法院提出申诉，要求政府立即给他们提供临时性的住所或房子，直到他们获得永久性的住所。好望角地区高等法院根据《宪法》第 28 条第 1 款第 3 项有关儿童经济和社会权利的规定①，判决南非政府、西开普省政府、开普市镇理事会以及奥斯顿堡市镇政府应给予那些儿童及其父母临时住所或住房。案件判决之后，南非政府作为第一上诉人、西开普省政府作为第二上诉人、开普市镇理事会作为第三上诉人、奥斯顿堡市镇政府作为第四上诉人向南非宪法法院提出上诉。

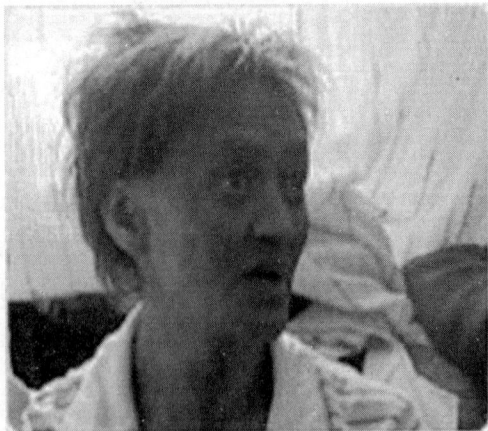

格鲁特布姆夫人

① 该款规定："每个儿童均有权：……3. 获得基本营养、住所、基本卫生保健服务和社会服务……"

[判决内容]

南非宪法法院在 2000 年 10 月 4 日作出了本案判决。

首先，法院认为，虽然格鲁特布姆等人非法侵占了私人土地，国家负有保护私人财产的职责，但是，国家有义务确保驱逐行为以一种符合人道主义的方式进行。由于政府的驱逐行为比原先通知的时间提早了一天，导致原告所拥有的房屋建筑材料和财产在驱逐过程中被毁坏，政府的行为违反了《宪法》第 26 条第 1 款所承认的适足住房权的消极的尊重义务。

其次，法院认为，宪法要求国家积极地行动以改善全国范围内成千上万居住于恶劣条件中的人民的居住状况。国家必须保证住房权、健康权、适足的食品和饮水，以及社会保障等，这些权利与传统的消极人权是相互关联（inter-related）和互相支撑（mutually supporting）的，也就是说，宪法所载的所有人权是一个整体。人的尊严、消极自由以及平等权等，在缺乏食品、衣物和住宅的条件下必然会被否定殆尽。因此，不应当孤立地看待宪法所确认的适足住房权。

最后，法院也承认，适足住房权在性质上与传统的人权存在区别，国家有义务去促进使公民能够获得适足住房的条件，但法院拒绝采纳联合国《经济、社会和文化权利国际公约》提供的"最低核心义务"的概念，因为这意味着法院要获取大量的有关信息来确定最低核心义务是什么，而在南非存在地区差异和城乡差异的前提下，让法院来确定最低核心义务的内容是极其困难的。因此，法院认为，《宪法》第 26 条第 1 款尽管包含了国家应基于请求为权利人直接提供基本住房的最低核心义务，但这仅意味着国家负有在其可利用的资源范围内逐渐实现适足住房的义务。因此，对于权利人而言，在法律上并不拥有要求国家直接提供住房的权利，而只是拥有要求国家在其可利用资源范围内设计一项协调一致的政策的权利。

在此基础上，相应的问题就转化成，国家是否为保障和实现公民的适足住房权而采取了协调一致的合理的政策。就此，法院分析了国家在其可用资源的范围内是否合理地履行了逐渐实现适足住房权的义务。审查其合理性时应当考虑的因素包括：国家所采取的立法和其他措施是否合理，例如，政策是否是全面而协调的，政策是否平衡且具有弹性，没有把社会的重要部分排除在外，以及它是否满足了那些处于最令人绝望情形下的人的紧急需要。在这些考虑之下，法院认为，国家实现适足住房权的政策是不合理的，因为它只考虑了中期和长期的住房需要，却没有为那些"具有极度需要的人"提供短期的、临时性的救济措施。

因此，法院判决政府败诉，命令政府采取行动履行《宪法》第 26 条第 2 款所施加的义务，包括设计、资助和实施并且监督旨在为那些具有极度需要的人提供救济的措施。

[评析]

本案的发生是由于政府采取了非法的驱逐行为，因而，在直接意义上，本案关系到的不只是社会经济权，而更多的是传统的消极自由。从南非《宪法》第 26 条的规范内容来看，第 3 款的表述形态是传统的消极自由，而第 1 款和第 2 款则为积极的社会经济权。在本案中，由于格鲁特布姆等人向法院提出的请求是判令政府提供住宅，因而，案件的核心问题就集中在第 26 条的前两款，即适足住房权的法律性质，尤其是其可诉性问题。这一问题的解决给南非宪法法院提供了一个阐释《宪法》第 26 条的非常好的机会。

通过本案的审理和判决，南非宪法法院提出，《宪法》第 26 条所规范的适足住房权包含三项基本的内容：首先，这一权利并没有产生个人可以直接要求国家提供住所或住房的请求权；其次，这一权利包含个人可以要求国家在其可利用的资源范围内设计一项协调一致的政策的权利；最后，立法政策是否合理需要接受法院的审查。在本案中，虽然法院最终否定了个人对住房的直接请求权，但在一定范围内肯定了社会经济权的可诉性，通过个人提出的宪法诉讼，法院得以对国家旨在逐步实现社会经济权的政策进行合理性审查。

本案的判决证明了，完全否定社会经济权的可诉性的主张是不能成立的。但应在何种程度上对社会经济权给予司法保护，则需综合该权利的性质、法院本身的定位以及社会经济发展等各种因素从而作出判断。

[附：南非宪法相关条文]

第 26 条

（1）人人有权获得适足的住房。

（2）国家应采取合理的立法措施或其他措施，在其可利用的资源范围内，逐步实现此项权利。

（3）非经考虑一切相关情况之后由法院作出判决，不得将任何人从其住宅中驱逐，或毁坏其住宅；法律不得准许专断驱逐。

五、苏伯拉莫尼诉健康部长案①

［事实概要］

本案中，苏伯拉莫尼（Thiagraj Soobramoney）是一名重病缠身的失业者，年龄为 41 周岁，他是个糖尿病患者，并同时患有缺血性心脏病和心脑血管病。他自 1996 年起出现肾脏衰退，其病情被诊断为不可逆转，只有通过血液透析治疗才能延续生命。苏伯拉莫尼向阿丁顿（Addington）医院（一家国有医院）申请入院进行透析治疗，但阿丁顿医院拒绝了他的申请。因为，阿丁顿医院和其他国有医院一样面临设备和医护人员的短缺，全院仅有 20 台透析设备，其中还有部分无法正常运转，而每次治疗要 4～6 小时方能完成，因而医院不得不设立一定的收治政策，只有那些接受短期治疗的病人，或者慢性肾脏衰退并可进行肾脏移植的病人才能入院治疗。而苏伯拉莫尼不属于短期治疗的病人，而且由于他同时患有心脏疾病而不可能接受肾脏移植，因而，医院认定其不符合入院治疗的要求。

苏伯拉莫尼向德班（Durban）高等法院起诉，主张自己根据 1996 年《宪法》第 27 条第 3 款和第 11 条的规定有权获得持续的透析治疗，他要求法院指定医院向他提供持续的透析治疗，同时要求判令医院取消拒绝收治他的决定，但法院没有支持他的诉讼请求。最终，本案上诉到南非宪法法院。

［判决内容］

南非宪法法院认为，从原始意图和字面意思上，《宪法》第 27 条第 3 款关于不得拒绝任何人的紧急医疗救治的规定应当解释为国家的一项义务，即在发生灾难或紧急状况时，不得剥夺一个人必要且可获得的为阻止危害而进行的救助，但它并不包含为慢性病提供延长生命的持续性治疗。这不仅违背宪法原意，而且将使国家在根据它获得的资源履行其向每一个人提供健康服务的首要义务时面临相当大的困难，甚至超出社会经济状况所能承受的范围。

法院因而认为，申请人无法从《宪法》第 27 条第 3 款，而只可能从第 1 款和第 2 款出发论证自己的主张。宪法法院接下来分析了第 27

---

① Thiagraj Soobramoney v. Minister of Health (Kwazulu-Natal) (CCT32/97) (27 November 1997).

条第 1 款第 a 项、第 2 款的规定。这些宪法规定使国家对个人获得健康照顾服务的权利承担特定的义务。这种国家义务要求国家"根据它可获得的资源采取合理的立法和其他措施，争取此类权利的渐进实现"。法院发现所有的肾病治疗单位都面临资源有限、条件紧张的状况，患肾衰竭的人远多于可供使用的透析机器。法院认为，医疗行政部门通过的要求病人符合肾移植条件才能做透析治疗等的指导意见是合理的，其目的在于最有效率地利用有限的医疗条件。这些指导意见在实施过程中并没有发现不合理或不公平之处，因此，法院拒绝应原告要求向医院签发治疗的指令。

[评析]

本案判决的作出印证了社会经济权的实现受到社会经济发展水平的决定性影响。健康权作为社会经济权之一种，并不意味着国家有义务实现个人关于维持健康或生命的所有要求。考虑到目前包括南非在内的世界各国的社会经济发展状况，满足个人对于健康和生命的一切要求显然是不可能的，因此，健康权以及其他的社会经济权必然只能根据社会发展状况而逐步地实现，而国家对健康权的实现义务在很大程度上也只能是非强制性的渐进义务。由于这一点，法院在本案中的审查内容就不可能集中在国家的渐进义务是否实现，而在于，国家为实现健康权和生命权而采取的步骤和措施是否能够达到一系列的宪法要求，例如，医疗行政部门所制定的入院治疗的条件是否是公平、合理的，其实施的过程是否伴随有法律上的弊端或不足。也就是说，法院主要借助"合理性"审查标准。

法院通过审查发现，医疗行政部门通过的要求病人符合入院条件才能接受透析治疗等指导意见本身是合理的，其实施过程也没有发现有不合理或不公平之处。因此，法院拒绝了原告的诉讼请求。

[附：南非宪法相关条文]

第 11 条

人人享有生命权。

第 27 条

（1）人人有权获得：

a. 健康照顾服务，包括生育健康照顾；b. 充足的食物和水；和 c. 社会保障，包括若其不能供养自己及其被赡养人和被抚养人，则可获得适当的社会救助。

（2）国家须根据它可获得的资源采取合理的立法和其他措施，争取此类权利的渐进实现。

（3）不得拒绝任何人的紧急医疗救治。

六、齐玉苓案与受教育权①

［事实概要］

1999 年 1 月 29 日，原告齐玉苓以侵犯姓名权和受教育权为由，在山东省枣庄市中级人民法院对陈晓琪、陈晓琪之父陈克政以及山东省济宁市商业学校、山东省滕州市第八中学、山东省滕州市教育委员会提起诉讼。起诉理由如下：1990 年原告齐玉苓参加中考，被济宁市商业学校录取为 90 级财会班的委培生，但是原告就读的滕州市第八中学在收到录取通知书后，直接将它送给了和原告同级的陈晓琪。陈晓琪遂冒用原告姓名在该校财会班就读直至毕业，后被分配到银行工作。直至 1999 年年初，原告才得知自己已经被冒名 10 年。原告认为，上列被告侵犯了其姓名权和受教育权，请求其赔偿经济损失 16 万元和精神损失 40 万元。

除原告主张的上述事实外，法庭还查明，1990 年被告陈晓琪拿到录取通知书后，未按规定持准考证入学登记注册。1991 年，陈父在教委和滕州市八中取得体检表（盖有教委钢印）和学期评语表（相片加盖了学校印章），于 1993 年利用毕业自带档案的机会将档案中上述两表抽换，从而顺利进入银行工作。

一审法院在审理案件后认定：原告姓名权被侵犯，陈晓琪和陈父应负主要责任，其他被告也应承担责任。原告主张的受教育权属一般人格权范畴，本案证据表明原告放弃了此项权利，故侵权不能成立。法院判决：被告陈晓琪停止对原告姓名权的侵害，一审被告向原告赔礼道歉并按各自份额赔偿原告 35 000 元精神损害费。

原告齐玉苓不服一审判决，向山东省高级人民法院提起上诉，理由是其受教育权也被侵害，应当得到赔偿。

［判决内容］

山东省高级人民法院在受理上诉后，认为本案存在"适用法律方面

---

① 参见"齐玉苓诉陈晓琪等以侵犯姓名权的手段侵犯宪法保护的公民受教育的基本权利纠纷案"，以及最高人民法院 2001 年 6 月 28 日《关于以侵犯姓名权的手段侵犯宪法保护的公民受教育的基本权利是否应承担民事责任的批复》，载《最高人民法院公报》，2001（5）。

之疑难问题",因此依照《人民法院组织法》第 33 条的规定向最高人民法院请示。最高人民法院于 2001 年 6 月 28 日作出名为"关于以侵犯姓名权的手段侵犯宪法保护的公民受教育的基本权利是否应承担民事责任"的法释〔2001〕25 号批复。全文如下:

山东省高级人民法院:你院〔1999〕鲁民终字第 258 号《关于齐玉苓与陈晓琪、陈克政、山东省济宁市商业学校、山东省滕州市第八中学、山东省滕州市教育委员会姓名权纠纷一案的请示》收悉。经研究,我们认为,根据本案事实,陈晓琪等以侵犯姓名权的手段,侵犯了齐玉苓依据宪法规定所享有的受教育的基本权利,并造成了具体的损害后果,应承担相应的民事责任。

2001 年 8 月 23 日,山东省高级人民法院据最高人民法院的批复,援引《宪法》第 46 条判决如下:被告陈晓琪停止对齐玉苓姓名权的侵害;陈晓琪、陈克政、济宁商校、滕州市八中、滕州市教委向齐玉苓赔礼道歉;齐玉苓因受教育的权利被侵犯造成的直接经济损失 7 000 元由陈晓琪和陈克政赔偿,济宁商校、滕州市八中、滕州市教委承担连带赔偿责任;齐玉苓因受教育的权利被侵犯造成的间接经济损失由陈晓琪、陈克政赔偿,济宁商校、滕州市八中、滕州市教委承担连带赔偿责任;陈晓琪、陈克政、济宁商校、滕州市八中、滕州市教委赔偿齐玉苓精神损害赔偿费 50 000 元。

[后续发展]

本案的判决虽早已经作出并生效,但还存在一些后续发展的情况。2008 年 12 月 8 日,最高人民法院审判委员会第 1457 次会议通过了法释〔2008〕15 号决定,名为《关于废止 2007 年底以前发布的有关司法解释(第七批)的决定》,其中写明:为进一步加强民事审判工作,依法保护当事人的合法权益,根据有关法律规定和审判实际需要,决定废止 2007 年年底以前发布的 27 件司法解释(第七批)。废止的司法解释从公布之日起不再适用,但过去适用下列司法解释对有关案件作出的判决、裁定仍然有效。而在被废止的司法解释中,关于齐玉苓案的法释〔2001〕25 号批复列明其中。由此,引发了广泛争议。

[评析]

本案实际上存在着受教育权与宪法司法化两个问题。由于我国宪法监督制度长期滞涩难行,再加上人们对本案的讨论夹杂着对宪法监督制度实效化的渴望和期待,因而,相关的讨论均集中在宪法司法化、宪法司法适用或者违宪审查制度的建构等问题。针对此案专门分析受教育权之保障的并不多见。

本案虽然涉及受教育权，但有两点特殊之处值得注意：其一是，本案中涉及的受教育权，并非社会经济权意义上的受教育权。本案中齐玉苓的受教育权乃是受积极侵害的对象，因此，受教育权在本案中主要呈现出消极的防御权的特点。其二是，本案中，齐玉苓受教育权遭到侵害的事实，并不是国家的立法措施引起的，甚至也不是典型意义上的公权力行使造成的，虽然其中涉及行政机关的违法作为，但就主体而言乃是私人之间的权利侵害。在这个意义上，本案甚至不是一个宪法案件。

但由于案件的审理过程涉及《宪法》第46条的受教育权条款，本案因而带有一定的宪法意义。《宪法》第46条规定："中华人民共和国公民有受教育的权利和义务。"本条所规定的公民的受教育权，既可以理解为传统的自由权，即公民接受教育不受国家之非法干预，又可以理解为社会经济权，即公民有权要求国家提供相应之教育，例如，基础教育之免费等。但若结合我国宪法序言关于国家制定教育政策与方针，以及国家之教育义务的规定，则其社会经济权的意味会更为浓重。与此同时，对于宪法所规定的教育权的功能，需要强调作为主观权利的受教育权和作为客观法秩序的受教育权。前者要求在公民的受教育权受到侵害时应有适当的救济途径从而使公民可以作主观之请求，后者则要求国家应积极创造和维持使教育得以进行和教育权得到尊重和保障的客观法律秩序。事实上，我国立法机关曾制定包括《义务教育法》、《高等教育法》等在内的多项法律，搭建了我国的基本教育制度，由此也形成了法律中的受教育权。

事实上，有一种观点认为，通过我国已经存在的普通教育立法，已经能够使原告齐玉苓的受教育权得到司法保护，换言之，法院在本案中根本不需要适用《宪法》第46条，而只要援引教育法的规定即可保障齐玉苓之受教育权。因此，本案援引宪法的必要性，曾受到不少批评。在这个意义上，就受教育权的保障而言，本案也缺乏典型性。

[附：中国宪法相关条文]
第46条
中华人民共和国公民有受教育的权利和义务。

七、教科书制度与教育权①

［事实概要］

一个维护国语教育的教师团体为了替代过去的国语教材，出版了《为统一的国语教育》和《新编教材指南——中学国语 1—1》，并准备出版中学国语教材和著作。该团体的负责人（请求人）发现《教育法》第 157 条、《教材用图书的规定》第 5 条把中学国语教材定为由教育部编写、发行的一种图书，学者个人出版教材是不可能的。国定教材是国家享有著作权的图书，是个人撰写后由国家认定而使用的教材。请求人以《教育法》第 157 条违反宪法为由向宪法法院提起宪法诉愿请求。请求人的主要主张是：（1）国家指定一种教材的行为实际上限制了教师出版自主的、专门性教材的著作自由，违反《宪法》第 31 条第 4 款；（2）侵害请求人的出版自由；（3）根据宪法享有的学术自由是自由地讲授学术研究成果的自由。国定教材制度实际上使教师不得不放弃多样化的学术研究，侵害了请求人的学术自由。

作为利害关系人而陈述意见的教育部长官从三个方面论证教科书国定制度的合宪性：（1）教科书国定及检认证制度（即检证、认定制度）只是被授权教育的国家设定教育内容的标准、提出运用规范的制度，并不侵犯宪法保障的教育的自主性、专门性及政治中立性要求；（2）教材图书的检认证制度的存在并不禁止未经检认证图书的出版，并不侵害宪法规定的出版自由；（3）教师在学校对学生进行的任何形式的教育并不是学术自由保障的内容。教师在其他形式中研究学问、自由发表的活动受学术自由保障，但这种活动中并不包括学校的教育活动。

本案的审理对象是《教育法》第 157 条、《教材用图书的规定》第 5 条。

《教育法》第 157 条规定：（1）除大学、教育大学、师范大学、专门大学外，其他学校的教材用书由教育部享有著作权或检证或认定。（2）有关教材用图书的撰写、检证、认定、发行、供应及定价等事项由总统令规定。

《教材用图书的规定》第 5 条规定：I 种图书由教育部编撰。但教育

---

① 韩国宪法法院 1992 年 11 月 12 日判决，89 宪甲 88。

部长官认为有必要时可委托研究机关或大学编撰 I 种图书。

本案的争议点主要集中在：教材制度与法定主义的关系；教师讲授权的法定性质及其检认证制度与宪法规定的学术自由、出版自由的关系；宪法上没有列举的权利的宪法意义等。

[**判决内容**]

宪法法院于 1992 年 11 月 12 日作出判决，宣布驳回请求人的请求。

宪法法院首先强调了以法律调整教育的必要性与重要性。现代教育是一种公共教育，国家是教育的被委任者。为了使教育从行政机关或外部干涉中获得独立，保持其独立性，通常以议会制定的法律调整教育的重要事项，把它置于议会的统治之下。依法律调整有关教育的重要事项是十分必要的。采用教科书法定主义时，立法者在教材政策方面的选择范围得到了扩大，大体上分为国家放任的政策和干预的政策。干预的方法有教材编写的干预和教材使用的干预。教材编写的干预方法又分为通过国定的教科书制度的直接方法和通过检证教科书制度的间接方法；使用的干预主要有认定制度。国定制是指由国家直接编写或委托编写教材而不承认其余教材的制度，检证制是指国家对私人编写的教材（图书）审查确认其是否适合于作为教材使用的制度，认定制是审查私人发行的图书内容，认可其内容的制度。

在韩国，对初中、高中教材采用国定制、检证制、认定制三种方法并用的政策（对大学教材采取自由发行制政策）。国家干预初、高中教材图书编写的基本依据是初、高中教育的特殊性及由此而产生的国家责任，具体理由有：（1）初、高中普通教育阶段的主要任务不是掌握专门的知识或探求世界观、社会观、人生观的深奥真理，而是掌握作为社会成员建立独立的生活领域所必要的基本品德和普遍修养，在这个阶段应尽可能缩小学校之间、教育环境之间、教员素质之间和能力之间、教材内容和课目之间可能存在的差距，使受教育者享受质和量上平等的教育；（2）在普通教育阶段，学生缺乏合理地判断是非曲直、善恶的能力，对价值偏向和歪曲的学术逻辑无法进行自我判断，因此负担公共教育责任的国家以一定的形式干预是不可避免的。

学术自由是一种探求真理的自由，但它不限于探求真理的自由，还包括对探求结果的发表自由或讲授自由（授业自由）。对授业自由应给予更系统的保护，但它并不等同于大学教授的学术自由。在大学，教授的讲授自由得到充分保障，但在初中、高中，教师的授业自由则受到一定制约。教师的授业权是源于教师地位的一种职权，它是否属于宪法保障的基本权，对此也有不同的见解。即使从宪法保障学术自由或受教育权利的规定中可以推导出教师的授业权，并作出相应的宪法解释，也不能以教师的授业权侵犯学生的受教育权。为了保障国民的受教育权，教师的授业权在一定范围内受限制。如果在普通教育阶段，教师把自己编写的图书不作任何判断选定为教材，或者教师按照自己的学术兴趣不受限制地向学生讲授与教材无关的内容，有可能不能满足普通教育阶段学生按照其特点全面发展的要求，而且难以维持为实现教育机会均等所必要的全国一定水平的教育。

有一种主张认为，言论、出版自由包括思想、意见自由和传播的自由，传播自由中又包括普及自由。以检认证方法对教材用书的合适性进行审查相当于实质性的检阅，而检阅是《宪法》第21条第2款严格禁止的。因此，教材的检认证制度是一种国家垄断教材的制度，存在着违宪的可能性。检阅是指个人发表信息和思想以前，国家机关事先审查其内容，限定在一定范围内发表的一种制度，它是宪法所禁止的制度。在本案中，作者可以把自己的研究成果自由地发表，它不同于检阅制度。对教材的国定或检证制度不具有解除人的自由限制的许可的性质，而是赋予特定书籍以教材的特殊地位的制度，应视为具有价值创设性的与形成行为的特许性质的制度。因此，国家有必要行使裁量权，根据教育目的与指南，把合适的图书定为教材，这并不禁止出版不符合教材标准的其他图书，故并不存在侵犯出版自由的问题。出版自由中不包括有可能把一切人撰写的著作认定为教材的权利。

国民的学习权与教师的授业自由应得到同等的保护，但国民的学习权处于优先保护的地位。国定教材制度是一种国家对教材这种图书进行垄断的制度，但它具有合理性，而从国民学习权角度看，不分年级和学科自由地发行教材是不适当的，国家依照宪法有必要进行适当的干预。在法律认定的范围内国家采取何种干预方式属于国家的裁量权，因此，教材的国定制度并不是侵害学术自由和出版自由的制度，与教育的自主性、专门性与政治中立性并不矛盾。

对此一位法官提出了反对意见，认为教师的教育自由是提高教育效果的必要手段。教育的自由是从《宪法》第31条第1款及第4款中必然推导出来的宪法的基本权。统一的教育是对教育自由的侵害，它同时侵犯教育的自主性、专门性与政治中立性。为了发挥民主主义功能，每个国民都有必要具备政治判断能力，而这种教育需要通过多样化的教育为媒介。教材的编写和选择是这种教育内容和方法的重要组成部分。当然，这并不意味着绝对排斥国家的干预，但国家干预只限于审查教育内容与方法是否与宪法理念相矛盾，以及对教育的自主性、专门性与政治中立性等方面的审查。按照这种观点，由国家垄断教材的编写和选择权是违反《宪法》第 31 条第 4 款的，侵害了教育自由权的本质内容。《教育法》第 157 条没有充分反映宣布教育法定主义的《宪法》第 31 条第 6 款的要求，因为它把有关教材的事项概括性地委任给行政立法。

　　[评析]

　　本案的审理涉及教育的法定主义与宪法规定的学术自由、出版自由以及教育的公共性等基本问题。

　　宪法法院在本案中判断了一系列基本权的相互关系，首先是宪法明确规定的学术自由、出版自由与言论自由，其次是宪法法院通过宪法解释推导出的学生的学习权，最后，教师的授业权虽然不是宪法明文规定的权利，但在整个宪法判断中作为宪法没有列举的基本权而得到肯定。

　　由于现代教育本身具有公共性，国家本身有责任对不同对象采取不同的教育方法，以完成教育社会化的目的。因此，国家干预教育领域是具有正当基础的。韩国《宪法》第 31 条第 4 款实际上确立了教育应具有的独立性原则，防止其他价值体系侵害教育领域的自主性、专门性与政治中立性，并把教育有关事项通过委任立法形式加以规定。教育法定主义并不是单纯地以法律规定有关教育的事项，而是意味着立法者有义务尊重教育的基本原则，不履行其义务时立法行为本身将成为宪法判断的对象。在整个宪法程序中法律对教育领域的调整是有一定界限的，即维护教育的自律性。宪法与教育的关系具有二重性[①]：一方面教育是宪法的调整对象，另一方面宪法通过教育的效果而得到实现。为通过教育而培养具有政治判断力的市民方面，宪法规范本身也会产生规范力。

　　在学术自由与授业权关系上，宪法法院的判断是比较合理的。初中、高中教师行使的授业自由并不属于学术自由的保护对象，在这一点上它不同于大学教授的讲授自由。在大学，教授的讲授实际上是向学生介绍自己的研究成果，并得到批评与检证，是一种学术研究的继续。从大学生的角度看，他们根据自己已具有的知识评价教授的研究成果，通过相互交流，丰富自己的知识结构。与此相反，在初中、高中阶段的授业自由，一般指把社会中已达成共识的普遍性的知识传达给学生，并不

---

① 　参见金光锡：《公法学的现代的地平》，252 页，韩国，博英社，1999。

适用宪法上的学术自由。在这里，大学的讲授自由与初中、高中阶段的授业自由是具有不同性质的自由，后者显然受到必要的限制。

在判断教科书国定制度是否侵害通过教材发表研究成果的自由时，宪法法院似乎存在逻辑上的矛盾。宪法法院没有明确论证初中、高中阶段进行的授业不属于学术自由的保护对象，它与学术自由并不是在保护程度上存在差异。在比较大学的讲授自由和初中、高中的授业自由时需要明确两种自由的不同性质，合理地解释宪法规定的学术自由，即学术自由与初中、高中的授业自由之间没有逻辑上的联系。

在授业权与学习权两种权利的冲突问题上，宪法法院确立了学习权优于授业权的原则。这种学习权的宪法依据是《宪法》第 31 条第 1 款，平等地接受教育的权利中既包括入学的平等权利，同时也包括教育内容的平等。但判决中没有涉及授业权与学习权冲突的解决方法及平衡原则等问题，这一点是本案判决的缺陷。

［附：韩国宪法相关条文］

第 21 条

（1）任何国民有言论、出版的自由和集会、结社的自由。

（2）不承认对言论、出版的许可、检阅和对集会、结社的认可。

（3）有关保障通信、广播的设施标准和新闻机能所需的事项以法律规定之。

（4）言论、出版不得侵害他人的名誉、权利、公众道德或社会伦理。当言论、出版侵害他人名誉或权利时被害者有权提起损害赔偿的请求。

第 31 条

（1）一切国民都享有按能力同等受教育的权利。

（2）一切国民都负有使其保护的子女接受初等教育和法律规定的教育的义务。

（3）义务教育为免费教育。

（4）教育的自主性、专门性、政治中立性及大学的自律性受法律保护。

（5）国家振兴继续教育。

（6）有关学校教育及包括终身教育在内的教育制度及其运营、教育财政、教师地位的基本事项，以法律规定之。

八、生计保护标准与生存权①

[事实概要]

请求人夫妇是根据《生活保护法》第 5 条第 1 款及同法实施令第 6 条第 1 款享受生计保护的对象。1994 年 1 月，保健福祉部长官发表 1994 年生活保护事业指南，具体规定了 1994 年生计保护标准。请求人认为，他们每月享受的生计保护标准没有达到最低生活水平，因此以宪法规定的追求幸福权与享受人的生活的权利受到侵害为由向宪法法院提出宪法诉愿审判请求。

本案的审理对象是保健福祉部长官发布的"1994 年生计保护标准"。根据这个标准，1994 年生计保护对象是 320 000 名，每月的生计标准是每人 65 000 韩元。

本案的争议点主要是，宪法规定的国家对没有生活能力的人的保护义务的性质及 1994 年生计标准本身是否违宪。

[判决内容]

宪法法院于 1999 年 5 月 29 日作出判决，驳回请求人的请求。

本案属于先通过行政诉讼无法得到救济的具有补充性要件的宪法诉愿请求。

随着资本主义经济的发展，贫困问题已不仅仅是个人物质贫乏的问题，而是威胁整个社会安定的社会问题，靠经济发展不能得到自发的解决，它已成为国家需要解决的课题。基于这种认识，现代各国为了满足国民生活的基本需求，把对健康的文化生活的保障作为国家的义务，在宪法中规定社会国家原理。韩国宪法也规定了广泛的社会基本权。

《生活保护法》的制定目的是给没有生活维持能力或正常生活有困难者提供必要的物质帮助，保障其最低生活水平，提高社会福祉。其保护标准是"维持健康、文化的最低生活"，同时要求根据该法受保护的对象为提高自己生活水平，最大限度地发挥自己的能力，因而国家的生计保护具有一种以补充发展为基本原则的"补充性"功能。

一切国民都有权享受人的生活，国家有义务保护无生活能力的国民，这一宪法规定约束一切国家机关，但约束的意义因国家机关性质不

---

① 韩国宪法法院 1999 年 5 月 29 日判决，98 宪戊 60。

同而不尽相同。进行积极的形成活动的立法机关或行政机关与依宪法审判进行司法控制的宪法法院的受约束形式是不同的。就立法机关或行政机关而言，上述宪法规定要求其考虑国民所得、国家财政能力及政策等因素，在可能的范围内最大限度地让国民享受符合人类尊严性的健康、文化的生活，并把它变为一种行为指南或行为规范。而宪法对宪法法院的约束主要在于对立法机关或行政机关是否履行义务进行合宪性审查，故它的功能主要表现为控制规范。

为了保障国民享受人一样生活的权利，国家实行的社会保障方法主要有社会保障和国家基于社会政策目的而实施的社会补助。根据《生活保护法》的规定，主要是为受保护者提供衣服、饮食等日常生活所需的必要物品，这是一种社会补助的典型形式。判断国家所进行的生计保护是否达到宪法所要求的客观的、最低限度的标准，主要看国家是否为保障国民生活而采取了必要的措施。"过人一样的生活"是非常抽象和相对的概念，根据不同国家的文化发展、历史、社会、经济条件，其内容和程度是不尽相同的。在具体决定生计保护的标准时，应综合考虑国民全体所得水平、生活水平、国家财政能力与政策、国民各阶层相互矛盾的利害关系等复杂而多样的要素。它实际上是由立法机关或立法委任的行政机关依裁量权作出规定的事项。因此，当国家是否履行了宪法规定的义务成为司法审查对象时，只是在如下两种情况下才有可能存在违反宪法问题，即国家没有进行生计保护方面的立法或立法内容明显不合理超越宪法所允许的裁量范围。

在判断国家确定的生计保护标准是否超越裁量范围时，不能只考虑根据《生活保护法》而得到的生计保护数额的多少，同时要考虑其他根据法令而得到的各种补贴及减免税等总体的情况。综合考虑 1994 年确定的标准和其他减免的各种照顾，不能认为请求人享受的生活没有达到国家实现的客观内容的最低限度标准。即使生计保护的标准没有达到最低生计费，也不能仅仅依这个事实判断其违反宪法或者侵害了请求人追求幸福权和享受人一样生活的权利。

[评析]

本案是涉及生计保护标准的合理性与宪法规定的追求幸福权如何保持协调的重要宪法判决。随着韩国经济的发展，一方面国家的综合国力得到了提高，而另一方面由于社会福利水平比较低，出现了社会贫困问题。国民根据宪法规定的追求幸福权的理念，企盼国家给予更充分的社会保障。

在本案中，宪法法院首先肯定了国家通过社会保障制度保护经济弱者权利的正当性，而国家有义务保障经济上处于弱势的国民享受符合人的尊严的最低生活水平。但每年发布的生计保护标准应考虑综合因素，不能只考虑每月得到的数额多少。因为通过《生活保护法》所提供的保护是一种具有补助性质的补贴，不是保护对象所依靠的全部的生活来源。国家根据其财力的情况，合理地确定生计保护标准，只要这种标准没有明显地超越宪法提供的保障界限就不会出现违宪问题。

当然，学术界对这个判决也有批评，认为宪法法院过分考虑在给付领域如国家积极干预可能导致的国家财政、经济政策上的负担，在生活弱者的保护标准上过于广泛地认定国家政策裁量的范围。这种批评是有一定道理的。宪法审判虽具有司法控制的性质，但在广泛采用社会国家原理的现代背景下，对国家政策本身的合理性、合法性与否也有必要进行积极的判断，尽可能给予社会经济弱者更多的物质帮助。

[附：韩国宪法相关条文]

第 34 条

（1）一切国民都享有人的生活的权利。

（2）国家负有努力增进社会保障与社会福利的义务。

（3）国家必须努力提高妇女的福利和权益。

（4）国家负有实施旨在提高老人和青少年福利政策的义务。

（5）残疾人、因疾病、年老及其他原因丧失生活能力的国民根据法律规定受到国家保护。

（6）国家必须努力预防灾害，并保护国民免受灾害的危险。

九、全国教职员工会案与教员的劳动权[①]

[事实概要]

韩国《私立学校法》第 53 条规定，私立学校的教员应援用《国家公务员法》第 66 条第 1 款的规定，被禁止参加工会运动。提请申请人是私立学校的教师，其因加入全国教职员工会，被学校以参加劳动运动为由处以免职处分。提请申请人向汉城地方法院提起免职处分无效确认诉讼，并以作为免职根据的《私立学校法》的规定违反《宪法》第 33

---

① 韩国宪法法院 1992 年 1 月 28 日判决，89 宪甲 8。

条第 1 款的规定为理由提出违宪法律审判提请，法院接受其申请向宪法法院提起违宪法律审判提请。

本案的审判对象是：《私立学校法》第 55 条、第 58 条第 1 款第 4 项。

第 55 条规定：有关私立学校教员的服务援用国公立学校教员的规定。

第 58 条第 1 款规定：私立学校教员如有下列情形之一时任免该教员者有权作出免职处分……（4）进行政治运动或劳动运动或有组织地拒绝授课或指导、煽动学生支持或反对特定政策。

本案的焦点主要集中在，如何理解《宪法》第 31 条第 6 款规定的教员地位法定主义的含义，禁止教员行使劳动基本权是否违反宪法以及规定教员地位的国际条约与宪法的关系等问题。

[判决内容]

宪法法院认为，《私立学校法》第 55 条及第 58 条第 1 款第 4 项不违反宪法。

在一般意义上教员具有劳动关系法调整的通常劳动者的性质，但从其职务的特点看，他从事的是高智力的精神活动，同时具备高度自律性与社会责任。教员的劳动关系不同于一般劳动关系的具体特点是：（1）教员提供的劳动内容是以人为对象的教育活动；（2）教员提供劳动的主要受惠者是享有宪法规定的教育权的学生，他有义务尊重教育对象的受教育的权利；（3）与一般企业不同，教员的录用者不得任意中断教育，为保持教育的连续性不得采用封锁学校等措施；（4）一般企业劳动者的工资可根据市场经济原理作一些必要的调整，但教员提供的劳动从性质上不能适用市场经济原理，主要以职务的履行为内容；（5）对教员身份规定了有效的法律保障，本质上不存在教员分配利润等概念。因此，公立、私立学校的教员劳动关系采用"劳资"这种二元对立结构解决冲突，或者简单地采用市场经济原理是不适宜的，需要对教员的劳动关系作必要的变通。

韩国《宪法》第 31 条第 6 款规定："有关学校教育及包括终身教育在内的教育制度及其运营、教育财政、教师地位的基本事项，以法律规定之。"即有关教育制度及教员劳动基本权在内的具体事项由国会以法律形式加以规定。其目的是，一方面保护教员的权益，保护教员地位不受行政权的不当侵害；另一方面为保障国民受教育的权利，以法律形式确立教员的地位。而以宪法条款为根据制定的法律中包括教员的身份保障、经济和社会地位保护等涉及教员权利的事项，同时也包括可能对国民受教育权的行使带来不利影响的禁止行为等与教员义务有关的内容。

《私立学校法》第 55 条规定的宗旨是基于教育制度的特殊性，保障私立学校教员的公共性、自由性及专门性，为提高私立学校的公共性，给私立学校教员以同于公立学校教员的身份和地位。《私立学校法》第 58 条第 1 款第 4 项关于禁止私立学校教员参加工会或进行政治运动的禁止性规定，是以《宪法》第 31 条第 6 款为根据的，其立法主要是基于教育本质和教育制度的结构性特点、教员职务的公共性、专门性与自主性、对教员的韩国历史传统的国民意识、教育实体中的具体问题等因素的考虑。《私立学校法》的规定确实限制了作为劳动者的教员的劳动基本权，但它与《宪法》第 33 条第 1 款的规定并不矛盾。《宪法》第 31 条第 6 款为了更有效地保障国民受教育的基本权，以法律规定包括教员报酬及劳动条件在内的教员地位的基本事项。规定教员地位事项的《宪法》第 31 条第 6 款与《宪法》第 33 条第 1 款相比，在适用上处于优先地位。

《私立学校法》的上述规定是以《宪法》第 31 条第 6 款为依据而制定的，不违反规定劳动基本权一般事项的《宪法》第 33 条第 1 款的规定，但关于该法律条款是否侵害了宪法保障的私立学校教员的劳动基本权的本质内容，则需要作进一步的论证。《宪法》第 32 条及第 33 条规定劳动基本权的目的是，改善劳动者的劳动条件，提高他们的经济的、社会的地位，采取不是由国家直接保障劳动者的生活而是以宪法保障劳动者的劳动基本权的方式，使劳动者通过自己自主的活动获得更好的劳动条件。对于那些从事特殊行业的劳动者则在宪法允许的范围内通过立法确立特别的制度（如教员身份的规定，通过教育工会的团结权、团体交涉权的保障），维持、改善他们的劳动条件，直接保障他们的生活。在这种情况下，特定劳动者享有的某些基本权与一般劳动者相比会受到限制，但实际上不会给他们带来不利，不能认为这些制度侵犯了私立学校教员劳动基本权的本质内容。

《世界人权宣言》具有宣言性的意义，但没有普遍的法律约束力。韩国还没有成为国际劳工组织（I. L. O.）的正式会员国，因此该机构第 87 号条约及第 98 号条约不产生国内法的效力。《经济、社会和文化权利国际公约》（A 公约）第 4 条规定了一般法律保留条款，第 8 条第 1 项 a 号规定，为了维护国家安全及公共秩序以及保护他人的权利与自由，在民主社会必要的范围内，依法律可限制组织工会，加入工会权利的行使。《公民权利和政治权利国际公约》（B 公约）第 22 条第 1 款规定，一切人有权为保护自己的利益组织工会，有权参加工会，行使结社自由。但同条第 2 款又规定，上述权利的行使由法律规定，为国家安全、公共利益及公共秩序、道德、他人权利与自由的保护，在民主社会所必要的范围内可进行合法的限制。B 公约第 22 条是韩国加入该公约时已专门声明保留的条款，不产生直接的法律效力。因此，上述公约实际上允许根据民主的代议程序，在必要的范围内，以法律限制劳动基本权，与教员地位的法定主义原则并不矛盾。1960 年国际联合教育科学文化机构和国际劳工组织采纳的"有关教员地位的劝告"，只是提供了立法时需要考虑的课题，并不产生直接的效力。

对此，三位法官提出了反对意见。李时润法官认为，私立学校教员的身份不是公务员，只是与学校法人或学校经营者之间签订雇佣契约的劳动者。如果以法律限制团结权，私立学校教员就会失去劳动基本权，将宪法赋予的劳动基本权通过下位法规完全剥夺本身是违反宪法的。被教育者接受教育的基本权与教育者劳动基本权是处于相互冲突关系中的权利，两者发生冲突时应寻求相互协调。关于调和的方式，不能以被教育者受教育权优先而限制、剥夺作为教育主体的私立学校教员的劳动基本权。《宪法》第 31 条第 6 款规定的宗旨，是以法律形式强化对教育制度和教员基本权的保护，其法律保留不是一种侵害的法律保留而是形成的法律保留。对私立学校教员的团体交涉权和团体行动权的限制可以找到合宪根据，但限制团结权的行使是没有合宪依据的，对"劳动运动"缩小解释为不包括团结权行使时，该条款才能成为合宪的规定，也可避免违宪的适用。金阳均法官认为，私立学校教员的身份不是公务员，不得简单援用规定公立学校教员地位的法律条款。《私立学校法》不承认教员的团结权、团体交涉权与团体行动权侵犯了劳动三权的本质内容。另外，根据《宪法》第 6 条第 1 款的规定，韩国虽没有加入国际劳工组织，但作为联合国教科文组织的成员国，有义务遵守有关劝告和《世界人权宣言》，否则会影响韩国的国际形象。另一名法官认为《私立学校法》的条款是违宪的，其主要理由是把教员理解为不能享有劳动三权的公务员是不合理的，多数法官主张的根据《宪法》第 33 条第 1 款可限制劳动三权，违背基本权限制规定的宪法保留原则。在法治主义原则下，对国民基本权的限制必须依照法律进行，制定限制基本权的法律时应有宪法明示的规定，即宪法必须在有关基本权条款中作具体规定。《宪法》第 31 条第 6 款后段的规定主要是为了排除通过行政立法的行政机关的裁量，是一种为以法律保障教员地位提供根据的规定，不是为以法律特别限制提供根据的规定。另外，私立学校的教育工会是一种官方组织，不是依教员自主团结权而成立的工会，不能充分保障教员的团结权。

[评析]

本案判决中涉及的宪法问题主要集中在私立学校的教员是否具有公务员的身份，对教师劳动三权的限制是否符合宪法有关限制基本权的标准及界限等问题。宪法法院多数法官认为，私立学校教师虽有自己的特点，但从教育的公共性、专业性特点看实际上具有公务员身份，其行使的劳动三权受宪法的限制。而反对意见则认为，从私立学校的性质和功能看，私立学校教师的身份不是公务员，国家不能对私立学校采取与国立、公立学校相同的政策。在私立学校教师劳动三权的限制根据、限制方法等问题上，合宪论者和违宪论者意见分歧比较大。合宪论者认为，宪法实际上把限制劳动三权的权力授予具体法律，即可以通过法律加以限制。但违宪论者则认为，通过法律限制宪法规定的基本权时，其限制内容不得同宪法相抵触，应在宪法所允许的范围内规定合理的限制界限，否则会侵犯宪法规定的基本权的本质内容。从教育公共性的特点看，教师所行使的基本权可能受一定的限制，但这种限制要有明确的宪法依据，同时以不侵害基本权的本质内容为限。私立学校教师如行使团结权、集体交涉权与集体行动权可能给教育公共性、专业性功能的发挥带来一定的问题，但不能把它作为限制劳动权的基本依据。多数法官的合宪意见，在法律根据的分析和理论论证方面似乎有自相矛盾的地方。在宪法与条约关系问题上，正如反对意见所指出的，联合国教科文组织提出的关于教师地位的指南虽没有明确的、直接的法律效力，但是实践中应承认其国内立法的积极意义，除明确保留条款外，其他公约的规定应成为国内立法的依据。在判决中提出的宪法条文之间发生冲突时应确立其中一个条文的优先地位的问题，过去学术界并没有给予应有的重视，需要进一步论证。判决中对不同基本权发生冲突时如何合理地寻求解决途径问题也没有提出具体而有效的方式。因此，从本案的实际情况看，合宪判决的成立缺乏实定法和宪法理论的依据，故作者认为，违宪判决的依据更充分一些。

[附：韩国宪法相关条文]

第 31 条第 6 款

有关学校教育及包括终身教育在内的教育制度及其运营、教育财政、教师地位的基本事项，以法律规定之。

第 32 条

（1）一切国民都有劳动的权利。国家以社会的、经济的防范，努力保障劳动者就业增加和合理报酬，并以法律规定实行最低工资制。

（2）一切国民负有劳动的义务。国家按照民主主义原则，以法律规定劳动义务的内容和条件。

（3）为保障人的尊严，以法律规定劳动条件的标准。

（4）妇女的劳动受特殊保护，在就业、报酬及劳动条件方面不受歧视待遇。

（5）年幼的劳动者受特殊保护。

（6）国家功臣、伤痍军警及战役军警的遗族，按照法律规定优先得到就业机会。

第 33 条

（1）为了改善劳动条件，劳动者均有自主的团结权、集体交涉权及集体行动权。

（2）身为公务员的劳动者在法律规定范围内有团结权、集体交涉权及集体行动权。

（3）从事法律规定的主要国防产业的劳动者的集体行动权可依照法律规定进行限制或不予承认。

图书在版编目（CIP）数据

基本权利与宪法判例/韩大元，王建学编著 .—北京：中国人民大学出版社，2012.12

（21世纪法学研究生参考书系列）

ISBN 978-7-300-16699-5

Ⅰ.①基… Ⅱ.①韩…②王… Ⅲ.①公民权-审判-案例-中国-研究生-教学参考资料②宪法-审判-案例-中国-研究生-教学参考资料 Ⅳ.①D921.05

中国版本图书馆 CIP 数据核字（2012）第 281595 号

21 世纪法学研究生参考书系列

基本权利与宪法判例

韩大元　王建学　编著

Jiben Quanli yu Xianfa Panli

出版发行	**中国人民大学出版社**	
社　　址	北京中关村大街 31 号	**邮政编码**　100080
电　　话	010 - 62511242（总编室）	010 - 62511398（质管部）
	010 - 82501766（邮购部）	010 - 62514148（门市部）
	010 - 62515195（发行公司）	010 - 62515275（盗版举报）
网　　址	http://www.crup.com.cn	
	http://www.ttrnet.com（人大教研网）	
经　　销	新华书店	
印　　刷	北京市东君印刷有限公司	
规　　格	155 mm×235 mm　16 开本	**版　　次**　2013 年 1 月第 1 版
印　　张	21 插页 4	**印　　次**　2013 年 1 月第 1 次印刷
字　　数	344 000	**定　　价**　45.00 元